원칙과 사례로 이해하는

K-IFRS 중급회계

상권

JN442384

지은이 **한종수**

이화여자대학교 경영대학 회계학 교수
미국 피츠버그대학교 경영학박사(회계학)
한국회계학회 회장
한국회계정책학회 회장
국제회계기준 해석위원회(IFRS Interpretations Committee) 위원
한국회계기준위원회 위원

지은이 **이은철**

동덕여자대학교 사회과학대학 경영학과 교수
연세대학교 대학원 경영학박사(회계학)
한국회계학회 부회장
한국회계정책학회 부회장

지은이 **오명전**

숙명여자대학교 경상대학 경영학부 교수
연세대학교 대학원 경영학박사(회계학)
한국회계기준원 회계자문위원회 위원

지은이 **김수인**

건국대학교 경영대학 경영학과 조교수
연세대학교 대학원 경영학박사(회계학)
한국회계학회 교육이사
한국관리회계학회 총무상임이사

원칙과 사례로 이해하는 **K–IFRS 중급회계(상권)**

초판발행 2024년 3월 5일

지은이 한종수, 이은철, 오명전, 김수인 / **펴낸이** 전태호
펴낸곳 한빛아카데미(주) / **주소** 서울시 서대문구 연희로2길 62 한빛아카데미(주) 2층
전화 02–336–7112 / **팩스** 02–336–7199
등록 2013년 1월 14일 제2017–000063호 / **ISBN** 979-11-5664-027-1 93320

총괄 김현용 / **기획** 정서린 / **편집** 이호선
디자인 표지 윤혜원 내지 윤혜원 / **전산편집** nu:n / **제작** 박성우, 김정우
영업 김태진, 김성삼, 이정훈, 임현기, 이성훈, 김주성 / **영업기획** 길진철, 김호철, 심지연

이 책에 대한 의견이나 오탈자 및 잘못된 내용에 대한 수정 정보는 아래 이메일로 알려주십시오.
잘못된 책은 구입하신 서점에서 교환해 드립니다. 책값은 뒤표지에 표시되어 있습니다.

홈페이지 www.hanbit.co.kr / 이메일 question@hanbit.co.kr

Published by HANBIT Academy, Inc. Printed in Korea

원칙과 사례로 이해하는

K-IFRS 중급회계 상권

한종수
이은철
오명전
김수인
지음

INTERMEDIATE ACCOUNTING

with Korean International Financial Reporting Standards

한빛아카데미
Hanbit Academy, Inc.

지은이 머리말

"어떤 사람은 플레이보이를 보지만 나는 재무제표를 읽는다."

-워런 버핏-

기업의 진짜 얼굴을 알아볼 수 있는가? 기업을 파악하는 첫걸음은 경영의 언어인 회계를 익히는 것이다. 리스크 관리가 특히 중요한 시대를 살아가는 기업 내 · 외부인 모두에게 회계는 최고의 자산이자 경쟁력이다. 특히 2011년부터 모든 상장기업이 의무적으로 적용하게 된 K-IFRS(한국채택국제회계기준)의 도입으로 중급회계에 대한 이해가 더욱 중요해졌다. 기업의 펀더멘털이 다르지 않은데도 회계처리 방법에 따라 겉으로 드러나는 재무제표의 얼굴이 달라질 가능성이 더 커진 것이다. 이러한 변화로 의사결정 과정에서 기업들의 정보를 쉽게 비교하고 정확한 판단을 내리기가 더 어려워졌다. 다양한 얼굴의 재무정보를 꿰뚫어 기업의 본질을 보려면 결국 원칙, 즉 K-IFRS를 이해하고 적용하는 능력이 중요해진 것이다.

K-IFRS 이전의 회계는 규정 중심(rule-based)이었고, 규정 자체에 대한 지식이 중요했다. 규정만 알고 있으면 상황에 맞는 회계처리 방법을 적용할 수 있기 때문이다. 반면, K-IFRS는 원칙 중심(principle-based)의 회계이다. 이는 상황에 가장 적합한 회계처리 방법이 무엇인지 결정하기 위해, 회계기준에 제시된 원칙에 따라 판단하고 적용하는 능력을 필요로 한다. 이러한 K-IFRS의 특성에도 불구하고, 대부분의 중급회계 서적은 과거 규정 중심 시절의 서적을 기반으로 수정 · 보완되었기 때문에, 원칙 중심 회계인 K-IFRS 중급회계의 본질을 제대로 설명하지 못한다.

우리는 이 책을 처음부터 K-IFRS에 기반하여 새롭게 썼다. 그러나 단순히 K-IFRS를 제시하기보다 독자들이 K-IFRS를 충분히 이해할 수 있도록 핵심 개념과 기본 원칙을 가능한 한 쉽게 설명하고자 하였다. 다양한 예제 및 사례, OX 퀴즈 및 종합예제 등, 개념과 원칙이 어떻게 실무에 적용되는지 독자들이 쉽게 이해할 수 있도록 노력하였다. 이를 통해 회계처리에 대한 지식을 습득함은 물론이고, 회계정보의 활용 및 분석을 위한 통찰력도 함께 키울 수 있을 것이다.

이 책은 기본과 핵심에 집중하고, 중요하지 않은 부분은 과감하게 덜어내어 학교에서 수업일수에 맞게 강의를 진행하는 데 부담이 없도록 내용과 분량을 조정하였다. 이 책은 공인회계사가 아닌 일반 회계 직무를 준비하는 학생들도 너무 어렵지 않게 중급회계를 공부할 수 있도록 하되, IFRS관리사, 재경관리사와 같은 공인자격시험 준비가 가능한 수준을 목표로 한다. 더하여, 공인자격시험의 최근 기출변형문제와 정답, 이와 관련된 해설 등은 출판사 홈페이지에서 찾아볼 수 있도록 하여 응용력을 향상시키는 데 부족함이 없도록 하였다.

기획부터 출판까지 많은 도움을 주신 한빛아카데미(주) 전태호 대표님과 김현용 부장님, 정서린, 이호선 선생님을 비롯한 편집 관계자 여러분들께 감사를 전한다.

마지막으로 이 책이 회계정보를 생산하는 기업은 물론 투자자 및 채권자와 중급회계를 공부하는 학생들의 의사결정능력을 함양시키는 데 도움이 되기를 희망한다. 이 책에 혹시 있을지도 모르는 부족한 부분은 모두 저자들의 책임이며 보다 충실한 책을 만들기 위해 계속 노력할 것을 약속한다.

이화여자대학교 경영대학 교수 한종수
동덕여자대학교 경영학과 교수 이은철
숙명여자대학교 경영학부 교수 오명전
건국대학교 경영대학 교수 김수인

이 책의 사용 설명서

이 책의 구성 요소

각 장마다 도입, 본문, 마무리로 구성되며, 각각의 구성요소는 다음과 같다.

● 도입

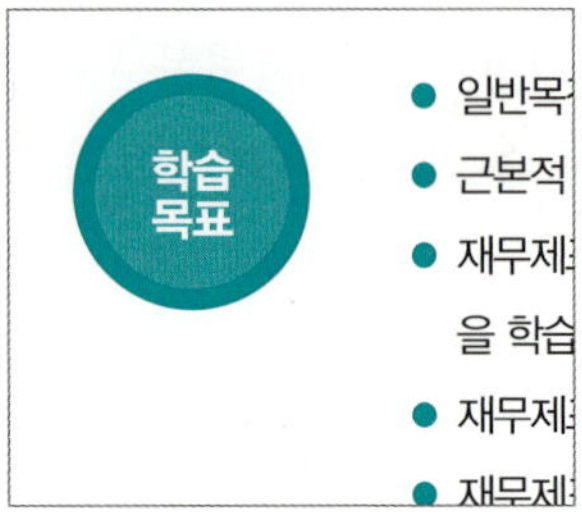

| 학습목표 |

해당 장에서 중점적으로 이해해야 할 부분을 미리 파악할 수 있다.

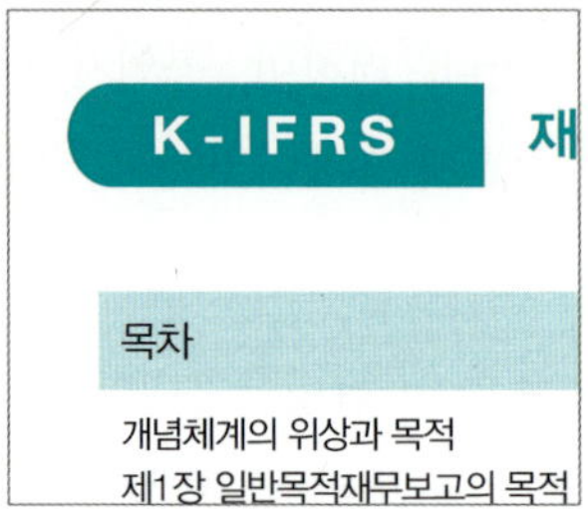

| K-IFRS 기준서 목차 |

각 장의 내용을 공부하면서 언제든 원칙의 흐름을 확인할 수 있다.

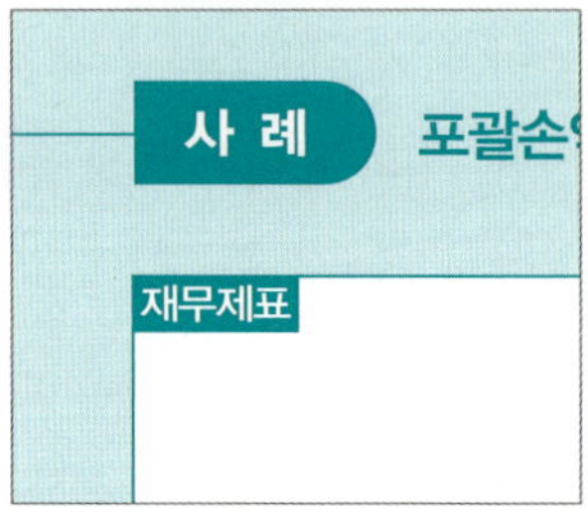

| 실제 공시 사례 |

실제 기업의 회계 처리를 확인할 수 있다.

공시 사례의 전체 내용은 전자공시시스템(http://dart.fss.or.kr) 참고

● 본문

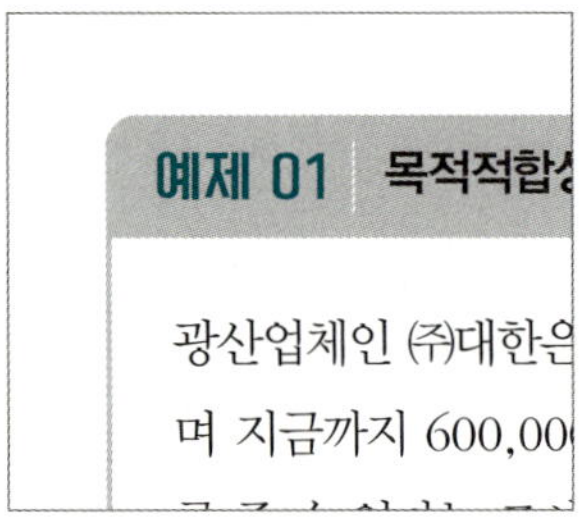

| 예제 |

문제를 풀어보면서 핵심적인 회계처리를 이해할 수 있다.

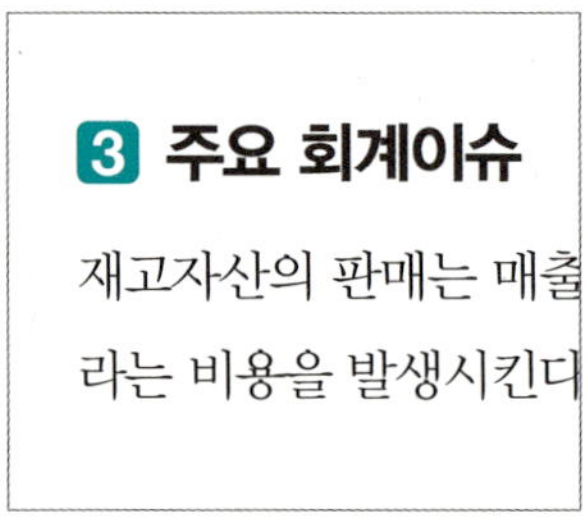

| 주요 회계이슈 |

해당 장에서 다루는 주제에서 주의해야 할 점을 더 깊이 이해할 수 있다.

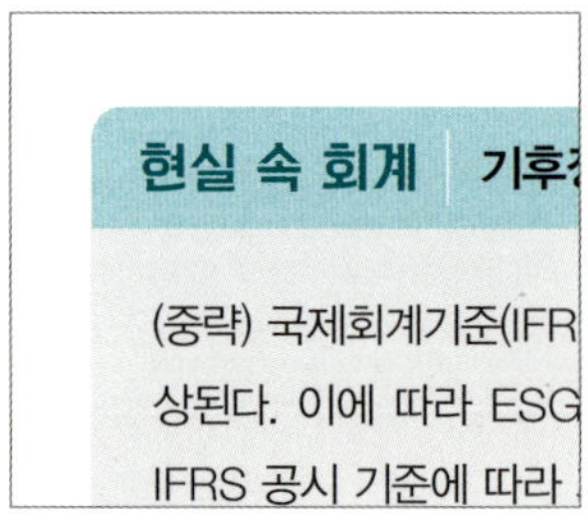

| 현실 속 회계 |

기업 실무에 대한 이해가 상대적으로 부족한 학생들이 실제 기업에서 K-IFRS가 어떻게 적용되는지 살펴볼 수 있다.

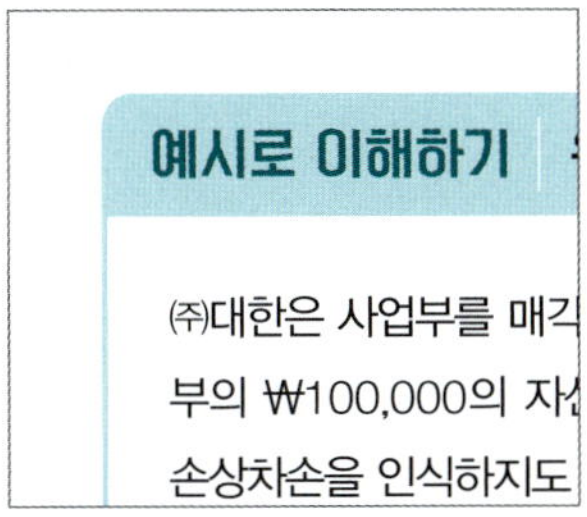

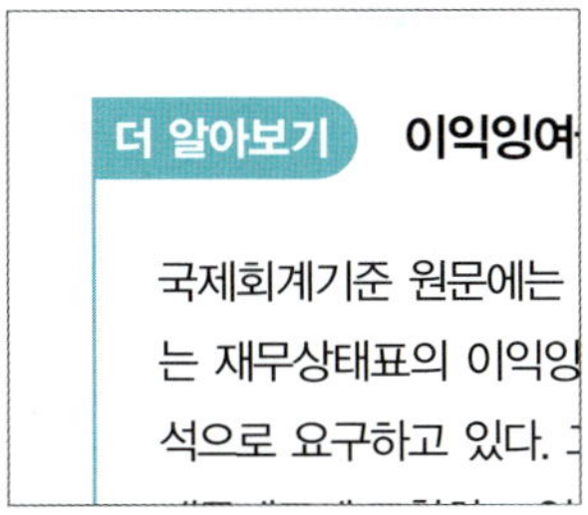

| 예시로 이해하기 |
이해하기 어려운 개념은 예시를 들어 설명하였다.

| 더 알아보기 |
좀 더 알아보면 좋을 주제들을 담았다.

● **마무리**

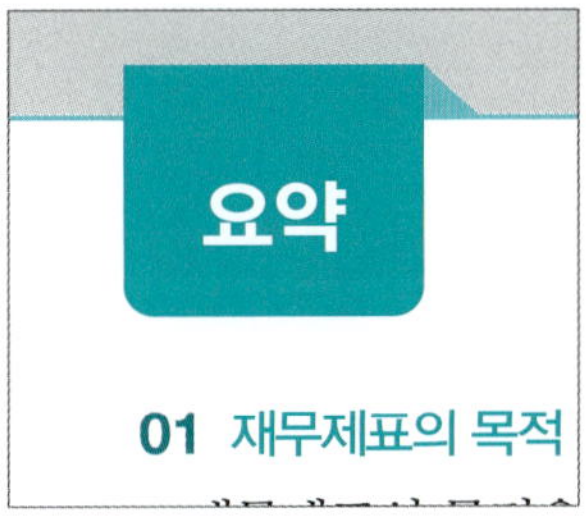

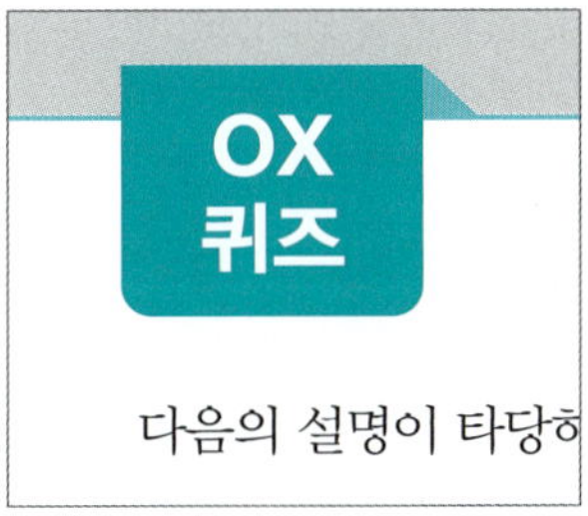

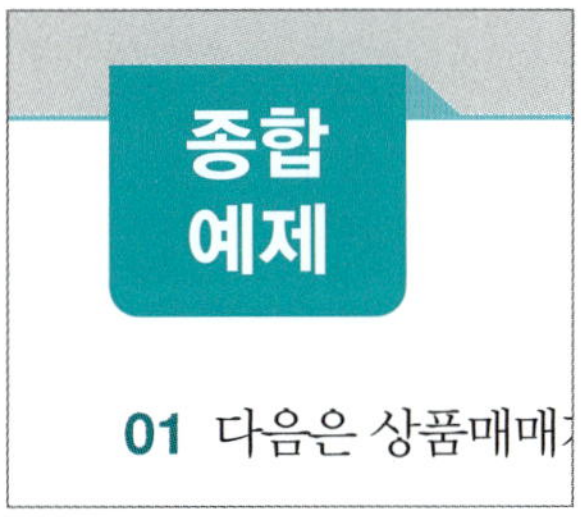

| 요약 |
본문에서 배운 개념을 가볍게 복습할 수 있다.

| OX 퀴즈 |
개념 이해 수준을 간단하게 테스트해볼 수 있다.

| 종합예제 |
문제를 풀어보면서 실력을 테스트할 수 있다.

● **학생용 추가 자료(http://www.hanbit.co.kr/src/40027)**

| 연습문제 및 해설 | 각 장별로 공인자격시험의 기출변형문제와 해설을 제공함으로써 독자들의 응용력 향상과 자격증 취득에 도움이 되고자 하였다.

| 수익인식 심화 | 학부 수업일수와 난이도를 고려하여 심화 내용은 홈페이지에 따로 게시하였다.

강의 보조자료(http://www.hanbit.co.kr/academy)

한빛아카데미 홈페이지에서 '교수회원'으로 가입하신 분은 인증 후 교수용 강의 보조자료를 제공받을 수 있습니다. 홈페이지 상단 [교수전용공간] 메뉴를 클릭하세요.

CHAPTER 1 재무보고를 위한 개념체계

CHAPTER 2 재무제표 표시

CHAPTER 1

재무보고를 위한 개념체계

학습목표

- 일반목적재무보고의 목적을 이해한다.
- 근본적 질적특성과 보강적 질적특성을 이해한다.
- 재무제표가 제공하는 정보를 이해하고, 재무제표 요소별 정의와 특징을 학습한다.
- 재무제표 요소의 인식과 제거를 이해한다.
- 재무제표 요소에 대한 다양한 측정기준을 학습한다.
- 재무자본유지개념과 실물자본유지개념을 이해하고, 각 개념별 이익계산을 학습한다.

K-IFRS 재무보고를 위한 개념체계

제(개정일): 2019.04.19.

SECTION

01 개요

1 개념체계의 목적과 위상

1.1. 개념체계의 목적

재무보고를 위한 개념체계(Conceptual Framework for Financial Reporting, 이하 '개념체계'라 한다)는 일반목적재무보고의 목적과 개념을 서술하고 있다. 개념체계의 목적은 다음과 같다.

(1) 한국회계기준위원회(이하 '회계기준위원회'라 한다)가 일관된 개념에 기반하여 한국채택국제회계기준(이하, '회계기준'이라 한다)을 제·개정하는 데 도움을 준다.
(2) 특정 거래나 다른 사건에 적용할 회계기준이 없거나 회계기준에서 회계정책을 선택하는 것을 허용하는 경우에 재무제표 작성자가 일관된 회계정책을 개발하는 데 도움을 준다.
(3) 모든 이해관계자가 회계기준을 이해하고 해석하는 데 도움을 준다.

1.2. 회계기준의 기반을 제공하는 개념체계

개념체계는 회계기준위원회가 전 세계 금융시장에 투명성, 책임성, 효율성을 제공하는 회계기준을 개발하는 데 기여한다. 회계기준위원회의 업무는 세계 경제에서의 신뢰, 성장, 장기적 금융안정을 조성함으로써 공공이익에 기여하는 것이다. 이를 위해 개념체계는 다음과 같은 회계기준을 위한 기반을 제공한다.

(1) 투자자와 그 밖의 시장참여자가 정보에 입각한 경제적 의사결정을 내릴 수 있도록 재무정보의 국제적 비교가능성과 정보의 질을 향상시킴으로써 투명성에 기여한다.
(2) 자본제공자와 자본수탁자 간의 정보 격차를 줄임으로써 책임성을 강화한다. 개념체계에 기반한 회계기준은 경영진의 책임을 묻기 위한 필요한 정보를 제공한다. 국제적으로 비교가능한 정보의 원천으로서 이 회계기준은 전 세계 규제기관에게도 매우 중요하다.

(3) 투자자에게 전 세계의 기회와 위험을 파악하도록 도움을 주어 자본 배분을 향상시킴으로써 경제적 효율성에 기여한다. 기업이 개념체계에 기반한 신뢰성 있는 단일의 회계 언어를 사용하면 자본비용이 낮아지고 국제보고 비용이 절감된다.

1.3. 개념체계의 위상

개념체계는 회계기준이 아니다. 따라서 이 개념체계의 어떠한 내용도 회계기준이나 회계기준의 요구사항에 우선하지 아니한다. 일반목적 재무보고의 목적을 달성하기 위해 회계기준위원회는 개별 기준서에서 개념체계의 관점에서 벗어난 요구사항을 정하는 경우가 있을 수 있다. 만약, 회계기준위원회가 그러한 사항을 정한다면, 해당 기준서의 결론 도출 근거에 그러한 일탈에 대해 설명할 것이다. 개념체계는 회계기준위원회가 관련 업무를 통해 축적한 경험을 토대로 수시로 개정될 수 있다. 단, 개념체계가 개정되었다고 자동으로 회계기준이 개정되는 것은 아니다. 회계기준을 개정하기로 결정한 경우, 회계기준위원회는 정규절차에 따라 의제에 프로젝트를 추가하고 해당 회계기준에 대한 개정안을 개발할 것이다.

2 개념체계의 구조

개념체계는 일반목적재무보고에 적용되며, [그림 1-1]과 같은 구조로 구성되어 있다.

1	일반목적재무보고의 목적
2	유용한 재무정보의 질적특성
3	재무제표와 보고기업
4	재무제표의 요소
5	인식과 제거
6	측정
7	표시와 공시
8	자본 및 자본유지의 개념

그림 1-1 **개념체계의 구조**

SECTION 02

일반목적재무보고의 목적

일반목적재무보고의 목적은 '개념체계'의 기초를 형성하므로 중요하다. 즉, '개념체계'의 다른 측면들(유용한 재무정보의 질적특성과 원가제약, 보고기업 개념, 재무제표의 요소, 인식과 제거, 측정, 표시와 공시)이 그 목적으로부터 논리적으로 전개되기 때문이다.

> 일반목적재무보고의 목적은 현재 및 잠재적 투자자, 대여자 및 기타 채권자가 기업[1]에 자원을 제공하는 것과 관련된 의사결정을 할 때 유용한 보고기업 재무정보를 제공하는 것이다.

자원을 제공하는 것과 관련된 의사결정은 다음을 포함한다.

> (1) 지분상품 및 채무상품의 매수, 매도 또는 보유
> (2) 대여 및 기타 형태의 신용 제공 또는 결제
> (3) 기업의 경제적자원 사용에 영향을 미치는 경영진의 행위에 대한 의결권 또는 영향을 미치는 권리 행사

1 일반목적재무보고의 목적, 유용성 및 한계

1.1. 일반목적재무보고의 주요이용자

일반목적재무보고서가 대상으로 하는 주요이용자[2]는 현재 및 잠재적 (1) 투자자, (2) 대여자

1 특정하여 달리 언급하지 않는 한, 이 개념체계 전반에 걸쳐 '기업'이라는 용어는 보고기업을 말한다.

2 특정하여 달리 언급하지 않는 한, 이 개념체계 전반에 걸쳐 '주요이용자' 및 '이용자'라는 용어는 필요한 재무정보의 많은 부분을 일반목적재무제표에 의존해야 하는 현재 및 잠재적 투자자, 대여자와 그 밖의 채권자를 말한다.

및 (3) 기타 채권자이다. 이들은 의사결정에 필요한 정보를 제공하도록 보고기업에 직접 요구할 수 없고, 이들이 필요로 하는 재무정보의 많은 부분을 일반목적재무보고서에 의존하고 있다.

보고기업의 경영진도 해당 기업에 대한 재무정보에 관심이 있다. 그러나 경영진은 그들이 필요로 하는 재무정보를 내부에서 구할 수 있기 때문에 일반목적재무보고서에 의존할 필요가 없다.

그 밖의 당사자들, 예를 들어 규제기관 그리고 (투자자, 대여자 및 그 밖의 채권자가 아닌) 일반대중도 일반목적재무보고서가 유용하다고 여길 수 있다. 그러나 일반목적재무보고서는 이러한 그 밖의 집단을 주요 대상으로 한 것이 아니다.

기업에 자원을 제공한 적이 없고 제공을 고려하지도 않는 그 밖의 이용자들도 다양한 이유로 재무보고서를 이용할 것이다. 이러한 정보수요에 공감하지만 주요이용자 집단이 정의되지 않고는 개념체계가 지나치게 추상적이거나 모호할 위험에 처할 수 있기 때문에 주요이용자를 현재 및 잠재적 투자자, 대여자 및 기타 채권자로 규정하고 있다.

1.2. 일반목적재무보고의 주요이용자가 필요로 하는 정보

기업에 자원을 제공하는 것과 관련된 의사결정은 현재 및 잠재적 투자자, 대여자와 그 밖의 채권자가 기대하는 수익(예를 들어, 배당, 원금 및 이자의 지급 또는 시장가격의 상승)에 의존한다. 투자자, 대여자와 그 밖의 채권자의 수익에 대한 기대는 기업에 유입될 미래 순현금유입의 금액, 시기 및 불확실성(전망) 및 기업의 경제적자원에 대한 경영진의 수탁책임에 대한 그들의 평가에 달려 있다. 따라서 현재 및 잠재적 투자자, 대여자와 그 밖의 채권자는 그러한 평가에 도움을 주는 정보를 필요로 한다.

1.3. 일반목적재무보고가 제공하는 정보

일반목적재무보고는 주요이용자가 평가에 필요로 하는 다음의 정보를 제공한다.

(1) 기업의 경제적자원, 기업에 대한 청구권 및 그러한 자원과 청구권의 변동

(2) 기업의 경영진과 이사회[3]가 기업의 경제적자원 사용에 대한 그들의 책임을 얼마나 효율적이고 효과적으로 이행했는지 여부

3 특정하여 달리 언급하지 않는 한, 이 개념체계 전반에 걸쳐 '경영진'이라는 용어는 기업의 경영진 및 이사회를 말한다.

1.4. 일반목적재무보고가 제공하는 정보의 한계

일반목적재무보고서는 정확한 서술보다는 상당 부분 추정, 판단 및 모형에 근거한다. 또한 일반목적재무보고서는 현재 및 잠재적 투자자, 대여자와 그 밖의 채권자가 필요로 하는 모든 정보를 제공하지는 않으며 제공할 수도 없다. 따라서 그 이용자들은, 예를 들어 일반 경제적 상황 및 기대, 정치적 사건과 정치 풍토, 산업 및 기업 전망과 같은 다른 원천에서 입수한 관련 정보를 고려할 필요가 있다. 일반목적재무보고서는 보고기업의 가치를 보여주기 위해 고안된 것이 아니다. 그러나 그것은 현재 및 잠재적 투자자, 대여자와 그 밖의 채권자가 보고기업의 가치를 추정하는 데 도움이 되는 정보를 제공한다.

각 주요이용자의 정보 수요 및 욕구는 다르고 상충되기도 한다. 회계기준위원회는 회계기준을 제정할 때 최대 다수의 주요이용자 수요를 충족하는 정보를 제공하기 위해 노력할 것이다. 그러나 공통된 정보 수요에 초점을 맞춘다고 해서 보고기업으로 하여금 주요이용자의 특정 일부집단에게 가장 유용한 추가 정보를 포함하지 못하게 하는 것은 아니다.

2 보고기업의 경제적자원, 청구권 그리고 자원 및 청구권의 변동에 관한 정보

일반목적재무보고서는 보고기업의 재무상태에 관한 정보, 즉 기업의 경제적자원 및 보고기업에 대한 청구권에 관한 정보를 제공한다. 그리고 일반목적재무보고서는 보고기업의 경제적자원과 청구권을 변동시키는 거래와 그 밖의 사건의 영향에 대한 정보도 제공한다.

이 두 유형의 정보는 기업에 대한 자원 제공 관련 의사결정에 유용한 투입요소를 제공한다. 이 두 유형의 정보는 개념체계 안에서 경제적 현상에 대한 정보라 한다.

일반목적재무보고서가 제공하는 정보를 요약하면 [그림 1-2]와 같다.

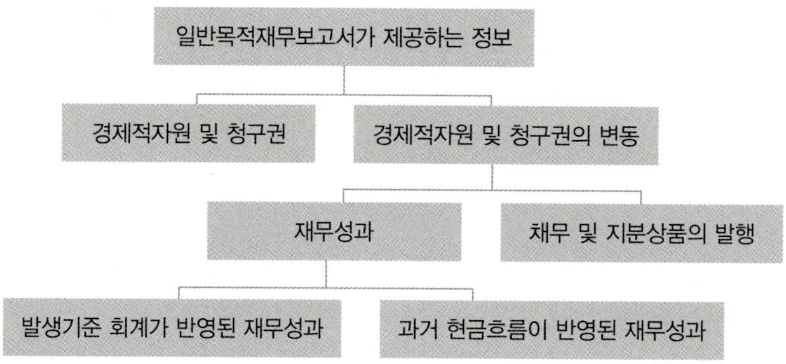

그림 1-2 일반목적재무보고서가 제공하는 정보

2.1. 경제적자원 및 청구권

보고기업의 경제적자원 및 청구권의 성격 및 금액에 대한 정보는 이용자들이 보고기업의 재무적 강점과 약점을 식별하는 데 도움을 줄 수 있다. 이 정보는 이용자들이 보고기업의 유동성과 지급능력, 추가적인 자금조달의 필요성 및 그 자금조달이 얼마나 성공적일지를 평가하는 데 도움을 줄 수 있다.

이 정보는 이용자들이 기업의 경제적자원에 대한 경영진의 수탁책임을 평가하는 데에도 도움이 될 수 있다. 현재 청구권에 대한 우선순위와 지급 요구사항에 대한 정보는 이용자들이 기업에 대한 청구권이 있는 자들에게 미래 현금흐름이 어떻게 분배될 것인지를 예측하는 데 도움이 된다.

2.2. 경제적자원 및 청구권의 변동

보고기업의 경제적자원 및 청구권의 변동은 (1) 그 기업의 재무성과, 그리고 (2) 채무상품이나 지분상품의 발행과 같은 그 밖의 사건이나 거래에서 발생한다. 보고기업의 미래 순현금유입액에 대한 전망과 기업의 경제적자원에 대한 경영진의 수탁책임을 올바르게 평가하기 위하여 정보이용자는 이 두 가지 변동을 구별할 수 있는 능력이 필요하다.

보고기업의 재무성과에 대한 정보는 그 기업의 경제적자원에서 해당 기업이 창출한 수익을 이용자들이 이해하는 데 도움을 준다. 기업이 창출한 수익에 대한 정보는 이용자들이 기업의 경제적자원에 대한 경영진의 수탁책임을 평가하는 데 도움을 줄 수 있다. 특히 미래 현금흐름의 불확실성을 평가하는 데 있어서는 그 수익의 변동성 및 구성요소에 대한 정보도 역시 중요하다. 보고기업의 과거 재무성과와 그 경영진이 수탁책임을 어떻게 이행했는지에 대한 정보는 기업의 경제적자원에서 발생하는 미래 수익을 예측하는 데 일반적으로 도움이 된다.

2.2.1. 발생기준 회계가 반영된 재무성과

재무성과에 대한 정보는 발생주의(accrual basis)에 기반한다. 발생기준 회계는 거래와 그 밖의 사건 및 상황이 보고기업의 경제적자원 및 청구권에 미치는 영향을, 비록 그 결과로 발생하는 현금의 수취와 지급이 다른 기간에 이루어지더라도, 그 영향이 발생한 기간에 보여준다. 이것이 중요한 이유는 보고기업의 경제적자원과 청구권 그리고 기간 중 변동에 관한 정보는 그 기간의 현금 수취와 지급만의 정보보다 기업의 과거 및 미래 성과를 평가하는 데 더 나은 근거를 제공하기 때문이다.

한 기간의 보고기업의 재무성과에 투자자와 채권자에게서 직접 추가 자원을 획득한 것(예: 채무상품이나 지분상품의 발행)이 아닌 경제적자원 및 청구권의 변동이 반영된 정보는 기업의 과거 및 미래 순현금유입 창출 능력을 평가하는 데 유용하다. 이 정보는 보고기업이 이용 가능한 경제적자원을 증가시켜온 정도, 그리고 그 결과로 투자자와 채권자에게서 직접 추가 자원을 획득하지 않고 영업을 통하여 순현금유입을 창출할 수 있는 능력을 증가시켜온 정도를 보여준다. 또한 보고기업의 한 기간의 재무성과에 대한 정보는 이용자들이 기업의 경제적 자원에 대한 경영진의 수탁책임을 평가하는 데에도 도움을 줄 수 있다.

2.2.2. 과거 현금흐름이 반영된 재무성과

재무성과는 과거의 현금흐름이 반영된 정보이다. 그럼에도 이것이 중요한 이유는 한 기간의 보고기업의 현금흐름에 대한 정보는 이용자들이 기업의 미래 순현금유입 창출 능력을 평가하고 기업의 경제적자원에 대한 경영진의 수탁책임을 평가하는 데에도 도움이 되기 때문이다. 이 정보는 채무의 차입과 상환, 현금배당 등 투자자에 대한 현금 분배 그리고 기업의 유동성이나 지급능력에 영향을 미치는 그 밖의 요인에 대한 정보를 포함하여, 보고기업이 어떻게 현금을 획득하고 사용하는지 보여준다. 현금흐름에 대한 정보는 이용자들이 보고기업의 영업을 이해하고, 재무활동과 투자활동을 평가하며, 유동성이나 지급능력을 평가하고, 재무성과에 대한 그 밖의 정보를 해석하는 데 도움이 된다.

2.3. 재무성과에 기인하지 않은 경제적자원 및 청구권의 변동

보고기업의 경제적자원 및 청구권은 채무상품이나 지분상품의 발행과 같이 재무성과 외의 사유로도 변동될 수 있다. 이러한 유형의 변동에 관한 정보는 보고기업의 경제적자원 및 청구권이 변동된 이유와 그 변동이 미래 재무성과에 주는 의미를 이용자들이 완전히 이해하는 데 필요하기 때문에 또한 중요하다.

3 기업의 경제적자원 사용에 관한 정보

보고기업의 경영진이 기업의 경제적자원을 얼마나 효율적이고 효과적으로 사용하는 책임을 이행하고 있는지에 대한 정보는 이용자들이 해당 자원에 대한 경영자의 수탁책임을 평가할 수 있도록 도움을 준다. 그러한 정보는 미래에 얼마나 효율적이고 효과적으로 경영진이 기업의 경제적자원을 사용할 것인지를 예측하는 데에도 유용하다. 따라서 그 정보는 미래 순현금유입에 대한 기업의 전망을 평가하는 데 유용할 수 있다.

기업의 경제적자원 사용에 대한 경영진의 책임의 예로는 가격과 기술 변화와 같은 경제적 요인들의 불리한 영향으로부터 해당 자원을 보호하고, 기업이 적용해야 하는 법률, 규제, 계약 조항을 준수하도록 보장하는 것을 들 수 있다.

SECTION
03 유용한 재무정보의 질적특성

유용한 재무정보의 질적특성(qualitative characteristics)은 재무보고서에 포함된 정보(재무정보)에 근거하여 보고기업에 대한 의사결정을 할 때 현재 및 잠재적 투자자, 대여자와 그 밖의 채권자에게 가장 유용할 정보의 유형을 식별하기 위하여 필요하다.

유용한 재무정보의 질적특성은 재무제표에서 제공되는 재무정보뿐만 아니라 그 밖의 방법으로 제공되는 재무정보에도 적용된다. 보고기업의 유용한 재무정보 제공 능력에 대한 포괄적 제약요인인 원가도 이와 마찬가지로 적용된다.

[그림 1-3]은 개념체계에서 규정하고 있는 유용한 재무정보의 질적특성을 요약한 것이다.

[그림 1-3]과 같이, 재무정보가 유용하려면 목적적합해야 하고 나타내고자 하는 바를 충실하게 표현해야 한다. 이 둘을 근본적 질적특성(fundamental qualitative characteristics)이라 한다. 그리고 재무정보가 비교가능하고, 검증가능하며, 적시성 있고, 이해가능한 경우 그 재무정보의 유용성은 증가한다. 이들을 보강적 질적특성(enhancing qualitative characteristics)이라 한다.

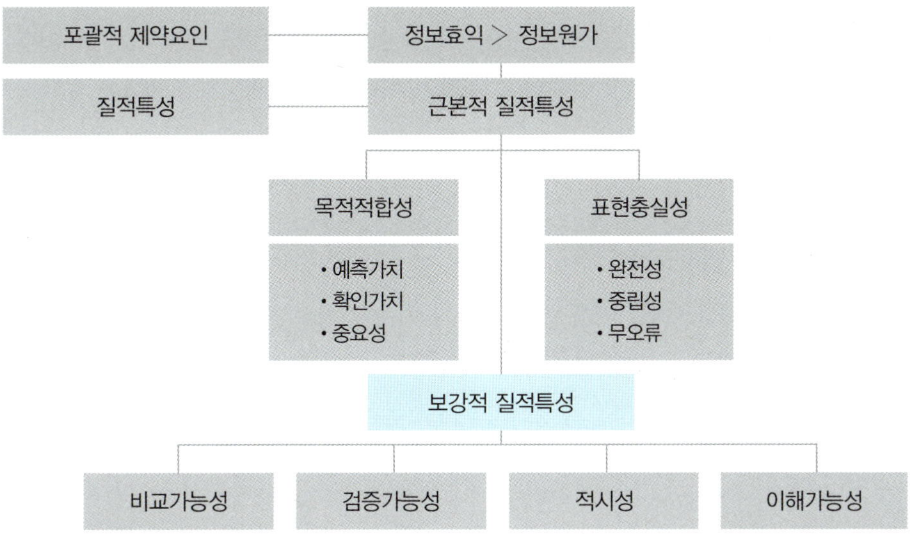

그림 1-3 **유용한 재무정보의 질적특성**

1 근본적 질적특성

목적적합성과 표현충실성은 정보의 유용성을 결정하는 근본적 질적특성(fundamental qualitative characteristics)이다.

1.1. 목적적합성

목적적합성(relevance)은 재무정보가 이용자들의 의사결정에 차이가 나도록 하는 특성을 의미한다. 정보는 일부 이용자들이 이를 이용하지 않기로 선택하거나 다른 원천을 통하여 이미 이를 알고 있다고 할지라도 의사결정에 차이가 나도록 할 수 있다. 목적적합성의 구성요소는 [그림 1-4]와 같다.

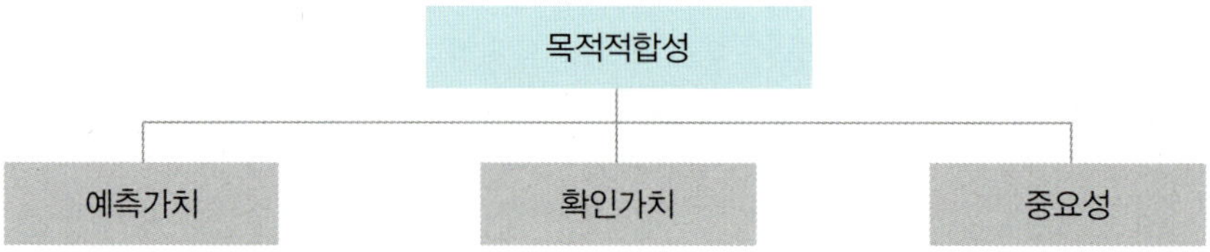

그림 1-4 **목적적합성의 구성요소**

1.1.1. 예측가치와 확인가치

재무정보에 예측가치(predictive value), 확인가치(confirmatory value) 또는 이 둘 모두가 있다면 그 재무정보는 의사결정에 차이가 나도록 할 수 있다.

이용자들이 미래 결과를 예측하기 위해 어떤 재무정보를 사용한다면, 그 재무정보는 예측가치를 갖는다. 예측가치를 갖는 재무정보는 이용자들 자신이 예측하는 데 사용되는 정보이다. 따라서 재무정보가 예측가치를 갖기 위해서 그 자체가 예측치 또는 예상치일 필요는 없다.

재무정보가 과거 평가에 대해 피드백을 제공한다면(과거 평가를 확인하거나 변경시킨다면) 확인가치를 갖는다.

재무정보의 예측가치와 확인가치는 상호 연관되어 있다. 예측가치를 갖는 정보는 확인가치도 갖는 경우가 많다. 예를 들어, 미래 연도 수익의 예측 근거로 사용될 수 있는 당해 연도 수익 정보를 과거 연도에 행한 당해 연도 수익 예측치와 비교할 수 있다. 그 비교 결과는 이용자가 그 과거 예측에 사용한 절차를 수정하고 개선하는 데 도움을 줄 수 있다.

예시로 이해하기 | 예측가치와 확인가치

㈜대한의 재무제표는 향후 5년 동안 유효한 라이선스 형태의 무형자산에 관한 정보를 제공한다. 정보이용자는 이 정보를 통해서 미래 사건을 예측할 수 있을 뿐 아니라 과거의 사건을 확인할 수 있다. 정보이용자는 이 라이선스가 회사에 실제로 귀속되었다는 사실을 확인할 수 있고, 5년 후에는 소멸될 것이며 따라서 이 회사가 더 치열한 경쟁을 맞이하리라는 것을 예측할 수 있게 해준다.

㈜행복의 포괄손익계산서에 공시된 비용은 ₩250,000이며 이는 화재로 인한 손실을 나타낸다. 이 정보가 구분되어 표시되었기 때문에 정보이용자는 미래에 발생할 비용을 예측할 때 화재로 인한 손실 비용을 고려하지 않을 것이고, 따라서 미래에 발생할 비용을 더 잘 예측할 수 있게 된다. 왜냐하면 화재는 일반적으로 잘 발생하지 않기 때문이다.

1.1.2. 중요성

특정 보고기업에 대한 재무정보를 제공하는 일반목적재무보고서에 정보를 누락하거나 잘못 기재하거나 불분명하게 하여, 이를 기초로 내리는 주요이용자들의 의사결정에 영향을 줄 것으로 합리적으로 예상할 수 있다면 그 정보는 중요한 것이다. 즉, 중요성(materiality)은 개별 기업 재무보고서 관점에서 해당 정보와 관련된 항목의 성격이나 규모 또는 이 둘 모두에 근거하여 해당 기업에 특유한 측면의 목적적합성을 의미한다. 따라서 회계기준위원회는 중요성에 대한 획일적인 계량 임계치를 정하거나 특정한 상황에서 무엇이 중요한 것인지를 미리 결정할 수 없다.

1.2. 표현충실성

재무보고서는 경제적 현상을 글과 숫자로 나타내는 것이다. 재무정보가 유용하기 위해서는 목적적합한 현상을 표현하는 것뿐만 아니라 나타내고자 하는 현상의 실질을 충실하게 표현해야 한다. 많은 경우, 경제적 현상의 실질과 그 법적 형식은 같다. 만약 같지 않다면, 법적 형식에 따른 정보만 제공해서는 경제적 현상을 충실하게 표현할 수 없을 것이다.[4]

완벽한 표현충실성(representational faithfulness)을 위해서는 서술에 세 가지의 특성이 있어야 할 것이다. 서술은 완전하고, 중립적이며, 오류가 없어야 할 것이다. 물론 완벽은 이루기 매우 어렵지만 가능한 한 이러한 특성을 극대화하는 것이다. 표현충실성의 구성요소는 [그림 1-5]와 같다.

4 이를 '형식보다 실질(substance over form)' 또는 '실질 우선의 원칙'이라고 한다.

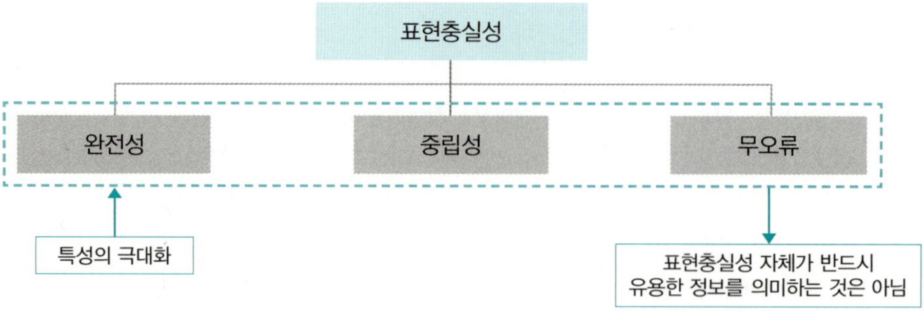

그림 1-5 **표현충실성의 구성요소**

1.2.1. 완전성(완전한 서술)

완전성(completeness)은 필요한 기술과 설명을 포함하여 이용자가 서술되는 현상을 이해하는 데 필요한 모든 정보를 포함하는 것이다. 예를 들어, 자산 집합의 완전한 서술은 적어도 집합 내 자산의 특성에 대한 기술과 집합 내 모든 자산의 수량적 서술, 그러한 수량적 서술이 표현하고 있는 기술 내용(예: 역사적 원가 또는 공정가치)을 포함한다. 일부 항목의 경우 완전한 서술은 항목의 질 및 성격, 그 항목의 질 및 성격에 영향을 줄 수 있는 요인과 상황, 그리고 수량적 서술을 결정하는 데 사용된 절차에 대한 유의적인 사실의 설명을 수반할 수도 있다.

예시로 이해하기 | 완전성

㈜대한은 사업부를 매각하려고 한다. 현재 이 사업부에 대한 당기이익은 ₩250,000이다. 그러나 이 사업부의 ₩100,000의 자산이 전액 손상되었다. ㈜대한은 사업부에 대한 별도의 재무제표를 작성하였으나 손상차손을 인식하지도 않고 그러한 내용을 재무상태표 및 주석에도 나타내지 아니하였다. 이러한 ㈜대한의 재무제표 정보는 불완전하며 미래의 매수자에게 부정적인 영향을 미칠 수 있다.

1.2.2. 중립성(중립적 서술)

중립성(neutrality)은 재무정보의 선택이나 표시에 편의(bias)가 없는 것이다. 중립적 서술은 이용자들이 재무정보를 유리하게 또는 불리하게 받아들일 가능성을 높이기 위해 편파적이 되거나, 편중되거나, 강조되거나, 경시되거나 그 밖의 방식으로 조작되지 않는다. 중립적 정보는 목적이 없거나 행동에 대한 영향력이 없는 정보를 의미하지 않는다. 오히려 목적적합한 재무정보는 정의상 이용자들의 의사결정에 차이가 나도록 할 수 있는 정보이다.

예시로 이해하기 | 중립성

㈜대한은 은행에서 대출을 받고자 한다. 대출 금액은 ㈜대한의 유동자산, 비유동자산, 유동부채, 비유동부채에 달려 있다. ㈜대한은 대출금을 최대로 받고자 주요 유동자산(수취채권의 일부)을 비유동자산으로 분류한 재무상태표를 보여주고 싶어 한다. 이때 ㈜대한의 비유동자산 관련 정보는 더 많은 대출금을 위해 분류되었으므로 편의적이며 더 이상 중립성이 있다고 볼 수 없다.

중립성은 신중을 기함으로써 뒷받침된다. 신중성(prudence)은 불확실한 상황에서 판단할 때 주의를 기울이는 것이다. 신중을 기한다는 것은 자산과 수익이 과대평가(overstated)되지 않고 부채와 비용이 과소평가(understated)되지 않는 것을 의미한다. 마찬가지로, 신중을 기한다는 것은 자산이나 수익의 과소평가나 부채나 비용의 과대평가를 허용하지 않는다. 그러한 그릇된 평가(misstatements)는 미래 기간의 수익이나 비용의 과대평가나 과소평가로 이어질 수 있기 때문이다.

신중을 기하는 것이 비대칭의 필요성(예: 자산이나 수익을 인식하기 위해서는 부채나 비용을 인식할 때보다 더욱 설득력 있는 증거가 뒷받침되어야 한다는 구조적인 필요성)[5]을 내포하는 것은 아니다. 그러한 비대칭은 유용한 재무정보의 질적특성이 아니다. 그럼에도 불구하고, 나타내고자 하는 바를 충실하게 표현하는 가장 목적적합한 정보를 선택하려는 결정의 결과가 비대칭성이라면, 특정 회계기준에서 비대칭적인 요구사항을 포함할 수도 있다.

1.2.3. 무오류

표현충실성은 모든 면에서 정확한 것을 의미하지는 않는다. 무오류(free from error), 즉 오류가 없다는 것은 현상의 기술에 오류나 누락이 없고, 보고 정보를 생산하는 데 사용되는 절차의 선택과 적용 시 절차상 오류가 없음을 의미한다. 이 맥락에서 오류가 없다는 것은 모든 면에서 완벽하게 정확하다는 것을 의미하지는 않는다. 예를 들어, 관측가능하지 않은 가격이나 가치의 추정치는 정확한지 또는 부정확한지 결정할 수 없다. 그러나 추정치로서 금액을 명확하고 정확하게 기술하고, 추정 절차의 성격과 한계를 설명하며, 그 추정치를 도출하기 위한 적절한 절차를 선택하고 적용하는 데 오류가 없다면 그 추정치의 표현은 충실하다고 할 수 있다.

5 투자자들은 상승 잠재력(upside potential)보다는 하방 잠재력(downside potential)에 더 많은 관심을 가지는데, 이를 보수주의(conservatism)라 한다.

재무보고서의 화폐금액을 직접 관측할 수 없어 추정해야만 하는 경우에는 측정불확실성(measurement uncertainty)이 발생한다. 합리적인 추정치의 사용은 재무정보의 작성에 필수적인 부분이며, 추정이 명확하고 정확하게 기술되고 설명되는 한 정보의 유용성을 저해하지 않는다. 측정불확실성이 높은 수준이더라도 그러한 추정이 무조건 유용한 재무정보를 제공하지 못하는 것은 아니다.

1.3. 근본적 질적특성의 적용

정보가 유용하기 위해서는 목적적합하고 나타내고자 하는 바를 충실하게 표현해야 한다. 목적적합하지 않은 현상에 대한 표현충실성과 목적적합한 현상에 대한 충실하지 못한 표현 모두 이용자들이 좋은 결정을 내리는 데 도움이 되지 않는다.

근본적 질적특성을 적용하기 위한 가장 효율적이고 효과적인 절차는 일반적으로 다음과 같다.

(1) 보고기업의 재무정보 이용자들에게 유용할 수 있는 정보의 대상이 되는 경제적 현상을 식별한다.
(2) 그 현상에 대한 가장 목적적합한 정보의 유형을 식별한다.
(3) 그 정보가 이용가능한지, 그리고 경제적 현상을 충실하게 표현할 수 있는지 결정한다. 만약 그러하다면, 근본적 질적특성의 충족 절차는 그 시점에 끝난다. 만약 그러하지 않다면, 차선의 목적적합한 유형의 정보에 대해 그 절차를 반복한다.

경우에 따라 경제적 현상에 대한 유용한 정보를 제공한다는 재무보고의 목적을 달성하기 위해 근본적 질적특성 간 절충(trade - off)이 필요할 수도 있다. 예를 들어, 다음과 같은 여러 상황이 있을 수 있다.

첫째, 매우 불확실한 추정치가 어떤 현상에 대한 가장 목적적합한 정보일 수 있다. 둘째, 어떤 경우에는 추정치 산출에 포함된 측정불확실성의 수준이 너무 높아 그 추정치가 현상을 충분히 충실하게 표현하기 어려울 수도 있다. 그러한 경우에는 추정치에 대한 기술과 추정치에 영향을 미치는 불확실성에 대한 설명이 부연된다면 매우 불확실한 추정치도 가장 유용한 정보가 될 수 있다. 셋째, 정보의 측정불확실성이 너무 높아 현상을 충분히 충실하게 표현할 수 없다면, 가장 유용한 정보는 다소 목적적합성이 떨어지지만 측정불확실성이 더 낮은 다른 유형의 추정치일 수도 있다. 마지막으로 일부 제한된 상황에서는 유용한 정보를 제공하는 추정치가 없을 수도 있다. 그러한 제한된 상황에서는 추정에 의존하지 않는 정보를 제공해야 할 수도 있다.

예제 01 | 목적적합성과 표현충실성

광산업체인 ㈜대한은 주로 Y광물을 채취한다. 이 광물의 추정 총매장량은 1,000,000ton이며 지금까지 600,000ton을 채취하였다. 당기에, 지방정부는 이 광물이 인체에 치명적인 해를 줄 수 있다는 조사결과에 따라 ㈜대한에게 1년 후부터 이 광물을 채취하는 것을 중지하도록 하였다. ㈜대한은 향후 1년 동안 200,000ton만 생산하기로 계획하였다. ㈜대한은 지방정부가 이 광물 생산을 중지시켰다는 사실을 재무제표에 보고하지 아니하였다.

요구사항

㈜대한은 재무제표의 질적특성을 훼손하였는가? 그렇다면 어떤 특성을 훼손하였는가?

해설

㈜대한은 목적적합성과 표현충실성 모두를 훼손했다. 지방정부의 지시는 정보이용자의 의사결정에 영향을 미칠 수 있는 목적적합한 정보인데 주주에게 공시되지 아니하였다. 한편, 광산의 가치는 손상검사가 이루어져야 하며 필요하다면 손상차손을 인식해야 한다. 그렇지 않으면 이 광산의 가치 정보는 표현충실성을 상실하게 되는 것이다.

2 보강적 질적특성

비교가능성, 검증가능성, 적시성 및 이해가능성은 목적적합성과 나타내고자 하는 바를 충실하게 표현하는 것 모두를 충족하는 정보의 유용성을 보강(향상)시키는 질적특성이다. 보강적 질적특성(enhancing qualitative characteristics)은 만일 어떤 두 가지 방법이 모두 현상에 대하여 동일하게 목적적합한 정보이고 동일하게 충실한 표현을 제공하는 것이라면 이 두 가지 방법 가운데 어느 방법을 그 현상의 서술에 사용해야 할지를 결정하는 데에도 도움을 줄 수 있다.

2.1. 비교가능성

이용자들의 의사결정은 여러 대안들 중에서 선택을 하는 것이다. 예를 들어, 투자자산을 매도할지 또는 보유할지, 어느 보고기업에 투자할지를 선택하는 것과 같다. 따라서 보고기업에 대한 정보는 다른 기업에 대한 유사한 정보 및 해당 기업에 대한 다른 기간이나 다른 일자의 유사한 정보와 비교될 수 있다면 더욱 유용하다.

비교가능성(comparability)은 이용자들이 항목 간의 유사점과 차이점을 식별하고 이해할 수 있게 하는 질적특성이다. 다른 질적특성과 달리 비교가능성은 단 하나의 항목이 아니라 비교가능한 최소한 두 항목이 필요하다.

더 알아보기 **일관성, 통일성, 비교가능성**

일관성은 비교가능성과 관련 있지만 동일하지는 않다. 일관성은 한 보고기업 내에서 기간 간 또는 같은 기간 동안에 기업 간, 동일한 항목에 대해 동일한 방법을 적용하는 것을 말한다. 비교가능성은 목표이고 일관성은 그 목표를 달성하는 데 도움을 준다.

하나의 경제적 현상을 충실하게 표현하는 방법은 여러 가지지만 동일한 경제적 현상을 분석하는 데 여러 가지 대체 가능한 회계처리 방법을 허용하면 비교가능성이 감소한다.

그렇다고 해서 비교가능성이 곧 통일성을 의미하는 것은 아니다. 정보가 비교 가능하려면 비슷한 것은 비슷하게 보여야 하고 다른 것은 다르게 보여야 한다. 재무정보의 비교가능성은 비슷한 것을 달리 보이게 한다고 보강되지 않는 것처럼, 비슷하지 않은 것을 비슷하게 보이게 한다고 해서 보강되지 않는다.

근본적 질적특성을 충족하면 어느 정도의 비교가능성은 달성될 수 있다. 목적적합한 경제적 현상에 대한 표현충실성은 다른 보고기업의 유사한 목적적합한 경제적 현상에 대한 표현충실성과 어느 정도의 비교가능성을 자연히 가져야 한다.

예시로 이해하기 **비교가능성**

정보이용자는 과거에는 꾸준히 약 20%를 유지해 왔던 ㈜대한의 매출총이익률이 20X6년 18%로 하락하였다는 것을 발견하였다. 이 비율을 업종평균과 비교하였으며 업종평균 역시 17%에서 16%로 하락하였다는 사실을 발견하였다. 정보이용자가 이러한 사실을 발견할 수 있었던 이유는 ㈜대한의 기간별 비교재무제표와 동 기간의 다른 기업의 기간별 비교재무제표가 있었기 때문이다. 또한 업종평균 정보는 ㈜대한의 영업활동이 업종평균과 비교하여 어느 정도인지 알 수 있게 해준다.

2.2. 검증가능성

검증가능성(verifiability)은 정보가 나타내고자 하는 경제적 현상을 충실히 표현하는지를 이용자들이 확인하는 데 도움을 준다. 검증가능성은 합리적인 판단력이 있고 독립적인 서로 다른 관찰자가 어떤 서술이 표현충실성에 있어, 비록 반드시 완전히 의견이 일치하지는 않더라도 합의에 이를 수 있다는 것을 의미한다. 계량화된 정보가 검증가능하기 위해서 단일 점추정치(single point estimate)이어야 할 필요는 없다. 가능한 금액의 범위 및 관련된 확률도 검증될 수 있다.

더 알아보기 **검증가능성**

검증은 직접 또는 간접적으로 이루어질 수 있다. 직접 검증은 현금을 세는 것처럼 직접적인 관찰을 통하여 금액이나 그 밖의 표현을 검증하는 것을 의미한다. 간접 검증은 모형, 공식 또는 그 밖의 기법에 투입되는 요소를 확인하고 같은 방법을 사용하여 그 결과를 재계산하는 것을 의미한다. 예를 들어 투입요소(수량과 원가)를 확인하고 같은 원가흐름가정(예: 선입선출법)을 사용하여 기말재고자산을 재계산하여 재고자산의 장부금액을 검증하는 것이다.

어느 미래 기간 전까지는 특정 재무정보의 검증이 전혀 가능하지 않을 수 있다. 이용자들이 그 정보의 이용 여부를 결정하는 데 도움을 주기 위해서는 일반적으로 기초가 된 가정, 정보의 작성 방법과 정보를 뒷받침하는 그 밖의 요인 및 상황의 공시가 필요하다.

2.3. 적시성

적시성(timeliness)은 의사결정에 영향을 미칠 수 있도록 의사결정자가 정보를 제때에 이용가능하게 하는 것을 의미한다. 일반적으로 정보는 오래될수록 유용성이 낮아진다. 그러나 일부 정보는 보고기간말 후에도 오랫동안 적시성이 있을 수 있다. 예를 들어, 일부 이용자들은 추세를 식별하고 평가할 필요가 있을 수 있기 때문이다.

2.4. 이해가능성

정보를 명확하고 간결하게 분류하고, 특징지으며, 표시하는 것은 정보를 이해가능하게 한다.

일부 현상은 본질적으로 복잡하여 이해하기 쉽지 않기 때문에 그 현상에 대한 정보를 재무보고서에서 제외하면 그 재무보고서의 정보를 더 이해하기 쉽게 할 수 있다. 그러나 그 보고서는 불완전하여 잠재적으로 오도할 수 있다. 즉, 이해가능성(understandability)이라는 것은 초보자도 이해할 수 있는 쉬운 정보만 제공한다는 것을 의미하지는 않는다. 재무보고서는 사업활동과 경제활동에 대해 합리적인 지식이 있고, 부지런히 정보를 검토하고 분석하는 이용자들을 위해 작성된다. 하지만 때로는 박식하고 부지런한 이용자들도 복잡한 경제적 현상에 대한 정보를 이해하기 위해 자문가의 도움을 받는 것이 필요할 수 있다.

예제 02 | 이해가능성

㈜대한의 유형자산은 재평가를 통하여 ₩250,000만큼 상승하였다. ㈜대한은 재무상태표에서 이 유형자산의 장부금액을 ₩250,000만큼 증가시키고, 이를 기타포괄손익에도 동일하게 반영했다. 한편 재무제표의 주석 어디에도 이러한 조정을 공시하지 않았다.

요구사항

㈜대한이 이전에는 과거의 K-GAAP에 따라 재무제표를 작성했으나, K-IFRS를 당해 연도 최초로 적용하여 재무제표에 표시하는 경우에 비교재무제표와 관련하여 고려하여야 할 질적 특성을 설명하라.

해설

㈜대한의 재무제표는 이해가능성을 충족시키지 못하였다. 유형자산의 금액은 의사결정에 중요한 금액만큼 증가하였으나 정보이용자는 재무제표 어디에서도 재평가를 통하여 증가되었다는 증거를 구하기 어렵다. 이해가능성을 위하여 자산재평가와 관련된 거래를 추가로 주석 등에 공시해야 한다.

2.5. 보강적 질적특성의 적용

보강적 질적특성은 가능한 한 극대화되어야 한다. 그러나 보강적 질적특성은 정보가 목적적합하지 않거나 나타내고자 하는 바를 충실하게 표현하지 않으면, 개별적으로든 집단적으로든 그 정보를 유용하게 할 수 없다.

보강적 질적특성을 적용하는 것은 어떤 규정된 순서를 따르지 않는 반복적인 과정이다. 때로는 하나의 보강적 질적특성이 다른 질적특성의 극대화를 위해 감소되어야 할 수도 있다. 예를 들어, 새로운 회계기준의 전진 적용으로 인한 비교가능성의 일시적 감소는 장기적으로 목적적합성이나 표현충실성을 향상시키기 위해 감수될 수도 있다. 적절한 공시는 비교가능성의 미비를 부분적으로 보완할 수 있다.

3 유용한 재무보고에 대한 원가제약

원가는 재무보고로 제공될 수 있는 정보에 대한 포괄적 제약요인이다. 재무정보의 보고에는 원가가 소요되기 때문에 해당 정보 보고의 효익이 그 원가를 정당화하는 경우(효익이 원가보다 큰 경우)에 해당 정보를 보고해야 한다. 재무정보의 제공자와 이용자 입장에서 고려해야 하는 원가와 효익의 예는 [표 1-1]과 같다.

본질적인 주관성 때문에, 재무정보의 특정 항목 보고의 원가 및 효익에 대한 평가는 개인마다 달라진다. 따라서 회계기준위원회는 단지 개별 보고기업과 관련된 것이 아닌, 재무보고 전반적으로 원가와 효익을 고려하려고 노력하고 있다. 그렇다고 원가와 효익의 평가가 모든 기업에 대하여 동일한 보고 요구사항을 정당화하는 것은 아니다. 기업 규모의 차이, 자본 조달 방법(공모 또는 사모)의 차이, 이용자 요구의 차이, 그 밖의 다른 요인 때문에 달리하는 것이 적절할 수 있다.

표 1-1 재무정보의 제공자와 이용자 입장에서 고려해야 하는 원가와 효익의 예

	재무정보 제공자	재무정보 이용자
원가	· 재무정보의 수집, 처리, 검증, 전파 시 발생하는 원가	· 제공된 정보를 분석하고 해석하는 데 발생하는 원가 · 필요한 정보가 제공되지 않은 경우 그 정보를 다른 곳에서 얻거나 추정하는 데 발생하는 원가
효익	· 자본시장의 효율적 기능 및 경제 전반적인 자본비용 감소	· 합리적인 의사결정

SECTION

04 재무제표와 보고기업

재무제표[6]는 재무제표 요소의 정의를 충족하는 (1) 보고기업의 경제적자원, (2) 보고기업에 대한 청구권 및 (3) 경제적자원과 청구권의 변동에 관한 정보를 제공한다.

1 재무제표

1.1. 재무제표의 목적과 범위

재무제표의 목적은 보고기업에 유입될 미래순현금흐름에 대한 전망과 보고기업의 경제적자원에 대한 경영진의 수탁책임을 평가하는 데 유용한 보고기업의 자산, 부채, 자본, 수익 및 비용에 대한 재무정보를 재무제표이용자들에게 제공하는 것이다. 이러한 정보는 다음을 통해 제공된다.

(1) 자산, 부채 및 자본이 인식된 재무상태표

(2) 수익과 비용이 인식된 재무성과표[7]

(3) 다음에 관한 정보가 표시되고 공시된 다른 재무제표와 주석

(가) 인식된 자산, 부채, 자본, 수익 및 비용, 그 각각의 성격과 인식된 자산 및 부채에서 발생하는 위험에 대한 정보를 포함한다.

(나) 인식되지 않은 자산 및 부채, 그 각각의 성격과 인식되지 않은 자산과 부채에서 발생하는 위험에 대한 정보를 포함한다.

(다) 현금흐름

(라) 자본청구권 보유자의 출자와 자본청구권 보유자에 대한 분배

---

6 이 개념체계의 전반에 걸쳐 '재무제표'라는 용어는 일반목적재무제표를 말한다.

7 일반적으로 '포괄손익계산서'라 부른다. 이 개념체계에서는 재무성과표가 단일의 보고서로 구성되는지 두 개의 보고서로 구성되는지를 특정하지 않는다.

(마) 표시되거나 공시된 금액을 추정하는 데 사용된 방법, 가정과 판단 및 그러한 방법, 가정과 판단의 변경

1.2. 보고기간

재무제표는 특정 기간(보고기간)에 대하여 작성되며 다음에 관한 정보를 제공한다.

(1) 보고기간말 현재 또는 보고기간 중 존재했던 자산과 부채(미인식된 자산과 부채 포함) 및 자본
(2) 보고기간의 수익과 비용

재무제표이용자들이 변화와 추세를 식별하고 평가하는 것을 돕기 위해, 재무제표는 최소한 직전 연도에 대한 비교정보를 제공한다.

다음 모두에 해당하는 경우에는 미래에 발생할 수 있는 거래 및 사건에 대한 정보(미래전망 정보)를 재무제표에 포함한다.

(1) 그 정보가 보고기간말 현재 또는 보고기간 중 존재했던 기업의 자산, 부채(미인식 자산이나 부채 포함)나 자본 또는 보고기간의 수익이나 비용과 관련된 경우
(2) 재무제표이용자들에게 유용한 경우

예를 들어, 미래현금흐름을 추정하여 자산이나 부채를 측정한다면, 그러한 추정 미래현금흐름에 대한 정보는 재무제표이용자들이 보고된 측정치를 이해하는 데 도움을 줄 수 있다. 일반적으로 재무제표는 다른 유형의 미래전망 정보(예: 보고기업에 대한 경영진의 기대와 전략에 대한 설명자료)를 제공하지는 않는다.

한편, 재무제표의 목적을 달성하기 위해 보고기간 후 발생한 거래 및 그 밖의 사건에 대한 정보를 제공할 필요가 있다면 재무제표에 그러한 정보를 포함한다.

1.3. 재무제표에 채택된 관점

재무제표는 기업의 현재 및 잠재적 투자자, 대여자와 그 밖의 채권자 중 특정 집단의 관점이 아닌 보고기업 전체의 관점에서 거래 및 그 밖의 사건에 대한 정보를 제공한다.

1.4. 계속기업가정

재무제표는 일반적으로 보고기업이 계속기업(going concern)이며 예측가능한 미래에 영업을 계속할 것이라는 가정하에 작성된다. 따라서 기업이 청산을 하거나 거래를 중단하려는 의도가 없으며, 그럴 필요도 없다고 가정한다. 만약 기업이 청산을 하거나 거래를 중단하려는 의도나 필요가 있다면, 재무제표는 계속기업과는 다른 기준에 따라 작성되어야 한다. 그러한 경우라면, 사용된 기준을 재무제표에 기술한다.

2 보고기업

보고기업(reporting entity)은 재무제표를 작성해야 하거나 작성하기로 선택한 기업이다. 보고기업은 단일의 실체이거나 어떤 실체의 일부일 수 있으며, 둘 이상의 실체로 구성될 수도 있다. 하지만 보고기업이 반드시 법적 실체일 필요는 없다.

보고기업이 어떻게 구성되어 있느냐에 따라 다음과 같은 재무제표가 만들어진다.

(1) 한 기업(지배기업, parent)이 다른 기업(종속기업, subsidiary)을 지배하는 경우가 있다. 이 경우 보고기업이 지배기업과 종속기업으로 구성된다면 그 보고기업의 재무제표를 '연결재무제표(consolidated financial statements)'라고 부른다.

(2) 보고기업이 지배기업 단독인 경우 그 보고기업의 재무제표를 '비연결재무제표(nonconsolidated financial statements)'라고 부른다.

(3) 보고기업이 지배–종속관계로 모두 연결되어 있지는 않은 둘 이상 실체들로 구성된다면 그 보고기업의 재무제표를 '결합재무제표(combined financial statements)'라고 부른다.

보고기업이 (1) 법적 실체가 아니며, (2) 지배 – 종속관계로 연결된 법적 실체들로만 구성되어 있지는 않은 경우 보고기업의 적절한 경계를 결정하는 것이 어려울 수 있다. 이 경우, 보고기업의 경계는 보고기업의 재무제표의 주요이용자들의 정보 수요에 맞춰 결정한다. 주요이용자들은 목적적합하고 나타내고자 하는 바를 충실하게 표현하는 정보를 필요로 한다.

2.1. 연결재무제표와 비연결재무제표

연결재무제표는 단일의 보고기업으로서의 지배기업과 종속기업의 자산, 부채, 자본, 수익 및 비용에 대한 정보를 제공한다. 이 정보는 지배기업의 현재 및 잠재적 투자자, 대여자와 그 밖의 채권자가 지배기업에 유입될 미래현금흐름에 대한 전망을 평가하는 데 유용하다. 그 이유는 지배기업에 유입되는 순현금흐름에 지배기업이 종속기업으로부터 받는 분배가 포함되고, 그러한 분배는 종속기업에 유입되는 순현금흐름에 달려있기 때문이다.

연결재무제표는 특정 종속기업의 자산, 부채, 자본, 수익 및 비용에 대한 별도의 정보를 제공하도록 만들어지지 않았다. 종속기업 자체의 재무제표가 그러한 정보를 제공한다.

비연결재무제표는 종속기업에 대해서가 아닌 지배기업의 자산, 부채, 자본, 수익 및 비용에 대한 정보를 제공하도록 만들어졌다. 비연결재무제표는 다음의 이유로 지배기업의 현재 및 잠재적 투자자, 대여자와 그 밖의 채권자에게 유용할 수 있다.

(1) 지배기업에 대한 청구권은 일반적으로 그 보유자에게 종속기업에 대한 청구권을 부여하지 않는다.
(2) 일부 국가에서는 지배기업의 자본청구권 보유자에게 법적으로 분배될 수 있는 금액이 지배기업의 분배가능 잉여금(distributable reserves)에 달려있다.

지배기업만의 자산, 부채, 자본, 수익 및 비용의 일부 또는 전부에 대한 정보를 제공하는 또 다른 방법은 그러한 정보를 연결재무제표의 주석에 기재하는 것이다. 비연결재무제표에 제공되는 정보는 일반적으로 지배기업의 현재 및 잠재적 투자자, 대여자와 그 밖의 채권자의 정보수요를 충족하기에 충분하지 않다. 따라서 연결재무제표가 요구되는 경우에는 비연결재무제표가 연결재무제표를 대신할 수 없다. 그럼에도 불구하고, 지배기업은 연결재무제표에 추가하여 비연결재무제표를 작성해야 하거나 작성하기로 선택할 수 있다.

SECTION

05 재무제표 요소

개념체계에 정의된 재무제표 요소는 다음과 같다.

(1) 보고기업의 재무상태와 관련된 자산, 부채 및 자본
(2) 보고기업의 재무성과와 관련된 수익 및 비용

이러한 요소들은 앞에서 논의된 경제적자원, 청구권 및 경제적자원과 청구권의 변동과 연계되어 있으며, 이를 정리하면 [표 1-2]와 같다.

1 자산의 정의

자산은 과거사건의 결과로 기업이 통제하는 현재의 경제적자원이다. 경제적자원은 경제적효익을 창출할 잠재력을 지닌 권리이다. 이하에서는 자산의 정의를 (1) 권리, (2) 경제적효익을 창출할 잠재력, (3) 통제라는 세 가지 측면으로 나누어 설명한다.

표 1-2 재무제표 요소

항목	요소	정의 또는 설명
경제적자원	자산	과거사건의 결과로 기업이 통제하는 현재의 경제적자원 경제적자원은 경제적효익을 창출할 잠재력을 지닌 권리이다.
청구권	부채	과거사건의 결과로 기업의 경제적자원을 이전해야 하는 현재의무
	자본	기업의 자산에서 모든 부채를 차감한 후의 잔여지분
재무성과를 반영하는 경제적자원 및 청구권의 변동	수익	자본의 증가를 가져오는 자산의 증가나 부채의 감소로서, 자본청구권 보유자의 출자와 관련된 것은 제외
	비용	자본의 감소를 가져오는 자산의 감소나 부채의 증가로서, 자본청구권 보유자에 대한 분배와 관련된 것은 제외
그 밖의 경제적자원 및 청구권의 변동	–	자본청구권 보유자에 의한 출자와 그들에 대한 분배
	–	자본의 증가나 감소를 초래하지 않는 자산이나 부채의 교환

1.1. 권리

경제적효익을 창출할 잠재력을 지닌 권리(right)는 다음을 포함하여 다양한 형태를 갖는다.

(1) 다른 당사자의 의무에 해당하는 권리. 예를 들면 다음과 같다.
  (가) 현금을 수취할 권리
  (나) 재화나 용역을 제공받을 권리
  (다) 유리한 조건으로 다른 당사자와 경제적자원을 교환할 권리. 이러한 권리에는 예를 들어 현재 유리한 조건으로 경제적자원을 구매하는 선도계약 또는 경제적자원을 구매하는 옵션이 포함된다.
  (라) 불확실한 특정 미래사건이 발생하면 다른 당사자가 경제적효익을 이전하기로 한 의무로 인해 효익을 얻을 권리
(2) 다른 당사자의 의무에 해당하지 않는 권리. 예를 들면 다음과 같다.
  (가) 유형자산 또는 재고자산과 같은 물리적 대상에 대한 권리. 이러한 권리의 예로는 물리적 대상을 사용할 권리 또는 리스제공자산의 잔존가치에서 효익을 얻을 권리가 있다.
  (나) 지적재산 사용권

많은 권리들은 계약, 법률 또는 이와 유사한 수단에 의해 성립된다. 예를 들어, 기업은 특정 물리적 대상을 보유하거나 리스함으로써 권리를 획득할 수 있고, 채무상품이나 지분상품을 소유하거나 등록된 특허권을 소유함으로써 권리를 획득할 수 있다. 그러나 기업은 그 밖의 방법으로도 권리를 획득할 수 있다. 예를 들면 다음과 같다.

(1) 공공의 영역(public domain)에 속하지 않는 노하우의 획득이나 창작
(2) 실무 관행, 공개한 경영방침, 특정 성명(서)과 상충되는 방식으로 행동할 수 있는 실제 능력이 없기 때문에 발생하는 다른 당사자의 의무

기업의 모든 권리가 그 기업의 자산이 되는 것은 아니다. 권리가 기업의 자산이 되기 위해서는, 해당 권리가 그 기업을 위해서 다른 모든 당사자들이 이용가능한 경제적효익을 초과하는 경제적효익을 창출할 잠재력이 있고, 그 기업에 의해 통제되어야 한다. 예를 들어, 유의적인 원가를 들이지 않고 모든 당사자들이 이용가능한 권리를 보유한다면 일반적으로 그것은 기업의 자산이 아니다. 그러한 권리의 예로는 토지 위의 도로에 대한 공공권리 또는 공공의 영

역에 속하는 노하우와 같은 공공재에 접근할 수 있는 권리가 있다.

기업은 기업 스스로 경제적효익을 획득하는 권리를 가질 수는 없다.

> (1) 기업이 발행한 후 재매입하여 보유하고 있는 채무상품이나 지분상품(예: 자기주식)은 기업의 경제적자원이 아니다.
>
> (2) 만약 보고기업이 둘 이상의 법적 실체를 포함하는 경우, 그 법적 실체들 중 하나가 발행하고 다른 하나가 보유하고 있는 채무상품이나 지분상품은 그 보고기업의 경제적자원이 아니다.

원칙적으로 기업의 권리 각각은 별도의 자산이다. 그러나 회계목적상, 관련되어 있는 여러 권리가 단일 자산인 단일 회계단위로 취급되는 경우가 많다. 예를 들어, 물리적 대상에 대한 법적소유권은 여러 가지 권리(예: 대상을 사용할 권리, 대상에 대한 권리를 판매할 권리, 대상에 대한 권리를 담보로 제공할 권리 등)를 부여해줄 수 있는데, 많은 경우에 이러한 권리의 집합은 단일 자산으로 회계처리한다.

개념적으로 경제적자원은 물리적 대상이 아니라 권리의 집합이다. 그럼에도 불구하고, 권리의 집합을 물리적 대상으로 기술하는 것이 때로는 그 권리의 집합을 가장 간결하고 이해하기 쉬운 방식으로 충실하게 표현하는 방법이 된다. 경우에 따라 권리의 존재 여부가 불확실할 수 있다. 예를 들어, 한 기업이 다른 당사자로부터 경제적자원을 수취할 수 있는 권리가 있는지에 대해 서로 분쟁이 있을 수 있다. 그러한 존재불확실성이 해결(예: 법원의 판결)될 때까지 기업이 권리를 보유하는지는 불확실하고, 결과적으로 자산이 존재하는지도 불확실하다.

1.2. 경제적효익을 창출할 잠재력

경제적자원은 경제적효익을 창출할 잠재력(potential to produce economic benefit)을 지닌 권리이다. 잠재력이 있기 위해 권리가 경제적효익을 창출할 것이라고 확신하거나 그 가능성이 높아야 하는 것은 아니다. 권리가 이미 존재하고, 적어도 하나의 상황에서 그 기업을 위해 다른 모든 당사자들에게 이용가능한 경제적효익을 초과하는 경제적효익을 창출할 수 있으면 된다.

경제적효익을 창출할 가능성이 낮더라도 권리가 경제적자원의 정의를 충족할 수 있다면 자산이 될 수 있다. 그럼에도 불구하고, 그러한 경제적효익을 창출할 낮은 가능성은 자산의 인식 여부와 측정방법을 포함하여, 자산과 관련하여 제공해야 할 정보와 그 정보를 제공하는 방법에 대한 결정에 영향을 미칠 수 있다.

경제적자원은 기업에게, 예를 들어 다음 중 하나 이상을 할 수 있는 자격이나 권한을 부여하여 경제적효익을 창출할 수 있다.

(1) 계약상 현금흐름 또는 다른 경제적자원의 수취
(2) 다른 당사자와 유리한 조건으로 경제적자원을 교환
(3) 예를 들어, 다음과 같은 방식으로 현금유입의 창출 또는 현금유출의 회피
 (가) 경제적자원을 재화의 생산이나 용역의 제공을 위해 개별적으로 또는 다른 경제적자원과 함께 사용
 (나) 경제적자원을 다른 경제적자원의 가치를 증가시키기 위해 사용
 (다) 경제적자원을 다른 당사자에게 리스 제공
(4) 경제적자원을 판매하여 현금 또는 다른 경제적자원을 수취
(5) 경제적자원을 이전하여 부채를 상환

경제적자원의 가치가 미래 경제적효익을 창출할 현재의 잠재력에서 도출되지만, 경제적자원은 그 잠재력을 포함한 현재의 권리이며, 그 권리가 창출할 수 있는 미래 경제적효익이 아니다. 예를 들어, 매입한 옵션은 미래의 어떤 시점에 옵션을 행사하여 경제적효익을 창출할 잠재력에서 그 가치가 도출된다. 그러나 경제적자원은 현재의 권리이며, 그 권리는 미래의 어떤 시점에 옵션을 행사할 수 있다는 것이다. 따라서 옵션 행사 시 보유자가 받게 될 미래경제적효익은 경제적자원이 아니다.

지출의 발생과 자산의 취득은 밀접하게 관련되어 있으나 양자가 반드시 일치하는 것은 아니다. 따라서 기업이 지출한 경우 이는 미래경제적효익을 추구했다는 증거가 될 수는 있지만, 자산을 취득했다는 확정적인 증거는 될 수 없다. 마찬가지로 관련된 지출이 없더라도 특정 항목이 자산의 정의를 충족하는 것을 배제하지는 않는다. 예를 들어, 자산은 정부가 기업에게 무상으로 부여한 권리 또는 기업이 다른 당사자로부터 증여받은 권리를 포함할 수 있다.

1.3. 통제

통제(control)는 경제적자원을 기업에 결부(link)시키기 때문에 통제의 존재 여부를 평가하는 것은 기업이 회계처리 할 경제적자원을 식별하는 데 도움이 된다. 예를 들어, 기업은 부동산 전체의 소유권에서 발생하는 권리를 통제하지 않고, 부동산 지분에 비례하여 통제할 수 있다. 그러한 경우, 기업의 자산은 통제하고 있는 부동산의 지분이며, 통제하지 않는 부동산 전체의 소유권에서 발생하는 권리는 아니다.

기업은 경제적자원의 사용을 지시(direct)하고 그로부터 유입될 수 있는 경제적효익을 얻을 수 있는 현재의 능력이 있다면, 그 경제적자원을 통제한다. 통제에는 다른 당사자가 경제적자원의 사용을 지시하고 이로부터 유입될 수 있는 경제적효익을 얻지 못하게 하는 현재의 능력이 포함된다. 따라서 일방의 당사자가 경제적자원을 통제하면 다른 당사자는 그 자원을 통제하지 못한다.

기업은 경제적자원을 자신의 활동에 투입할 수 있는 권리가 있거나, 다른 당사자가 경제적자원을 그들의 활동에 투입하도록 허용할 권리가 있다면, 그 경제적자원의 사용을 지시할 수 있는 현재의 능력이 있다.

경제적자원의 통제는 일반적으로 법적 권리를 행사할 수 있는 능력에서 비롯된다. 그러나 통제는 경제적자원의 사용을 지시하고 이로부터 유입될 수 있는 효익을 얻을 수 있는 현재의 능력이 기업에게만 있도록 할 수 있는 경우에도 발생할 수 있다. 예를 들어, 기업은 공공의 영역에 속하지 않는 노하우에 접근할 수 있고, 그 노하우를 지킬 수 있는 현재능력이 있다면, 그 노하우가 등록된 특허에 의해 보호받지 못하더라도 노하우를 사용할 권리를 통제할 수 있다.

기업이 경제적자원을 통제하기 위해서는 해당 자원의 미래 경제적효익이 다른 당사자가 아닌 그 기업에게 직접 또는 간접으로 유입되어야 한다. 통제의 이러한 측면은 모든 상황에서 해당 자원이 경제적효익을 창출할 것이라고 보장할 수 있음을 의미하지는 않는다. 그 대신, 자원이 경제적효익을 창출한다면, 기업은 직접 또는 간접으로 그 경제적효익을 얻을 수 있음을 의미한다.

경제적자원에 의해 창출되는 경제적효익의 유의적인 변동에 노출된다는 것은 기업이 해당 자원을 통제한다는 것을 나타낼 수도 있다. 그러나 그것은 통제가 존재하는지에 대한 전반적인 평가에서 고려해야 할 하나의 요소일 뿐이다.

어떤 경우에는 한 당사자(본인)가 본인을 대신하고 본인을 위해 행동하도록 다른 당사자(대리인)를 고용한다. 예를 들어, 본인은 자신이 통제하는 재화를 판매하기 위해 대리인을 고용할 수 있다. 본인이 통제하는 경제적자원을 대리인이 관리하고 있는 경우, 그 경제적자원은 대리인의 자산이 아니다. 또한 본인이 통제하는 경제적자원을 제삼자에게 이전할 의무가 대리인에게 있는 경우 이전될 경제적자원은 대리인의 것이 아니라 본인의 경제적자원이기 때문에 그 의무는 대리인의 부채가 아니다.

2 부채의 정의

부채는 과거사건의 결과로 기업이 경제적자원을 이전해야 하는 현재의무이다. 부채가 존재하기 위해서는 다음의 세 가지 조건을 모두 충족해야 한다.

(1) 기업에게 의무가 있다.
(2) 의무는 경제적자원을 이전하는 것이다.
(3) 의무는 과거사건의 결과로 존재하는 현재의무이다.

2.1. 의무

부채의 첫 번째 조건은 기업에게 의무(obligation)가 있다는 것이다. 의무란 기업이 회피할 수 있는 실제 능력이 없는 책무나 책임을 말한다. 의무는 항상 다른 당사자에게 이행해야 한다. 다른 당사자는 사람이나 또 다른 기업, 사람들 또는 기업들의 집단, 사회 전반이 될 수 있다. 그러나 의무를 이행할 대상인 당사자의 신원을 알 필요는 없다.

한 당사자가 경제적자원을 이전해야 하는 의무가 있는 경우, 다른 당사자는 그 경제적자원을 수취할 권리가 있다. 그러나 한 당사자가 부채를 인식하고 이를 특정 금액으로 측정해야 한다는 요구사항이 다른 당사자가 자산을 인식하거나 동일한 금액으로 측정해야 한다는 것을 의미하지는 않는다. 예를 들어, 한 당사자의 부채와 이에 상응하는 다른 당사자의 자산에 대해, 서로 다른 인식기준이나 측정 요구사항이 표현하고자 하는 것을 가장 충실히 표현하고 가장 목적적합한 정보를 선택하기 위한 결정이라면, 특정 회계기준은 그러한 서로 다른 기준이나 요구사항을 포함할 수 있다.

많은 의무가 계약, 법률 또는 이와 유사한 수단에 의해 성립되며, 당사자가 채무자에게 법적으로 집행할 수 있도록 한다. 그러나 기업이 실무 관행, 공개한 경영방침, 특정 성명(서)과 상충되는 방식으로 행동할 실제 능력이 없는 경우, 기업의 그러한 실무 관행, 경영방침이나 성명(서)에서 의무가 발생할 수도 있다. 그러한 상황에서 발생하는 의무는 의제의무(constructive obligation)라고 불린다.

일부 상황에서, 경제적자원을 이전하는 기업의 책무나 책임은 기업 스스로 취할 수 있는 미래의 특정 행동을 조건으로 발생한다. 그러한 미래의 특정 행동에는 특정 사업을 운영하는 것, 미래의 특정 시점에 특정 시장에서 영업하는 것 또는 계약의 특정 옵션을 행사하는 것을 포함한다. 이러한 상황에서 기업은 그러한 행동을 회피할 수 있는 실제 능력이 없다면 의제의무가 있다.

기업이 경제적자원의 이전을 회피할 수 있는 실제 능력이 있는지를 평가하는 데 사용되는 요소는 기업의 책무나 책임의 성격에 따라 달라질 수 있다. 예를 들어, 이전을 회피할 수 있도록 취하는 행동이 이전하는 것보다 유의적으로 더 불리한 경제적 결과를 가져온다면, 기업은 이전을 회피할 수 있는 실제 능력이 없을 수 있다. 그러나 이전하고자 하는 의도나 높은 이전 가능성은 기업이 이전을 회피할 수 있는 실제 능력이 없다고 결론을 내릴 충분한 이유가 되지 않는다.

의무가 존재하는지 불확실한 경우가 있다. 예를 들어, 다른 당사자가 기업의 범법행위 혐의에 대한 보상을 요구하는 경우, 그 행위가 발생했는지, 기업이 그 행위를 했는지 또는 법률이 어떻게 적용되는지가 불확실할 수 있다. 예를 들어, 법원의 판결로 그 존재의 불확실성이 해소될 때까지, 기업이 보상을 요구하는 당사자에게 의무가 있는지, 결과적으로 부채가 존재하는지 여부가 불확실하다.

2.2. 경제적자원의 이전

부채의 두 번째 조건은 경제적자원을 이전하는 것이 의무라는 것이다. 이 조건을 충족하기 위해, 의무에는 기업이 경제적자원을 다른 당사자에게 이전하도록 요구받게 될 잠재력이 있어야 한다. 그러한 잠재력이 존재하기 위해서는, 기업이 경제적자원의 이전을 요구받을 것이 확실하거나 그 가능성이 높아야 하는 것은 아니다. 예를 들어 불확실한 특정 미래사건이 발생할 경우에만 이전이 요구될 수도 있다. 의무가 이미 존재하고, 적어도 하나의 상황에서 기업이 경제적자원을 이전하도록 요구되기만 하면 된다.

경제적자원의 이전가능성이 낮더라도 의무가 부채의 정의를 충족할 수 있다. 그럼에도 불구하고, 그러한 경제적자원 이전의 낮은 가능성은 부채의 인식 여부와 측정방법의 결정을 포함하여, 부채와 관련하여 제공해야 할 정보와 그 정보를 제공하는 방법에 대한 결정에 영향을 미칠 수 있다. 경제적자원을 이전해야 하는 의무는 다음의 예를 포함한다.

(1) 현금을 지급할 의무
(2) 재화를 인도하거나 용역을 제공할 의무
(3) 불리한 조건으로 다른 당사자와 경제적자원을 교환할 의무. 예를 들어, 이러한 의무는 현재 불리한 조건으로 경제적자원을 판매하는 선도계약 또는 다른 당사자가 해당 기업으로부터 경제적자원을 구입할 수 있는 옵션을 포함한다.
(4) 불확실한 특정 미래사건이 발생할 경우 경제적자원을 이전할 의무
(5) 기업에게 경제적자원을 이전하도록 요구하는 금융상품을 발행할 의무

2.3. 과거사건으로 생긴 현재의무

부채의 세 번째 조건은 의무가 과거사건의 결과로 존재하는 현재의무라는 것이다. 현재의무는 다음 모두에 해당하는 경우에만 과거사건의 결과로 존재한다.

(1) 기업이 이미 경제적효익을 얻었거나 조치를 취했고,
(2) 그 결과로 기업이 이전하지 않아도 되었을 경제적자원을 이전해야 하거나 이전하게 될 수 있는 경우

기업이 얻은 경제적효익의 예에는 재화나 용역이 포함될 수 있다. 기업이 취한 조치(the action taken)의 예에는 특정 사업을 운영하거나 특정 시장에서 영업하는 것이 포함될 수 있다. 기업이 시간이 경과하면서 경제적효익을 얻거나 조치를 취하는 경우, 현재의무는 그 기간 동안 누적될 수 있다.

새로운 법률이 제정되는 경우에는, 그 법률의 적용으로 경제적효익을 얻게 되거나 조치를 취한 결과로, 기업이 이전하지 않아도 되었을 경제적자원을 이전해야 하거나 이전하게 될 수도 있는 경우에만 현재의무가 발생한다. 법률제정 그 자체만으로는 기업에 현재의무를 부여하기에 충분하지 않다. 이와 유사하게, 의제의무를 발생시키는 기업의 실무 관행, 공개된 경영방침 또는 특정 성명(서)은, 그에 따라 경제적효익을 얻거나 조치를 위한 결과로, 기업이 이전하지 않아도 되었을 경제적자원을 이전해야 하거나 이전하게 될 수도 있는 경우에만 현재의무를 발생시킨다.

미래의 특정 시점까지 경제적자원의 이전이 집행될 수 없더라도 현재의무는 존재할 수 있다. 예를 들어, 계약에서 미래의 특정 시점까지는 지급을 요구하지 않더라도, 현금을 지급해야 하는 계약상 부채가 현재 존재할 수 있다. 이와 유사하게, 거래상대방이 미래의 특정 시점까지는 업무를 수행하도록 요구할 수 없더라도, 기업에게는 미래의 특정 시점에 업무를 수행해야 하는 계약상 의무가 현재 존재할 수 있다.

만약 기업이 이전하지 않아도 되었을 경제적자원을 이전하도록 요구받거나 요구받을 수 있게 하는 경제적효익의 수취나 조치가 아직 없는 경우, 기업은 경제적자원을 이전해야 하는 현재의무가 없다. 예를 들어, 기업이 종업원의 용역을 제공받는 대가로 종업원에게 급여를 지급하는 계약을 체결한 경우, 기업은 종업원의 용역을 제공받을 때까지 급여를 지급할 현재의무가 없다. 그 전까지 계약은 미이행계약이며, 기업은 미래 종업원 용역에 대해서 미래 급여를 교환하는 권리와 의무를 함께 보유하고 있다.

3 자산과 부채

3.1. 회계단위

회계단위(unit of account)는 인식기준과 측정개념이 적용되는 권리나 권리의 집합, 의무나 의무의 집합 또는 권리와 의무의 집합이다. 인식기준과 측정개념이 자산이나 부채 그리고 관련 수익과 비용에 어떻게 적용될 것인지를 고려하여, 그 자산이나 부채에 대해 회계단위를 선택한다. 어떤 경우에는 인식을 위한 회계단위와 측정을 위한 회계단위를 서로 다르게 선택하는 것이 적절할 수 있다. 예를 들어, 계약은 개별적으로 인식될 수 있지만 계약포트폴리오의 일부로 측정될 수도 있다. 표시와 공시를 위해 자산, 부채, 수익 및 비용은 통합하거나 구성요소로 분리하여야 할 수 있다.

기업이 자산의 일부 또는 부채의 일부를 이전하는 경우, 그때 회계단위가 변경되어 이전된 구성요소와 잔여 구성요소가 별도의 회계단위가 될 수도 있다. 유용한 정보를 제공하기 위해 회계단위를 선택하며, 이는 다음을 의미한다.

(1) 자산이나 부채에 대해 제공된 정보와 이와 관련된 수익과 비용에 대해 제공된 정보는 목적적합해야 한다. 예를 들어 다음과 같은 권리와 의무가 있는 경우, 권리와 의무의 집합을 단일의 회계단위로 취급하는 것이 각각의 권리나 의무를 별도의 회계단위로 취급하는 것보다 더 목적적합한 정보를 제공할 수 있다.
  (가) 별도의 거래 대상이 될 수 없거나 그러한 가능성이 낮다.
  (나) 서로 다른 형식으로 만료(expire)될 수 없거나 그러한 가능성이 낮다.
  (다) 유사한 경제적특성과 위험을 가지며, 따라서 기업의 미래순현금유입 또는 순현금유출에 대한 전망에 대해 유사한 시사점을 가질 가능성이 높다.
  (라) 기업이 현금흐름을 창출하기 위해 수행하는 사업활동에 함께 사용되며, 그러한 상호의존적인 미래현금흐름의 추정을 참고하여 측정된다.

(2) 자산이나 부채에 대해 제공된 정보와 이와 관련된 수익과 비용에 대해 제공된 정보는 발생한 거래나 그 밖의 사건의 실질을 충실하게 표현해야 한다. 따라서 서로 다른 원천에서 발생하는 권리나 의무를 단일 회계단위로 취급하거나 단일의 원천에서 발생하는 권리나 의무를 분리해야 할 수도 있다. 이와 마찬가지로, 서로 관련 없는 권리나 의무를 충실하게 표현하기 위해, 이들을 별도로 인식하고 측정해야 할 수 있다.

재무정보의 원가가 다른 재무보고 결정을 제약하는 것처럼, 회계단위 선택도 제약한다. 따라서 회계단위를 선택할 때에는, 그 회계단위의 선택으로 인해 재무제표이용자들에게 제공되는 정보의 효익이 그 정보를 제공하고 사용하는 데 발생한 원가를 정당화할 수 있는지를 고려하는 것이 중요하다. 일반적으로 자산, 부채, 수익과 비용의 인식 및 측정에 관련된 원가는 회계단위의 크기가 작아짐에 따라 증가한다. 따라서 일반적으로 동일한 원천에서 발생하는 권리 또는 의무는 정보가 더 유용하고 그 효익이 원가를 초과하는 경우에만 분리한다.

권리와 의무 모두 동일한 원천에서 발생하는 경우가 있다. 예를 들어, 일부 계약은 각 당사자의 권리와 의무 모두를 성립시킨다. 그러한 권리와 의무가 상호의존적이고 분리될 수 없다면, 이는 단일한 불가분의 자산이나 부채를 구성하며, 단일의 회계단위를 형성한다. 미이행계약이 그 예이다. 반대로, 권리가 의무와 분리될 수 있는 경우, 권리와 의무를 별도로 분리하여 하나 이상의 자산과 부채를 별도로 식별하는 것이 적절할 수 있다. 다른 경우에는 분리 가능한 권리와 의무를 단일 회계단위로 묶어 단일의 자산이나 부채로 취급하는 것이 더 적절할 수 있다.

3.2. 미이행계약

미이행계약(executory contracts)은 계약당사자 모두가 자신의 의무를 전혀 수행하지 않았거나 계약당사자 모두가 동일한 정도로 자신의 의무를 부분적으로 수행한 계약이나 그 계약의 일부를 말한다.

미이행계약은 경제적자원을 교환할 권리와 의무가 결합되어 성립되기 때문에 그러한 권리와 의무는 상호의존적이어서 분리될 수 없다. 따라서 결합된 권리와 의무는 단일 자산 또는 단일 부채를 구성한다. 만약 교환 조건이 현재 유리할 경우, 기업은 자산을 보유하며 교환 조건이 현재 불리한 경우에는 부채를 보유한다. 그러한 자산이나 부채가 재무제표에 포함되는지 여부는 그 자산 또는 부채에 대해 선택된 인식기준과 측정기준 및 손실부담계약인지에 대한 검토(해당되는 경우)에 따라 달라진다.

당사자 일방이 계약상 의무를 이행하면 그 계약은 더 이상 미이행계약이 아니다. 보고기업이 계약에 따라 먼저 수행한다면, 그렇게 수행하는 것은 보고기업의 경제적자원을 교환할 권리와 의무를 경제적자원을 수취할 권리로 변경하는 사건이 되며 그 권리는 자산이다. 반면 다른 당사자가 먼저 수행하는 경우, 그렇게 수행하는 것은 보고기업의 경제적자원을 교환할 권리와 의무를 경제적자원을 이전할 의무로 변경하는 사건이 되며 그 의무는 부채이다.

3.3. 계약상 권리와 의무의 실질

계약 조건은 계약당사자인 기업의 권리와 의무를 창출하므로 그러한 권리와 의무를 충실하게 표현하기 위해서는 재무제표에 그 실질을 보고한다. 어떤 경우에는 계약의 법적형식에서 권리와 의무의 실질이 분명하다. 그러나 다른 경우에는 그 권리와 의무의 실질을 식별하기 위해서 계약조건, 계약집합이나 일련의 계약을 분석할 필요가 있다.

실질이 없지 않는 한 계약의 모든 조건(명시적 또는 암묵적)은 고려되어야 한다. 암묵적 조건의 예에는 법령에 의해 부과된 의무(예: 고객에게 상품을 판매하기 위해 계약을 체결할 때 부과되는 법정 보증의무)가 포함될 수 있다.

실질이 없는 조건은 무시된다. 만약 조건이 계약의 경제적 측면에서 구별될 수 있는 영향을 미치지 않는다면, 그 조건은 실질이 없다. 실질이 없는 조건의 예에는 다음이 있다.

(1) 당사자 그 누구도 구속하지 않는 조건

(2) 권리 보유자가 어떠한 상황에서도 행사할 실제 능력을 갖지 못하는 권리(옵션 포함)

4 자본의 정의

자본(equity)은 기업의 자산에서 모든 부채를 차감한 후의 잔여지분이다. 자본청구권은 기업의 자산에서 모든 부채를 차감한 후의 잔여지분에 대한 청구권이다. 즉, 부채의 정의에 부합하지 않는 기업에 대한 청구권이다. 그러한 청구권은 계약, 법률 또는 이와 유사한 수단에 의해 성립될 수 있으며, 부채의 정의를 충족하지 않는 한, 다음을 포함한다.

(1) 기업이 발행한 다양한 유형의 지분

(2) 기업이 또 다른 자본청구권을 발행할 의무

보통주 및 우선주와 같이 서로 다른 종류의 자본청구권은 보유자에게 서로 다른 권리, 예를 들어 다음 중 일부 또는 전부를 기업으로부터 받을 권리를 부여할 수 있다.

(1) 배당금(기업이 적격한 보유자에게 배당금을 지불하기로 한 경우)

(2) 청산 시점에 전액을 청구하거나, 청산이 아닌 시점에 부분적인 금액을 청구하는 자본청구권을 이행하기 위한 대가

(3) 그 밖의 자본청구권

5 수익과 비용의 정의

수익(income)은 자산의 증가 또는 부채의 감소로서 자본의 증가를 가져오며, 자본청구권 보유자의 출자와 관련된 것을 제외한다. 비용(expense)은 자산의 감소 또는 부채의 증가로서 자본의 감소를 가져오며, 자본청구권 보유자에 대한 분배와 관련된 것을 제외한다. 이러한 수익과 비용의 정의에 따라, 자본청구권 보유자로부터의 출자는 수익이 아니며 자본청구권 보유자에 대한 분배는 비용이 아니다.

수익과 비용은 기업의 재무성과와 관련된 재무제표 요소이다. 재무제표이용자들은 기업의 재무상태와 재무성과에 대한 정보가 필요하다. 따라서 수익과 비용은 자산과 부채의 변동으로 정의되지만, 수익과 비용에 대한 정보는 자산과 부채에 대한 정보만큼 중요하다. 서로 다른 거래나 그 밖의 사건은 서로 다른 특성을 지닌 수익과 비용을 발생시킨다. 수익과 비용의 서로 다른 특성별로 정보를 별도로 제공하면 재무제표이용자들이 기업의 재무성과를 이해하는 데 도움이 될 수 있다.

SECTION 06

인식과 제거

1 인식절차

1.1. 인식의 정의

인식은 자산, 부채, 자본, 수익 또는 비용과 같은 재무제표 요소 중 하나의 정의를 충족하는 항목을 재무상태표나 재무성과표에 포함하기 위하여 포착하는 과정이다. 인식은 그러한 재무제표 중 하나에 어떤 항목(단독으로 또는 다른 항목과 통합하여)을 명칭과 화폐금액으로 나타내고, 그 항목을 해당 재무제표의 하나 이상의 합계에 포함시키는 것과 관련된다. 자산, 부채 또는 자본이 재무상태표에 인식되는 금액을 장부금액이라고 한다.

재무상태표와 재무성과표는 재무정보를 비교가능하고 이해하기 쉽도록 구성한 구조화된 요약으로, 기업이 인식하는 자산, 부채, 자본, 수익 및 비용을 나타낸다. 이러한 요약의 구조상 중요한 특징은 재무제표에 인식하는 금액은 재무제표에 인식될 항목들이 연계되는 총계들과 (해당될 경우) 소계들에 포함된다는 점이다.

1.2. 재무제표 요소 및 재무제표 간의 연계

인식에 따라 재무제표 요소, 재무상태표 및 재무성과표가 다음과 같이 연계된다.

(1) 재무상태표의 보고기간 기초와 기말의 총자산에서 총부채를 차감한 것은 총자본과 같다.
(2) 보고기간에 인식한 자본변동은 다음과 같이 구성되어 있다.
  (가) 재무성과표에 인식된 수익에서 비용을 차감한 금액
  (나) 자본청구권 보유자로부터의 출자에서 자본청구권 보유자에의 분배를 차감한 금액

[그림 1-6]은 이를 그림으로 표현한 것이다.

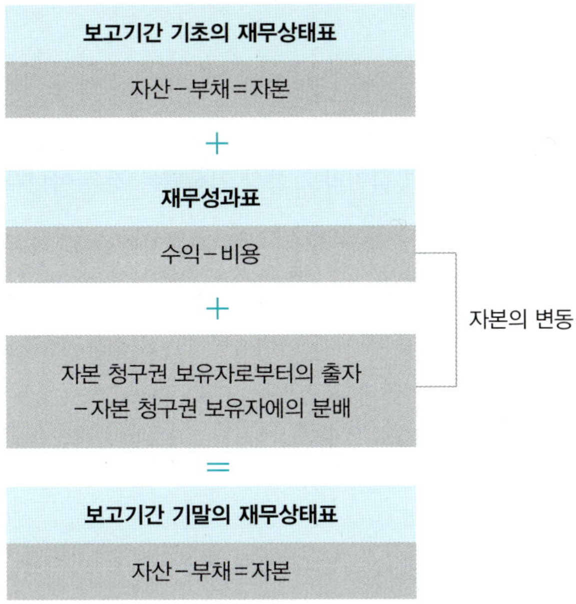

그림 1-6 인식에 따라 재무제표 요소들이 연계되는 방법

하나의 항목(또는 장부금액의 변동)의 인식은 하나 이상의 다른 항목(또는 하나 이상의 다른 항목의 장부금액의 변동)의 인식 또는 제거가 필요하기 때문에 재무제표들은 예를 들어 다음과 같이 연계된다.

(1) 수익의 인식은 다음과 동시에 발생한다.
- (가) 자산의 최초 인식, 또는 자산의 장부금액의 증가
- (나) 부채의 제거 또는 부채의 장부금액의 감소

(2) 비용의 인식은 다음과 동시에 발생한다.
- (가) 부채의 최초 인식 또는 부채의 장부금액의 증가
- (나) 자산의 제거 또는 자산의 장부금액의 감소

거래나 그 밖의 사건에서 발생된 자산이나 부채의 최초 인식에 따라 수익과 관련 비용을 동시에 인식할 수 있다. 예를 들어, 재화의 현금판매에 따라 수익(현금과 같은 자산의 인식으로 발생)과 비용(재화의 판매와 같이 다른 자산의 제거로 발생)을 동시에 인식하게 된다. 수익과 관련 비용의 동시 인식은 때때로 수익과 관련 원가의 대응을 나타낸다. 그러나 원가와 수익의 대응은 개념체계의 목적이 아니다. 개념체계는 재무상태표에서 자산, 부채, 자본의 정의를 충족하지 않는 항목의 인식을 허용하지 않는다.

2 인식기준

자산, 부채 또는 자본의 정의를 충족하는 항목만이 재무상태표에 인식된다. 마찬가지로 수익이나 비용의 정의를 충족하는 항목만이 재무성과표에 인식된다. 그러나 재무제표 요소 중 하나의 정의를 충족하는 항목이라고 할지라도 항상 인식되는 것은 아니다.

요소의 정의를 충족하는 항목을 인식하지 않는 것은 재무상태표 및 재무성과표를 완전하지 않게 하고 재무제표에서 유용한 정보를 제외할 수 있다. 반면에, 어떤 상황에서는 요소의 정의를 충족하는 일부 항목을 인식하는 것이 오히려 유용한 정보를 제공하지 않을 수 있다. 따라서 자산이나 부채를 인식하고 이에 따른 결과로 수익, 비용 또는 자본변동을 인식하는 것이 재무제표이용자들에게 다음과 같이 유용한 정보를 모두 제공하는 경우에만 자산이나 부채를 인식한다.

(1) 자산이나 부채에 대한 그리고 이에 따른 결과로 발생하는 수익, 비용 또는 자본변동에 대한 목적적합한 정보
(2) 자산이나 부채 그리고 이에 따른 결과로 발생하는 수익, 비용 또는 자본변동의 충실한 표현

재무정보의 원가는 다른 재무보고 결정을 제약하는 것처럼, 인식에 대한 결정도 제약한다. 자산이나 부채를 인식할 때 원가가 발생한다. 재무제표작성자는 자산이나 부채의 목적적합한 측정을 위해 원가를 부담하며, 재무제표이용자들도 제공된 정보를 분석하고 해석하기 위해 원가를 부담한다. 재무제표이용자들에게 제공되는 정보의 효익이 그 정보를 제공하고 사용하는 원가를 정당화할 수 있을 경우에 자산이나 부채를 인식한다. 어떤 경우에는 인식하기 위한 원가가 인식으로 인한 효익을 초과할 수 있다.

자산이나 부채의 정의를 충족하는 항목이 인식되지 않더라도, 기업은 해당 항목에 대한 정보를 주석에 제공해야 할 수도 있다. 재무상태표와 재무성과표(해당되는 경우)에서 제공하는 구조화된 요약에 그 항목이 포함되지 않은 것을 보완하기 위해 그러한 정보를 어떻게 충분히 보여줄 수 있는지를 고려하는 것이 중요하다.

2.1. 목적적합성

자산, 부채, 자본, 수익과 비용에 대한 정보는 재무제표이용자들에게 목적적합하다. 그러나 특정 자산이나 부채의 인식과 이에 따른 결과로 발생하는 수익, 비용 또는 자본변동의 인식이 항상 목적적합한 정보를 제공하는 것은 아닐 수 있다. 예를 들면 다음과 같다.

(1) 자산이나 부채가 존재하는지 불확실하다.
(2) 자산이나 부채가 존재하지만 경제적효익의 유입가능성이나 유출가능성이 낮다.

위에 기술된 하나 이상의 요인이 존재한다고 해서, 인식에 따라 제공된 정보가 반드시 목적적합하지 않다는 결론을 내릴 수는 없다. 또한, 위에 기술된 요인 외의 요인들도 결론에 영향을 미칠 수 있다. 인식으로 목적적합한 정보를 제공하는지 여부를 결정하는 것은 단일 요인이 아니며, 여러 요인들의 결합일 수 있다.

2.1.1. 존재불확실성

권리나 의무가 존재하는지 불확실해서 자산이나 부채의 존재 여부가 불확실한 경우가 있다. 어떤 경우에는 그러한 불확실성은 경제적효익의 유입가능성이나 유출가능성이 낮고 발생가능한 결과의 범위가 매우 광범위한 상황과 결합될 수가 있다. 이는 존재가 불확실한 자산이나 부채를 반드시 단일 금액으로만 측정하여 인식하는 것이 목적적합한 정보를 제공하지는 않음을 의미할 수 있다. 자산이나 부채가 인식되는지 여부에 관계없이, 이와 관련된 불확실성에 대한 설명정보가 재무제표에 제공되어야 할 수도 있다.

2.1.2. 경제적효익의 낮은 유입가능성과 유출가능성

경제적효익의 유입가능성이나 유출가능성이 낮더라도 자산이나 부채가 존재할 수 있다. 경제적효익의 유입가능성이나 유출가능성이 낮다면, 그 자산이나 부채에 대해 가장 목적적합한 정보는 발생가능한 유입이나 유출의 크기, 발생가능한 시기 및 발생가능성에 영향을 미치는 요인에 대한 정보일 수 있다. 이러한 정보는 일반적으로 주석에 기재한다.

경제적효익의 유입가능성이나 유출가능성이 낮더라도, 자산이나 부채를 인식하는 것이 주석에 기재하는 정보 외의 목적적합한 정보를 제공할 수 있다. 이러한 경우에 해당되는지는 다양한 요인에 따라 달라질 수 있으며, 그 예는 다음과 같다.

(1) 시장조건에 따른 교환거래에서 자산을 취득하거나 부채가 발생하는 경우, 그 원가는 일반적으로 경제적효익의 유입가능성이나 유출가능성을 반영한다. 따라서 해당 원가는 목적적합한 정보일 수 있으며 일반적으로 쉽게 이용할 수 있다. 또한 자산이나 부채를 인식하지 않으면 교환시점에 비용이나 수익을 인식하게 되는데, 이는 거래를 충실하게 표현하지 못할 수 있다.

(2) 자산이나 부채가 교환거래가 아닌 사건에서 발생하는 경우, 자산이나 부채를 인식하면 일반적으로 수익이나 비용의 인식을 초래한다. 자산이나 부채로 인해 경제적효익이 유입되거나 유출될 가능성이 낮으면 재무제표이용자들은 그러한 자산과 수익 또는 부채와 비용의 인식을 목적적합한 정보의 제공으로 보지 않을 수 있다.

2.2. 표현충실성

특정 자산이나 부채를 인식하는 것은 목적적합한 정보를 제공할 뿐만 아니라 해당 자산이나 부채 및 이에 따른 결과로 발생하는 수익, 비용 또는 자본변동에 대한 충실한 표현을 제공할 경우에 적절하다. 충실한 표현이 제공될 수 있는지는 자산이나 부채와 관련된 측정불확실성의 수준 또는 다른 요인에 의해 영향을 받을 수 있다.

2.2.1. 측정불확실성

자산이나 부채를 인식하기 위해서는 측정을 해야 한다. 많은 경우 그러한 측정은 추정되어야 하며 따라서 측정불확실성의 영향을 받는다. 합리적인 추정의 사용은 재무정보 작성의 필수적인 부분이며 추정치를 명확하고 정확하게 기술하고 설명한다면 정보의 유용성을 훼손하지 않는다. 높은 수준의 측정불확실성이 있더라도 그러한 추정치가 유용한 정보를 반드시 제공하지 못하는 것은 아니다.

경우에 따라 자산이나 부채를 측정하는데, 추정과 관련된 불확실성 수준이 너무 높아서 이러한 추정으로 해당 자산이나 부채 및 이에 따른 결과로 발생하는 수익, 비용 또는 자본의 변동을 충분히 충실하게 표현할 수 있는지 의심스러울 수 있다. 예를 들어, 자산이나 부채를 측정하기 위해 현금흐름기준 측정기법을 사용하여 측정하는 것이 유일한 추정방법이고, 다음 상황 중 하나 이상에 해당하는 경우에는 측정불확실성이 너무 높은 수준일 수 있다.

(1) 발생가능한 결과가 매우 광범위하고, 각 결과의 가능성을 추정하기가 매우 어렵다.

(2) 측정치가 다른 결과의 가능성에 대한 추정의 작은 변화에 매우 민감하다(예: 미래의 현금유입 가능성이나 유출가능성은 매우 낮지만, 일단 발생할 경우 이러한 현금유입이나 현금유출의 크기가 매우 클 경우).

(3) 자산이나 부채를 측정하기 위해 측정 대상인 자산이나 부채에만 관련되지 않는 현금흐름에 대한 배분이 요구되고 그것이 매우 어렵거나 매우 주관적이다.

위에서 측정불확실성이 너무 높은 수준으로 기술된 경우 중 일부는, 추정에 대한 설명과 추정에 영향을 미칠 수 있는 불확실성에 대한 설명을 동반한다면, 불확실성이 높은 추정에 의존하는 측정이 가장 유용한 정보일 수 있다. 이는 특히 그러한 측정이 자산이나 부채에 가장 목적적합한 측정인 경우에 그러할 수 있다. 다른 경우, 그 정보가 자산이나 부채와 이에 따른 결과로 발생하는 수익, 비용 또는 자본변동에 대해 충분히 충실하게 표현하지 못한다면, 비교적 목적적합성은 낮지만 측정불확실성이 낮은 다른 측정치가 (필요한 기술 및 설명과 함께) 가장 유용한 정보일 수 있다.

제한된 상황에서 이용가능한(또는 취득할 수 있는) 자산이나 부채의 목적적합한 모든 측정이, 비록 그 측정치를 산출하는 추정에 대한 설명과 그 추정에 영향을 미치는 불확실성에 대한 설명을 동반한다 하더라도, 자산이나 부채(그리고 이에 따른 결과로 발생하는 수익, 비용 또는 자본의 변동)에 대한 유용한 정보를 제공하지 못하는 높은 측정불확실성에 영향을 받을 수 있다. 이러한 제한된 상황에서는 자산이나 부채는 인식되지 않을 것이다.

자산이나 부채의 인식 여부와 관계없이, 자산이나 부채를 충실하게 표현하려면, 자산이나 부채의 존재 여부, 측정치 또는 그 결과(궁극적으로 자산이나 부채에서 발생할 경제적 유입 또는 유출의 양 또는 시기)와 관련된 불확실성에 대한 설명정보가 포함되어야 한다.

2.2.2. 다른 요소들

인식된 자산, 부채, 자본, 수익 또는 비용의 충실한 표현은 해당 항목의 인식뿐만 아니라 그 항목의 측정 및 표시와 관련 정보의 공시를 포함한다. 따라서 자산이나 부채의 인식으로 그 자산이나 부채를 충실하게 표현할 수 있는지를 평가할 때, 재무상태표에 이에 대한 설명과 측정뿐만 아니라 다음을 고려할 필요가 있다.

(1) 결과적으로 발생하는 수익, 비용 및 자본변동에 대한 서술. 예를 들어, 기업이 거래의 대가로 자산을 취득한 경우, 자산을 인식하지 않으면 비용을 인식하게 되고 기업의 이익과 자본을 감소시킬 수 있다. 예를 들어, 어떤 경우에는 기업이 그 자산을 즉시 소비하지 않는다면 그 결과는 기업의 재무상태가 악화되었다고 오해를 유발할 수 있는 표현을 제공할 수 있다.

(2) 관련 자산과 부채가 인식되는지 여부. 관련 자산과 부채가 인식되지 않으면, 인식은 인식불일치(회계불일치)를 초래할 수 있다. 비록 주석에 설명정보가 제공된다 하더라도, 이러한 경우에 자산이나 부채를 발생시키는 거래나 그 밖의 사건의 전반적인 영향에 대해서 이해가능하거나 충실한 표현을 제공하지 못할 수 있다.

(3) 자산이나 부채 그리고 이에 따른 결과로 발생하는 수익, 비용 또는 자본변동에 대한 정보의 표시와 공시. 완전한 서술에는 재무제표이용자들이 서술된 경제현상을 이해하는 데 필요한 모든 정보(필요한 모든 기술과 설명을 포함)가 포함된다. 따라서 관련 정보의 표시와 공시는 인식된 금액이 자산, 부채, 자본, 수익 또는 비용을 충실하게 표현할 수 있도록 한다.

3 제거

3.1. 제거의 정의

제거(derecognition)는 기업의 재무상태표에서 인식된 자산이나 부채의 전부 또는 일부를 삭제하는 것이다. 제거는 일반적으로 해당 항목이 더 이상 자산 또는 부채의 정의를 충족하지 못할 때 발생한다.

(1) 자산은 일반적으로 기업이 인식한 자산의 전부 또는 일부에 대한 통제를 상실했을 때 제거한다.
(2) 부채는 일반적으로 기업이 인식한 부채의 전부 또는 일부에 대한 현재의무를 더 이상 부담하지 않을 때 제거한다.

3.2. 제거의 목표

제거에 대한 회계 요구사항은 다음 두 가지를 모두 충실히 표현하는 것을 목표로 한다.

(1) 제거를 초래하는 거래나 그 밖의 사건 후의 잔여 자산과 부채(그 거래나 그 밖의 사건의 일부로 취득, 발생 또는 창출한 자산이나 부채 포함)
(2) 그 거래나 그 밖의 사건으로 인한 기업의 자산과 부채의 변동

제거에 대해 충실히 표현하도록 기술된 목표는 일반적으로 다음에 의해 달성된다.

(1) 만료되었거나 소비, 회수, 이행 또는 이전된 자산이나 부채를 제거하고, 이에 따른 결과로 발생하는 수익과 비용의 인식[이하에서 '이전된 구성요소(transferred component)'라는 용어는 그러한 모든 자산과 부채를 지칭한다].
(2) 해당될 경우 잔여 자산이나 부채의 계속 인식[이를 '잔여구성요소(retained component)'라고 지칭한다]. 잔여구성요소는 이전된 구성요소와 별도의 회계단위가 된다. 따라서 제거로 인해 잔여구성요소에 적용되는 측정 요구사항이 변동되지 않는 한, 이전된 구성요소의 제거로 인하여 잔여구성요소에 대한 수익이나 비용은 인식하지 않는다.
(3) 제거에 대해 충실히 표현하도록 기술된 목표 중 하나 또는 모두를 달성하기 위하여 필요한 경우, 다음 절차 중 하나 이상을 적용한다.
    (가) 재무상태표에서 잔여구성요소를 별도로 표시
    (나) 재무성과표에서 이전된 구성요소의 제거로 인하여 인식된 수익 및 비용을 별도로 표시
    (다) 설명정보를 제공

어떤 경우에는 기업이 자산이나 부채를 이전하는 것처럼 보일 수 있지만, 그럼에도 불구하고 그 자산이나 부채가 기업의 자산이나 부채로 남아있을 수 있다. 이 경우, 해당 자산이나 부채를 제거하는 것은 제거에 대해 충실히 표현하도록 기술된 두 가지 목표 중 하나를 달성하지 못하기 때문에 적절하지 않다. 그러한 예는 다음과 같다.

(1) 기업이 자산을 이전했지만 여전히 그 자산에서 발생할 수 있는 경제적효익 중 유의적인 양(+) 또는 음(−)의 변동에 노출되는 경우, 이는 때때로 기업이 그 자산을 계속 통제할 수 있음을 나타낸다.
(2) 기업이 다른 당사자에게 자산을 이전하였으나 그 다른 당사자가 그 기업의 대리인으로서 자산을 보유하고 있는 경우, 양도인은 여전히 자산을 통제한다.

기업이 이전된 구성요소를 더 이상 보유하지 않을 경우, 이전된 구성요소의 제거는 해당 사실을 충실하게 표현한다. 그러나 그러한 경우 중 제거에 대한 표현충실성을 달성하기 위해 기술된 절차(위 (3) (가) ~ (다)) 중 하나 이상을 적용하더라도, 제거가 거래나 그 밖의 사건으로 인하여 기업의 자산이나 부채가 얼마나 변동됐는지를 충실하게 표현하지 못하는 경우가 있을 수 있다. 즉, 이전된 구성요소를 제거하면 실제보다 기업의 재무상태가 더 크게 변동한 것처럼 보일 수도 있다. 이런 경우에는 이전된 구성요소의 제거가 적절하지 아니하다.

예를 들어 다음과 같은 경우에 그러하다.

> (1) 기업이 자산을 이전하면서 동시에 다른 거래를 체결하여 그 자산을 재취득하는 현재의 권리 또는 현재의 의무가 생기는 경우, 그러한 현재의 권리 또는 현재의 의무는, 예를 들어 선도계약, 풋옵션 발행 또는 콜옵션 매입에서 발생할 수 있다.
> (2) 기업이 더 이상 통제하지 않는 이전된 구성요소에서 발생될 수 있는 경제적효익 중 유의적인 양(+) 또는 음(−)의 변동에 노출되어 있는 경우

SECTION
07 측정

재무제표에 인식된 요소들은 화폐단위로 수량화되어 있는데, 이를 위해 측정기준을 선택해야 한다. 측정기준은 측정 대상 항목에 대해 식별된 속성(예: 역사적 원가, 공정가치 또는 이행가치)이다. 자산이나 부채에 측정기준을 적용하면 해당 자산이나 부채, 관련 수익과 비용의 측정치가 산출된다. 유용한 재무정보의 질적특성과 원가제약을 고려함으로써 서로 다른 자산, 부채, 수익과 비용에 대해 서로 다른 측정기준을 선택하는 결과가 발생할 수 있을 것이다.

1 측정기준

1.1. 역사적 원가

자산을 취득하거나 창출할 때의 역사적 원가(historical cost)는 자산의 취득 또는 창출에 발생한 원가의 가치로서, 자산을 취득 또는 창출하기 위하여 지급한 대가와 거래원가를 포함한다. 부채가 발생하거나 인수할 때의 역사적 원가는 발생시키거나 인수하면서 수취한 대가에서 거래원가를 차감한 가치이다.

시장 조건에 따른 거래가 아닌 사건의 결과로 자산을 취득하거나 창출할 때 또는 부채를 발생시키거나 인수할 때, 원가를 식별할 수 없거나 그 원가가 자산이나 부채에 관한 목적적합한 정보를 제공하지 못할 수 있다. 이러한 경우 그 자산이나 부채의 현행가치가 최초 인식시점의 간주원가로 사용되며 그 간주원가는 역사적 원가로 후속 측정할 때의 시작점으로 사용된다.

역사적 원가 측정치는 적어도 부분적으로 자산, 부채 및 관련 수익과 비용을 발생시키는 거래나 그 밖의 사건의 가격에서 도출된 정보를 사용하여 자산, 부채 및 관련 수익과 비용에 관한 화폐적 정보를 제공한다. 현행가치와 달리 역사적 원가는 자산의 손상이나 손실부담에 따른 부채와 관련되는 변동을 제외하고는 가치의 변동을 반영하지 않는다.

자산의 역사적 원가는 다음의 상황을 나타내기 위하여 필요하다면 시간의 경과에 따라 갱신되어야 한다.

(1) 자산을 구성하는 경제적자원의 일부 또는 전부의 소비(감가상각 또는 상각)
(2) 자산의 일부 또는 전부를 소멸시키면서 받는 대금
(3) 자산의 역사적 원가의 일부 또는 전부를 더 이상 회수할 수 없게 하는 사건(손상)의 영향
(4) 자산의 금융요소를 반영하는 이자의 발생

부채의 역사적 원가는 다음을 반영하기 위하여 필요하다면 시간의 경과에 따라 갱신되어야 한다.

(1) 부채의 일부 또는 전부의 이행(예: 부채의 일부 또는 전부를 소멸시키는 지급이나 재화를 인도할 의무의 이행)
(2) 부채의 이행에 필요한 경제적자원을 이전해야 하는 의무의 가치를 증가(손실부담한도까지)시키는 사건의 영향. 부채의 역사적 원가가 부채를 이행할 의무를 더 이상 충분히 반영하지 못한다면 그러한 부채는 손실부담부채이다.
(3) 부채의 금융요소를 반영하는 이자의 발생

역사적 원가 측정기준을 금융자산과 금융부채에 적용하는 한 가지 방법은 상각후원가로 측정하는 것이다. 금융자산과 금융부채의 상각후원가는 최초 인식 시점에 결정된 이자율로 할인한 미래현금흐름 추정치를 반영한다. 변동금리상품의 경우, 할인율은 변동금리의 변동을 반영하기 위해 갱신된다. 금융자산과 금융부채의 상각후원가는 이자의 발생, 금융자산의 손상 및 수취 또는 지급과 같은 후속 변동을 반영하기 위해 시간의 경과에 따라 갱신된다.

1.2. 현행가치

현행가치(current value) 측정치는 측정일의 조건을 반영하기 위해 갱신된 정보를 사용하여 자산, 부채 및 관련 수익과 비용의 화폐적 정보를 제공한다. 이러한 갱신에 따라 자산과 부채의 현행가치는 이전 측정일 이후의 변동, 즉 현행가치에 반영되는 현금흐름과 그 밖의 요소의 추정치의 변동을 반영한다. 현행가치 측정기준은 다음을 포함한다.

(1) 공정가치
(2) 자산의 사용가치 및 부채의 이행가치
(3) 현행원가

1.2.1. 공정가치

공정가치(fair value)는 측정일에 시장참여자 사이의 정상거래에서 자산을 매도할 때 받거나 부채를 이전할 때 지급하게 될 가격이다. 공정가치는 기업이 접근할 수 있는 시장의 참여자 관점을 반영한다. 시장참여자가 경제적으로 최선의 행동을 한다면 자산이나 부채의 가격을 결정할 때 사용할 가정과 동일한 가정을 사용하여 그 자산이나 부채를 측정한다.

일부의 경우, 공정가치는 활성시장에서 관측되는 가격으로 직접 결정될 수 있다. 다른 경우에는 다음의 요인을 모두 반영하는 측정기법(예: 현금흐름기준 측정기법)을 사용하여 간접적으로 결정된다.

(1) 미래현금흐름 추정치
(2) 측정 대상 자산이나 부채에 대한 미래현금흐름의 추정 금액이나 시기가 그 현금흐름에 내재된 불확실성으로 인해 변동할 가능성
(3) 화폐의 시간가치
(4) 현금흐름에 내재된 불확실성을 부담하는 것에 대한 가격(위험 할증 또는 위험 할인). 불확실성을 부담하기 위한 가격은 그 불확실성의 정도에 따라 달라진다. 이러한 가격은 투자자들이 일반적으로 현금흐름이 확실한 자산(부채)보다 현금흐름이 불확실한 자산(부채)을 취득하는(인수하는) 데 더 적은(많은) 금액을 지급(요구)할 것이라는 사실도 반영한다.
(5) 그 밖의 요소(예: 상황에 따라 시장참여자들이 유동성을 고려한다면 그 유동성)

공정가치는 자산이나 부채를 발생시킨 거래나 그 밖의 사건의 가격으로부터 부분적이라도 도출되지 않는다. 따라서 공정가치는 자산을 취득할 때 발생한 거래원가로 인해 증가하지 않으며 부채를 발생시키거나 인수할 때 발생한 거래원가로 인해 감소하지 않는다. 또한 공정가치는 자산의 궁극적인 처분이나 부채의 이전 또는 결제에서 발생할 거래원가를 반영하지 않는다.

1.2.2. 사용가치와 이행가치

사용가치(value in use)는 기업이 자산의 사용과 궁극적인 처분으로 얻을 것으로 기대하는 현금흐름 또는 그 밖의 경제적효익의 현재가치이다. 이행가치(fulfilment value)는 기업이 부채를 이행할 때 이전해야 하는 현금이나 그 밖의 경제적자원의 현재가치이다. 이러한 현금이나 그 밖의 경제적자원의 금액은 거래상대방에게 이전되는 금액뿐만 아니라 기업이 그 부채를 이행할 수 있도록 하기 위해 다른 당사자에게 이전해야 할 것으로 기대하는 금액도 포함한다.

사용가치와 이행가치는 미래현금흐름에 기초하기 때문에 자산을 취득하거나 부채를 인수할 때 발생하는 거래원가는 포함하지 않는다. 그러나 사용가치와 이행가치에는 기업이 자산을 궁극적으로 처분하거나 부채를 이행할 때 발생할 것으로 기대되는 거래원가의 현재가치가 포함된다.

사용가치와 이행가치는 직접 관측될 수 없으며 현금흐름기준 측정기법으로 결정된다. 사용가치와 이행가치는 공정가치에 대해 기술한 것과 동일한 요소를 반영하지만 시장참여자의 관점보다는 기업 특유의 관점을 반영한다.

1.2.3. 현행원가

자산의 현행원가(current cost)는 측정일 현재 동등한(equivalent) 자산의 원가로서 측정일에 지급할 대가와 그날에 발생할 거래원가를 포함한다. 부채의 현행원가는 측정일 현재 동등한 부채에 대해 수취할 수 있는 대가에서 그날에 발생할 거래원가를 차감한다. 현행원가는 역사적 원가와 마찬가지로 유입가치이다. 이는 기업이 자산을 취득하거나 부채를 발생시킬 시장에서의 가격을 반영한다. 이런 이유로, 현행원가는 유출가치인 공정가치, 사용가치 또는 이행가치와 다르다. 그러나 현행원가는 역사적 원가와 달리 측정일의 조건을 반영한다.

일부의 경우, 현행원가는 활성시장에서 가격을 관측하여 직접 결정할 수 없으며 다른 방법을 통해 간접적으로 결정해야 한다. 예를 들어, 새로운 자산에 대한 가격만을 이용할 수 있는 경우, 기업이 보유하여 사용하고 있는 자산의 현행원가는 자산의 현재 연령과 상태를 반영하기 위해 새로운 자산의 현재 가격을 조정하여 추정해야 할 수도 있다.

2 측정기준을 선택할 때 고려할 요인

자산이나 부채, 이와 관련된 수익과 비용의 측정기준을 선택할 때, 그 측정기준으로 재무상태표와 재무성과표에서 산출할 정보의 성격뿐만 아니라 그 밖의 요인을 고려할 필요가 있다.

대부분의 경우, 어떤 측정기준을 선택해야 하는지를 결정하는 단일의 요인은 없다. 각 요인의 상대적 중요성은 사실과 상황에 따라 달라질 것이다. 그럼에도 가장 중요한 것은 측정기준에 의해 제공되는 정보는 재무제표이용자들에게 유용해야 한다는 것이다. 이를 달성하기 위해서는 정보가 목적적합해야 하고 나타내고자 하는 바를 충실하게 표현해야 한다. 또한, 제공되는 정보는 가능한 한 비교가능하고 검증가능하며 적시성이 있고 이해가능해야 한다.

2.1. 목적적합성

자산이나 부채, 이와 관련된 수익과 비용의 측정기준에 의해 제공된 정보의 목적적합성은 다음의 영향을 받는다.

(1) 자산이나 부채의 특성
(2) 그 자산이나 부채가 미래현금흐름에 어떻게 기여하는지

2.1.1. 자산이나 부채의 특성

측정기준에 의해 제공되는 정보의 목적적합성은 부분적으로 자산이나 부채의 특성, 특히 현금흐름의 변동성, 그리고 자산이나 부채의 가치가 시장요인이나 그 밖의 위험에 민감한지 여부에 따라 달라진다.

자산이나 부채의 가치가 시장요인이나 그 밖의 위험에 민감하다면 그 자산이나 부채의 역사적 원가는 현행가치와 유의적으로 다를 수 있다. 따라서 가치변동에 관한 정보가 재무제표이용자들에게 중요할 경우 역사적 원가는 목적적합한 정보를 제공하지 못할 수 있다. 예를 들어, 상각후원가는 파생금융자산 또는 파생금융부채에 대해 목적적합한 정보를 제공할 수 없다.

또한 역사적 원가를 사용한다면, 가치의 변동은 가치가 변동할 때가 아니라 처분, 손상 또는 이행과 같은 사건이 발생할 때 보고된다. 이는 자산이나 부채를 보유하는 기간이 아닌 해당 사건이 발생한 때 모든 수익과 비용이 인식된다는 것을 의미하는 것으로 잘못 해석될 수 있다. 또한 역사적 원가로 측정하면 가치의 변동에 관한 정보를 적시에 제공하지 않기 때문에 그 기준에 따라 보고된 수익과 비용은 보고기간에 자산이나 부채의 보유에서 발생하는 위험에 기업이 노출된 영향을 완전하게 설명하지 못하므로 예측가치와 확인가치가 결여될 수 있다.

자산이나 부채의 공정가치 변동은 시장참여자의 기대 및 위험선호도의 변동을 반영한다. 측정 대상 자산이나 부채의 특성 및 기업의 사업활동의 성격에 따라 이러한 변동을 반영한 정보가 재무제표이용자들에게 예측가치나 확인가치를 항상 제공하지는 못할 수도 있다. 기업

의 사업활동이 자산의 매각이나 부채의 이전을 포함하지 않고, 예를 들어 자산을 단지 사용하거나 계약상 현금흐름의 회수만을 위해 보유하거나 부채를 직접 이행하기 위한 경우가 이에 해당할 수 있다.

2.1.2. 미래현금흐름에 대한 기여

측정기준에 의해 제공되는 정보의 목적적합성은 자산이나 부채가 어떻게 미래현금흐름에 기여하는지에 따라 달라진다. 일부 경제적자원은 현금흐름을 직접 창출하며, 다른 경우에는 여러 경제적자원이 결합하여 사용되어 현금흐름을 간접적으로 창출한다. 경제적자원을 어떻게 사용하는지, 따라서 자산과 부채가 어떻게 현금흐름을 창출하는지는 기업이 수행하는 사업활동의 성격에 부분적으로 달려있다.

기업의 사업활동이 고객에게 재화나 용역을 생산하고 판매하기 위해 간접적으로 현금흐름을 생산하는 여러 가지 경제적자원을 결합하여 사용하는 경우, 역사적 원가나 현행원가는 그 활동에 목적적합한 정보를 제공할 것이다. 예를 들어, 유형자산은 일반적으로 기업의 다른 경제적자원과 함께 사용된다. 마찬가지로, 재고자산은 일반적으로 기업의 다른 경제적자원을 광범위하게 사용(예: 생산 및 마케팅 활동)하지 않는다면 고객에게 판매될 수 없다.

독립적으로 그리고, 유의적인 경제적 불이익 없이(예: 유의적인 사업중단 없이) 판매될 수 있는 자산과 같이 현금흐름을 직접 창출하는 자산과 부채의 경우, 가장 목적적합한 정보를 제공하는 측정기준은 미래현금흐름의 금액, 시기와 불확실성의 현재 추정치를 반영한 현행가치일 것이다.

기업의 사업활동이 계약상 현금흐름을 수취하기 위한 목적으로 금융자산과 금융부채를 관리하는 것과 관련된 경우, 상각후원가는 자산에서 가득하는 이자와 부채에서 발생한 이자 간의 이익을 도출하는 데 사용할 수 있는 목적적합한 정보를 제공할 수 있다. 그러나 상각후원가가 유용한 정보를 제공하는지 평가할 때 금융자산이나 금융부채의 특성도 고려해야 한다. 상각후원가는 원금과 이자 외의 요소에 의존하는 현금흐름에 목적적합한 정보를 제공하지 못할 것이다.

2.2. 표현충실성

자산과 부채가 어떤 방식으로든 관련된 경우, 해당 자산과 부채에 대해 서로 다른 측정기준을 사용하면 측정불일치(회계불일치)가 발생할 수 있다. 재무제표에 측정불일치(measurement inconsistency)가 포함될 경우, 해당 재무제표는 기업의 재무상태와 재무성과의 일부 측면을 충실하게 표현하지 못할 수 있다. 결과적으로, 어떤 상황에서는 관련된 자산과 부채에 동일한 측정기준을 사용함으로써, 재무제표이용자들에게 다른 측정기준을 사용하는 정보보다 유용한 정보를 제공할 수 있다. 이는 특히 어떤 자산이나 부채의 현금흐름이 다른 자산이나 부채의 현금흐름에 직접 관련되어 있을 때에 그러할 수 있다.

질적특성에서 설명한 바와 같이 완벽하게 충실한 표현에는 오류가 없어야 하지만, 이것은 모든 측면에서 측정이 완벽하게 정확해야 한다는 것을 의미하지는 않는다. 활성시장의 가격을 직접 관측하여 측정할 수 없어 추정해야만 하는 경우에는 측정불확실성이 발생한다. 특정 측정기준과 관련된 측정불확실성의 수준은 그 측정기준으로 제공하는 정보가 기업의 재무상태 및 재무성과를 충실하게 표현하는지에 영향을 줄 수 있다. 측정불확실성의 수준이 높다고 해서 목적적합한 정보를 제공하는 측정기준을 반드시 사용하지 못하는 것은 아니다. 그러나 어떤 경우에는 측정불확실성의 수준이 너무 높아서 측정기준에 의해 제공된 정보가 충분히 충실한 표현을 제공하지 못할 수도 있다. 이러한 경우에는 목적적합한 정보를 얻을 수 있는 다른 측정기준을 선택하는 것을 고려하는 것이 적절하다.

측정불확실성은 결과불확실성(outcome uncertainty) 또는 존재불확실성(existence uncertainty)과는 다르다.

(1) 결과불확실성은 자산이나 부채에서 발생할 경제적효익의 유입이나 유출의 금액 또는 시기에 대한 불확실성이 있을 때 발생한다.
(2) 존재불확실성은 자산이나 부채의 존재 여부가 불확실할 때 발생한다.

결과불확실성 또는 존재불확실성이 있다면 측정불확실성으로 이어지는 경우도 있다. 그러나 결과불확실성 또는 존재불확실성이 반드시 측정불확실성을 초래하는 것은 아니다. 예를 들어, 활성시장에서 가격을 관측하여 자산의 공정가치를 직접 결정할 수 있는 경우, 비록 자산이 궁극적으로 얼마나 많은 현금을 산출할지 불확실하여 결과불확실성이 있다고 하더라도, 그 공정가치의 측정과 관련된 측정불확실성은 없다.

2.3. 보강적 질적특성과 원가제약

보강적 질적특성 중 비교가능성, 이해가능성, 검증가능성 및 원가제약은 측정기준의 선택에 영향을 미친다. 보강적 질적특성 중 적시성은 측정에 특별한 영향을 미치지 않는다. 재무정보의 원가가 다른 재무보고 결정을 제약하는 것처럼 측정기준의 선택도 제약한다. 따라서 측정기준을 선택할 때 그 측정기준에 의해 재무제표이용자들에게 제공되는 정보의 효익이 그 정보를 제공하고 사용하는 데 발생한 원가를 정당화할 것인지를 고려하는 것이 중요하다.

한 보고기업 내에서 기간 간 또는 같은 기간 동안에 기업 간에 동일 항목에 대해 동일한 측정기준을 일관되게 사용하면 보다 더 비교가능한 재무제표를 작성하는 데 도움이 될 수 있다.

측정기준이 변경되면 재무제표의 이해가능성이 감소할 수 있다. 그러나 예를 들어, 변경으로 인해 정보가 보다 목적적합해지는 경우와 같이 이해가능성 감소보다 다른 요소가 더 중요하다면 변경이 정당화될 수 있다. 변경이 이루어지면 재무제표이용자들은 변경의 영향을 이해하기 위해 설명정보가 필요할 수 있다. 이해가능성은 부분적으로 얼마나 많은 다른 측정기준을 사용하고 있는지와 시간의 경과에 따라 측정기준이 변경되는지 여부에 달려 있다. 일반적으로 전체 재무제표에 더 많은 측정기준을 사용하면, 그에 따른 정보는 더 복잡해져서 이해하기 어려워지고 재무상태표와 재무성과표의 총계 또는 소계는 덜 유용해진다. 그러나 유용한 정보를 제공하기 위해 필요하다면 더 많은 측정기준을 사용하는 것이 적절할 수 있을 것이다.

검증가능성은 가격 관측과 같이 직접, 또는 모형의 투입요소 확인과 같이 간접으로, 독립적으로 확인될 수 있는 측정기준을 사용함으로써 향상된다. 측정을 검증할 수 없는 경우, 재무제표이용자들은 그 측정이 어떻게 결정되었는지 이해하기 위해 설명정보가 필요할 수 있다. 이러한 경우에는 다른 측정기준을 사용하도록 특정하는 것이 필요할 수도 있다.

2.4. 특정 측정기준의 추가적 의미

2.4.1. 역사적 원가

많은 경우에 역사적 원가를 측정하는 것이 현행가치를 측정하는 것보다 더 단순하고 비용이 적게 든다. 또한 역사적 원가 측정기준을 적용하여 결정한 측정은 일반적으로 잘 이해되며 대부분 검증가능하다. 그러나 소비를 추정하고 손상차손 또는 손실부담부채를 식별하고 측정하는 것은 주관적일 수 있다. 따라서 때로는 자산이나 부채의 역사적 원가도 현행가치만큼 측정하거나 검증하기 어려울 수 있다. 역사적 원가 측정기준을 사용할 경우, 다른 시점에 취득한 동일한 자산이나 발생한 동일한 부채가 재무제표에 다른 금액으로 보고될 수 있다. 이것은 보고기업의 기간 간 또는 같은 기간의 기업 간 비교가능성을 저하시킬 수 있다.

2.4.2. 현행가치

공정가치는 개별 기업의 관점이 아닌 시장참여자의 관점에서 결정되고 자산이 취득되거나 부채가 발생하는 시점과는 독립적이기 때문에, 공정가치로 측정된 동일한 자산이나 부채는 원칙적으로 동일한 시장에 접근할 수 있는 보고기업에 의해 동일한 금액으로 측정된다. 이는 보고기업의 기간 간 또는 같은 기간의 기업 간 비교가능성을 높일 수 있다. 반대로 사용가치와 이행가치는 개별 기업의 관점을 반영하기 때문에 이러한 측정은 동일한 자산이나 부채를 다른 기업이 보유할 경우 다를 수 있다. 이러한 차이는, 특히 자산이나 부채가 유사한 방식으로 현금흐름에 기여하는 경우, 비교가능성을 저하시킬 수 있다. 자산이나 부채의 공정가치를 활성시장의 가격을 관측하여 직접 결정할 수 있는 경우, 공정가치 측정 과정은 비용이 적게 들고, 단순하며, 이해하기 쉽다. 또한 공정가치는 직접 관측을 통해 검증될 수 있다.

현금흐름기준 측정기법의 사용을 포함한 평가기법은 활성시장에서 직접 관측할 수 없는 공정가치를 측정하기 위해 필요할 수 있으며, 일반적으로 사용가치나 이행가치를 결정할 때 필요하다. 사용되는 기법에 따라, (1) 평가에 필요한 투입요소를 추정하고 평가기법을 적용하는 것은 비용이 많이 들고 복잡할 수 있고, (2) 과정에 투입되는 요소는 주관적일 수 있으며, 투입요소와 과정 자체의 타당성을 검증하는 것이 어려울 수 있다. 결과적으로, 동일한 자산이나 부채의 측정치가 다를 수 있다. 이는 비교가능성을 저하시킬 것이다.

대부분의 경우, 다른 자산과 함께 사용하는 개별 자산의 사용가치는 의미 있게 결정할 수 없다. 그 대신에, 자산 집합의 사용가치가 결정되면 그 결과를 개별 자산에 배분해야 할 수도 있다. 이 과정은 주관적이고 자의적일 수 있다. 또한 자산의 사용가치의 추정치는 의도치 않게 집합 내의 다른 자산과의 시너지 효과가 반영될 수 있다. 따라서 다른 자산과 결합하여 사용하는 자산의 가치를 결정하는 것은 비용이 많이 드는 과정이 될 수 있으며, 그 복잡성과 주관성으로 인해 검증가능성이 저하된다. 이러한 이유로, 사용가치는 그러한 자산을 정기적으로 재측정하기 위한 실무적인 측정기준이 아닐 수 있다. 그러나 예를 들어, 역사적 원가가 완전히 회수가능한지를 판단하기 위해 손상검사에서 사용될 때와 같이 자산의 부정기적 재측정에는 유용할 수 있다.

현행원가 측정기준을 사용할 경우, 다른 시점에 취득하거나 발생한 동일한 자산이나 부채를 재무제표에 같은 금액으로 보고한다. 이는 보고기업의 기간 간 그리고 같은 기간의 기업 간 비교가능성을 향상시킬 수 있다. 그러나 현행원가를 결정하는 것은 복잡하고 주관적이며 비용이 많이 들 수 있다. 예를 들어, 기업이 보유하고 있는 자산의 현재 연식과 상태를 반영하기 위해 새로운 자산의 현재가격을 조정하여 자산의 현행원가를 측정해야 할 수도 있다. 또한 기술의 변화와 사업관행의 변화로 인해 많은 자산이 동일한 자산으로 대체되지는 않을 것이다. 따라서 기존 자산과 동등한 자산의 현행원가를 추정하기 위해서는 새로운 자산의 현재가격에 대한 주관적인 조정이 더 필요할 것이다. 또한 현행원가 장부금액의 변동을 소비한 것의 현행원가와 가격변동 효과로 나누는 것은 복잡하고 자의적인 가정이 필요할 수 있다. 이러한 어려움 때문에 현행원가 측정치는 검증가능성과 이해가능성이 결여될 수 있다.

2.4.3. 최초 측정에 관련된 특정 요인들

지금까지 최초 인식이나 후속 측정을 위해 측정기준을 선택할 때 고려할 요인들을 설명하였는데, 최초 인식 시에는 몇 가지 요인을 추가로 고려해야 한다.

최초 인식 시점에, 시장조건에 따른 거래에서 취득한 자산이나 발생한 부채의 원가는 거래원가가 유의적이지 않다면 일반적으로 그 시점의 공정가치와 비슷하다. 그럼에도 불구하고 (이 두 금액이 유사하더라도) 최초 인식할 때 사용한 측정기준이 무엇인지 기술할 필요가 있다. 역사적 원가를 후속적으로 사용한다면 그 측정기준은 일반적으로 최초 인식 시점에도 적절하다. 마찬가지로 현행가치를 후속적으로 사용한다면 일반적으로 그 측정기준은 최초 인식 시점에도 적절하다. 최초 인식과 후속 측정에 동일한 측정기준을 사용하면 첫 번째 후속 측정시점에 측정기준의 변경만으로 수익이나 비용을 인식하지 않게 된다.

기업이 시장조건에 따른 거래를 하면서 다른 자산이나 부채를 이전하는 대가로 자산을 취득하거나 부채를 발생시키는 경우, 취득한 자산이나 발생한 부채의 최초 측정에 의해 그 거래에서 수익이나 비용의 발생 여부가 결정된다. 자산이나 부채를 원가로 측정하는 경우, 이전된 자산이나 부채의 제거로 인해 수익과 비용이 발생하거나 자산이 손상되거나 손실부담부채가 생기는 경우가 아닌 한, 최초 인식 시점에 수익이나 비용이 발생하지 않는다.

시장조건에 따른 거래가 아닌 사건의 결과로 자산을 취득하거나 부채가 발생할 수 있다. 예를 들어 다음과 같다.

(1) 거래가격이 당사자 간의 관계 또는 당사자 중 일방의 재정적 어려움이나 그 밖의 강박에 의해 영향을 받을 수 있다.
(2) 자산을 정부가 무상으로 기업에 부여하거나 다른 당사자가 기업에 기부할 수 있다.
(3) 부채가 법령이나 규정에 의해 부과될 수 있다.
(4) 위반행위로 인해 보상하거나 벌과금을 납부할 부채가 발생할 수 있다.

이 경우 취득한 자산이나 발생한 부채를 역사적 원가로 측정하는 것은 거래나 그 밖의 사건에서 발생하는 기업의 자산과 부채 및 수익이나 비용을 충실하게 표현하지 못할 수도 있다. 따라서 취득 자산이나 발생 부채를 간주원가(현행가치)로 측정하는 것이 적절할 수 있다. 간주원가와 지급하거나 수취한 대가와의 차이는 최초 인식 시점에 수익과 비용으로 인식될 것이다.

시장조건에 따른 거래가 아닌 사건으로 인해 자산을 취득하거나 부채가 발생한 경우, 거래나 그 밖의 사건의 모든 관련 측면을 파악하고 고려해야 한다. 예를 들어, 거래나 그 밖의 사건이 기업의 재무상태표에 미치는 영향과 기업의 재무성과와 관련된 모든 영향의 실질을 충실하게 표현하기 위하여, 다른 자산이나 부채, 자본청구권 보유자의 출자 또는 자본청구권 보유자에 대한 분배로 인식할 필요가 있을 수 있다.

2.4.4. 하나 이상의 측정기준

때로는 기업의 재무상태와 재무성과를 충실히 표현하는 목적적합한 정보 제공을 위해 자산이나 부채, 관련된 수익과 비용에 대해 하나 이상의 측정기준이 필요하다는 결론에 이르게 될 수도 있다. 대부분의 경우 그러한 정보를 제공하는 가장 이해하기 쉬운 방법은 다음과 같다.

(1) 재무상태표상 자산이나 부채, 재무성과표상 관련 수익과 비용 모두에 대해 단일 측정기준을 사용한다.
(2) 다른 측정기준을 적용한 추가 정보를 주석에 제공한다.

그러나 경우에 따라 다음과 같은 방법으로 그러한 정보를 더 목적적합하게 하거나 기업의 재무상태와 재무성과 모두 보다 충실히 표현할 수 있다.

(1) 재무상태표상 자산 또는 부채에 대한 현행가치 측정기준의 사용
(2) 손익계산서상 관련 수익 및 비용에 대한 다른 측정기준의 사용. 이러한 측정기준을 선택할 때는 '측정기준을 선택할 때 고려할 요인'을 고려할 필요가 있다.

이러한 경우, 자산이나 부채의 현행가치 변동으로 인해 발생한 총수익과 총비용은 다음과 같이 분리하여 분류한다.

(1) 손익계산서에는 손익계산서에서 선택한 측정기준을 적용하여 측정한 수익이나 비용을 포함한다.
(2) 기타포괄손익은 모든 잔여 수익이나 비용을 포함한다. 결과적으로 해당 자산이나 부채와 관련된 누적기타포괄손익은 다음 (가)와 (나)의 차이와 동일하다.
   (가) 재무상태표상의 자산이나 부채의 장부금액
   (나) 손익계산서상 선택한 측정기준을 적용한다면 산출되었을 장부금액

3 자본의 측정

자본의 총장부금액(총자본)은 직접 측정하지 않는다. 이는 인식된 모든 자산의 장부금액에서 인식된 모든 부채의 장부금액을 차감한 금액(= 자산 - 부채)과 동일하다. 일반목적재무제표는 기업의 가치를 보여주도록 설계되지 않았기 때문에 자본의 총장부금액은 일반적으로 다음과 동일하지 않을 것이다.

(1) 기업의 자본청구권에 대한 시가총액
(2) 계속기업을 전제로 하여 기업 전체를 매각하여 조달할 수 있는 금액
(3) 기업의 모든 자산을 매각하고 모든 부채를 상환하여 조달할 수 있는 금액

총자본은 직접 측정하지 않지만, 자본의 일부 종류(보통주 및 우선주)와 자본의 일부 구성요소(자본금 또는 이익잉여금)에 대한 장부금액은 직접 측정하는 것이 적절할 수 있다. 그럼에도 불구하고, 총자본은 잔여지분으로 측정되기 때문에 적어도 자본의 한 종류는 직접 측정할 수 없다. 마찬가지로 적어도 자본의 한 구성요소는 직접 측정할 수 없다. 자본의 개별 항목 또는 자본의 구성요소의 장부금액은 일반적으로 양(+)의 값이지만 일부 상황에서는 음(-)의 값을 가질 수 있다. 마찬가지로 총자본은 일반적으로 양(+)의 값이지만 어떤 자산과 부채가 인식되는지와 어떻게 측정되는지에 따라 음(-)의 값을 가질 수 있다.

4 현금흐름기준 측정기법

때로는 측정치를 직접 관측할 수 없다. 이러한 경우 측정치를 추정하는 한 가지 방법은 현금흐름기준 측정기법을 사용하는 것이다. 이러한 기법은 측정기준이 아니며, 이것은 측정기준을 적용하는 데 사용되는 기법이다. 따라서 이러한 기법을 사용할 때 어떤 측정기준이 사용되는지 그리고 그 기법이 그 측정기준에 적용될 수 있는 요인을 어느 정도 반영하는지 확인하는 것이 필요하다. 예를 들어, 측정기준이 공정가치인 경우, 적용가능한 요인은 미래현금흐름 추정치, 현금흐름에 내재된 불확실성, 화폐의 시간가치 등의 요인이다.

현금흐름기준 측정기법은, 예를 들어 기업이 부채를 이행하지 못할 가능성(자신의 신용위험)의 영향을 배제하기 위해 수정된 이행가치와 같은 수정된 측정기준을 적용하는 데 사용될 수 있다. 측정기준을 수정하면 재무제표이용자들에게 보다 더 목적적합하거나 재무제표를 작성하거나 이해하는 데 비용이 적게 드는 정보가 될 수 있다. 그러나 수정된 측정기준은 재

무제표이용자들이 이해하기에 더 어려울 수도 있다.

결과불확실성은 미래현금흐름의 금액이나 시기에 대한 불확실성에서 발생한다. 이러한 불확실성은 자산과 부채의 중요한 특성이다. 불확실한 미래현금흐름의 추정치를 참조하여 자산이나 부채를 측정할 때 고려해야 할 한 가지 요인은 이러한 현금흐름의 추정 금액 또는 시기의 변동가능성이다. 이러한 변동은 가능한 현금흐름 범위 내에서 단일 금액을 선택할 때 고려된다. 선택한 금액 자체는 때로는 가능한 결과의 금액이지만 항상 그렇지는 않다. 가장 목적적합한 정보를 제공하는 금액은 일반적으로 범위의 중앙 부분의 값(중앙 추정치)(a central estimate) 중 하나이다. 서로 다른 중앙 추정치는 다른 정보를 제공하는데, 예를 들어 다음과 같다.

(1) 기댓값(확률가중평균, '통계적 평균'이라고도 함)은 전체 범위의 결과를 반영하고 가능성이 높은 결과에 더 많은 가중치를 부여한다. 기댓값은 그 자산이나 부채에서 발생하는 현금이나 그 밖의 경제적효익의 궁극적인 유입이나 유출을 예측하기 위한 것이 아니다.

(2) 일어날 가능성이 일어나지 않을 가능성보다 높은 범위 내 최대 금액(통계적 중간값과 유사)은 후속적으로 손실이 일어날 확률이 50% 이하이고 후속적으로 이익이 일어날 확률이 50% 이하임을 나타낸다.

(3) 가장 가능성이 높은 결과(통계적 최빈값)는 자산이나 부채에서 발생할 가능성이 가장 높은 단일의 궁극적인 유입 또는 유출이다.

중앙 추정치는 미래현금흐름의 추정치들과 그 금액이나 시기의 변동가능성에 따라 달라진다. 중앙 추청치는 궁극적인 결과와 다를 수 있다는 현금흐름에 내재된 불확실성을 부담하는 것에 대한 가격을 반영하지는 않는다. 어떠한 중앙 추정치도 가능한 결과의 범위에 대한 완전한 정보를 제공하지는 않는다. 따라서 이용자들은 가능한 결과의 범위에 대한 정보가 필요할 수 있다.

SECTION 08

표시와 공시

1 정보소통 수단으로서의 표시와 공시

보고기업은 재무제표에 정보를 표시(presentation)하고 공시(disclosure)함으로써 기업의 자산, 부채, 자본, 수익 및 비용에 관한 정보를 전달한다. 재무제표의 정보가 효과적으로 소통되면 그 정보를 보다 목적적합하게 하고 기업의 자산, 부채, 자본, 수익 및 비용을 충실하게 표현하는 데 기여한다. 또한 이는 재무제표의 정보에 대한 이해가능성과 비교가능성을 향상시킨다. 재무제표의 정보가 효과적으로 소통되려면 다음이 필요하다.

(1) 규칙에 초점을 맞추기보다는 표시와 공시의 목적과 원칙에 초점을 맞춘다.
(2) 유사한 항목은 모으고 상이한 항목은 분리하는 방식으로 정보를 분류한다.
(3) 불필요한 세부사항 또는 과도한 통합에 의해 정보가 가려져 불분명하게 되지 않도록 통합한다.

재무정보의 원가가 다른 재무보고 결정을 제약하는 것처럼 표시와 공시의 결정도 제약한다. 따라서 표시와 공시를 결정할 때 특정 정보를 표시하거나 공시함으로써 재무제표이용자들에게 제공되는 효익이 그 정보를 제공하고 사용하는 데 드는 원가를 정당화할 수 있는지를 고려하는 것이 중요하다.

2 표시와 공시의 목적과 원칙

재무제표의 정보가 쉽고 효과적으로 소통되기 위해 회계기준의 표시와 공시 요구 사항을 개발할 때 다음 사이의 균형이 필요하다.

(1) 기업의 자산, 부채, 자본, 수익 및 비용을 충실히 표현하는 목적적합한 정보를 제공할 수 있도록 기업에 융통성을 부여한다.

(2) 한 보고기업의 기간 간 그리고 같은 보고기간의 기업 간 비교가능한 정보를 요구한다.

표시와 공시의 목적을 회계기준에 포함시킴으로써 정보가 재무제표에서 효과적으로 소통되는 데 도움을 준다. 왜냐하면 그러한 목적은 기업이 유용한 정보를 식별하고 가장 효과적인 방식으로 정보가 소통되는 방법을 결정하는 데 도움이 되기 때문이다. 다음의 원칙을 고려하면 재무제표에서 효과적인 소통에 도움이 된다.

(1) 기업 특유의 정보가 때로 '표준 문안(boilerplate)'이라고 불리는 표준적 설명보다 유용하다.
(2) 재무제표의 서로 다른 부분에서 정보를 중복하여 작성하는 것은 일반적으로 불필요하며 재무제표를 이해하기 어렵게 만들 수 있다.

3 분류

분류(classification)란 표시와 공시를 위해 자산, 부채, 자본, 수익이나 비용을 공유되는 특성에 따라 구분하는 것을 말한다. 이러한 특성에는 항목의 성격, 기업이 수행하는 사업활동 내에서의 역할(또는 기능), 이들 항목을 측정하는 방법이 포함되나 이에 국한되지는 않는다. 상이한 자산, 부채, 자본, 수익이나 비용을 함께 분류하면 목적적합한 정보를 가려서 불분명하게 하고, 이해가능성과 비교가능성이 낮아질 수 있으며, 표현하고자 하는 내용을 충실하게 표현하지 못할 수 있다.

3.1. 자산과 부채의 분류

분류는 자산 또는 부채에 대해 선택된 회계단위별로 적용하여 분류한다. 그러나 자산이나 부채 중 특성이 다른 구성요소를 구분하여 별도로 분류하는 것이 적절할 수도 있다. 이것은 이러한 구성요소를 별도로 분류한 결과 재무정보의 유용성이 향상되는 경우에 적절할 것이다. 예를 들어, 자산이나 부채를 유동요소와 비유동요소로 구분하고 이러한 구성요소를 별도로 분류하는 것이 적절할 수 있다.

3.2. 상계

상계(offsetting)는 기업이 자산과 부채를 별도의 회계단위로 인식하고 측정하지만 재무상태표에서 단일의 순액으로 합산하는 경우에 발생한다. 상계는 서로 다른 항목을 함께 분류하는 것이므로 일반적으로는 적절하지 않다. 자산과 부채의 상계는 권리와 의무의 집합(세트)을 단일의 회계단위로서 취급하는 것과 다르다.

3.3. 자본의 분류

유용한 정보를 제공하기 위해, 자본청구권이 다른 특성을 가지고 있는 경우(보통주 및 우선주)에는 그 자본청구권을 별도로 분류해야 할 수도 있다. 마찬가지로, 유용한 정보를 제공하기 위해, 자본의 일부 구성요소(자본금 또는 이익잉여금)에 특정 법률, 규제 또는 그 밖의 요구사항이 있는 경우에는 자본의 그 구성요소를 별도로 분류해야 할 수 있다. 예를 들어, 일부 국가에서는 기업이 분배가능하다고 특정한 준비금이 기업에 충분히 있는 경우에만 자본청구권의 보유자에게 분배를 허용한다. 이러한 준비금을 별도로 표시하거나 공시하면 유용한 정보를 제공할 수 있다.

3.4. 수익과 비용의 분류

수익과 비용의 분류에는 다음 (1) 또는 (2)가 적용된다.

(1) 자산이나 부채에 대해 선택된 회계단위에서 발생하는 수익과 비용
(2) 수익이나 비용의 구성요소의 특성이 서로 다르며 이들 구성요소가 별도로 식별되는 경우 그러한 수익과 비용의 구성요소. 예를 들어, 자산의 현행가치 변동에는 가치변동의 영향과 이자의 발생이 포함될 수 있다(보론 [표 1-3] 참조). 이 경우 그러한 구성요소를 별도로 분류하면 결과적인 재무정보의 유용성이 향상될 수 있으므로 별도로 분류하는 것이 적절할 것이다.

3.5. 당기손익과 기타포괄손익

수익과 비용은 분류되어 다음 중 하나에 포함된다.

(1) 손익계산서
(2) 손익계산서 이외의 기타포괄손익

손익계산서는 보고기간의 기업 재무성과에 관한 정보의 주요 원천이다. 이 재무제표는 해당

기간의 기업 재무성과에 대한 축약된 설명을 제공하는 당기손익 합계를 포함한다. 많은 재무제표이용자들이 분석의 시작점으로 또는 그 기간의 재무성과의 주요 지표로 이 합계를 그들의 분석에 포함시킨다. 그럼에도 불구하고, 해당 기간의 재무성과를 이해하려면 재무제표에 포함된 그 밖의 정보의 분석뿐만 아니라 인식된 모든 수익과 비용(기타포괄손익에 포함된 수익과 비용 포함)의 분석이 필요하다.

손익계산서는 해당 기간의 기업 재무성과에 관한 정보의 주요 원천이기 때문에 모든 수익과 비용은 원칙적으로 이 재무제표에 포함된다. 그러나 회계기준위원회는 회계기준을 개발할 때 자산이나 부채의 현행가치의 변동으로 인한 수익과 비용을 기타포괄손익에 포함하는 것이 그 기간의 기업 재무성과에 대한 보다 목적적합한 정보를 제공하거나 보다 충실한 표현을 제공하는 예외적인 상황에서는 그러한 수익이나 비용을 기타포괄손익에 포함하도록 결정할 수도 있다.

역사적 원가 측정기준에서 발생한 수익과 비용은 손익계산서에 포함된다. 이는 그러한 유형의 수익이나 비용이 자산이나 부채의 현행가치 변동의 구성요소로서 별도로 식별되는 경우에도 그러하다. 예를 들어, 금융자산이 현행가치로 측정되고 이자수익이 그 밖의 가치변동과 별도로 식별된다면 그 이자수익은 손익계산서에 포함된다.

원칙적으로, 한 기간에 기타포괄손익에 포함된 수익과 비용은 미래 기간에 기타포괄손익에서 당기손익으로 재분류한다. 이런 경우는 그러한 재분류가 보다 목적적합한 정보를 제공하는 손익계산서가 되거나 미래 기간의 기업 재무성과를 보다 충실하게 표현하는 결과를 가져오는 경우이다. 그러나 예를 들어, 재분류되어야 할 기간이나 금액을 식별할 명확한 근거가 없다면, 회계기준위원회는 회계기준을 개발할 때, 기타포괄손익에 포함된 수익과 비용이 후속적으로 재분류되지 않도록 결정할 수도 있다.

4 통합

통합(aggregation)은 특성을 공유하고 동일한 분류에 속하는 자산, 부채, 자본, 수익 또는 비용을 합하는 것이다. 통합은 많은 양의 세부사항을 요약함으로써 정보를 더욱 유용하게 만든다. 그러나 통합은 그러한 세부사항 중 일부를 숨기기도 한다. 따라서 목적적합한 정보가 많은 양의 중요하지 않은 세부사항과 섞이거나 과도한 통합으로 인해 가려져서 불분명해지지 않도록 균형을 찾아야 한다. 재무제표의 서로 다른 부분에서는 다른 수준의 통합이 필요할 수 있다. 예를 들어, 일반적으로 재무상태표와 재무성과표는 요약된 정보를 제공하고 자세한 정보는 주석에서 제공한다.

SECTION 09

자본 및 자본유지의 개념

1 자본의 개념

자본유지개념을 이용하여 이익을 측정하기 위해서는 자본을 먼저 정의해야 한다. 왜냐하면 기업이 유지하려고 하는 자본을 어떻게 정의하는지에 따라서 이익이 달라지기 때문이다. 자본은 재무적 개념(financial concept)과 실물적 개념(physical concept)의 두 가지로 정의할 수 있다.

대부분의 기업은 자본의 재무적 개념에 기초하여 재무제표를 작성한다. 자본을 투자된 화폐액 또는 투자된 구매력으로 보는 재무적 개념하에서 자본은 기업의 순자산이나 지분과 동의어로 사용된다. 자본의 실물적 개념은 자본을 조업능력으로 본다. 이 개념하에서는 자본은, 예를 들어 1일 생산수량과 같은 기업의 생산능력으로 간주된다.

기업은 재무제표이용자의 정보요구에 기초하여 적절한 자본개념을 선택해야 한다. 따라서 재무제표의 이용자가 주로 명목상의 투하자본이나 투하자본의 구매력 유지에 관심이 있다면 재무적 개념의 자본을 채택해야 한다. 그러나 이용자의 주된 관심이 기업의 조업능력 유지에 있다면 실물적 개념의 자본을 사용해야 한다. 비록 자본개념을 실무적으로 적용하는 데는 측정의 어려움이 있을 수 있지만 선택된 자본개념에 따라 이익의 결정 목표가 무엇인지 알 수 있게 된다.

예시로 이해하기 | 자본의 재무적 개념과 실물적 개념

- ㈜대한이 사업을 하기 위하여 ₩1,000,000을 투자한 경우, 투자한 화폐액 ₩1,000,000은 재무적 개념의 자본이다.
- ㈜행복이 사업을 위하여 연간 화학품을 100,000ton 생산할 수 있는 설비에 투자했다면, 이 100,000ton의 생산능력은 실물적 개념의 자본이다.

2 자본유지개념과 이익의 결정

자본유지개념(concept of capital maintenance)은 이익이 측정되는 준거기준을 제공함으로써 자본개념과 이익개념 사이의 연결고리를 제공한다. 자본유지개념은 기업의 자본에 대한 투자수익과 투자회수를 구분하기 위한 필수요건이다. 자본유지를 위해 필요한 금액을 초과하는 자산의 유입액만이 이익으로 간주될 수 있고 결과적으로 자본의 투자수익이 된다. 따라서 이익은 수익에서 비용(필요한 경우 자본유지조정액을 포함)을 차감한 후의 잔여액이다. 만일 비용이 수익을 초과한다면 그 초과액은 손실이다. 자본유지개념은 크게 재무자본유지개념(financial capital maintenance concept)과 실물자본유지개념(physical capital maintenance concept)으로 구분할 수 있다.

2.1. 재무자본유지(또는 화폐자본유지)개념에서의 이익

재무자본유지개념하에서 이익은 해당 기간 동안 소유주에게 배분하거나 소유주가 출연한 부분을 제외하고 기말 순자산의 재무적 측정금액(화폐금액)이 기초 순자산의 재무적 측정금액(화폐금액)을 초과하는 경우에만 발생한다. 재무자본유지는 명목화폐단위 또는 불변구매력단위를 이용하여 측정할 수 있다.

2.1.1. 명목화폐단위

자본을 명목화폐단위(nominal monetary unit)로 정의한 재무자본유지개념하에서 이익은 해당 기간 중 명목화폐자본의 증가액을 의미한다. 따라서 기간 중 보유한 자산가격의 증가 부분, 즉 보유이익은 개념적으로 이익에 속한다. 그러나 보유이익은 자산이 교환거래에 따라 처분되기 전에는 이익으로 인식되지 않을 것이다. 명목화폐단위하의 재무자본유지개념상 이익을 수식으로 표시하면 다음과 같다.

> 명목화폐단위하의 재무자본유지개념상 이익
> = (기말 순자산 명목화폐액 − 기초 순자산 명목화폐액) − (증자 − 감자)

2.1.2. 불변구매력단위

재무자본유지개념이 불변구매력단위(constant purchasing power)로 정의된다면 이익은 해당 기간 중 투자된 구매력의 증가를 의미하게 된다. 따라서 일반물가수준에 따른 가격상승분은 자본의 일부인 자본유지조정으로 처리된다. 일반물가수준에 따른 가격상승을 초과하는 자산가격의 증가 부분만이 이익으로 간주된다. 불변구매력단위하의 재무자본유지개념상 이익을 수식으로 표시하면 다음과 같다.

> 불변구매력단위하의 재무자본유지개념상 이익
> = (기말 순자산 불변화폐액 − 기초 순자산 명목화폐액)
> − 일반물가수준에 따른 자산 가격의 상승분(자본유지조정)
> − (증자 − 감자)

예시로 이해하기 | 명목화폐단위와 불변구매력단위

- ㈜대한은 재고자산 ₩2,500을 전액 기초에 취득하였다. 당기 인플레이션율은 8%이었으며, 기말에 동 재고자산을 ₩2,800에 매각하였다. 명목화폐단위를 이용한다면, 이익은 ₩300(= ₩2,800 − ₩2,500)이다. 반면에 불변구매력단위를 이용한다면, 이익은 ₩100(= ₩2,800 − ₩2,700)이다. 왜냐하면, 구매력을 고려한 이 재고자산의 불변화폐액은 ₩2,700(= ₩2,500 × (1.08)이기 때문이다.
- ㈜대한은 기초의 매출채권 ₩2,500을 기말에 회수했는데, 당기의 인플레이션율은 8%이다. 이 경우 화폐의 실질구매력이 하락하였기 때문에 기초와 같은 ₩2,500을 받았다는 것은 실질적으로 손실이 발생했다는 것을 의미한다. 따라서 불변구매력단위로 이익을 측정하면, 손실이 보고된다. 그러나 명목화폐단위로 보고하면 아무런 이익이나 손실이 보고되지 않는다.

2.2. 실물자본유지개념에서의 이익

자본의 실물적 개념은 자본을 조업능력 또는 생산능력으로 정의한다. 그런데 재무제표는 모든 것을 재무(화폐)금액으로 표시한다. 따라서 조업능력이나 생산능력을 금액으로 전환시켜야 한다. 이를 위하여 실물자본유지개념하에서는 조업능력 또는 생산능력을 일반적으로 현행원가기준에 따라 측정한다.

실물자본유지개념하에서 이익은 해당 기간 중 실물생산능력의 증가를 의미한다. 실물생산능력의 증가를 수반하지 않는 가격변동은 해당 기업의 실물생산능력에 대한 측정치의 변동으로 간주되어 이익이 아니라 자본의 일부인 자본유지조정으로 처리된다. 실물자본유지개념상 이익을 수식으로 표시하면 다음과 같다.

실물자본유지개념상 이익

= (기말 실물생산능력 − 기초 실물생산능력)

− 자산과 부채에 영향을 미치는 모든 가격변동(자본유지조정)

− (증자 − 감자)

예시로 이해하기 **명목화폐단위와 실물자본유지개념**

㈜행복은 기초에 연간 화학품을 100,000ton 생산할 수 있는 설비 투자에 ₩2,500,000을 지불했다. 다른 자산이나 부채는 없다. 영업의 결과로 기말의 순자산은 ₩3,500,000이다. 이 경우 기말에도 기초와 동일한 자본을 유지하기 위해서는 기말의 생산능력 또한 최소한 100,000ton이어야 한다. 그렇다면 ㈜행복이 기말에 100,000ton을 생산할 수 있는 설비에 얼마를 지불해야 할까? 생산능력을 금액으로 환산하려면 현행원가를 찾아야 한다.

만일 그 현행원가가 ₩2,800,000이라면, 실물자본유지개념하에서의 이익은 ₩700,000(= ₩3,500,000 − ₩2,800,000)이다. 명목화폐단위하의 재무자본유지개념상 이익은 ₩1,000,000(= ₩3,500,000 − ₩2,500,000)이 될 것이다. 이 둘 사이의 차액인 ₩300,000은 자본(생산량)을 유지하는 데 필요한 부분으로 '자본유지조정'이라 부른다.

2.3. 재무자본유지개념과 실물자본유지개념의 주된 차이

재무자본유지개념과 실물자본유지개념의 주된 차이는 기업의 자산과 부채에 대한 가격변동 영향의 처리방법에 있다. 일반적으로 기초에 가지고 있던 자본만큼을 기말에도 가지고 있다면 이 기업의 자본은 유지된 것이며, 기초 자본을 유지하기 위해 필요한 부분을 초과하는 금액이 이익이다.

예제 03 | 이익의 측정기준으로서의 자본유지개념

㈜대한은 20X1년 초 현금 ₩300을 투자하여 사업을 시작한 후, 재고자산을 현금 ₩300에 구입하고 이들을 현금 ₩400에 처분하였다. 이 이외에 거래는 없다. 20X1년 중 인플레이션율은 10%이다. ㈜대한이 취급하는 재고자산의 현행원가는 기중에 ₩300에서 ₩400으로 상승하였다.

요구사항

다음 각각의 자본유지개념하의 당기순이익을 구하라.

(1) 명목화폐단위, (2) 불변구매력단위, (3) 실물자본유지

해설

구분	기초 자본 (1)	기말 자본 (2)	유지할 자본 (3)	자본유지조정 (3)−(1)	이익 (2)−(3)
(1) 명목화폐단위	₩300	₩400	₩300	−	₩100
(2) 불변구매력단위	300	400	330	₩30[주1]	70
(3) 실물자본유지	300	400	400	100[주2]	0

주1 ₩300 ×110% − ₩300 = ₩30. 재무자본유지개념이 불변구매력단위로 정의된다면 이익은 해당 기간 중 투자된 구매력의 증가를 의미하게 된다. 따라서 일반물가수준에 따른 가격상승을 초과하는 자산가격의 증가 부분만이 이익으로 간주되며, 그 이외의 가격증가 부분은 자본의 일부인 자본유지조정으로 처리된다. [개념체계 문단 8.7]

주2 ₩400 − ₩300 = ₩100. 자본을 실물생산능력으로 정의한 실물자본유지개념하에서 이익은 해당 기간 중 실물생산능력의 증가를 의미한다. 기업의 자산과 부채에 영향을 미치는 모든 가격변동은 해당 기업의 실물생산능력에 대한 측정치의 변동으로 간주되어 이익이 아니라 자본의 일부인 자본유지조정으로 처리된다. [개념체계 문단 8.8]

보론 측정기준에 의해 제공되는 정보

개념체계에서 설명한 측정기준을 통해 재무상태표와 재무성과표를 통해 제공되는 정보를 요약하면 [표 1-3]과 같다.

표 1-3 특정 측정기준에 의해 제공되는 정보 요약

자산

재무상태표				
	역사적 원가	공정가치 (시장-참여자 가정)	사용가치 (기업-특유 가정)[주1]	현행원가
장부금액	사용되지 않았거나 수취하지 않은 범위 내에서 회수 가능한 역사적 원가(거래원가 포함) (금융요소가 있다면, 그 금융요소에서 발생한 이자 포함)	자산을 매도하면서 수취하게 될 가격(처분 시 발생할 거래원가 차감 전)	자산의 사용과 궁극적인 처분에서 발생할 미래현금흐름의 현재가치(처분 시에 발생할 거래원가의 현재가치 차감 후)	사용되지 않았거나 수취하지 않은 범위 내에서 회수 가능한 현행원가(거래원가 포함)
재무성과표(손익계산서)				
사건	역사적 원가	공정가치 (시장-참여자 가정)	사용가치 (기업-특유 가정)	현행원가
최초인식[주2]	-	취득한 자산에 대해 지급한 대가와 공정가치의 차이[주3] 자산 취득 시 거래원가	취득한 자산에 대해 지급한 대가와 사용가치의 차이 자산 취득 시 거래원가	-
자산의 처분 또는 소비[주4, 주5]	자산의 매각 또는 사용 시 역사적 원가와 동일한 비용 수취한 수익(총액 또는 순액으로 표시될 수 있음) 자산 매각 시의 거래원가에 해당하는 비용	자산의 매각 또는 사용 시 공정가치와 동일한 비용 수취한 수익(총액 또는 순액으로 표시될 수 있음) 자산 매각 시의 거래원가에 해당하는 비용	자산의 매각 또는 사용 시 사용가치와 동일한 비용 수취한 수익(총액 또는 순액으로 표시될 수 있음)	자산의 매각 또는 사용 시 현행원가와 동일한 비용 수취한 수익(총액 또는 순액으로 표시될 수 있음) 자산 매각 시의 거래원가에 해당하는 비용

(계속)

이자수익	역사적 이자율(변동금리부 자산인 경우 갱신된 역사적 이자율)에 따라 산정된 이자수익	공정가치의 변동을 수익과 비용에 반영 (별도로 식별할 수 있음)	사용가치의 변동을 수익과 비용에 반영 (별도로 식별할 수 있음)	현행 이자율에 따라 산정된 이자수익
손상	역사적 원가를 더 이상 회수할 수 없기 때문에 발생하는 비용	공정가치의 변동을 수익과 비용에 반영 (별도로 식별할 수 있음)	사용가치의 변동을 수익과 비용에 반영 (별도로 식별할 수 있음)	현행원가를 더 이상 회수할 수 없기 때문에 발생하는 비용
가치변동	인식하지 않음(손상을 반영하는 경우 제외) 금융자산의 경우 추정된 현금흐름의 변동으로 인한 수익과 비용	공정가치의 변동을 수익과 비용에 반영	사용가치의 변동을 수익과 비용에 반영	가격변동 효과를 반영한 수익과 비용(보유이익과 보유손실)

주1 이 열은 사용가치가 측정기준으로 사용되는 경우에 제공되는 정보를 요약한다. 그러나 사용가치는 정기적으로 재측정하기 위한 실무적인 측정기준이 아닐 수 있다.

주2 시장조건에 따라 취득하지 않은 자산을 최초 인식할 때 수익이나 비용이 발생할 수 있다.

주3 자산을 취득하는 시장이 그 자산의 공정가치를 측정할 때 사용되는 가격의 원천인 시장과 다를 경우 수익이나 비용이 발생할 수 있다.

주4 자산의 소비는 일반적으로 매출원가, 감가상각 또는 상각으로 보고된다.

주5 수취한 수익은 종종 수취한 대가와 동일하지만, 관련 부채에 사용된 측정기준에 따라 달라질 것이다.

요약

01 일반보고재무보고의 목적

- 일반목적재무보고의 목적은 현재 및 잠재적 투자자, 대여자 및 기타 채권자가 기업에 자원을 제공하는 것과 관련된 의사결정을 할 때 유용한 보고기업의 재무정보를 제공하는 것임

02 유용한 재무정보의 질적특성

- 재무보고서에 포함된 정보에 근거하여 보고기업에 대한 의사결정을 할 때 현재 및 잠재적 투자자, 대여자와 그 밖의 채권자에게 가장 유용할 정보의 유형을 식별하는 것
- 근본적 질적특성: 목적적합성(예측가치, 확인가치, 중요성), 표현충실성(완전성, 중립성, 무오류)
- 보강적 질적특성: 비교가능성, 검증가능성, 적시성, 이해가능성

03 재무제표와 보고기업

- 재무제표는 재무제표 요소의 정의를 충족하는 (1) 보고기업의 경제적자원, (2) 보고기업에 대한 청구권, (3) 경제적자원과 청구권의 변동에 관한 정보를 제공함
- 재무제표는 일반적으로 보고기업이 계속기업이며 예측 가능한 미래에 영업을 계속할 것이라는 가정하에 작성됨
- 보고기업은 재무제표를 작성해야 하거나 작성하기로 선택한 기업으로, 보고기업은 단일의 실체이거나 어떤 실체의 일부일 수 있으며, 둘 이상의 실체로 구성될 수도 있음

04 재무제표 요소

- 개념체계에 정의된 재무제표 요소는 다음과 같음
  (1) 보고기업의 재무상태와 관련된 자산, 부채 및 자본
  (2) 보고기업의 재무성과와 관련된 수익 및 비용

05 인식과 제거

- 인식은 자산, 부채, 자본, 수익 또는 비용과 같은 재무제표 요소 중 하나의 정

의를 충족하는 항목을 재무상태표나 재무성과표에 포함하기 위하여 포착하는 과정임

- 자산, 부채, 자본, 수익, 비용의 정의를 충족하는 항목만이 재무제표에 인식됨
- 제거는 기업의 재무상태표에 인식된 자산이나 부채의 전부 또는 일부를 삭제하는 것으로, 일반적으로 해당 항목이 더 이상 자산 또는 부채의 정의를 충족하지 못할 때 제거함

06 측정

- 재무제표에 인식된 요소들은 화폐단위로 수량화되어 있는데, 이를 위해 측정기준을 선택해야 함
- 측정기준은 측정 대상 항목에 대해 식별된 속성으로, 역사적 원가와 현행가치(공정가치, 자산의 사용가치 및 부채의 이행가치, 현행원가)가 있음

07 표시와 공시

- 보고기업은 재무제표에 정보를 표시하고 공시함으로써 기업의 자산, 부채, 자본, 수익 및 비용에 관한 정보를 전달함
- 재무제표의 정보가 효과적으로 소통되면 그 정보를 보다 목적적합하게 하고 기업의 자산, 부채, 자본, 수익 및 비용을 충실하게 표현하는 데 기여하며, 또한 재무제표의 정보에 대한 이해가능성과 비교가능성을 향상시킴

08 자본 및 자본유지의 개념

- 자본유지개념은 크게 재무자본유지개념과 실물자본유지개념으로 구분함
- 재무자본유지개념하에서 이익은 해당 기간 중 순자산의 화폐금액 증가를 의미하며, 실물자본유지개념하에서 이익은 해당 기간 중 실물생산능력의 증가를 의미함

OX 퀴즈

다음의 설명이 타당하면 ○, 아니면 ×로 답하라.

01 일반목적재무보고의 목적은 현재 및 잠재적 투자자, 대여자 및 기타 채권자가 기업에 자원을 제공하는 것에 대한 의사결정을 할 때 유용한 보고기업 재무정보를 제공하는 것이다.

02 재무정보의 근본적 질적특성 두 가지는 목적적합성과 적시성이다.

03 재무정보가 예측가치를 갖기 위해서는 그 자체가 예측치 또는 예상치여야 한다.

04 중립성은 신중을 기함으로써 뒷받침되며, 신중성은 불확실한 상황에서 판단할 때 주의를 기울이는 것이다.

05 재무제표는 일반적으로 기업이 계속기업이라고 가정하기 때문에 경영활동을 청산하거나 중요하게 축소할 의도나 필요성이 있다면 계속기업을 가정한 기준과는 다른 기준을 적용하여 재무제표를 작성해야 한다.

06 재무제표는 기업의 현재 및 잠재적 투자자, 대여자와 그 밖의 채권자 중 특정 집단의 관점에서 거래 및 그 밖의 사건에 대한 정보를 제공한다.

07 자산은 과거사건의 결과로 기업이 통제하는 현재의 경제적자원이며, 경제적자원은 경제적효익을 창출할 잠재력을 지닌 권리이다.

08 회계단위는 인식기준과 측정개념이 적용되는 권리나 권리의 집합, 의무나 의무의 집합 또는 권리와 의무의 집합이다.

09 수익은 자산의 증가 또는 부채의 감소로서 자본의 증가를 가져오며, 자본청구권 보유자의 출자와 관련된 것도 포함한다.

10 현행가치와 달리 역사적 원가는 자산의 손상이나 손실부담에 따른 부채와 관련되는 변동을 제외하고는 가치의 변동을 반영하지 않는다.

11 공정가치는 자산을 취득할 때 발생한 거래원가로 인해 증가하며 부채를 발생시키거나 인수할 때 발생한 거래원가로 인해 감소한다.

12 한 당사자가 부채를 인식하고 이를 특정 금액으로 측정해야 한다는 요구사항이 다른 당사자(또는 당사자들)가 자산을 인식하거나 동일한 금액으로 측정해야 한다는 것을 의미하지는 않는다.

CHAPTER 2

재무제표 표시

학습 목표

- 재무제표의 목적을 이해한다.
- 재무제표 표시에 대한 일반원칙을 학습한다.
- 재무상태표에 표시되는 정보 내용과 표시 형식 및 공시 방법을 학습한다.
- 포괄손익계산서에 표시되는 정보 내용과 표시 형식 및 공시 방법을 학습한다.
- 자본변동표와 현금흐름표의 기본 구조를 학습한다.
- 주석에서 제공하는 정보를 학습한다.

K-IFRS 재무제표 표시(제1001호)

제(개정일): 2023.10.13.

사 례 포괄손익계산서 공시(삼성전자주식회사)

재무제표

손익계산서

제54기: 2022년 1월 1일부터 2022년 12월 31일까지

제53기: 2021년 1월 1일부터 2021년 12월 31일까지

삼성전자주식회사 단위: 백만원

과목	주석	제54(당)기		제53(전)기	
Ⅰ. 매출액	29		211,867,483		199,744,705
Ⅱ. 매출원가	21		152,589,393		135,823,433
Ⅲ. 매출총이익			59,278,090		63,921,272
판매비와관리비	21, 22	33,958,761		31,928,110	
Ⅳ. 영업이익	29		25,319,329		31,993,162
기타수익	23	4,576,378		7,359,004	
기타비용	23	296,344		745,978	
금융수익	24	9,734,299		3,796,979	
금융비용	24	9,641,742		3,698,675	
Ⅴ. 법인세비용차감전순이익			29,691,920		38,704,492
법인세비용	25	4,273,142		7,733,538	
Ⅵ. 당기순이익			25,418,778		30,970,954
Ⅶ. 주당이익	26				
기본주당이익(단위: 원)			3,742		4,559
희석주당이익(단위: 원)			3,742		4,559

별첨 주석은 본 재무제표의 일부입니다.

포괄손익계산서

제54기: 2022년 1월 1일부터 2022년 12월 31일까지

제53기: 2021년 1월 1일부터 2021년 12월 31일까지

삼성전자주식회사 단위: 백만원

과목	주석	제54(당)기		제53(전)기	
Ⅰ. 당기순이익			25,418,778		30,970,954
Ⅱ. 기타포괄손익			613,118		(613,225)
후속적으로 당기손익으로 재분류되지 않는 포괄손익			613,118		(613,225)
1. 기타포괄손익 – 공정가치금융자산평가손익	6, 20	(208,883)		(99,916)	
2. 순확정급여부채(자산) 재측정요소	14, 20	822,001		(513,309)	
후속적으로 당기손익으로 재분류되는 포괄손익			–		–
Ⅲ. 총포괄손익			26,031,896		30,357,729

별첨 주석은 본 재무제표의 일부입니다.

주석

21. 비용의 성격별 분류

당기 및 전기 중 비용의 성격별 분류 내역은 다음과 같습니다.

단위: 백만원

구분	당기	전기
제품 및 재공품 등의 변동	(10,475,794)	(1,423,122)
원재료 등의 사용액 및 상품 매입액 등	107,383,581	90,519,249
급여	14,861,811	14,870,760
퇴직급여	974,711	898,132
감가상각비	24,311,940	20,164,109
무형자산상각비	2,605,067	2,391,770
복리후생비	3,220,421	2,630,171
유틸리티비	3,779,467	2,903,838
외주용역비	3,623,225	3,106,610
광고선전비	1,662,135	1,945,358
판매촉진비	1,385,835	1,066,434
기타비용	33,215,755	28,678,234
계(*)	186,548,154	167,751,543

(*) 손익계산서상 매출원가와 판매비와관리비를 합한 금액입니다.

이하 각 장마다 실린 공시 사례의 전체 내용은
전자공시시스템(http://dart.fss.or.kr)에서 확인할 수 있다.

SECTION 01

재무제표의 목적 및 적용범위

1 재무제표의 목적

재무제표의 목적은 광범위한 정보이용자의 경제적 의사결정에 유용한 다음의 정보를 제공하는 것이다.

(1) 기업의 재무상태
(2) 기업의 재무성과
(3) 기업의 재무상태변동
(4) 위탁받은 자원에 대한 경영진의 수탁책임 결과

이러한 목적을 충족하기 위하여 재무제표는 기업에 대한 다음과 같은 정보를 제공한다. 이러한 정보를 제공하는 이유는 주석에서 제공되는 정보와 함께 재무제표이용자가 기업의 미래 현금흐름, 특히 그 시기와 확실성을 예측하는 데 도움을 주기 때문이다.

(1) 자산
(2) 부채
(3) 자본
(4) 차익과 차손을 포함한 광의의 수익과 비용
(5) 소유주에 의한 출자와 소유주에 대한 배분
(6) 현금흐름

2 적용범위

이 장에서 설명하는 재무제표의 표시는 한국채택국제회계기준(이하 K-IFRS)에 따라 작성하고 표시하는 일반목적재무제표에 적용한다. 일반목적재무제표(이하 '재무제표'라 한다)는 특정 필요에 따른 특수보고서의 작성을 기업에 요구할 수 있는 위치에 있지 아니한 일반 재무제표이용자의 정보요구를 충족시키기 위해 작성되는 재무제표를 말한다. 따라서 이 장에서 설명하는 재무제표의 표시는 연차보고서, 감독기구 제출서류 또는 다른 문서에 표시되는 그 밖의 정보에 반드시 적용할 필요는 없다.

3 주요 회계이슈

재무제표가 의사결정에 유용한 정보를 제공하기 위해서는 재무정보를 어떻게 표시(presentation)하는가가 중요한 이슈이다. 아무리 중요한 정보라고 하여도 적정하게 표시되지 않는다면 올바르게 정보이용자에게 전달되지 않기 때문이다.

기준서에서는 "재무제표가 기업의 재무상태, 재무성과 및 현금흐름을 공정하게(fair) 표시" 해야 한다고 말한다. 공정한 표시라는 개념은 재무보고의 개념체계에서 말하는 충실한 표현(faithful representation)을 의미한다. 그러나 실제로 어떻게 표시하는 것이 공정한 것인지에는 많은 이견이 있을 수 있다. 이에 대한 대답은 K-IFRS 제1001호와 다른 K-IFRS에 따라 작성된 재무제표는 공정하게 표시된 재무제표라는 것이다. K-IFRS가 개념체계의 충실한 표현이라는 개념에 따라 재무제표의 공정한 표시를 위해서 만들어진 기준서이기 때문이다. 따라서 K-IFRS 제1001호와 다른 기준서들이 공정하고 충실한 표현을 위하여 재무제표에 대한 표시를 어떻게 규정하고 있는지를 아는 것이 중요하다. 특히 재무제표 본문 중심에서 주석 중심으로 이동한 K-IFRS에서는 주석으로 표시해야 할 내용에 대한 이해도 중요하다.

더 알아보기 **부적절한 회계정책과 예외사항의 인정**

부적절한 회계정책은 공시나 주석 또는 보충 자료를 통해 설명하더라도 정당화될 수 없다. 그러나 매우 드문 경우이긴 하나 K-IFRS의 요구사항을 준수하는 것이 오히려 개념체계에서 정하는 재무제표의 목적과 상충되고 이용자의 오해를 유발할 수 있다고 경영진이 결론을 내리는 경우가 있을 수 있다. 이때, 감독기관이 다른 회계정책의 사용을 금지하지 않는다면, K-IFRS의 요구사항과 다른 회계정책을 적용할 수 있다. 이 같은 예외를 인정하는 이유는 기업의 실질을 더 잘 나타내는 회계처리 방법을 사용하는 것을 부적절한 회계처리라고 보기 어렵기 때문이다.

현실 속 회계 **기후정보공시 의무화 시대의 도래에 따른 회계 분류의 변화**

(중략) 국제회계기준(IFRS)이 기후공시 표준을 공개함에 따라 산재해 있던 공시표준이 통합될 것으로 예상된다. 이에 따라 ESG 정보에 대한 접근성 개선은 물론이고 활용도도 커질 것으로 전망된다. 새로운 IFRS 공시 기준에 따라 지속가능성에 대한 회계 분류도 달라질 것으로 예상된다. 과거에는 기업이 제공하는 정보 가운데 '지속가능성'이라는 단어가 붙을 경우 비재무 정보로 분류했다. 하지만 앞으로는 해당 정보가 '재무적 연관성'이 있는 경우 숫자든 아니든 '재무 정보'로 이해해야 한다. (후략)

출처: 이나예(2023.08.29.). 기후정보공시 의무화 시대의 도래. 동아일보.
https://www.donga.com/news/Economy/article/all/20230828/120908601/1

SECTION
02 재무제표의 구성

1 재무제표의 범위

전체 재무제표(complete set of financial statements)는 다음을 모두 포함해야 하며, 기준서에서 사용하는 재무제표의 명칭이 아닌 다른 명칭을 사용할 수 있다.

(1) 기말 재무상태표(statement of financial position)

(2) 기간 포괄손익계산서(statement of profit or loss and other comprehensive income)[1]

(3) 기간 자본변동표(statement of changes in equity)

(4) 기간 현금흐름표(statement of cash flows)

(5) 주석(notes, 중요한 회계정책 정보와 그 밖의 설명 정보로 구성)

(5-1) 전기에 관한 비교정보

(6) 회계정책을 소급하여 적용하거나, 재무제표의 항목을 소급하여 재작성 또는 재분류하는 경우 전기 기초 재무상태표

재무제표이용자는 모든 재무제표를 종합적으로 참조하여 기업의 재무상태와 재무성과를 평가하기 때문에 각각의 재무제표는 전체 재무제표에서 동등한 비중으로 표시한다.

많은 기업은 재무제표 이외에도 그 기업의 재무성과와 재무상태의 주요특성 및 기업이 직면한 주요 불확실성을 설명하는 경영진의 재무검토보고서를 제공하며, 환경 요인이 중요한 산업에 속해 있는 경우나 종업원이 주요 재무제표이용자인 경우에 환경보고서나 부가가치보고서와 같은 보고서를 제공하기도 한다. 그러나 재무제표 이외의 보고서는 K-IFRS의 적용범위에 해당하지 않는다.

1 2011년 11월 6월 공표한 IAS 1 개정원문에는 포괄손익계산서의 명칭을 "a statement of comprehensive income"에서 "a statement of profit or loss and other comprehensive income(손익과기타포괄손익계산서)"으로 변경하였으나, 명칭의 사용은 강제 사항이 아니며, 외감법에도 "포괄손익계산서"로 특정하고 있으므로 K-IFRS에서는 계속 포괄손익계산서라는 명칭을 사용한다.

더 알아보기 **이익잉여금처분계산서(또는 결손금처리계산서)**

국제회계기준 원문에는 이익잉여금처분계산서(또는 결손금처리계산서)를 요구하지 않으나 K-IFRS에서는 재무상태표의 이익잉여금에 대한 보충 정보로서 이익잉여금처분계산서(또는 결손금처리계산서)를 주석으로 요구하고 있다. 그 이유는 우리나라의 상법이 이익잉여금처분계산서(결손금처리계산서)를 여전히 재무제표에 포함하고 있기 때문이다.

2 재무제표의 기타 공시사항

재무제표는 동일한 문서에 포함되어 함께 공표되는 그 밖의 정보와 명확하게 구분되고 식별되어야 한다. 즉, 각 재무제표와 주석은 명확하게 식별되어야 하고, 다음의 정보가 분명하게 드러나야 하며, 정보의 이해를 위해서 필요할 때는 반복 표시해야 한다.

(1) 보고기업의 명칭 또는 그 밖의 식별 수단과 전기 보고기간말 이후 그러한 정보의 변경내용

(2) 재무제표가 개별 기업에 대한 것인지 연결실체에 대한 것인지의 여부

(3) 재무제표나 주석의 작성대상이 되는 보고기간종료일 또는 보고기간

(4) 표시통화(K-IFRS 제1021호 '환율변동효과')

(5) 재무제표의 금액 표시를 위하여 사용한 금액 단위[2]

2 재무제표의 표시통화를 천 단위나 백만 단위로 표시할 때 더욱 이해가능성이 제고될 수 있다. 이러한 표시는 금액 단위를 공시하고 중요한 정보가 누락되지 않는 경우에 허용될 수 있다.

더 알아보기 **연결재무제표? 별도재무제표?**

우리나라는 2011년에 국제회계기준을 도입하면서부터 연결재무제표를 기본재무제표로 공시하게 되었다. 연결재무제표는 종속기업이 있는 지배기업이 지배기업과 그 종속기업의 자산, 부채, 자본, 수익, 비용, 현금흐름을 하나의 경제적 실체로 표시하는 연결 실체의 재무제표이다. 반면, 별도재무제표는 지배기업이 종속기업, 공동기업 및 관계기업에 대한 투자를 원가법, 공정가치법 또는 지분법 등의 방법을 적용하여 표시한 재무제표이다. 한편 실무에서는 종속기업이 없는 기업이 작성하는 재무제표의 경우 개별재무제표라는 용어를 사용하기도 한다. 쉽게 말해 연결재무제표는 가족 사진, 별도(개별)재무제표는 단독 사진이라고 이해하면 된다. 연결재무제표와 별도재무제표가 함께 공시되면서 정보이용자들은 기업이 공시한 재무제표가 개별 기업에 대한 것인지 연결 실체에 대한 것인지를 잘 확인해야 한다.

참고자료

출처: 박종오(2020.05.15.). 실적 좋아졌는데 주가는 '뚝'…연결재무제표의 함정. 이데일리.
https://www.edaily.co.kr/news/read?newsId=01275926625769248&mediaCodeNo=257&OutLnkChk=Y

SECTION

03 재무제표 표시의 일반원칙

1 공정한 표시와 K-IFRS의 준수

재무제표는 기업의 재무상태, 재무성과 및 현금흐름을 공정하게 표시해야 한다. 공정한 표시를 위해서는 개념체계에서 정한 자산, 부채, 수익 및 비용에 대한 정의와 인식요건에 따라 거래, 그 밖의 사건과 상황의 효과를 충실하게 표현해야 한다. K-IFRS에 따라 작성된 재무제표는 공정하게 표시된 재무제표로 본다.

K-IFRS를 준수하여 재무제표를 작성한 기업은 그러한 준수 사실을 주석에 명시적이고 제한 없이 기재한다. 그러나 재무제표가 K-IFRS의 요구사항을 모두 충족한 경우가 아니라면 K-IFRS를 준수하여 작성되었다고 기재할 수 없다.

2 계속기업

2.1. 청산 또는 중단 의도가 없는 경우 계속기업을 전제

경영진은 재무제표를 작성할 때 계속기업(going concern)으로서의 존속가능성을 평가해야 한다.

경영진이 기업을 청산하거나 경영활동을 중단할 의도를 가지고 있지 않거나, 청산 또는 경영활동의 중단 외에 다른 현실적 대안이 없는 경우가 아니면 계속기업을 전제로 재무제표를 작성한다. 따라서 청산이나 경영활동의 중단 등에 대한 언급이 없다면 계속기업을 가정하고 있는 것이다. 계속기업의 가정이 적절한지의 여부를 평가할 때 경영진은 적어도 보고기간말로부터 향후 12개월 기간에 대하여 이용가능한 모든 정보를 고려한다.

2.2. 계속기업에 대한 중대한 의문 발생 시

계속기업으로서의 존속능력에 유의적인 의문이 제기될 수 있는 사건이나 상황과 관련된 중요한 불확실성을 알게 된 경우, 경영진은 그러한 불확실성을 공시해야 한다. 재무제표가 계속기업의 기준하에 작성되지 않는 경우에는 그 사실과 함께 재무제표가 작성된 기준 및 그 기업을 계속기업으로 보지 않는 이유를 공시해야 한다.

3 발생기준

기업은 현금흐름 정보를 제외하고는 발생기준 회계(accrual basis of accounting)를 사용하여 재무제표를 작성한다. 발생기준 회계를 사용하는 경우, 각 항목이 개념체계의 정의와 인식요건을 충족할 때 자산, 부채, 자본, 광의의 수익 및 비용(재무제표의 요소)으로 인식한다. 이는 다시 말해서 인식요건이 발생주의에 기반하고 있다는 것을 의미한다.

4 중요성과 통합 표시

4.1. 중요성의 의미

재무제표의 표시에 있어서도 중요성(materiality)을 고려해야 한다. 어떠한 항목의 누락이나 왜곡 표시가 개별적으로 또는 집합적으로 재무제표이용자의 경제적 의사결정에 영향을 미치는 경우 그 항목의 누락이나 왜곡 표시는 중요하다.

4.2. 구분 및 통합 표시에 있어서 중요성의 역할

중요성은 항목을 구분하여 표시하는가에 있어서 고려해야 할 중요한 요소이다. 원칙적으로 상이한 성격이나 기능을 가진 항목은 구분하여 표시한다. 그러나 개별적으로 중요하지 않은 항목은 재무제표나 주석의 다른 항목과 통합한다. 반면에, 유사한 항목이라도 중요하다면 구분하여 표시해야 한다. 중요한 항목을 구분하여 표시하지 않으면 경제적 의사결정에 영향을 줄 수 있기 때문이다. 중요하지 않은 정보일 경우 K-IFRS에서 요구하는 특정 공시를 제공할 필요는 없다. 단, 재무제표에는 중요하지 않아 구분하여 표시하지 않은 항목이라도 주석에서는 구분 표시해야 할 만큼 충분히 중요할 수 있다.

5 상계금지원칙

5.1. 원칙적으로 상계금지

자산과 부채 그리고 수익과 비용은 원칙적으로 상계(offsetting)하지 않는다.[3] 그 이유는 일반적으로 포괄손익계산서나 재무상태표에서의 상계 표시는 발생한 거래, 그 밖의 사건과 상황을 이해하고 기업의 미래현금흐름을 분석하는 재무제표이용자의 능력을 저해하기 때문이다. 예를 들어, 외상매출금과 외상매입금은 관련된 신용위험(credit risk)이 다르다. 즉 외상매출금은 외상매출처의 신용위험과 관련이 있고, 외상매입금은 보고기업의 신용위험과 관련이 있다. 만일 외상매출금과 외상매입금을 상계하면 서로 다른 신용위험이 구분되지 않아 재무제표이용자의 의사결정능력을 저해하게 된다.

5.2. 상계의 예외적 허용

상계는 원칙적으로 금지하지만, 동일 거래에서 발생하는 수익과 관련비용의 상계 표시가 거래나 그 밖의 사건의 실질을 반영한다면 그러한 거래의 결과는 상계하여 표시한다. 예를 들면 다음과 같다.[4]

(1) 투자자산 및 영업용자산을 포함한 비유동자산의 처분손익은 처분대가에서 그 자산의 장부금액과 관련처분비용을 차감하여 표시한다.

(2) K-IFRS 제1037호 '충당부채, 우발부채, 우발자산'에 따라 인식한 충당부채와 관련된 지출을 제3자와의 계약관계(예: 공급자의 보증약정)에 따라 보전받는 경우, 당해 지출과 보전받는 금액은 상계하여 표시할 수 있다.

(3) 외환손익 또는 단기매매 금융상품에서 발생하는 손익과 같이 유사한 거래의 집합에서 발생하는 차익과 차손은 순액으로 표시한다. 그러나 그러한 차익과 차손이 중요한 경우에는 구분하여 표시한다.

---

3 재고자산에 대한 재고자산평가충당금과 매출채권에 대한 대손충당금과 같은 평가충당금을 차감하여 관련 자산을 순액으로 측정하는 것은 상계 표시에 해당하지 않는다.

4 이 외에도 각 기준서에서 별도로 상계 표시를 규정하는 경우가 있다. 이에 대해서는 이후 각 계정과목별 회계처리에서 설명한다.

6 보고빈도

전체 재무제표(비교정보를 포함)는 적어도 1년마다 작성한다.[5] 보고기간종료일을 변경하여 재무제표의 보고기간이 1년을 초과하거나 미달하는 경우 재무제표 해당 기간뿐만 아니라 다음 사항을 추가로 공시한다.

(1) 보고기간이 1년을 초과하거나 미달하게 된 이유

(2) 재무제표에 표시된 금액이 완전하게 비교가능하지는 않다는 사실

7 비교정보

당기 재무제표에 보고되는 모든 금액에 대해 전기 비교정보(comparative information)를 공시한다. 당기 재무제표를 이해하는 데 목적적합하다면 서술형 정보의 경우에도 비교정보를 공시한다. 비교정보가 중요한 이유는 정보의 기간별 비교가능성이 제고되면 특히 예측을 위한 재무정보 추세분석이 가능하여 재무제표이용자의 경제적 의사결정에 도움을 주기 때문이다. 비교정보를 공시하는 기업은 적어도 두 개의 재무상태표, 그 밖의 재무제표 및 관련 주석을 표시해야 한다.

회계정책을 소급하여 적용하거나 재무제표의 항목을 소급하여 재작성 또는 재분류하는 경우에는 적어도 세 개의 재무상태표(당기말, 전기말, 전기초)와 두 개씩의 그 밖의 재무제표 및 관련 주석을 표시해야 한다.

재무제표 항목의 표시나 분류를 변경하는 경우 실무적으로 적용할 수 없는 것이 아니라면 비교금액도 재분류해야 한다. 비교금액을 재분류할 때에는 재분류의 성격, 재분류된 개별 항목이나 항목군의 금액 및 재분류 이유를 공시한다. 그러나 비교금액을 실무적으로 재분류할 수 없는 경우에는 해당 금액을 재분류하지 않은 이유와 해당 금액을 재분류한다면 이루어질 수정의 성격을 공시한다.

5 52주의 보고기간을 선호하는 기업도 있는데, 기준서는 이러한 보고관행을 금지하지 않는다.

8 재무제표 표시의 계속성

재무제표 항목의 표시와 분류는 비교가능한 정보를 제공하기 위하여 매기 동일해야 한다. 그러나 다음의 경우에는 재무제표 항목의 표시와 분류가 변경될 수 있다.

(1) 사업내용의 유의적인 변화나 재무제표를 검토한 결과 다른 표시나 분류방법이 더 적절한 것이 명백한 경우
(2) K-IFRS에서 표시방법의 변경을 요구하는 경우

위의 (1)에서 분류와 표시의 변경이 적절한 경우란 변경된 표시방법이 재무제표이용자에게 신뢰성 있고 더욱 목적적합한 정보를 제공하며, 변경된 구조가 지속적으로 유지될 가능성이 높아 비교가능성을 저해하지 않을 것으로 판단할 때를 의미한다. 예를 들어, 중요한 인수나 매각, 또는 재무제표의 표시에 대해 검토한 결과 재무제표를 다른 방법으로 표시할 필요가 있는 경우이다. 표시방법을 변경할 때에는 비교정보도 재분류한다.

SECTION
04 재무상태표

재무상태표는 특정 시점 현재 기업의 재무상태에 대한 정보, 즉 자산, 부채 및 자본의 잔액에 대한 정보를 제공하는 재무제표이다.

1 재무상태표에 표시되는 정보

재무상태표에는 적어도 [그림 2-1]에 해당하는 항목을 표시해야 한다.

자산	부채
• 현금및현금성자산 • 매출채권 및 기타 채권 • 금융자산 • 재고자산 • 생물자산 • 지분법에 따라 회계처리하는 투자자산 • 유형자산 • 투자부동산 • 무형자산 • 매각예정으로 분류된 자산과 매각예정으로 분류된 처분자산집단에 포함된 자산의 총계 • 당기법인세와 관련한 자산 • 이연법인세자산	• 매입채무 및 기타 채무 • 충당부채 • 금융부채 • 매각예정으로 분류된 처분자산 집단에 포함된 부채 • 당기법인세와 관련한 부채 • 이연법인세부채[6] **자본** • 납입자본 • 이익잉여금 • 기타포괄손익누계액 • 기타자본구성요소

그림 2-1 **재무상태표에 표시해야 할 최소한의 항목**

[그림 2-1]에서 제시한 항목은 재무상태표에 표시되어야 하는 항목들의 예시에 해당한다. 따라서 기업의 재무상태를 이해하는 데 목적적합한 경우 재무상태표에 항목, 제목 및 중간합

6 자산과 부채를 유동과 비유동으로 구분하여 표시하는 경우, 이연법인세자산과 이연법인세부채는 모두 비유동으로 분류한다.

계를 추가하여 표시할 수 있다. 또한 중요한 항목은 예시에 제시되어 있지 않아도 추가한다. 반대로 중요하지 않은 항목은 제외시킬 수도 있다. 중요하지 않은 항목은 의사결정을 오히려 방해할 수도 있기 때문이다.

2 재무상태표의 표시 순서와 형식

2.1. 재무상태표의 표시 순서와 형식의 원칙

K-IFRS는 재무상태표에 표시되어야 할 항목의 순서나 형식을 규정하지 않는다.[7] K-IFRS 제1001호 '재무제표 표시'에서는 단순히 재무상태표에 구분 표시하기 위해 성격이나 기능면에서 명확하게 상이한 최소한의 항목만을 제시하고 있을 뿐이다. 따라서 기업은 거래의 성격 및 실질을 가장 잘 나타낼 수 있는 순서와 형식을 스스로 결정하여 사용해야 한다.

한 항목 또는 통합된 유사 항목의 크기, 성격 또는 기능상 기업의 재무상태를 이해하기 위해 구분 표시가 필요한 경우 그러한 항목을 추가로 재무상태표에 포함한다. 또한 기업의 재무상태를 이해하는 데 목적적합한 정보를 제공하기 위해 기업과 거래의 성격에 따라 사용된 용어와 항목의 순서, 또는 유사 항목의 통합방법을 변경할 수 있다. 예를 들어, 금융회사는 금융회사의 영업목적에 적합한 정보를 제공하기 위해 용어를 변경할 수 있다.

2.2. 이분법과 유동성 배열법

재무상태표는 이분법(유동/비유동 구분법)과 유동성(liquidity) 배열법 중에서 선택하여 작성할 수 있다. 또한 이분법과 유동성 배열법을 혼합하여 사용할 수도 있다. 예를 들어, 신뢰성 있고 더욱 목적적합한 정보를 제공한다면 자산과 부채의 일부는 유동/비유동 구분법으로, 나머지는 유동성 순서에 따라 표시할 수 있다. [표 2-1]은 두 가지 방법의 특성을 비교한 것이다.

---

7 '2.2 이분법과 유동성 배열법'에서 이분법은 재무상태표에 표시되어야 할 항목의 순서(order)나 형식(format)이 아니라 표시(presentation) 방법에 대한 것임을 유의해야 한다.

표 2-1 이분법과 유동성 배열법의 비교

구분	이분법(유동/비유동 구분법)	유동성 배열법
내용	유동자산과 비유동자산, 유동부채와 비유동부채로 구분하여 표시하는 방법	모든 자산과 부채를 유동성의 순서에 따라 표시하는 방법
적용	기업이 명확히 식별가능한 영업주기 내에서 재화나 용역을 제공하는 경우	기업이 재화나 용역을 식별가능한 영업주기 내에서 제공하지 않는 경우
장점	① 운전자본으로서 계속 순환되는 순자산과 장기 영업활동에서 사용하는 순자산을 구분함으로써 유용한 정보를 제공 ② 정상영업주기 내에 실현될 것으로 예상되는 자산과 동 기간 내에 결제 기일이 도래하는 부채를 구분하여 보여 줌	금융회사와 같은 일부 기업의 경우에는 오름차순이나 내림차순의 유동성 순서에 따른 표시방법으로 자산과 부채를 표시하는 것이 유동/비유동 구분법보다 신뢰성 있고 더욱 목적적합한 정보를 제공
비고	가장 일반적인 방법으로, 유동성 배열법이 신뢰성 있고 더욱 목적적합한 정보를 제공하는 경우를 제외하고는 유동/비유동 구분법을 적용함	반드시 유동성이 높은 것부터 낮은 것의 순서(내림차순)로 표시해야 한다는 것을 의미하지 않음. 경우에 따라서는 유동성이 작은 것부터 반대의 순서(오름차순)로 표시할 수도 있음

더 알아보기 **K-IFRS의 유동성 배열법의 특징**

K-IFRS 제1001호 '재무제표 표시'의 유동성 배열법은 기업이 보유한 자산이나 부채 항목의 만기 등이 명확하여 유동성에 대한 정보를 신뢰성 있게 얻을 수 있는 경우에 사용할 수 있는 방법으로 일반 제조업 등을 영위하는 기업이 사용하기에 적당하지 않은 경우가 많다. 예를 들어 금융기관의 대여금이나 차입금은 만기가 분명한 반면, 일반기업의 외상매출금이나 외상매입금은 만기가 분명하지 않다. 따라서 K-IFRS상의 유동성 배열법은 실질적으로 금융업을 영위하는 기업에 해당하는 규정이라고 이해하는 것이 타당하다.

[그림 2-2]는 이분법(유동/비유동 구분법)을 적용한 재무상태표의 예다. 이분법을 사용한다고 해서 유동자산(부채)을 비유동자산(부채)보다 위에 표시할 필요는 없다. 또한 유동자산(부채) 또는 비유동자산(부채) 내의 항목들을 순서에 따라 표시할 필요도 없다.

	20X7년 12월 31일	20X6년 12월 31일
자산		
비유동자산		
유형자산	350,700	360,020
영업권	80,800	91,200
기타무형자산	227,470	227,470
관계기업투자	100,150	110,770

기타포괄손익-공정가치 측정 금융자산	142,500	156,000
비유동자산 합계	901,620	945,460
유동자산		
재고자산	135,230	132,500
매출채권	91,600	110,800
기타유동자산	25,650	12,540
현금및현금성자산	312,400	322,900
유동자산 합계	564,880	578,740
자산 총계	1,466,500	1,524,200
자본 및 부채		
납입자본	650,000	600,000
이익잉여금	243,500	161,700
기타포괄손익누계액	1,250	1,800
기타자본구성요소	79,000	68,000
자본 총계	973,750	831,500
비유동부채		
장기차입금	120,000	160,000
이연법인세	28,800	26,040
장기충당부채	28,850	52,240
비유동부채 합계	177,650	238,280
유동부채		
매입채무와 기타미지급금	115,100	187,620
단기차입금	150,000	200,000
유동성장기차입금	10,000	20,000
당기법인세부채	35,000	42,000
당기충당부채	5,000	4,800
유동부채 합계	315,100	454,420
부채 총계	492,750	692,700
자본 및 부채 총계	1,466,500	1,524,200

그림 2-2 **이분법(유동/비유동 구분법)을 적용한 재무상태표**

	20X7년 12월 31일	20X6년 12월 31일
자산		
현금및현금성자산	68,774	72,228
당기손익-공정가치 측정 금융자산	66,925	48,042
파생상품자산	25,672	36,835
대출채권	1,539,582	1,470,290
기타포괄손익-공정가치 측정 금융자산	240,987	247,816
상각후원가 측정 금융자산	101,570	102,958
유형자산	20,776	21,199
무형자산	1,336	727
관계기업에대한투자자산	16,224	15,829
투자부동산	5,541	5,326
기타자산	127,332	47,557
매각예정자산	46	82
자산 총계	2,214,765	2,068,889
자본 및 부채		
예수부채	1,441,570	1,399,708
파생금융부채	21,035	33,171
차입부채	157,773	149,463
사채	187,545	182,488
퇴직급여채무	1,103	1,255
충당부채	4,381	4,499
이연법인세부채	3,371	3,989
기타부채	205,339	107,450
부채총계	2,022,117	1,882,017
납입자본	103,577	103,577
이익잉여금	74,653	66,319
기타포괄손익누계액	703	605
기타자본구성요소	13,715	16,371
자본 총계	192,648	186,872
자본 및 부채 총계	2,214,765	2,068,889

그림 2-3 **유동성 배열법을 적용한 재무상태표**

3 유동자산과 유동부채 구분 공시

이분법을 사용할 경우에, 유동자산과 유동부채는 다음과 같은 조건에 의하여 비유동자산 및 비유동부채와 구분한다. 이는 운전자본으로서의 계속 순환되는 순자산과 장기영업활동에서 사용하는 순자산을 구분함으로써 유용한 정보를 제공하기 때문이다.

3.1. 유동자산 구분 표시

다음에 해당하는 자산은 유동자산이며, 그 밖의 모든 자산은 비유동자산으로 분류한다.

3.1.1. 유동자산 분류조건

(1) 기업의 정상영업주기 내에 실현될 것으로 예상하거나, 정상영업주기 내에 판매하거나 소비할 의도가 있다.
(2) 주로 단기매매 목적으로 보유하고 있다.
(3) 보고기간 후 12개월 이내에 실현될 것으로 예상한다.
(4) 현금이나 현금성자산으로서, 교환이나 부채 상환 목적으로의 사용에 대한 제한 기간이 보고기간 후 12개월 이상이 아니다.

3.1.2. 유동자산 영업주기의 영향

(1) 영업주기는 영업활동을 위한 자산의 취득시점부터 그 자산이 현금이나 현금성자산으로 실현되는 시점까지 소요되는 기간이다.
(2) 정상영업주기를 명확히 식별할 수 없는 경우에는 그 기간이 12개월인 것으로 가정한다.
(3) 재고자산 및 매출채권과 같이 정상영업주기의 일부로서 판매, 소비 또는 실현되는 자산은 보고기간 후 12개월 이내에 실현될 것으로 예상되지 않는 경우에도 유동자산에 포함된다.

3.1.3. 유동자산 기타사항

유동자산은 주로 단기매매목적으로 보유하고 있는 자산과 비유동금융자산의 유동성 대체 부분(예: 장기자산 중 향후 1년 이내에 만기가 도래하는 자산)을 포함한다.

3.2. 유동부채 구분 표시

다음의 경우에 해당하는 부채는 유동부채이며, 그 밖의 모든 부채는 비유동부채로 분류한다.

3.2.1. 유동부채 분류조건

(1) 정상영업주기 내에 결제될 것으로 예상하고 있다.
(2) 주로 단기매매 목적으로 보유하고 있다.
(3) 보고기간 후 12개월 이내에 결제하기로 되어 있다.
(4) 보고기간 후 부채의 결제를 12개월 이상 연기할 수 있는 무조건의 권리를 가지고 있지 않다.

3.2.2. 유동부채 영업주기의 영향

(1) 영업주기는 영업활동을 위한 자산의 취득시점부터 그 자산이 현금이나 현금성자산으로 실현되는 시점까지 소요되는 기간이다.
(2) 정상영업주기를 명확히 식별할 수 없는 경우에는 그 기간이 12개월인 것으로 가정한다.
(3) 매입채무 그리고 종업원 및 그 밖의 영업원가에 대한 미지급비용과 같은 유동부채는 기업의 정상영업주기 내에 사용되는 운전자본의 일부이다. 이러한 항목은 보고기간 후 12개월 후에 결제일이 도래한다 하더라도 유동부채로 분류한다.

3.2.3. 유동부채 기타사항

기타 유동부채에는 정상영업주기 이내에 결제되지는 않지만 보고기간 후 12개월 이내에 결제일이 도래하거나 단기매매 항목으로 분류된 일부 금융부채, 당좌차월, 비유동금융부채의 유동성 대체 부분, 미지급배당금, 법인세, 기타 지급채무 등이 포함된다.

더 알아보기 **유동부채와 비유동부채 분류 시 발생하는 다양한 상황**

일반적으로 대출계약에 의한 부채는 12개월을 기준으로 유동부채와 비유동부채로 분류하는데, 이와 관련하여 다양한 상황이 발생할 수 있다. 기준서에서 제시하는 상황은 다음과 같다.

- 원래의 결제기간이 12개월을 초과하고, 보고기간 후 재무제표 발행승인일 전에 장기로 차환하는 약정 또는 지급기일을 장기로 재조정하는 약정이 체결된 경우라 하더라도 금융부채가 보고기간 후 12개월 이내에 결제일이 도래하면 유동부채로 분류한다.
- 기업이 기존의 대출계약조건에 따라 보고기간 후 적어도 12개월 이상 부채를 차환하거나 연장할 것으로 기대하고 있고, 그런 재량권이 있다면 보고기간 후 12개월 이내에 만기가 도래한다 하더라도 비유동부채로 분류한다. 그러나 기업에게 부채의 차환이나 연장에 대한 재량권이 없다면(예를 들어, 차환약정이 없는 경우), 차환가능성을 고려하지 않고 유동부채로 분류한다.
- 보고기간말 이전에 장기차입약정을 위반했을 때 대여자가 즉시 상환을 요구할 수 있는 채무는 보고기간 후 재무제표 발행승인일 전에 채권자가 약정위반을 이유로 상환을 요구하지 않기로 합의하더라도 유동부채로 분류한다. 그 이유는 기업이 보고기간말 현재 그 시점으로부터 적어도 12개월 이상 결제를 연기할 수 있는 무조건적 권리를 가지고 있지 않기 때문이다.
- 대여자가 보고기간말 이전에 보고기간 후 적어도 12개월 이상의 유예기간을 주는 데 합의하여 그 유예기간 내에 기업이 위반사항을 해소할 수 있고, 또 그 유예기간 동안에는 대여자가 즉시 상환을 요구할 수 없다면 그 부채는 비유동부채로 분류한다.

4 자본과 관련된 정보 공시

K-IFRS 제1001호에서 자본은 납입자본, 이익잉여금, 기타포괄손익누계액 그리고 기타자본구성요소로 크게 구분하고 있다. 그러나 자본의 구체적인 분류는 재무제표를 작성하는 기업에 재량권을 부여하고 있다.

자본과 관련하여 재무상태표 또는 주석에 다음 항목을 공시한다.

(1) 주식의 종류별로 다음의 사항

(가) 수권주식수

(나) 발행되어 납입 완료된 주식수와 발행되었으나 부분 납입된 주식수

(다) 주당 액면가액 또는 무액면주식이라는 사실

(라) 유통주식수의 기초 수량으로부터 기말 수량으로의 조정내역

(마) 배당의 지급 및 자본의 환급에 대한 제한을 포함하여 각 종류별 주식에 부여된 권리, 우선권 및 제한사항

(바) 발행주식 중 당해 기업, 종속기업 또는 관계기업이 소유하고 있는 주식

(사) 옵션과 주식 매도 계약에 따라 발행 예정된 주식(조건과 금액 포함)

(2) 자본을 구성하는 각 적립금의 성격과 목적에 대한 설명

더 알아보기 **연결재무상태표의 자본과 관련된 정보 공시**

연결재무상태표에서 자본은 개별이나 별도 재무상태표와 달리 지배기업 소유주지분과 비지배지분으로 구분해서 다음과 같이 표시한다.

자본	
지배기업의 소유주에게 귀속되는 지분	
납입자본	×××
이익잉여금	×××
기타포괄손익누계액	×××
기타자본구성요소	×××
	×××
비지배지분	×××
자본총계	×××

5 재무상태표 또는 주석에 표시되는 추가 정보 공시

기업의 재무상태를 이해하는 데 목적적합한 경우 재무상태표에 항목, 제목 및 중간합계를 추가하여 표시한다. 아울러 기업은 재무상태표에 표시된 개별 항목을 기업의 영업활동을 나타내기에 적절한 방법으로 세분류하고, 그 추가적인 분류 내용을 재무상태표 또는 주석에 공시한다. 따라서 재무상태표에 세분류 항목으로 표시할 수도 있고, 재무상태표에는 대분류 항목만 표시하고 그 세분류 항목은 주석으로 공시할 수도 있다.

추가적 항목으로 구분하여 분류할지 여부는 K-IFRS 각 기준서의 요구사항, 당해 금액의 크기, 성격 및 기능에 따라 달라진다. 즉, (1) 자산의 성격 및 유동성, (2) 기업 내에서 자산의 기능, (3) 부채의 금액, 성격 및 시기 등 세 가지 분류기준을 활용한다. 예를 들면 다음과 같다.

(1) 유형자산 항목은 K-IFRS 제1016호 '유형자산'에 따른 분류로 세분화한다.
(2) 채권은 일반상거래 채권, 특수관계자 채권, 선급금과 기타 금액으로 세분화한다.
(3) 재고자산은 상품, 소모품, 원재료, 재공품 및 제품 등으로 세분화한다.
(4) 충당부채는 종업원급여 충당부채와 기타 항목 충당부채로 세분화한다.
(5) 납입자본과 적립금은 자본금, 주식발행초과금, 적립금 등과 같이 다양한 분류로 세분화한다.

더 알아보기 **K-IFRS와 일반기업회계기준의 자본 표시 차이**

일반기업회계기준에서는 자본의 대분류로서 자본금, 자본잉여금, 자본조정, 기타포괄손익누계액, 이익잉여금(또는 결손금)의 다섯 가지 구성요소로 구분하고 그 세분류 항목의 구분 및 통합 표시에 대해서도 구체적으로 규정하고 있다. 반면 K-IFRS에서는 자본의 분류에 대한 구체적 규정이 없다. K-IFRS에서는 표시하여야 할 자본 항목으로 납입자본과 적립금으로 분류하고 있으며 이를 자본금, 주식발행초과금, 적립금 등의 다양한 분류로 세분화하도록 하고 있다. 따라서 K-IFRS하에서도 일반기업회계기준의 분류 방법을 그대로 적용할 수 있을 것이다.

SECTION

05 포괄손익계산서

1 포괄손익계산서 표시방법

포괄손익계산서는 소유주(주주)와의 자본거래에 따른 자본의 변동을 제외한 기업 순자산의 변동을 표시한 보고서로 일정기간의 재무성과에 대한 정보를 제공하는 재무제표이다.

1.1. 포괄손익계산서의 두 가지 표시방법

해당 기간에 인식한 모든 수익과 비용 항목은 다음 중 한 가지 방법으로 표시한다.

(1) 단일 포괄손익계산서
(2) 다음과 같은 두 가지 보고서
  (가) 당기순손익의 구성요소를 표시하는 보고서(별개의 손익계산서)
  (나) 당기순손익에서 시작하여 기타포괄손익의 구성요소를 표시하는 보고서(포괄손익계산서)

[그림 2-4]는 포괄손익계산서의 두 가지 표시방법을 제시한 것이다.

단일 포괄손익계산서	별개의 손익계산서+포괄손익계산서
(1) 수익 (2) 영업손익 (3) 금융원가 (4) 지분법 적용대상인 관계기업과 조인트 벤처의 당기순손익에 대한 지분 (5) 법인세비용 (6) 중단영업의 합계를 표시하는 단일금액(K-IFRS 제1105호 '매각예정비유동자산과 중단영업' 참조) (7) 당기순손익 (8) 기타포괄손익 당기손익으로 재분류되지 않는 항목 당기손익으로 재분류될 수 있는 항목 (9) 총포괄손익	별개의 손익계산서 (1) 수익 (2) 영업손익 (3) 금융원가 (4) 지분법 적용대상인 관계기업과 조인트 벤처의 당기순손익에 대한 지분 (5) 법인세비용 (6) 중단영업의 합계를 표시하는 단일금액 (7) 당기순손익 포괄손익계산서 (7) 당기순손익 (8) 기타포괄손익 당기손익으로 재분류되지 않는 항목 당기손익으로 재분류될 수 있는 항목 (9) 총포괄손익

그림 2-4 **포괄손익계산서 표시방법**

2 포괄손익계산서에 표시되는 정보

2.1. 단일 포괄손익계산서에 표시되는 정보

단일 포괄손익계산서에는 적어도 당해 기간의 다음 금액을 표시하는 항목을 포함한다. 다음에서 제시하는 항목은 포괄손익계산서에 표시되어야 하는 최소한의 항목이다.

(1) 수익
(2) 영업손익
(3) 금융원가
(4) 지분법 적용대상인 관계기업과 조인트벤처의 당기순손익에 대한 지분
(5) 법인세비용
(6) 중단영업의 합계를 표시하는 단일금액
(7) 당기순손익
(8) 기타포괄손익
  (가) 당기손익으로 재분류되지 않는 항목
  (나) 당기손익으로 재분류될 수 있는 항목
(9) 총포괄손익

단일 포괄손익계산서는 다음과 같은 몇 개의 부분으로 구성되어 있다.

영업손익	(1), (2)
계속영업손익	(1), (2), (3), (4), (5)
중단영업손익	(6)
당기순손익	(7) 계속영업손익+중단영업손익
기타포괄손익	(8)
총포괄손익	당기순손익+기타포괄손익

첫째는 영업손익으로 (1)과 (2)에 해당하는 부분이며, 둘째는 계속영업손익으로 (1), (2), (3), (4), (5)를 포함하는 부분이다. 셋째는 중단영업손익으로 (6)이 이에 해당한다. 넷째는 (7) 당기순손익으로 위의 계속영업손익과 중단영업손익을 더한 것이다. 다섯째는 기타포괄손익으로 (8)이 이에 해당되고, 마지막으로 총포괄손익은 위의 당기순손익과 기타포괄손익을 더한 것이다.

더 알아보기 **당기순손익과 기타포괄손익**

개념체계에 의하면, 기업의 이익은 소유주에게 배분하거나 소유주가 출연한 부분을 제외한 기말자본과 기초자본의 차이이다. 즉, 추가출자와 배당이 없다면 기중의 자본의 증가분이 이익이라는 것이다. K-IFRS에서는 이러한 자본의 증가분을 총포괄이익이라고 하고 총포괄이익을 다시 두 가지로 구분한다. 하나는 당기순손익이고 다른 하나는 기타포괄손익이다.

(총)포괄손익 = 당기순손익+기타포괄손익

K-IFRS는 기타포괄손익을 당기손익으로 인식하지 않는 수익과 비용 항목이라고 설명하고 있으나 이것만으로 이해하기가 충분하지 않다. 기타포괄손익을 이해하려면 당기순손익에 대한 이해가 필요하다. 당기순손익에는 기중에 실현된 수익 및 비용과, 미실현되었지만 곧 실현될 수익 및 비용이 포함된다. 이를 바탕으로 기타포괄손익을 이해한다면, 기타포괄손익은 곧 실현되지 않을 미실현수익 및 비용이라고 할 수 있다.

예를 들어, 기업이 시장에서 매매되는 주식 중 일부는 당기손익-공정가치 측정 금융자산으로, 나머지는 기타포괄손익-공정가치 측정 금융자산으로 분류하고, 기중에는 거래가 없다고 가정하자. 보유기간 동안 변동된 주가로 인해, 이 두 가지 금융자산 모두에서 미실현손익이 발생할 것이다. 이때, 당기손익-공정가치 측정 금융자산에 대한 미실현손익은 당기손익에 포함하지만, 기타포괄손익-공정가치 측정 금융자산에 대한 미실현손익은 기타포괄손익에 포함한다. 전자는 곧 실현될 미실현이익이나, 후자는 아직 실현될 시점이 분명하지 않기 때문이다.

당기손익과 기타포괄손익의 개념을 요약하면 [그림 2-5]와 같다.

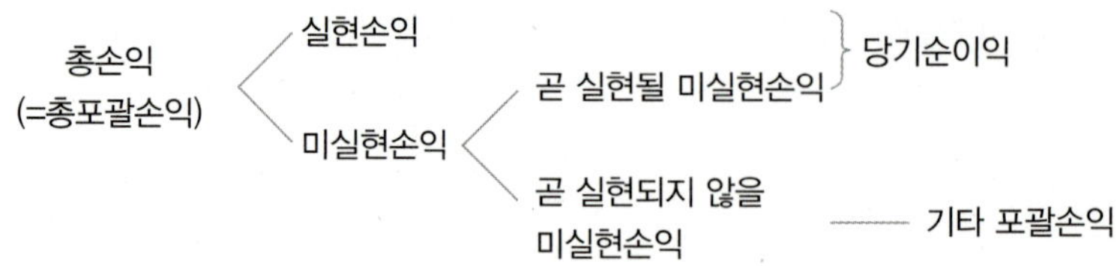

그림 2-5 당기손익과 기타포괄손익의 개념

2.2. 별개의 손익계산서에 표시되는 정보

별개의 손익계산서에는 당해 기간의 다음 금액을 표시하는 항목을 포함한다.

(1) 수익
(2) 영업손익
(3) 금융원가
(4) 지분법 적용대상인 관계기업과 조인트벤처의 당기순손익에 대한 지분
(5) 법인세비용
(6) 중단영업의 합계를 표시하는 단일금액
(7) 당기순손익

3 기타포괄손익의 표시

3.1. 기타포괄손익의 종류와 표시

3.1.1. 기타포괄손익의 종류

기타포괄손익(other comprehensive income, OCI)이란 당기의 자산이나 부채의 변동에 따른 금액 중 주로 평가손익과 관련된 금액으로, K-IFRS에서 요구하거나 허용하여 당기손익으로 인식하지 않은 수익과 비용 항목(재분류조정 포함)으로 장기 미실현보유손익의 성격을 가지고 있다.

기타포괄손익은 다음의 항목을 포함하며 특정 조건을 충족하는 때에 후속적으로 당기손익으로 재분류되는 항목과 당기손익으로 재분류되지 않는 항목으로 구분된다. 이러한 구분 표시는 재무제표이용자들이 기타포괄손익이 당기손익에 미치는 영향을 이해하고 예측하는 데 도움을 준다.

(1) 당기손익으로 재분류되는 항목

(가) 기타포괄손익－공정가치 측정 금융자산 평가손익(채권)(K－IFRS 제1109호)[8]

(나) 해외사업장환산외환차이(K－IFRS 제1021호)

(다) 현금흐름위험회피손익(K－IFRS 제1109호)

(2) 당기손익으로 재분류되지 않는 항목

(가) 기타포괄손익－공정가치 측정 금융자산 평가손익(주식)(K－IFRS 제1109호)

(나) 유형자산재평가잉여금(K－IFRS 제1016호)

(다) 확정급여제도의 보험수리적손익(K－IFRS 제1019호)

(라) 관계기업의 기타포괄손익에 대한 지분(K－IFRS 제1028호)

3.1.2. 기타포괄손익의 법인세 효과 표시

기타포괄손익에 관련된 법인세 효과는 다음 중 한 가지 방법으로 표시할 수 있다. 만약 (2)를 선택하는 경우, 법인세는 후속적으로 당기손익 부분으로 재분류되는 항목과 재분류되지 않는 항목 간에 배분한다. 기타포괄손익의 항목과 관련된 법인세 비용 금액은 포괄손익계산서나 주석에 공시한다.

(1) 관련 법인세 효과를 차감한 순액으로 표시

(2) 기타포괄손익의 항목과 관련된 법인세 효과 반영 전 금액으로 표시하고, 각 항목들에 관련된 법인세 효과는 단일 금액으로 합산한 것을 차감하여 표시

8 채무상품을 기타포괄손익-공정가치 측정 금융자산으로 분류하는 경우에만 재분류조정이 가능하며, 지분상품을 기타포괄손익-공정가치 측정 금융자산으로 분류하는 경우에는 재분류조정이 허용되지 않는다.

예시로 이해하기 | 기타포괄손익의 표시

단위: 천원

㈜대한	2X09년 세전 금액	2X09년 법인세 비용	2X09년 세후 금액	2X08년 세전 금액	2X08년 법인세 비용	2X08년 세후 금액
당기손익으로 재분류되지 않는 항목						
자산재평가차익	933	(333)	600	3,367	(667)	2,700
확정급여제도의 보험수리적이익	(667)	167	(500)	1,333	(333)	1,000
관계기업의 기타포괄손익에 대한 지분	400	–	400	(700)	–	(700)
당기손익으로 재분류되는 항목						
해외사업장환산외환차이	5,334	(1,334)	4,000	10,667	(2,667)	8,000
기타포괄손익–공정가치 측정 금융자산 평가손익	(24,000)	6,000	(18,000)	26,667	(6,667)	20,000
현금흐름위험회피손익	(667)	167	(500)	(4,000)	1,000	(3,000)
기타포괄손익	(18,667)	4,667	(14,000)	37,334	(9,334)	28,000

위의 표에서 계산한 기타포괄손익은 다음과 같이 두 가지 방법으로 표시할 수 있다.

(1) 관련 법인세 효과를 차감한 순액으로 표시하는 방법(법인세율은 25%)

단위: 천원

㈜대한	2X09년	2X08년
당기손익으로 재분류되지 않는 항목		
자산재평가차익	600	2,700
확정급여제도의 보험수리적손익	(500)	1,000
관계기업의 기타포괄손익에 대한 지분	400	(700)
당기손익으로 재분류되는 항목		
해외사업장환산외환차이	4,000	8,000
기타포괄손익 – 공정가치 측정 금융자산 평가손익	(18,000)	20,000
현금흐름위험회피손익	(500)	(3,000)
법인세차감후기타포괄손익	(14,000)	28,000

(2) 기타포괄손익의 구성요소와 관련된 법인세 효과 반영 전 금액으로 표시하고, 각 항목과 관련된 법인세 효과는 단일 금액으로 합산하여 표시하는 방법(법인세율은 25%)

단위: 천원

㈜대한	2X09년	2X08년
당기손익으로 재분류되지 않는 항목		
자산재평가차익	933	3,367
확정급여제도의 보험수리적손익	(667)	1,333
관계기업의 기타포괄손익에 대한 지분	400	(700)
당기손익으로 재분류되지 않는 항목과 관련된 법인세	(166)	(1,000)
	500	3,000
당기손익으로 재분류되는 항목		
해외사업장환산외환차이	5,334	10,667
기타포괄손익－공정가치 측정 금융자산 평가손익	(24,000)	26,667
현금흐름위험회피손익	(667)	(4,000)
당기손익으로 재분류되는 항목과 관련된 법인세	4,833	(8,334)
	(14,500)	25,000
법인세차감후기타포괄손익	(14,000)	28,000

3.2. 기타포괄손익과 관련된 재분류조정

재분류조정은 이전에 기타포괄손익으로 인식되었던 금액 중 당기에 당기손익으로 재분류된 금액을 말한다. 재분류조정은 과거의 기타포괄손익 금액 중 당기에 손익으로 인식된 금액을 보여줌으로써 총포괄손익에서 중복으로 계산되는 것을 피하기 위한 것이다.

재분류조정은 해외사업장을 매각할 때(K-IFRS 제1021호 '환율변동효과'), 기타포괄손익-공정가치 측정 금융자산(채권)을 평가할 때(K-IFRS 제1109호 '금융상품'), 위험회피예상거래가 당기손익에 영향을 미칠 때(K-IFRS 제1109호 '금융상품') 발생한다.

재평가잉여금과 보험수리적이익의 변동, 관계기업의 재평가차익에 대한 지분을 당기손익으로 재분류하지 않는 이유는 재평가잉여금의 변동은 자산이 제거될 때 이익잉여금으로 대체될 수 있고, 보험수리적손익은 기타포괄손익으로 인식된 기간에 즉시 이익잉여금으로 보고되기 때문이다. 따라서 이들은 후속 기간에 당기손익으로 재분류하지 않는다.

재분류조정은 포괄손익계산서나 주석에 표시할 수 있다. 재분류조정을 주석에 표시하는 경우에는 관련 재분류조정을 반영한 후에 기타포괄손익의 항목을 표시한다.

예시로 이해하기 | 기타포괄손익 재분류조정

재분류조정이 발생하는 경우와 발생하지 않는 경우의 기타포괄손익을 기타포괄손익–공정가치(FVOCI) 측정 금융자산(채권)과 유형자산(토지)의 사례를 통하여 살펴보면 다음과 같다.

(1) 기타포괄손익 – 공정가치 측정 금융자산 평가손익(재분류조정이 발생하는 경우)

20X1년 1월 1일 기타포괄손익 – 공정가치 측정 금융자산[9]을 ₩100,000에 취득

20X1년 12월 31일 기타포괄손익 – 공정가치 측정 금융자산의 공정가치는 ₩120,000임

20X2년 5월 1일 기타포괄손익 – 공정가치 측정 금융자산을 ₩150,000에 매각

일자	회계처리					
20X1. 1. 1.	(차)	FVOCI금융자산	100,000	(대)	현금	100,000
20X1.12.31.	(차)	FVOCI금융자산	20,000	(대)	FVOCI금융자산평가이익 (기타포괄손익)	20,000
20X2. 5. 1.	(차)	현금 FVOCI금융자산평가이익 (기타포괄손익)	150,000 20,000	(대)	FVOCI금융자산 FVOCI금융자산처분이익 (당기손익)	120,000 50,000

(2) 유형자산재평가손익(재분류조정이 발생하지 않는 경우)

20X1년 1월 1일 토지를 ₩100,000에 취득

20X1년 12월 31일 토지의 공정가치는 ₩120,000임

20X2년 5월 1일 토지를 ₩150,000에 매각

일자	회계처리					
20X1. 1. 1.	(차)	토지	100,000	(대)	현금	100,000
20X1.12.31.	(차)	토지	20,000	(대)	재평가잉여금(기타포괄손익)	20,000
20X2. 5. 1.	(차)	현금	150,000	(대)	토지	120,000
					유형자산처분이익(당기손익)	30,000
	(차)	재평가잉여금(기타포괄손익)	20,000		이익잉여금	20,000

위의 예에서 보듯이, 재분류조정을 하면, 과거의 변동분(₩20,000)과 당기의 변동분(₩30,000)이 모두 당기손익으로 인식된다. 반면에 재분류조정을 하지 않으면 당기의 변동분(₩30,000)만 당기손익으로 인식된다.

9 기타포괄손익-공정가치 금융자산을 FVOCI(fair value through other comprehensive income)금융자산이라 함

4 영업손익의 구분 표시

국제회계기준에서는 규정하고 있지 않지만, 우리나라 회계기준인 K-IFRS에서는 포괄손익계산서의 본문에 영업손익의 표시를 의무화했으며, 영업손익의 산출내역을 주석으로 표시하도록 규정하고 있다.

4.1. 영업손익의 표시

영업손익은 다음과 같이 비용을 기능별로 구분할 수 있는 경우와 할 수 없는 경우로 나누어 산출하도록 하였다.

(1) 비용을 기능별로 구분하는 경우
영업손익=수익−매출원가−판매비와 관리비
(2) 비용을 성격별로 구분하거나, 매출액 및 매출원가를 구분하기 어려운 경우
영업손익=영업수익−영업비용

비용을 기능별로 구분하는 경우, 영업손익은 수익에서 매출원가 및 판매비와 관리비에 해당하는 비용을 차감한 금액이다. 이는 일반기업회계기준에서의 영업손익 산출방법과 동일하다.

이때 수익은 기업의 주된 영업활동에서 발생한 금액으로서 제조업 등의 경우 매출액을 의미하며, 매출액은 제품, 상품, 용역 등의 총매출액에서 매출할인, 매출환입, 매출에누리 등을 차감한 금액이다.

매출원가는 제품, 상품 등의 매출액에 대응되는 원가로서 판매된 제품이나 상품 등에 대한 제조원가 또는 매입원가를 말한다. 판매비와 관리비는 제품, 상품, 용역 등의 판매활동과 기업의 관리활동에서 발생하는 비용으로서 매출원가에 속하지 아니하는 비용을 말하며, 급여(임원급여, 급료, 임금 및 제수당 등을 포함한다), 퇴직급여, 복리후생비, 임차료, 접대비, 감가상각비, 무형자산상각비, 세금과공과, 광고선전비, 연구비, 경상개발비, 대손상각비 등을 포함한다.

한편, 영업의 특수성을 고려할 필요가 있는 경우(예: 매출원가를 구분하기 어려운 경우)나 비용을 성격별로 분류하는 경우, 포괄손익계산서 본문에 영업수익에서 영업비용을 차감한 영업이익을 표시할 수 있도록 하고 있다.

4.2. 조정영업이익

기업이 수익에서 매출원가와 판매비와 관리비를 차감한 금액 이외에 그 밖의 기타영업수익 또는 기타영업비용 항목을 추가하는 것이 기업 고유의 영업환경과 그 기업의 영업성과를 더 잘 나타낸다고 한다면, 이러한 항목을 영업이익에 추가하여 별도의 영업성과 측정치를 산정하고, 이를 포괄손익계산서 본문에 표시되는 영업이익과 명확히 구분되도록 '조정영업이익'이라는 명칭을 사용하여 주석에 공시할 것을 허용하고 있다.

기타영업수익은 매출 이외의 영업관련활동에서 발생한 수익을 표시한 것으로, 그 예는 외환차익, 유형자산처분이익, 대손충당금환입, 지분법이익, 염가매수차익 등이다. 기타영업비용은 매출원가와 판매관리비활동 이외의 영업관련활동에서 발생한 비용을 표시한 것으로 그 예는 외환차손, 유형자산처분손실, 유무형자산손상차손, 지분법손실 등이다.

주의할 사항은 수익과 비용의 어느 항목도 당기손익과 기타포괄손익을 표시하는 보고서 또는 주석에 특별손익 항목으로 표시할 수 없다는 점이다. 특별손익 항목은 다른 수익과 비용 항목과 명백히 구분되며, 그러한 표시가 재무제표이용자에게 기업의 미래 재무성과를 예측할 때 최소한의 주의를 기울여야 하는 수익과 비용 항목을 분명히 해주기 때문에 특별손익 항목을 손익계산서에서 별도의 항목으로 표시해야 한다는 주장도 타당하다. 그러나 국제회계기준위원회는 특별손익으로 취급되는 항목은 기업이 직면한 정상적인 사업위험에서 기인하는 것이기 때문에 손익계산서의 구분 항목으로 표시할 만한 것이 아니라고 결정하였다. 이에 따라 특별손익 항목의 개념을 삭제하고 손익계산서와 주석에 수익과 비용 항목을 '특별손익 항목'으로 표시하는 것을 금지하기로 결정하였다.

현실 속 회계 **영업이익 과대표시 문제(일회성이익과 영업이익)**

이제 '짝퉁 영업이익' 못 만든다

코스닥 자원개발업체 A사는 작년 흑자전환에 성공했다. 무려 10년 만이다. 하지만 내막을 들여다보면 박수를 칠 수 있을지 의문이다. 전(前) 경영진과 횡령 소송을 벌인 끝에 미리 쌓아놨던 대손충당금, 충당부채를 돌려받으며 흑자를 낸 사례이기 때문이다. (중략)

올 들어 갑자기 이런 '짝퉁 영업이익'이 문제가 되기 시작한 것은 점차 적용이 확대되고 있는 국제회계기준(IFRS) 때문이다. IFRS는 일회성이익을 영업이익으로 분류할 수 있도록 느슨하게 규정해놓고 있다. 이러다 보니 어려운 기업들이 4년 연속 '영업적자'면 관리종목, 5년 연속이면 상장 폐지되는 한국거래소 규정을 피하려 일단 억지로 '영업흑자'를 만들게 된 것이다.

출처: 안재만(2012.04.11.). 부실 코스닥社, 이제 '짝퉁 영업이익' 못 만든다. 조선일보.
https://biz.chosun.com/site/data/html_dir/2012/04/11/2012041101348.html

5 비용의 성격별 또는 기능별 구분 표시

기업은 비용의 성격별(nature) 또는 기능별(function) 분류방법 중에서 신뢰성 있고 더욱 목적적합한 정보를 제공할 수 있는 방법을 적용하여 당기손익으로 인식한 비용의 분석내용을 표시한다. 각 방법의 장점이 있기 때문에 K-IFRS는 신뢰성 있고 보다 목적적합한 표시방법을 경영진이 선택하도록 하고 있다. 그러나 비용의 성격별 구분 정보가 미래현금흐름을 예측하는 데 유용하기 때문에, 비용을 기능별로 분류하는 기업은 성격별 정보를 주석에 추가로 공시해야 한다.

5.1. 성격별 구분 표시

이 방법은 당기손익에 포함된 비용을 그 성격(예: 감가상각비, 원재료의 구입, 운송비, 종업원급여와 광고비 등)별로 통합 표시하는 방법이다. 비용을 기능별로 배분할 필요가 없기 때문에 적용이 간단할 수 있다.

5.2. 기능별 구분 표시

기능별 분류법은 매출원가법이라고도 하는데, 이 방법에서는 비용을 매출원가, 그리고 물류원가와 관리활동원가 등과 같이 기능별로 분류한다. 이 구분 표시방법에서는 적어도 매출원가를 다른 비용과 분리하여 공시한다.

비용을 기능별로 분류하는 기업은 감가상각비, 기타 상각비와 종업원급여비용 등을 포함하여 비용의 성격에 대한 추가 정보를 공시함으로써 재무제표이용자에게 더욱 목적적합한 정보를 제공할 수 있다. 그러나 비용의 기능별 구분은 자의적인 배분과 상당한 정도의 판단이 개입될 수 있다.

[그림 2-6]은 비용의 성격별 또는 기능별 구분 표시의 예이다.

성격별 분류		기능별 분류		
수익	×××	수익		×××
기타수익	×××	매출원가		(×××)
제품과 제공품의 변동	(×××)	매출총이익		×××
원재료와 소모품의 사용액	(×××)	판매비와관리비		(×××)
종업원 급여비용	(×××)	물류원가	(×××)	
감가상각비와 기타상각비	(×××)	관리비	(×××)	
:	:	영업이익		×××
:	:	기타수익		×××
	(×××)	기타비용		(×××)
성격별 비용합계[주1]	(×××)	금융수익		×××
기타비용	(×××)	금융원가		(×××)
법인세비용차감전순이익	×××	법인세비용차감전순이익		×××

주1 대부분의 경우, 성격별 비용항목들은 매출원가와 판매비및관리비 합계금액과 일치함

그림 2-6 비용의 성격별 또는 기능별 구분 표시

㈜대한: 20X7년 12월 31일로 종료하는 회계연도의 포괄손익계산서

단위: 천원

	20X7년	20X6년
수익	390,000	355,000
제품과 재공품의 변동	(115,100)	(107,900)
기업이 수행한 용역으로써 자본화되어 있는 부분	16,000	15,000
원재료와 소모품의 사용액	(96,000)	(92,000)
종업원급여비용	(45,000)	(43,000)
감가상각비와 기타 상각비	(19,000)	(17,000)
유형자산손상차손	(4,000)	–
영업손익	126,900	110,100
기타수익	20,667	11,300
기타비용	(6,000)	(55,000)
금융수익	3,000	2,000
금융비용	(9,000)	(7,500)

관계기업의 이익에 대한 지분[주1]	35,100	30,100
법인세비용차감전순이익	161,667	128,000
법인세비용	(40,417)	(32,000)
계속영업이익	121,250	96,000
중단영업손실	–	(30,500)
당기순이익	121,250	65,500
주당이익(단위 : 원): 기본 및 희석	0.46	0.30

주1 관계기업의 소유주에게 귀속되는 관계기업 이익에 대한 지분을 의미한다.

단위 : 천원

	20X7년	20X6년
당기순이익	121,250	65,500
기타포괄손익:		
당기손익으로 재분류되지 않는 항목:		
확정급여제도의 보험수리적손익	(667)	1,333
관계기업의 기타포괄손익에 대한 지분[주2]	400	(700)
자산재평가이익	933	3,367
당기손익으로 재분류되지 않는 항목과 관련된 법인세	(166)	(1,000)
당기손익으로 재분류되는 항목:		
해외사업장환산외환차익	5,334	10,667
기타포괄손익–공정가치 측정 금융자산 평가손익	(24,000)	26,667
현금흐름위험회피손익	667	4,000
당기손익으로 재분류되는 항목과 관련된 법인세	4,833	(8,334)
법인세비용차감후기타포괄손익	(14,000)	28,000
총포괄이익	107,250	93,500

주2 관계기업의 소유주에게 귀속되는 관계기업 기타포괄손익에 대한 지분을 의미한다.

그림 2-7 두 개의 보고서에 표시하고 비용을 성격별로 분류하는 예

㈜대한: 20X7년 12월 31일로 종료하는 회계연도의 포괄손익계산서

단위: 천원

	20X7년	20X6년
수익	390,000	355,000
매출원가	(245,000)	(230,000)
매출총이익	145,000	125,000
판매비와관리비	(18,100)	(14,900)
영업손익	126,900	110,100
기타수익	20,667	11,300
기타비용	(6,000)	(55,000)
금융수익	3,000	2,000
금융비용	(9,000)	(7,500)
관계기업의 이익에 대한 지분	35,100	30,100

법인세비용차감전순이익	161,667	128,000
법인세비용	(40,417)	(32,000)
계속영업이익	121,250	96,000
중단영업손실	–	(30,500)
당기순이익	121,250	65,500
기타포괄손익:		
당기손익으로 재분류되는 항목		
해외사업장환산외환차이	5,334	10,667
기타포괄손익-공정가치 측정 금융자산	(24,000)	26,667
현금흐름위험회피손익	667	4,000
당기손익으로 재분류되지 않는 항목		
자산재평가차익	933	3,367
확정급여제도의 보험수리적손익	(667)	1,333
관계기업의 기타포괄손익에 대한 지분	400	(700)
기타포괄손익의 구성요소와 관련된 법인세	4,667	(9,334)
법인세비용차감후기타포괄손익	(14,000)	28,000
총포괄이익	107,250	93,500
주당이익(단위: 원): 기본 및 희석	0.46	0.30

그림 2-8 **포괄손익을 단일의 보고서에 표시하고 비용을 기능별로 분류하는 예**

6 포괄손익계산서 또는 주석에 표시되는 추가 정보 공시

6.1. 중요한 수익과 비용 항목 별도 표시

수익과 비용 항목이 중요한 경우, 그 성격과 금액을 포괄손익계산서나 주석에 별도로 공시한다. 수익과 비용 항목의 별도 공시가 필요한 상황의 예는 다음과 같다.

(1) 재고자산을 순실현가능가치로 감액하거나 유형자산을 회수가능액으로 감액하는 경우의 그 금액과 그러한 감액의 환입
(2) 기업 활동에 대한 구조조정과 구조조정 충당부채의 환입
(3) 유형자산의 처분
(4) 투자자산의 처분
(5) 중단영업
(6) 소송사건의 해결
(7) 기타 충당부채의 환입

6.2. 세분류 항목 표시

기업의 재무성과를 이해하는 데 목적적합한 경우에는 당기손익과 기타포괄손익을 표시하는 항목, 제목 및 중간 합계를 추가하여 표시한다. 기업은 포괄손익계산서에 표시된 개별 항목을 기업의 재무성과를 나타내기에 적절한 방법으로 세분류하고, 그 추가적인 내용을 포괄손익계산서 또는 주석에 공시한다. 따라서 포괄손익계산서에 세분류 항목으로 표시할 수도 있고 포괄손익계산서에는 대분류 항목만 표시하고 그 세분류 항목은 주석으로 공시할 수 있다. 세분류 항목을 표시하는 예는 다음과 같다.

(1) 매출의 영업부문별 내역 또는 제품, 상품, 용역으로 세분하여 표시한다.
(2) 판매비와 관리비를 급여, 광고선전비, 경상연구개발비, 대손상각비 등으로 세분하여 표시한다.
(3) 금융수익과 금융비용의 상세내역을 이자비용, 이자수익, 외환차익, 외환차손 등으로 세분하여 표시한다.
(4) 기타수익과 기타비용의 상세내역을 유형자산처분이익, 유형자산처분손실 등으로 세분화여 표시한다.

더 알아보기 **연결포괄손익계산서의 당기순이익과 총포괄손익 관련 정보 공시**

연결포괄손익계산서에서 당기순이익은 별도 표시하고 추가적으로 개별이나 별도 포괄손익계산서와 달리 당기순이익을 지배기업소유주지분과 비지배지분으로 구분해서 다음과 같이 표시한다. 총포괄손익도 당기순이익과 같이 지배기업소유주지분과 비지배지분으로 구분해서 다음과 같이 표시한다.

포괄손익계산서

매출	×××
…	
당기순이익	×××
기타포괄손익	×××
총포괄손익	×××
당기순이익의 귀속	
지배기업 소유주지분 당기순이익	×××
비지배지분	×××
총포괄손익의 귀속	
지배기업 소유주지분 총포괄손익	×××
비지배지분	×××

SECTION
06 자본변동표

자본변동표(statement of changes in equity)는 당해 기간 동안의 소유주지분(자본)의 변동, 즉 자본을 구성하고 있는 세부 항목들의 변동에 대한 정보를 제공하는 재무제표이다([그림 2-9] 참고).[10] 자본변동표에는 다음 항목을 표시한다.

(1) 총포괄손익[11]
(2) 자본의 각 구성요소별로, K-IFRS 제1008호 '회계정책, 회계추정치의 변경 및 오류'에 따라 인식된 소급적용이나 소급재작성의 영향
(3) 자본의 각 구성요소별로 다음의 각 항목에 따른 변동액을 구분하여 표시한, 기초시점과 기말시점의 장부금액 조정내역
  (가) 당기순손익
  (나) 기타포괄손익
  (다) 소유주로서의 자격을 행사하는 소유주와의 거래(소유주에 의한 출자와 소유주에 대한 배분, 그리고 지배력을 상실하지 않는 종속기업에 대한 소유지분의 변동을 구분하여 표시)

10 자본변동표에 대한 상세 내용은 하권에서 소개한다.

11 재무상태표와 마찬가지로 자본변동표의 총포괄손익 중 비지배지분(소수 주주에게 귀속되는 금액)은 연결재무제표를 작성할 경우에만 표시가 된다. 개별이나 별도재무제표를 작성할 경우에는 표시되지 않는다.

㈜대한: 20X7년 12월 31일로 종료하는 회계연도의 자본변동							
	납입 자본	이익 잉여금	해외 사업장 환산	매도가능 금융자산	현금흐름 위험회피	재평가 잉여금	총자본
20X6.1.1. 잔액	600,000	118,100	(4,000)	1,600	2,000	–	717,700
회계정책의 변경	–	400	–	–	–	–	400
재작성된 금액	600,000	118,500	(4,000)	1,600	2,000	–	718,100
20X6년 자본 변동							
배당	–	(10,000)	–	–	–	–	(10,000)
총포괄손익	–	53,200	6,400	16,000	(2,400)	1,600	74,800
20X6.12.31. 잔액	600,000	161,700	2,400	17,600	(400)	1,600	782,900
20X7년 자본 변동							
유상증자	50,000	–	–	–	–	–	50,000
배당	–	(15,000)	–	–	–	–	(15,000)
총포괄손익	–	96,600	3,200	(14,400)	(400)	800	85,800
이익잉여금으로 대체	–	200	–	–	–	(200)	–
20X7.12.31. 잔액	650,000	243,500	5,600	3,200	(800)	2,200	903,700

그림 2-9 **자본변동표 예**

SECTION 07

현금흐름표

현금흐름표는 일정기간 동안 기업의 현금및현금성자산 창출능력과 기업의 현금흐름 사용에 대한 평가의 기초정보를 재무제표이용자에게 제공하는 것을 목적으로 하는 재무제표이다([그림 2-10] 참고). 현금흐름표(statement of cashflow)는 한 회계기간 동안 발생한 현금흐름의 유출이나 유입을 (1)영업활동, (2)투자활동 및 (3)재무활동으로 분류하여 보고한다. 현금흐름표 작성과 표시는 K-IFRS 제1007호에서 별도로 정하고 있다.[12]

직접법에 의한 현금흐름표

단위: 원

영업활동현금흐름		
고객으로부터의 유입된 현금	30,150	
공급자와 종업원에 대한 현금유출	(27,600)	
영업으로부터 창출된 현금	2,550	
이자지급	(270)	
법인세의 납부	(900)	
영업활동순현금흐름		1,380
투자활동현금흐름		
유형자산의 취득	(900)	
설비의 처분	20	
이자수취	200	
배당금수취	200	
투자활동순현금흐름		(480)
재무활동현금흐름		
유상증자	250	
장기차입금	250	
배당금지급	(1,290)	
재무활동순현금흐름		(790)
현금및현금성자산의 순증가		110
기초 현금및현금성자산		120
기말 현금및현금성자산		230

그림 2-10 **현금흐름표(직접법) 예**

12 현금흐름표에 대한 상세 내용은 하권에서 소개한다.

SECTION
08 주석

주석(notes)은 재무상태표, 포괄손익계산서, 자본변동표 및 현금흐름표에 표시하는 정보에 추가하여 제공하는 정보로서, 재무제표 본문 항목을 구체적으로 설명하거나 충분한 정보제공 차원에서 제공하는 의사결정에 유용한 정보이다. 구체적으로, 주석은 다음의 정보를 제공한다.

(1) 재무제표 작성 근거와 구체적인 회계정책에 대한 정보
(2) K-IFRS에서 요구하는 정보이지만 재무제표 어느 곳에도 표시되지 않는 정보
(3) 재무제표 어느 곳에도 표시되지 않지만 재무제표를 이해하는 데 목적적합한 정보

주석은 재무제표이용자가 재무제표를 이해하고 다른 기업의 재무제표와 비교하는 데 도움을 줄 수 있도록 일반적으로 다음 순서로 표시한다.

(1) K-IFRS를 준수하였다는 사실
(2) 중요한 회계정책 정보
(3) 재무상태표, 포괄손익계산서, 자본변동표 및 현금흐름표에 표시된 항목에 대한 보충정보. 재무제표의 배열 및 각 재무제표에 표시된 개별 항목의 순서에 따라 표시한다.
(4) 다음을 포함한 기타 공시
(가) 우발부채와 재무제표에서 인식하지 아니한 계약상 약정사항
(나) 비재무적 공시항목, 예를 들어 기업의 재무위험관리목적과 정책

더 알아보기 재무제표 확인 시 놓치지 말아야 할 주요 체크포인트

금융감독원은 회계정보이용자가 기업의 실적을 실수하지 않고 제대로 분석하는 데 도움을 주고자 복잡한 재무제표를 분석할 때 놓치지 말고 확인할 필요가 있는 주요 체크포인트 10가지를 선정하여 소개하고 있다. 금감원이 제시한 10가지 체크포인트는 다음과 같다.

① 재무상태표만 확인하고 계셨나요? 다른 재무제표도 같이 보세요!

② 막막한 재무제표 숫자, 주석에서 해답을 찾아보세요!

③ 아직도 별도재무제표만? 실질 경영성과는 연결재무제표에 있어요!

④ 재무제표는 당기만 보지 말고 과거 재무제표와 함께 보세요!

⑤ 기업의 현금, 어디서 벌어서 어떻게 사용했을까요?

⑥ 영업이익, 실제 영업현금흐름과 비교해서 따져보세요!

⑦ 기업이 어느 기업에 투자하고 있는지도 꼼꼼히 확인하세요!

⑧ 특수관계자 거래가 있다면 좀 더 주의를 기울이세요!

⑨ 숨어있는 부채가 있진 않을까? 우발부채 주석에서 찾아보세요!

⑩ 자본인데 상환가능성이? 자본의 실질구성을 확인하세요!

각 항목에 대한 상세한 설명은 참고자료를 확인하기 바란다.

참고자료

출처: 금융소비자정보 정보포털(2018.09.12.). 금융꿀팁 200선 – 재무제표 확인 시 놓치지 말아야 할 주요 체크포인트.
https://fine.fss.or.kr/fine/bbs/B0000340/view.do?nttId=59630&menuNo=900014&cl1Cd=&searchCnd=14&searchWrd=%EC%9E%AC%EB%AC%B4%EC%A0%9C%ED%91%9C&pageIndex=1

보론 보고기간후사건

1 보고기간후사건의 정의와 주요 회계이슈

1.1. 보고기간후사건의 정의

보고기간후사건(events after the reporting period)이란 보고기간말과 재무제표 발행승인일 사이에 발생한 유리하거나 불리한 사건을 말한다. 재무제표 발행승인일은 주주가 재무제표를 승인한 날이 아니라 이사회가 재무제표 발행을 승인한 날을 의미한다.

예를 들어, [그림 2-11]과 같이 보고기간이 20X5년 1월 1일~12월 31일이고 이 기간에 대한 재무제표를 승인받은 날이 20X6년 3월 5일이라면, 20X6년 1월 1일부터 3월 5일까지 발생한 사건을 보고기간후사건이라 한다.

보고기간후사건은 다음 두 가지 유형으로 구분된다.

(1) 보고기간말에 존재하였던 상황에 대해 증거를 제공하는 사건(수정을 요하는 보고기간후사건)
(2) 보고기간 후에 발생한 상황을 나타내는 사건(수정을 요하지 않는 보고기간후사건)

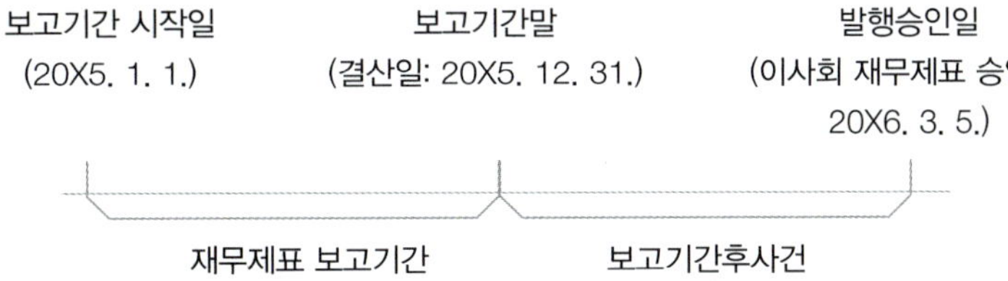

그림 2-11 **보고기간후사건**

1.2. 보고기간후사건의 주요 회계이슈

여러 가지 형태의 보고기간후사건 중 어떠한 사건이 수정을 요하는 보고기간후사건이며, 어떠한 것이 수정을 요하지 않는 보고기간후사건인지 구분하는 것이 중요하다. 보고기간후사건은 구분되는 유형에 따라 재무제표의 공시내용과 공시방법이 달라진다. 즉 공시내용을 수정해서 반영할 것인지, 수정하지 않고 공시할 것인지, 또 재무제표 본문과 주석 중 어디에 공시할 것인지를 결정하는 것이 또한 중요한 이슈다.

2 수정을 요하는 보고기간후사건

수정을 요하는 보고기간후사건은 보고기간말에 존재하였던 상황에 대해 증거를 제공하는 사건이다. 수정을 요하는 보고기간후사건이 발생한 경우 재무제표에 이미 인식된 금액은 수정하고 재무제표에 인식하지 아니한 항목은 신규로 인식해야 한다. 이때 인식된 금액을 수정하거나 신규로 인식해야 할 금액이나 내용은 재무제표의 본문뿐만 아니라 주석도 포함한다.

주석을 수정해야 하는 예로, 보고기간말에 존재하였던 우발채무에 대해 보고기간후에 새로운 증거를 입수한 경우에는 이를 반영하여 우발채무에 대한 공시내용을 수정해야 한다. 이러한 보고기간후사건이 발생했을 때 재무제표를 수정하는 이유는 보고기간후사건들이 보고기간말의 상황에 대한 추가적인 정보를 제공해주기 때문이다.

수정을 요하는 보고기간후사건의 예는 다음과 같다.

(1) 보고기간말에 존재하였던 현재의무가 보고기간 후에 소송사건의 확정에 의해 확인되는 경우

(2) 보고기간말에 이미 자산손상이 발생되었음을 나타내는 정보를 보고기간 후에 입수하는 경우나 이미 손상차손을 인식한 자산에 대하여 손상차손금액의 수정이 필요한 정보를 보고기간 후에 입수하는 경우

　(가) 보고기간 후의 매출처 파산은 일반적으로 보고기간말에 고객의 신용이 손상되었음을 확인해준다.

　(나) 보고기간 후의 재고자산 판매는 보고기간말의 순실현가능가치에 대한 증거를 제공할 수 있다.

(3) 보고기간말 이전에 구입한 자산의 취득원가나 매각한 자산의 대가를 보고기간 후에 결정하는 경우

(4) 보고기간말 이전 사건의 결과로서 보고기간말에 종업원에게 지급하여야 할 법적 의무나 의제의무가 있는 이익분배나 상여금지급 금액을 보고기간 후에 확정하는 경우
(5) 재무제표가 부정확하다는 것을 보여주는 부정이나 오류를 발견한 경우

3 수정을 요하지 않는 보고기간후사건

보고기간후사건이 중요하다고 하여도 보고기간말의 상황 또는 보고기간 중의 거래와 관련된 것이 아니라면 재무제표에 인식된 금액을 수정하지 아니한다. 단, 수정을 요하지 않는 보고기간후사건이 중요한 경우에 이를 공시하지 않는다면 재무제표에 기초하여 이루어지는 이용자의 경제적 의사결정에 영향을 미칠 수 있다. 따라서 기업은 수정을 요하지 않는 보고기간후사건으로서 중요한 것은 그 범주별로 다음 사항을 주석으로 공시한다.

(1) 사건의 성격
(2) 사건의 재무적 영향에 대한 추정치 또는 그러한 추정을 할 수 없는 경우 이에 대한 설명

수정을 요하지 않는 보고기간후사건의 예로는 보고기간말과 재무제표 발행승인일 사이에 투자자산의 시장가치 하락을 들 수 있다. 시장가치의 하락은 일반적으로 보고기간말의 상황과 관련된 것이 아니라 보고기간후에 발생한 상황이 반영된 것이다. 따라서 그 투자자산에 대해서 재무제표에 인식된 금액을 수정하지 아니한다.

또 다른 예로는 배당금이 있다. 보고기간 후부터 재무제표 발행승인일 전 사이에 보유자에 대해 배당을 선언한 경우, 보고기간말에는 어떠한 의무도 존재하지 않으므로 보고기간말에 부채로 인식하지 않는다. 그러한 배당금은 주석으로 공시한다.

수정을 요하지 않는 보고기간후사건으로서 일반적으로 공시하게 되는 예는 다음과 같다.

(1) 보고기간 후에 발생한 주요 사업결합 또는 주요 종속기업의 처분
(2) 영업 중단 계획의 발표
(3) 주요한 자산의 구입, 자산을 매각예정으로 분류, 자산의 기타 처분, 정부에 의한 주요 자산의 수용

(4) 보고기간 후에 발생한 화재로 인한 주요 생산 설비의 파손
(5) 주요한 구조조정계획의 공표나 이행착수
(6) 보고기간 후에 발생한 주요한 보통주(및 잠재적 보통주) 거래
(7) 보고기간 후에 발생한 자산 가격이나 환율의 비정상적 변동
(8) 당기법인세 자산과 부채 및 이연법인세 자산과 부채에 유의적인 영향을 미치는 세법이나 세율에 대한 보고기간 후의 변경 또는 변경 예고
(9) 유의적인 지급보증 등에 의한 우발부채의 발생이나 유의적인 약정의 체결
(10) 보고기간 후에 발생한 사건에만 관련되어 제기된 주요한 소송의 개시

요약

01 재무제표의 목적

- 재무제표의 목적은 광범위한 정보이용자의 경제적 의사결정에 유용한 정보를 제공하는 것임
- 재무제표가 제공하는 정보: 기업의 재무상태, 재무성과, 재무상태 변동, 위탁받은 자원에 대한 경영진의 수탁책임 결과

02 재무제표의 구성

- 전체 재무제표: 기말 재무상태표, 기간 포괄손익계산서, 기간 자본변동표, 기간 현금흐름표, 주석, 전기에 관한 비교정보, (회계정책 소급 적용 또는 재작성의 경우) 전기 기초 재무상태표

03 재무제표 표시의 일반원칙

- 재무제표는 기업의 재무상태, 재무성과 및 현금흐름을 공정하게 표시해야 함
- 재무제표를 작성할 때 계속기업으로서의 존속가능성을 평가해야 함
- 재무제표 표시에 있어서 중요성을 고려함
- 자산과 부채 그리고 수익과 비용은 상계하지 않음
- 전체 재무제표는 적어도 1년마다 작성함
- 당기 재무제표에 보고되는 모든 금액에 대해 전기 비교정보를 공시함
- 재무제표 항목의 표시와 분류는 비교가능한 정보를 제공하기 위해 매기 동일해야 함

04 재무상태표

- 재무상태표는 특정 시점 현재 기업의 재무상태에 대한 정보, 즉 자산, 부채 및 자본의 잔액에 대한 정보를 제공함
- 재무상태표는 이분법과 유동성 배열법 중에서 선택하여 작성하거나 혼합하여 작성할 수 있음
- 이분법을 사용할 경우 유동자산과 유동부채는 분류조건에 따라 비유동자산 및 비유동부채와 구분함
- 자본은 납입자본, 이익잉여금, 기타포괄손익누계액 그리고 기타자본구성요소로 크게 구분하며, 구체적인 분류는 기업에 재량권을 부여함

05 포괄손익계산서

- 포괄손익계산서는 소유주와의 자본거래에 따른 자본의 변동을 제외한 기업의 순자산의 변동을 표시한 보고서로 일정기간의 재무성과에 대한 정보를 제공하는 재무제표임
- 포괄손익계산서는 다음 중 한 가지 방법으로 표시함
  (1) 단일 포괄손익계산서
  (2) 당기순손익의 구성요소를 표시하는 보고서(별개의 손익계산서)와 당기순손익에서 시작하여 기타포괄손익의 구성요소를 표시하는 보고서(포괄손익계산서)
- 비용의 표시 방법은 성격별 또는 기능별 분류방법 중에서 선택할 수 있으나, 기능별로 분류하는 기업은 성격별 정보를 주석에 추가로 공시해야 함

06 자본변동표

- 자본변동표는 당해 기간 동안의 소유주지분의 변동, 즉 자본을 구성하고 있는 세부항목들의 변동에 대한 정보를 제공하는 재무제표임

07 현금흐름표

- 현금흐름표는 일정기간 동안 기업의 현금및현금성자산 창출능력과 기업의 현금흐름 사용에 대한 평가를 위한 기초정보를 제공하는 재무제표임
- 현금흐름표는 한 회계기간 동안 발생한 현금흐름의 유출이나 유입을 영업활동, 투자활동 및 재무활동으로 분류하여 보고함

08 주석

- 주석은 재무상태표, 포괄손익계산서, 자본변동표 및 현금흐름표에 표시하는 정보에 추가하여 제공하는 정보로서, 재무제표 본문 항목을 구체적으로 설명하거나 충분한 정보제공차원에서 제공함

OX 퀴즈

다음의 설명이 타당하면 ○, 아니면 ×로 답하라.

01 재무제표는 기업의 재무상태, 재무성과 및 현금흐름을 공정하게 표시해야 한다. K-IFRS에 따라 작성된 재무제표는 공정하게 표시된 재무제표로 본다.

02 재무제표를 표시할 때 부적절한 회계정책을 사용하였을 경우 이에 대하여 공시나 주석 또는 보충 자료를 통해 충분히 설명한다면 정당화될 수 있다.

03 기업의 계속기업으로서 존속능력에 유의적인 의문이 제기될 수 있는 사건이나 상황과 관련된 중요한 불확실성을 알게 된 경우, 경영진은 그러한 불확실성을 공시해야 한다.

04 재고자산에 대한 재고자산평가충당금과 같은 평가충당금을 차감하여 관련 자산을 순액으로 측정하는 것 역시 상계 표시에 해당하므로 이러한 표시도 금지된다.

05 K-IFRS가 달리 허용하거나 요구하는 경우를 제외하고는 당시 재무제표에 보고되는 모든 금액에 대해 전기 비교정보를 공시한다. 당기 재무제표를 이해하는 데 목적적합하다면 서술형 정보의 경우에도 비교정보를 포함한다.

06 신뢰성 있고 목적적합한 정보를 제공하기 위해서라고 할지라도 자산과 부채의 일부는 이분법으로, 나머지는 유동성 배열법으로 표시하는 것은 금지된다.

07 유동자산 분류 시 재고자산 및 매출채권과 같이 정상영업주기의 일부로서 판매, 소비 또는 실현되는 자산이라고 할지라도 보고기간 후 12개월 이내에 실현될 것으로 예상되지 않는다면 유동자산에 포함할 수 없다.

08 당기순손익과 총포괄손익은 항상 단일의 포괄손익계산서에 표시될 필요는 없다.

09 기타포괄손익과 관련된 재분류조정은 해외사업장을 매각할 때, 기타포괄손익-공정가치 측정 금융자산을 제거할 때, 그리고 위험회피예상거래가 당기손익에 영향을 미칠 때 발생한다.

10 수익과 비용 중 정상적인 영업활동과 구분되는 거래 혹은 그 밖의 사건으로부터 발생하는 것은 성격이나 지속성에서 차이가 있기 때문에 포괄손익계산서에 특별 항목으로 표시한다.

11 주석은 재무상태표, 포괄손익계산서, 자본변동표 및 현금흐름표에 표시하는 정보에 추가하여 제공하는 정보로서, 재무제표 본문 항목을 구체적으로 설명하거나 충분한 정보 제공차원에서 제공하는 의사결정에 유용한 정보이다.

12 영업손익과 조정영업손익은 모두 포괄손익계산서의 본문에 표시해야 한다.

13 보고기간후사건이란 보고기간말과 주주총회일 사이에 발생한 유리하거나 불리한 사건을 말한다.

14 수정을 요하지 않는다고 하여도, 중요한 보고기간후사건은 공시해야 한다.

종합 예제

01 다음은 상품매매기업인 ㈜대한의 20×1년말 회계자료이다.

매출액	₩5,600	매출원가	₩2,200	대손상각비	₩100
급여	310	사채이자비용	200	감가상각비	120
광고선전비	70	유형자산처분이익	150	이자수익	300

단, 대손상각비는 매출채권에서 발생한 것이다.

요구사항

㈜대한이 20×1년도 기능별 포괄손익계산서에 보고할 영업이익은 얼마인가?

해설

비용을 기능별로 구분할 수 있는 경우, 영업손익은 수익(매출액)에서 매출원가 및 판매비와관리비에 해당하는 금액을 차감하여 산출한다. 주어진 정보를 이용하여 포괄손익계산서를 작성하면 다음과 같으며, 영업이익은 ₩2,800이다.

포괄손익계산서

㈜대한	20×1.1.1. ~ 20×1.12.31.	
매출액		₩5,600
매출원가		(2,200)
매출총이익		3,400
판매비와관리비		
급여	₩310	
감가상각비	120	
대손상각비	100	
광고선전비	70	(600)
영업이익		2,800
기타수익		
이자수익	300	
유형자산처분이익	150	450
이자비용		(200)
법인세비용차감전순이익		₩3,050
⋮		⋮

02 다음은 ㈜대한의 수정 후 잔액시산표이다.

잔액시산표

20×1.12.31. 현재

현금및현금성자산	₩180,000	외상매입금	₩5,000
매출채권	100,000	지급어음	25,000
상품	30,000	미지급임차료	12,000
소모품	15,000	장기차입금	200,000
토지	300,000	대손충당금	1,250
건물	250,000	사채	100,000
사채할인발행차금	2,700	예수금	250
매출원가	135,000	감가상각누계액(건물)	50,000
급여	50,000	자본금	400,000
이자비용	2,500	이익잉여금	39,850
감가상각비	20,000	주식발행초과금	20,000
대손상각비	1,300	매출	250,000
법인세비용	20,000	임대료수익	12,500
광고선전비	1,000	이자수익	2,800
배당금	12,500	유형자산처분이익	1,350
	₩1,120,000		₩1,120,000

요구사항

포괄손익계산서(기능별비용법)와 재무상태표를 작성하라.

해설

A. 포괄손익계산서

포괄손익계산서

㈜대한　　20×1.1.1. ~ 20×1.12.31.

매출액		₩250,000
매출원가		(135,000)
매출총이익		115,000
판매비와관리비		
급여	₩50,000	
감가상각비	20,000	
대손상각비	1,300	
광고선전비	1,000	(72,300)
영업이익		42,700
기타수익		

임대료수익	12,500	
이자수익	2,800	
유형자산처분이익	1,350	16,650
이자비용		(2,500)
법인세비용차감전순이익		56,850
법인세비용		20,000
당기순이익		₩36,850

B. 재무상태표

재무상태표

㈜대한 20×1.12.31. 현재

유동자산			유동부채		
현금및현금성자산		₩180,000	매입채무		₩30,000[주1]
매출채권	₩100,000		예수금		250
대손충당금	(1,250)	98,750	미지급임차료		12,000
재고자산			유동부채합계		42,250
상품	30,000		비유동부채		
소모품	15,000	45,000	장기차입금		200,000
유동자산합계		323,750	사채	₩100,000	
			사채할인발행차금	(2,700)	97,300
비유동자산			비유동부채합계		297,300
토지		300,000	부채합계		339,550
건물	250,000		자본		
감가상각누계액	(50,000)	200,000	자본금		400,000
비유동자산합계		500,000	주식발행초과금		20,000
			이익잉여금		64,200[주2]
			자본합계		484,200
자산합계		₩823,750	부채와자본합계		₩823,750

주1 외상매입금과 지급어음의 합계

주2 기말이익잉여금 = 기초이익잉여금 ₩39,850 + 당기순이익 ₩36,850 − 배당금 ₩12,500 = ₩64,200

CHAPTER 3

재고자산

학습 목표

- 재고자산의 정의와 본질을 이해한다.
- 재고자산의 측정 방법에 대해 학습한다.
- 저가법의 의미를 이해하고 재고자산평가손실과 재고자산감모손실 계산과정을 학습한다.
- 소매재고법을 적용한 재고자산의 추정 방법을 학습한다.

K-IFRS 재고자산(제1002호)

제(개정일): 2017.05.22.

사 례 재고자산 공시(현대백화점)

재무제표

재무상태표

제21(당)기 2022년 12월 31일 현재

제20(전)기 2021년 12월 31일 현재

주식회사 현대백화점 단위: 천원

과목	주석	제21(당)기말	제20(전)기말
자산			
I. 유동자산		1,339,296,861	1,149,085,162
재고자산	7, 10	89,964,505	64,069,988
II. 비유동자산		6,408,684,932	5,512,183,211
자산총계		7,747,981,793	6,661,268,373

손익계산서

제21(당)기 2022년 1월 1일부터 2022년 12월 31일까지

제20(전)기 2021년 1월 1일부터 2021년 12월 31일까지

주식회사 현대백화점 단위 : 천원

과목	주석	제21(당)기	제20(전)기
I. 매출액	15, 25, 34	1,655,713,149	1,512,060,769
II. 매출원가	28, 34	292,428,619	285,451,211
III. 매출총이익		1,363,284,530	1,226,609,558
IV. 판매비와관리비	15, 16, 26, 28	1,111,073,863	1,040,355,945
V. 영업이익		252,210,667	186,253,613
VI. 기타수익	5, 27	33,372,004	44,318,254
VII. 기타비용	5, 27	67,094,906	33,433,482
VIII. 금융수익	5, 27	36,517,646	33,085,282
IX. 금융비용	5, 16, 27	49,914,535	33,405,536
X. 법인세비용차감전순이익		205,090,876	196,818,131
XI. 법인세비용	29	44,212,931	44,744,569
XII. 당기순이익		160,877,945	152,073,562
기본주당순이익(원/주)		7,361	6,947
희석주당순이익(원/주)		7,361	6,947

주석

2. 재무제표 작성기준 및 중요한 회계정책

다음은 재무제표 작성에 적용된 중요한 회계정책입니다. 이러한 정책은 별도의 언급이 없다면, 표시된 회계기간에 계속적으로 적용됩니다. (중략)

2.12 재고자산

회사는 재고자산을 취득원가와 순실현가능가치 중 낮은 금액으로 평가하고 있습니다. 한편 재고자산별 취득원가는 매입원가, 전환원가 및 재고자산을 현재의 장소에 현재의 상태로 이르게 하는 데 발생한 기타원가를 포함하고 있습니다. 재고자산의 단위원가는 소매재고법으로 결정하고 있습니다.

10. 재고자산

보고기간종료일 현재 재고자산 내역은 다음과 같습니다.

단위: 천원

구분	당기말			전기말		
	취득원가	평가충당금 (*)	장부가액	취득원가	평가충당금 (*)	장부가액
상품	89,219,671	(496,113)	88,723,558	63,188,367	(562,499)	62,625,868
저장품	1,214,920	–	1,214,920	1,420,996	–	1,420,996
소모품	26,027	–	26,027	23,124	–	23,124
합계	90,460,618	(496,113)	89,964,505	64,632,487	(562,499)	64,069,988

* 비용(수익)으로 인식한 재고자산평가손실(이익)은 전액 매출원가에 포함되어 있습니다.

SECTION

01 개요

1 재고자산의 정의 및 분류

재고자산(inventories)은 다음의 자산을 말하며 기업의 특성에 따라 보유하는 재고자산의 종류가 다르다. 상품매매업의 경우 상품이 주된 재고자산이지만, 제조업의 경우에는 제품, 재공품, 원재료 등으로 나누어질 수 있다.

(1) 통상적인 영업과정에서 판매를 위하여 보유 중인 자산(제품, 상품)
(2) 통상적인 영업과정에서 판매를 위하여 생산 중인 자산(재공품)
(3) 생산이나 용역제공에 사용될 원재료나 소모품

기업이 정상적인 영업활동과정에서 판매나 생산을 목적으로 보유하는 자산이 아니고 다른 목적에 사용하기 위해 보유하는 자산은 재고자산이 아니라 다른 자산(유형자산, 무형자산, 투자자산 등)으로 분류한다.

(1) 토지의 보유
  (가) 일반기업이 공장을 건설하기 위하여 매입하였다면 유형자산으로 분류
  (나) 투자 목적으로 보유하는 경우 투자부동산으로 분류
  (다) 부동산매매기업이 판매목적으로 보유하는 경우 재고자산으로 분류
(2) 주식과 채권의 보유
  (가) 일반회사가 보유하는 경우 유가증권으로 분류
  (나) 증권회사가 매매 목적으로 보유하고 있는 경우 재고자산으로 분류

재고자산은 기업 경영에서 매우 중요한 자산이다. 업종에 따라 차이가 있을 수 있지만 서비스업 및 금융업을 제외한 대부분의 기업에 있어서 재고자산은 재무상태표뿐만 아니라 포괄

표 3-1 포괄손익계산서의 매출 관련 항목 예시

단위: 백만원

구분	20X3년	20X2년	20X1년
매출액	154,630,328	136,323,670	121,294,319
매출원가	102,666,824	98,945,032	89,762,355
매출총이익	51,963,504	37,378,638	31,531,964
매출원가율(매출원가 ÷ 매출액)	66.4%	72.6%	74.0%

손익계산서의 매출원가, 영업이익, 당기순이익과 현금흐름표의 영업활동현금흐름에 영향을 미치는 중요한 자산이다.

[표 3-1]은 제조업 중심인 국내 대기업의 포괄손익계산서의 일부이다. 표에서 보듯이 재고자산의 영향을 받는 매출원가는 20X3년 기준 전체 매출액의 66.4%나 차지하고 있다.

재고자산의 증가는 판매 가능한 재고자산이 증가한다는 것을 의미할 수도 있지만 판매가 어려운 불량 재고자산의 증가를 의미할 수도 있다. 또한 판매 부진으로 재고자산이 증가한 경우 자금순환에 어려움을 겪게 되어 금융비용이 증가하는 원인이 되기도 한다. 이처럼 적정한 재고자산 관리는 경영자에게 매우 중요하다. 참고로 [표 3-2]는 제조업 중심인 국내 대기업의 재고자산 내역이다.

표 3-2 제조업 중심 기업의 재고자산 내역 예시

단위: 백만원

계정과목	20X3년말	20X2년말	20X1년말
제품	4,511,391	3,010,502	3,049,508
상품	2,073,578	1,739,091	1,261,276
재공품	2,619,713	1,901,363	2,067,935
원재료	4,159,842	3,188,373	3,113,888
소계	13,364,524	9,839,329	9,492,607
재고자산/총자산 비율(%)	10.0%	8.8%	9.0%
재고자산/매출액 비율(%)	8.6%	7.2%	7.8%

현실 속 회계 | **재고자산의 변화 제대로 분석해야**

지난해 말 기준 국내 100대 기업의 재고자산이 100조 원을 넘어선 것으로 나타났다. 부채비율이 높아지는 등 재무안정성까지 악화돼 기업 활력이 떨어지고 있다는 우려가 현실화됐다. (중략)

재고자산은 기업이 생산 · 판매 목적으로 갖고 있는 물건들을 가리킨다. 시장이 좋을 때 적극적으로 확보해 늘어나기도 하지만 지금처럼 경기가 안 좋을 때 쌓이는 재고는 기업의 골칫거리가 된다. 실제로 기업 활동성의 대표적 지표인 재고자산회전율(재고자산 대비 매출액)도 악화된 것으로 확인됐다. 지난해 이 비율은 12.4회로 2021년 14.0회에서 11.4% 낮아졌다. 그만큼 물건이 팔리는 속도보다 재고가 축적되는 속도가 빨라졌다는 얘기다. 재고 누적으로 실적이 나빠지며 재무 상태도 악화됐다. 100대 기업의 부채총계는 지난해 말 기준 720조3059억 원으로 전년 대비 12.2% 늘어났다.

출처: 박현익, 홍석호(2023.03.31.). 재고만 110조… 100대 기업 활력 잃어간다. 동아일보.
https://www.donga.com/news/Economy/article/all/20230330/118606314/1

2 재고자산의 본질

재고자산은 유동자산이다. 정상적인 영업활동과정에서 판매를 위하여 보유 또는 생산 중인 자산이라는 개념은 재고자산이 기본적으로 유동자산에 해당된다는 것을 말한다. 따라서 재고자산 및 매출채권과 같이 정상적인 영업활동주기의 일부로서 판매, 소비 또는 생산되는 자산은 보고기간 후 12개월 이내에 실현될 것으로 예상되지 않는 경우에도 유동자산으로 분류한다.

재고자산은 비화폐성자산이다. 그 자체가 직접적으로 확정할 수 있는 화폐단위의 수량으로 회수되는 자산이 아니라 향후 매출을 통해서 현금화되거나 매출채권이 되므로 화폐성자산이라고 볼 수 없다.[1]

3 주요 회계이슈

재고자산의 판매는 매출액이라는 수익을 창출함과 동시에 이에 직접으로 대응되는 매출원가라는 비용을 발생시킨다. 당기에 판매 가능한 재고자산의 원가 중에서 기말에 판매되지 않고

1 화폐성자산은 고정되거나 확정할 수 있는 화폐단위의 수량으로 회수하는 자산을 말한다. 비화폐성자산은 고정되거나 확정할 수 있는 화폐단위의 수량으로 회수하지 못하는 자산을 말한다.

남아있는 재고자산은 재무상태표에 보고되고, 판매된 재고자산은 매출원가로 포괄손익계산서에 보고된다. [그림 3-1]은 이를 그림으로 나타낸 것이다.

재고자산의 평가는 재무상태표뿐만 아니라 포괄손익계산서의 매출원가, 영업이익, 당기순이익까지 영향을 미치는 매우 중요한 사항이다.

재고자산과 관련하여 세부적인 회계처리 이슈는 다음과 같다. 먼저 최초의 취득원가의 결정이 중요하다. 특히 매입할인, 매입에누리, 리베이트, 매입운임 등이 발생했을 때 어느 것을 취득원가에 포함하고, 포함하지 않아야 하느냐는 중요한 회계이슈이다.

취득원가의 결정만큼 중요한 회계이슈는 단위원가 결정방법의 선택(결정)이다. 예를 들어, 동일한 종류의 재고자산을 한 단위씩 세 차례에 걸쳐 각각 ₩10, ₩13, ₩15에 매입했는데, 이 중 한 단위를 판매한 경우 '얼마에 구입한 재고자산이 팔렸다고 기록해야 하는가(매출원가는 얼마인가)'에 대한 것이다. 이를 위하여 경영자는 개별법이나 원가흐름을 가정한 단위원가를 결정하는 방법 중 선택할 수 있다. 회계이론상으로는 선입선출법, 후입선출법, 이동평균법, 총평균법 중에서 선택 가능하나, K-IFRS에서는 후입선출법 적용을 금지하고 있다.

재고자산에 대한 원가흐름의 가정 중 어떤 것을 선택하느냐에 따라 재무상태표의 재고자산뿐만 아니라 포괄손익계산서의 매출원가, 영업이익, 당기순이익과 현금흐름표의 영업활동현금흐름도 다르게 표시된다. 따라서 기업은 경제적 실질을 잘 반영하는 원가흐름의 가정을 선택하여 회계처리 해야 하고, 재무정보이용자는 비교가능성 측면에서 적용된 단위원가 결정방법을 확인해야 한다.

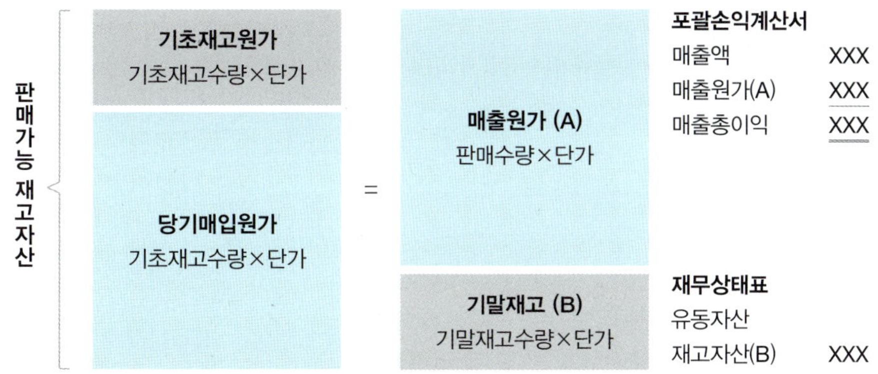

그림 3-1 재고자산 관련 주요 회계이슈(매출원가, 기말재고)

SECTION 02
재고자산의 측정

1 재고자산의 취득원가 결정

재고자산의 취득원가는 매입원가나 제조에 소요되는 원가뿐만 아니라 재고자산을 현재의 장소에 현재의 상태로 이르게 하는 데 발생한 기타 원가 모두를 포함한다.

1.1. 상품매매기업의 재고자산 취득원가

상품매매기업은 완제품인 상품을 사고 파는 기업을 의미한다.

1.1.1. 매입원가의 결정방법

상품매매기업에 있어서 재고자산의 매입원가는 (1) 매입가격에 (2) 수입관세와 제세금(과세당국으로부터 추후 환급받을 수 있는 금액은 제외), (3) 매입운임, 하역료와 (4) 상품의 취득과정에 직접 관련된 기타 원가(매입부대비용)를 가산한 금액이다. 단, 매입할인, 매입에누리와 환출, 리베이트 및 기타 유사한 항목은 매입원가를 결정할 때 차감한다. 상품의 매입원가는 다음의 수식으로 요약할 수 있다.

매입원가 = 매입가격+기타원가(수입관세와 제세금+매입운임 등 매입부대비용)
− (매입할인 + 매입에누리와 환출 + 리베이트 등)

예제 01 재고자산의 매입원가

㈜대한은 외국에서 완제품을 수입하여 국내에서 판매하는 기업이다. 해당 완제품과 관련하여 다음과 같은 지출이 발생하였다.

구분	금액
완제품 매입가격	₩5,000,000
수입관세(추후 환급받을 수 있는 금액 ₩200,000 포함)	700,000
하역료 및 관련 보험료	320,000
직접 관련된 운임 비용	150,000
상품 판매촉진비	₩530,000

요구사항

A. ㈜대한의 매입원가를 계산하라.

B. ㈜대한의 재고자산의 매입가격 및 직접관련 기타원가 발생 시 회계처리를 하라.

해설

A. 매입원가 계산 시 추후 환급받을 수 있는 금액은 제외된다. 또한 상품 판매촉진비는 재고자산을 현재의 장소에 현재의 상태로 이르게 하는 데 발생한 원가라고 볼 수 없으므로 제외된다.

구분	금액
완제품 매입가격	₩5,000,000
수입관세	500,000
하역료 및 관련 보험료	320,000
직접 관련된 운임 비용	150,000
매입원가	₩5,970,000

B.

1) 매입 시

회계처리					
(차)	매입(재고자산)	5,970,000	(대)	현금(또는 매입채무)	6,170,000
	미수관세환급금	200,000			
(차)	판매촉진비	530,000	(대)	현금(또는 미지급비용)	530,000

2) 수입관세 ₩200,000 환급 시

회계처리					
(차)	현금	200,000	(대)	미수관세환급금	200,000

더 알아보기 **매입할인이 있을 때 매입원가 회계처리**

매입할인은 상품 구매자가 판매대금을 조기지급하는 경우 받는 할인을 말한다. 보통 할인조건 등은 송장(invoice)에 기록된다. 예를 들어 매입이 ₩100,000, 할인조건이 '2/10, n/30'이라고 기록된 경우는 구매자가 10일 안에 지급하면 2%를 할인해 주고, 그 이후에는 송장 가격 전부를 지급해야 한다는 것을 의미한다. 매입과 관련된 할인 및 에누리 등 기타 유사 항목은 매입원가에서 차감한다. 매입할인 회계처리는 다음과 같다.

• **매입시점**

(차) 매입(재고자산)[주1]	100,000	(대) 매입채무	100,000

주1 할인액을 차감하지 않은 금액

• **할인기간 내 지급 시**

(차) 매입채무	100,000	(대) 현금	98,000
		매입할인(매입)[주2]	2,000

주2 할인액이며, 이 경우 매입원가는 매입할인을 제외한 ₩98,000이다.

• **할인기간 후 지급 시**

(차) 매입채무	100,000	(대) 현금[주3]	100,000

주3 할인액을 차감하지 않은 총액으로, 이 경우 매입원가는 ₩100,000이다.

1.1.2. 매입원가 결정 시 고려해야 하는 요소

재고자산의 매입과 관련된 기타원가라고 해서 모든 것이 매입원가에 포함되는 것이 아니다. 재고자산을 현재에 이르게 하는데 발생한 범위 내에서만 매입원가에 포함한다. 다음의 원가는 재고자산의 취득원가에 포함할 수 없으며 발생기간의 비용으로 인식하여야 하는 예이다.

(1) 재료원가, 노무원가 및 기타 제조원가 중 비정상적으로 낭비된 부분
(2) 후속 생산단계에 투입하기 전에 보관이 필요한 경우 이외의 보관원가
(3) 재고자산을 현재의 장소에 현재의 상태로 이르게 하는 데 기여하지 않은 관리간접원가
(4) 판매원가
(5) 재고자산을 후불조건으로 취득하는 경우 계약이 실질적으로 금융요소를 포함하고 있다면, 해당 금융요소(예: 정상신용조건의 매입가격과 실제 지급액 간의 차이)는 금융이 이루어지는 기간 동안 이자비용으로 인식한다.

위의 예에서 볼 수 있듯이 어떤 기타원가를 매입원가에 포함시키는지를 결정할 때 반드시 고려해야 하는 것은 '기타원가는 재고자산을 현재의 장소에 현재의 상태로 이르게 하는 데 발생한 범위 내에서만 취득원가에 포함된다'는 것이다. 반대로 특수한 기타원가가 매입원가에 포함되는 경우도 있다. 예를 들어 특정한 고객을 위한 비제조 간접원가 또는 제품 디자인원가는 재고자산의 원가에 포함하는 것이 적절할 수도 있다.

1.1.3. 차입원가

차입원가(금융비용)는 일반적으로 발생기간의 비용으로 인식한다. 그러나 K-IFRS 제1023호 '차입원가'에서는 적격자산의 취득, 건설 또는 제조와 직접 관련되는 차입원가는 당해 자산의 원가에 포함하도록 하고 있다. 따라서 조선이나 건설업 등과 같이 의도된 용도로 사용하거나 판매 가능한 상태가 될 때까지 상당한 기간을 필요로 하는 장기간에 걸쳐 생산되거나 제조되는 재고자산도 경우에 따라서는 적격자산이 될 수 있으며 차입원가를 재고자산의 원가에 포함할 수 있다.[2]

1.2. 제조기업의 재고자산 취득원가

제조기업은 원재료를 생산과정에 투입하고 가공하여 제품을 생산하는 회사를 말한다. 상품매매기업의 재고자산은 외부로부터 매입한 상품이 주를 이루는 데 반해, 제조기업의 재고자산은 주로 제품, 재공품 및 원재료로 구성된다.

> (1) **제품**: 원재료의 전환이 완성된 생산품 중 소비자에게 판매되지 않은 생산품
> (2) **재공품**: 원재료가 투입되어 전환 중이지만 아직 생산이 완료되지 않은 것
> (3) **원재료**: 생산이나 용역제공에 사용될 재료

제조기업에서는 원재료가 생산과정에 투입되어 재공품으로 전환되고, 생산과정이 완료되면 재공품이 제품으로 대체된다. 이후 판매된 제품의 원가는 매출원가로 대체된다. 원재료를 제

---

2 차입원가의 회계처리는 이후 제8장 차입원가에서 다룬다. 간략하게 소개하자면 적격자산을 취득하기 위해 차입을 했고, 이로 인해 차입원가(금융비용)가 발생한 경우, 이 차입원가를 취득원가에 포함한다는 것이다. 이를 차입원가 자본화라고 표현한다. 예를 들어 적격자산의 취득과 관련한 차입금으로 인해 이자비용 100원이 발생한 경우 회계처리는 다음과 같다.

금융비용 발생시: (차) 이자비용 100 (대) 미지급비용 100
차입원가 자본화: (차) 재고자산 100 (대) 이자비용 100

품으로 전환하기 위해서 직접노무원가와 제조간접원가 등의 제조원가가 발생하는데, 이를 전환원가라고 한다. 재고자산의 전환원가는 직접노무원가 등 생산량과 직접 관련된 원가를 포함한다. 또한 원재료를 완제품으로 전환하는 데 드는 고정 및 변동제조간접원가의 체계적인 배부액도 포함한다.[3] 참고로 [표 3-3]은 제조기업이 작성하는 제조원가명세서의 사례이다.

표 3-3 제조업의 제조원가명세서

과목	금액
I. 재료원가	₩1,000
1. 기초재료재고액	100
2. 당기재료매입액	1,200
3. 기말재료재고액	300
II. 노무원가	2,500
1. 임금	1,000
2. 급료	800
3. 퇴직급여	400
4. 상여금	300
III. 제조간접원가	300
1. 동력용수비	120
2. 보험료	10
3. 소모품비	5
4. 수선비	30
5. 감가상각비	60
6. 기타	75
IV. 당기총제조원가	3,800
V. 기초재공품재고액	200
VI. 기말재공품재고액	300
VII. 당기제품제조원가	₩3,700

2 재고자산의 포함 여부 결정

결산일 현재 기업의 재고자산에 포함할지 여부는 법적 소유권과 경제적 실질을 모두 고려하여 판단해야 한다. 기업이 보관하고 있지 않으나 재고자산에 포함시켜야 하는 일부 항목들을 살펴본다.

3 구체적인 제조기업의 원가계산 과정은 원가(관리)회계에서 학습한다.

2.1. 미착상품

미착상품이란 상품을 주문하였으나 아직 매입자의 창고에 입고되지 않고 운송 중에 있는 상품을 말한다. 미착상품은 운송약관에 따라 재고자산의 소유권이 결정되는데 운송약관은 크게 선적지인도조건과 도착지인도조건으로 분류된다.

선적지인도조건인 경우 판매자가 선적한 시점에서 상품에 대한 소유권과 위험이 이전되므로 기말 현재 운송 중인 미착상품은 매입자의 기말재고자산에 포함되어야 한다. 도착지인도조건인 경우 목적지에 도착한 시점에서 상품에 대한 소유권과 위험이 이전되므로 기말 현재 운송 중인 미착상품은 판매자의 기말재고자산에 포함되어야 한다.

2.2. 적송품

기업은 자기의 상품을 제3자(수탁자)에게 판매를 위탁하여 판매하는 경우가 있는데, 이를 위탁판매라고 한다. 적송품이란 결산일 현재 수탁자가 아직 판매하지 않고 수탁자의 창고에 보관하고 있는 상품을 의미한다. 위탁판매는 수탁자가 판매를 대행할 뿐 위탁자로부터 소유권을 이전받았다고 볼 수 없다. 따라서 기말 현재 수탁자의 창고에 보관 중인 적송품은 위탁자의 창고에 없더라도 위탁자의 기말재고자산에 포함되어야 한다.

2.3. 시송품

고객에게 일정 기간 동안 상품을 시험적으로 사용해보게 한 후 고객이 구매의사를 표시하는 시점에 판매가 이루어지는 형태를 시용매출이라고 하며, 아직 구매의사를 표시하지 않은 고객(시용매입자)이 보관하고 있는 상품을 시송품이라고 한다. 시송품은 시용매입자가 구매의사를 표시하기 전까지는 소유권이 판매자에게 있기 때문에 시송품은 판매자의 창고에 없더라도 판매자의 기말재고자산에 포함되어야 한다.

이 밖에도 실무에서는 다양한 특별계약(할부판매, 반품조건부판매, 재구매조건부판매, 저당상품 등)이 존재하는데, 기업은 실질우선의 원칙에 따라 재고자산 포함 여부를 신중하게 결정해야 한다.

예제 02 재고자산 포함 여부

㈜대한은 20X1년 12월 말 현재 창고에 보관 중인 상품재고를 실사한 결과, 금액이 ₩2,000,000임을 확인하였다.

요구사항

다음 자료를 반영하여 정확한 기말상품재고액을 계산하라.

- 20X1년 12월 20일에 고객에게 발송한 시송품(원가 ₩400,000) 가운데 20X1년말까지 매입의사표시를 해 온 금액이 ₩300,000이다.
- 거래처에 FOB 도착지 인도조건으로 판매한 상품(원가 ₩200,000)이 20X1년말 현재 운송 중에 있다.
- 거래처로부터 FOB 선적지 인도조건으로 ₩500,000에 매입한 상품이 20X1년말 현재 운송 중에 있다.
- A사가 수탁자인 B사에게 적송한 상품(원가 ₩100,000) 중 50%를 당기말까지 B사가 판매하지 않고 있다.

해설

창고보관재고	₩2,000,000
시송품 중 매입의사 미표시분	100,000
도착지인도조건 판매 미착상품	200,000
선적지인도조건 매입 미착상품	500,000
수탁자 미판매 적송품	50,000
계	₩2,850,000

3 재고자산 기록과 단위원가 결정방법

매출원가를 산정하기 위해서는 재고자산의 수량(기록방법)과 단위원가결정방법을 결정해야 한다. 먼저 재고자산 기록방법과 매출원가 공식에 대해서 알아보자.

3.1. 매출원가 공식 및 매출원가 산출방법

매출원가는 판매된 상품의 원가를 의미한다. 쉽게 생각하면 판매된 상품의 수량에 매입단가를 곱하면 계산할 수 있다. 예를 들어 당기에 판매 가능한 상품이 모두 ₩100원에 매입한 상품이고, 이 상품을 1개당 ₩150에 판매한다고 가정하자. 10개를 판매한 경우와 20개 판매한 경우의 부분포괄손익계산서는 다음과 같을 것이다.

구분	10개 판매 시	20개 판매 시
매출액(판매수량 × 판매가격)	₩1,500	₩3,000
매출원가(판매수량 × 매입원가)	1,000	2,000
매출총이익	500	1,000

그러나 실무에서는 물가인상 등 다양한 요인에 의해 구입 단가가 동일하지 않으며, 각 상품을 개별적으로 관리하기 어려운 경우가 많기 때문에 매출원가 계산이 이처럼 단순하지 않으며, 다음과 같은 세 가지를 이해해야 한다.

(1) 매출원가는 어떻게 계산되는가?(매출원가 공식의 이해)
(2) 재고자산의 수량결정방법은 무엇인가?(실지재고조사법과 계속기록법의 이해)
(3) 단위원가 결정방법은 무엇인가?(개별법, 선입선출법, 후입선출법, 평균법의 이해)

3.1.1. 매출원가 공식

매출원가는 재고자산 중 회계기간 중에 판매된 재고자산의 원가이며, 매출원가를 산출하는 기본적인 공식은 다음과 같다.

매출원가	= 기초상품재고액 + 당기상품매입액	− 기말상품재고액
↓	↓	↓
판매된 재고자산	판매가능한 재고자산	판매되지 않은 재고자산

판매가능한 재고자산은 기초상품재고액과 당기상품매입액의 합계를 말하는 것으로, 기중에 상품이 하나도 매출되지 않았다고 가정할 때 창고에 남아 있어야 할 금액을 말한다. 따라서 이 금액과 기말에 창고에 남아 있는 금액(기말재고)과의 차이는 바로 창고에서 빠져나간 것을 의미하며 이 금액이 판매된 재고자산의 원가, 즉 매출원가이다.

예시로 이해하기 | 매출원가 산출방법

㈜대한의 당기 중 매입 및 매출내역은 다음과 같다고 가정하자.

일자	적요	수량	매입단가	판매단가
1월 1일	기초재고	25개	@₩30	
3월 1일	매입	20개	@₩30	
5월 1일	매출	5개		@₩34
7월 1일	매출	5개		@₩36

매출원가는 다음의 두 가지 방법으로 구할 수 있다.

(방법 1)
판매가능액에서 기말재고원가를 차감하여 계산

기초	25개×₩30	₩750
매입	20개×₩30	600
판매가능액		1,350
(−)기말재고	35개×₩30	(1,050)
매출원가		₩300

(방법 2)
판매된 재고자산의 원가를 직접 추적하여 계산

5월 1일	5개×₩30	₩150
7월 1일	5개×₩30	₩150
매출원가		₩300

3.1.2. 매출원가와 기말재고자산의 수량 결정방법

앞의 예에서 보듯이 매출원가를 계산하기 위한 방법은 다음과 같이 두 가지로 구분할 수 있다.

(1) **실지재고조사법**(periodic inventory method): 방법 1과 같이 매출할 때마다 매출된 상품의 수량을 직접 추적하지 않고 기말에 실제로 재고수량을 확인한 후 기말재고수량에 단가를 곱한 금액을 판매가능액에서 차감하여 간접적으로 매출원가를 구할 수 있다. 실지재고조사법은 매출 시에 매출원가를 기록하지 않는다. 실지재고조사법은 기말에 재고조사를 실시한 후 기말재고액을 파악하여 판매가능재고액(=기초재고+당기매입)에서 기말재고액을 차감하여 매출원가를 계산한다.

(2) **계속기록법**(perpetual inventory method): 방법 2와 같이 매출할 때마다 매출된 상품의 수량을 직접 추적하여 그 상품 수량에 단가를 곱한 금액을 매출원가로 하는 방법이다. 계속기록법은 매출 시마다 매출원가를 계산하여 기록한다.

앞의 사례를 실지재고조사법(방법 1)과 계속기록법(방법 2)을 적용하여 회계처리하면 다음과 같다.

일자	실지재고조사법(방법 1)						계속기록법(방법 2)					
3월 1일	(차)	매입	600	(대)	매입채무	600	(차)	상품	600	(대)	매입채무	600
5월 1일	(차)	매출채권	170	(대)	매출	170	(차)	매출채권	170	(대)	매출	170
							(차)	매출원가	150	(대)	상품	150
7월 1일	(차)	매출채권	180	(대)	매출	180	(차)	매출채권	180	(대)	매출	180
							(차)	매출원가	150	(대)	상품	150
12월 31일	(차)	상품(기말)	1,050	(대)	상품(기초)	750	회계처리 없음					
		매출원가	300		매입	600						

참고로 두 방법 모두 재무제표에 표시되는 금액은 다음과 같다.

포괄손익계산서		재무상태표	
매출액	₩350	유동자산	
매출원가	300	재고자산	
매출총이익	₩50	상품	₩1,050

3.2. 재고자산 단위원가 결정방법: 재고자산 원가흐름의 가정

앞의 예에서는 판매가능액과 매출원가를 구하는 것이 비교적 간단하였다. 그 이유는 기초 상품과 당기에 매입한 상품의 매입단가가 모두 같았기 때문이다. 그러나 매입단가가 서로 다른 경우, 어느 매입단가를 기말 상품과 매출원가(판매된 상품)에 적용시켜야 하는가 하는 단위원가(단가) 결정이라는 회계적 문제가 발생한다. 이 경우 기말에 남아 있는 재고자산의 단위원가, 그리고 매출원가를 파악하기 위해서는 재고자산의 원가흐름에 대한 일정한 가정이 필요하다.

재고자산의 원가흐름에 대한 가정에는 개별법, 선입선출법, 후입선출법, 그리고 가중평균법이 있다. 사례를 통해 각 방법을 비교해보자.

예시로 이해하기 | **재고자산 원가흐름의 가정**

㈜대한의 당기 중 매입 및 매출 내역이 다음과 같다고 가정하자.

일자	적요	수량	매입단가	판매단가
1월 1일	기초재고	25개	@₩30	
3월 1일	매입	20개	@₩32	
5월 1일	매출	10개		@₩36

이번 예에서는 기초재고와 당기에 매입한 재고의 단가가 서로 다르다. 따라서 판매한 10개의 재고에 대하여 어느 원가(단가)를 적용해야 하는지가 문제가 된다. 이 문제는 재고자산 원가흐름에 대한 가정을 통하여 해결할 수 있다. 재고의 흐름에 대하여 다음과 같이 세 가지로 가정을 해보자.

1. 판매된 상품 10개 중 2개는 기초재고상품이며, 8개는 3월 1일에 매입한 상품으로 추적할 수 있다. (개별법)
2. 기초재고상품부터 먼저 판매된다. (선입선출법)
3. 가장 나중에 매입한 상품부터 먼저 판매된다. (후입선출법)
4. 기초재고항목과 당기매입한 항목이 무작위로 판매된다. (가중평균법)

재고자산의 원가흐름에 대한 가정에 따라 매출원가와 기말상품의 원가가 달라진다. 따라서 어떠한 가정을 사용하는가는 매우 중요한 문제이다. 각각의 가정하에서 매출원가와 기말재고상품의 원가(단가)를 구하면 다음과 같다.

1. 개별법

매출원가: 2개(1.1.) × @₩30 + 8개(3.1.) × @₩32 = ₩316

기말상품: 23개(1.1.) × @₩30 + 12개(3.1.) × @₩32 = ₩1,074

2. 선입선출법

매출원가: 10개(1.1.)×@₩30 = ₩300

기말상품: 15개(1.1.)×@₩30 + 20개(3.1.)×@₩32 = ₩1,090

3. 후입선출법

매출원가: 10개(3.1.)×@₩32 = ₩320

기말상품: 25개(1.1.)×@₩30 + 10개(3.1.)×@₩32 = ₩1,070

4. 가중평균법

매출원가: 10개 × @₩30.89[주1] = ₩308.9

기말상품: 35개 × @₩30.89 = ₩1,081.1[주2]

주1 (25개×@₩30+20개×@₩32) ÷ (25개+20개) = ₩30.89
주2 단수차이 조정

3.2.1. 개별법

개별법(specific identification method)은 식별되는 재고자산별로 특정한 원가를 부과하는 방법이다. 일반적으로 상호 교환될 수 없는 재고자산항목의 원가(예를 들면, 귀금속)와 특정 프로젝트별로 생산되고 분리되는 재화 또는 용역의 원가는 개별법을 사용하여 결정한다. 일반적으로 개별법을 사용할 경우에는 꼬리표(tag) 또는 바코드 등을 이용하여 각 상품의 개별 원가를 추적한다. 따라서 판매될 때마다 이들을 이용하여 각 개별 상품의 원가를 쉽게 파악할 수 있다. 그러나 통상적으로 상호교환 가능한 대량의 재고자산 항목에 개별법을 적용하는 것은 적절하지 아니하다. 그러한 경우에는 기말재고로 남아 있는 항목을 선택하는 방식을 이용하여 손익을 자의적으로 조정할 수도 있기 때문이다.

3.2.2. 원가흐름에 대한 가정

개별법이 적용되지 않는 재고자산의 단위원가는 원가흐름의 가정을 이용한다. 원가흐름의 가정에는 선입선출법이나 후입선출법 또는 가중평균법 등이 있는데, K-IFRS에서는 선입선출법과 가중평균법만 허용하고 있다. 재고자산의 원가흐름에 대한 가정을 적용할 때, 성격과 용도 면에서 유사한 재고자산에는 동일한 가정을 적용하여야 하며, 성격이나 용도 면에서 차이가 있는 재고자산에는 서로 다른 가정을 적용할 수 있다.

1) 선입선출법

선입선출법(first-in, first-out)은 먼저 매입 또는 생산된 재고자산이 먼저 판매되고, 결과적으로 기말에 재고로 남아 있는 항목은 가장 최근에 매입 또는 생산된 항목이라고 가정하는 방법이다. 선입선출법의 장단점은 다음과 같다.

(1) 장점

(가) 실제원가의 흐름과 물량의 흐름이 유사하게 일치한다.

(나) 계속기록법과 실지재고실사법의 결과가 동일하다.

(다) 기말재고자산이 가장 최근의 취득원가로 표시되므로 재고자산금액이 현행원가와 가장 유사하게 표시된다.

(2) 단점

(가) 오래된 과거원가가 매출원가로 기록됨으로써 현행 수익에 과거원가가 대응된다.

예제 03 재고자산 단위원가 결정방법: 선입선출법

㈜행복의 재고자산의 입고, 출고에 대한 현황은 다음과 같다.

일자	적요	입고			출고
		수량	단가	금액	수량
3월 1일	전월 이월	10	₩20,000	₩200,000	
3월 9일	매입	20	25,000	500,000	
3월 16일	매출				25
3월 24일	매입	20	30,000	600,000	
3월 29일	매출				10

기말재고실사 결과 재고수량은 15개이다.

요구사항

선입선출법(계속기록법, 실지재고조사법)에 의한 매출원가와 기말재고자산의 원가를 계산하고 회계처리를 나타내라.

해설

1. 매출원가와 기말재고자산 원가

1) 선입선출법(계속기록법)

일자	적요	입고			출고			잔고		
		수량 (개)	단가 (₩)	금액 (₩)	수량 (개)	단가 (₩)	금액 (₩)	수량 (개)	단가 (₩)	금액 (₩)
3월 1일	전월이월	10	20,000	200,000				10	20,000	200,000
3월 9일	매입	20	25,000	500,000				10	20,000	200,000
								20	25,000	500,000
3월 16일	매출				10	20,000	200,000			
					15	25,000	375,000	5	25,000	125,000
3월 24일	매입	20	30,000	600,000				5	25,000	125,000
								20	30,000	600,000
3월 29일	매출				5	25,000	125,000			
					5	30,000	150,000	15	30,000	450,000
합계		50		1,300,000	35		850,000			

매출원가(출고란의 합계): ₩850,000

(= ₩200,000 + ₩375,000 + ₩125,000 + ₩150,000)

기말재고액(마지막 일자의 잔고 금액): ₩450,000

2) 선입선출법(실지재고조사법)

단계 1: 판매가능원가 ₩1,300,000(기초재고원가와 당기매입원가 합계)

단계 2: 기말재고

일자	수량	단가	원가
3/24	15	₩30,000	₩450,000
	15		₩450,000

단계 3: 매출원가

판매가능원가	₩1,300,000
차감: 기말재고액	450,000
매출원가	₩850,000

3) 회계처리

일자	실지재고조사법(방법 1)				계속기록법(방법 2)			
3월 9일	(차) 매입	500,000	(대) 매입채무	500,000	(차) 재고자산	500,000	(대) 매입채무	500,000
3월 16일	(차) 매출채권	×××	(대) 매출	×××	(차) 매출채권	×××	(대) 매출	×××
					(차) 매출원가[주1]	575,000	(대) 재고자산	575,000
					주1 10개 × @₩20,000 + 15개 × @₩25,000			
3월 24일	(차) 매입	600,000	(대) 매입채무	600,000	(차) 재고자산	600,000	(대) 매입채무	600,000
3월 29일	(차) 매출채권	×××	(대) 매출	×××	(차) 매출채권	×××	(대) 매출	×××
					(차) 매출원가[주2]	275,000	(대) 재고자산	275,000
					주2 5개 × @₩25,000 + 5개 × @₩30,000			
3월 31일	(차) 재고자산(기말)	450,000	(대) 재고자산(기초)	200,000	회계처리 없음			
	매출원가	850,000	매입	1,100,000				

2) 후입선출법

후입선출법(last-in, first-out)은 실제 물량흐름과는 관계없이 가장 최근에 매입한 상품이 먼저 판매된 것으로 가정하여 재고자산의 단위원가를 찾는 방법이다. 후입선출법의 장단점은 다음과 같다.

(1) 장점

(가) 가장 최근의 원가를 매출원가에 대응시켜 보다 현실적인 손익의 계산을 가능하게 한다.

(나) 가격이 상승하는 시장에서는 높은 가격을 매출원가에 대응시켜 기업이 절세할 수 있도록 도와준다.

(2) 단점

(가) 일반적으로 실제 원가흐름과 상이하다.

(나) 따라서 경제적 실질을 반영하기보다는 흔히 절세목적으로 사용된다.

(다) 재고자산의 취득원가가 지속적으로 상승하는 경우, 전기의 기말 재무상태표에 표시되는 재고자산이 매각되면 매출원가가 오래전에 취득한 단가를 반영함으로써 이익을 과대계상하게 되어 결과적으로 영업성과를 왜곡시킬 가능성이 크다.

K-IFRS는 후입선출법의 사용을 금지하였다. 후입선출법의 사용을 금지한 이유는 뒤에서 설명한다.

예제 04 재고자산 단위원가 결정방법: 후입선출법

요구사항

㈜행복에 대한 앞의 자료를 이용하여 후입선출법에 따라 매출원가와 기말재고자산의 원가금액을 계산하고 회계처리를 나타내라.

해설

1. 매출원가와 기말재고자산 원가

1) 후입선출법(계속기록법)

일자	적요	입고			출고			잔고		
		수량(개)	단가(₩)	금액(₩)	수량(개)	단가(₩)	금액(₩)	수량(개)	단가(₩)	금액(₩)
3월 1일	전월이월	10	20,000	200,000				10	20,000	200,000
3월 9일	매입	20	25,000	500,000				10 20	20,000 25,000	200,000 500,000
3월 16일	매출				20 5	25,000 20,000	500,000 100,000	5	20,000	100,000
3월 24일	매입	20	30,000	600,000				5 20	20,000 30,000	100,000 600,000
3월 29일	매출				10	30,000	300,000	5 10	20,000 30,000	100,000 300,000
합계		50		1,300,000	35		900,000			

매출원가(출고란의 합계): ₩900,000(= ₩500,000 + ₩100,000 + ₩300,000)

기말재고액(마지막 일자의 잔고 금액): ₩400,000(= ₩100,000 + ₩300,000)

2) 후입선출법(실지재고조사법)

단계 1: 판매가능원가 ₩1,300,000(기초재고원가와 당기매입원가 합계)

단계 2: 기말재고

일자	수량	단가	원가
3/1	10	₩20,000	₩200,000
3/9	5	25,000	125,000
	15		₩325,000

단계 3: 매출원가

판매가능원가	₩1,300,000
차감: 기말재고액	325,000
매출원가	₩975,000

3) 회계처리

일자	실지재고조사법(방법 1)				계속기록법(방법 2)			
3월 9일	(차) 매입	500,000	(대) 매입채무	500,000	(차) 재고자산	500,000	(대) 매입채무	500,000
3월 16일	(차) 매출채권	×××	(대) 매출	×××	(차) 매출채권	×××	(대) 매출	×××
					(차) 매출원가[주1]	600,000	(대) 재고자산	600,000
					주1 20개×@₩25,000 + 5개×@₩20,000			
3월 24일	(차) 매입	600,000	(대) 매입채무	600,000	(차) 재고자산	600,000	(대) 매입채무	600,000
3월 29일	(차) 매출채권	×××	(대) 매출	×××	(차) 매출채권	×××	(대) 매출	×××
					(차) 매출원가[주2]	300,000	(대) 재고자산	300,000
					주2 10개×@₩30,000			
3월 31일	(차) 재고자산(기말)	325,000	(대) 재고자산(기초)	200,000	회계처리 없음			
	매출원가	975,000	매입	1,100,000				

3) 가중평균법

가중평균법은 기초재고항목과 당기 매입한 항목이 구별 없이 무작위로 출고된다고 가정한다. 따라서 가중평균법은 기초 재고자산과 회계기간 중에 매입 또는 생산된 재고자산의 원가를 가중평균하여 재고항목의 단위원가를 결정한다. 가중평균법의 장단점은 다음과 같다.

(1) 장점

(가) 실무적으로 적용하기 편리하며 객관적이므로 이익조작의 가능성이 줄어든다.

(나) 실제의 물량흐름을 개별 항목별로 파악하는 것은 현실적으로 어려우므로 평균원가의 사용이 보다 적절할 수 있다.

(2) 단점

(가) 수익과 비용의 적절한 대응이 어렵다.

(나) 기초재고의 원가가 평균단가에 합산되기 때문에 기말재고의 금액에 영향을 미칠 수 있다.

가중평균법을 사용할 경우 평균은 기업의 상황에 따라 매입 또는 생산할 때마다 계산하거나(이동평균법) 기말에 일괄적으로 계산할 수 있다(총평균법).

① 이동평균법

계속기록법에 의하여 가중평균법을 적용할 때, 이동평균법을 사용하게 된다. 이동평균법은 상품의 매입 시마다 새로운 평균 단가를 계산하고 이를 출고 단가에 적용하는 방법으로 수시로 원가계산을 해야 하는 주문생산기업에서 주로 사용된다. 이동평균법은 화폐가치의 변동을 단가에 민감하게 반영할 수 있는 장점이 있으나, 거래가 빈번한 경우 계산이 복잡한 것이 단점이다.

$$\text{평균 단가} = \frac{(\text{매입 전 금액} + \text{매입 금액})}{(\text{매입 전 수량} + \text{매입 수량})}$$

예제 05 재고자산 단위원가 결정방법: 이동평균법

요구사항

㈜행복에 대한 앞의 자료를 이용하여 이동평균법에 따라 매출원가와 기말재고자산 금액을 계산하라.

해설

일자	적요	입고			출고			잔고		
		수량 (개)	단가 (₩)	금액 (₩)	수량 (개)	단가 (₩)	금액 (₩)	수량 (개)	단가 (₩)	금액 (₩)
3월 1일	전월 이월	10	20,000	200,000				10	20,000	200,000
3월 9일	매입	20	25,000	500,000				30	23,333[주1]	700,000
3월 16일	매출				25	23,333	583,325	5	23,333	116,675
3월 24일	매입	20	30,000	600,000				25	28,667[주2]	716,675
3월 29일	매출				10	28,667	286,670	15	28,667	430,005
합계		50		1,300,000	35		869,995			

주1 (₩200,000+₩500,000) ÷ (10개+20개) = ₩23,333

주2 (₩116,665+₩600,000) ÷ (5개+20개) = ₩28,667

매출원가(출고란의 합계): ₩869,995(= ₩583,325+₩286,670)

기말재고자산(마지막 일자의 잔고 금액): ₩430,005

② 총평균법

총평균법은 실지재고실사법에 의하여 가중평균법을 적용할 때 사용한다. 총평균은 판매 가능한 상품의 총원가를 판매 가능한 상품의 총수량으로 나누어 계산한다. 총평균법은 간편하고 객관적이며 이익조작의 가능성이 없다는 것이 장점이지만, 기초원가가 기말원가에 영향을 미친다는 단점을 가진다.

$$\text{총평균 단가} = \frac{(\text{기초상품 금액}+\text{당기 매입 금액})}{(\text{기초 수량}+\text{당기 매입 수량})}$$

예제 06 재고자산 단위원가결정방법: 총평균법

요구사항

㈜행복에 대한 앞의 자료를 이용하여 총평균법에 따라 매출원가와 기말재고자산금액을 계산하라.

해설

단계 1: 판매가능원가 ₩1,300,000 (기초재고원가와 당기매입원가 합계)

단계 2: 기말재고

총평균 단가: ₩1,300,000 ÷ 50개 = ₩26,000

수량	단가	원가
15	₩26,000	₩390,000

단계 3: 매출원가

판매가능원가	₩1,300,000
차감: 기말재고액	390,000
매출원가	₩910,000

참고로 <예제 5>와 <예제 6>에 대한 회계처리는 다음과 같다.

일자	<예제 5> 이동평균법				<예제 6> 총평균법			
3월 9일	(차) 재고자산	500,000	(대) 매입채무	500,000	(차) 매입	500,000	(대) 매입채무	500,000
3월 16일	(차) 매출채권	×××	(대) 매출	×××	(차) 매출채권	×××	(대) 매출	×××
	(차) 매출원가[주1]	583,325	(대) 재고자산	583,325				
	주1 25개 × @₩23,333							
3월 24일	(차) 재고자산	600,000	(대) 매입채무	600,000	(차) 매입	600,000	(대) 매입채무	600,000
3월 29일	(차) 매출채권	×××	(대) 매출	×××	(차) 매출채권	×××	(대) 매출	×××
	(차) 매출원가[주2]	286,670	(대) 재고자산	286,670				
	주2 10개 × @₩28,667							
3월 31일	회계처리 없음				(차) 재고자산(기말)	390,000	(대) 재고자산(기초)	200,000
					매출원가	910,000	매입	1,100,000

예시로 이해하기 | 재고자산 기록과 단위원가 결정방법

대형 유통업체의 재고자산에 대한 주석

당사는 재고자산에 대하여 다음의 평가방법에 따라 취득원가로 평가하고 있습니다.

구분	소매사업부문 (백화점 등)	소매사업부문 (할인점)	분양 및 기타사업부문
상품과 제지	매출가격환원법	총평균법	총평균법
미착품, 용지	개별법	개별법	개별법
기 타	선입선출법	선입선출법	총평균법

대형 제조기업의 재고자산에 대한 주석

재고자산은 원가와 순실현가능가치 중 작은 금액으로 표시하고 있습니다. 원가는 미착품을 제외하고는 평균법에 따라 결정하고 있습니다. 제품과 재공품의 원가는 디자인 비용, 원재료비, 직접노무비 및 기타 직접원가와 정상조업도에 근거한 관련 제조간접비로 이루어지며, 유휴생산설비원가나 폐기비용은 제외하고 있습니다. 순실현가능가치는 정상적인 영업과정에서의 추정 판매가격에서 적용 가능한 변동 판매비용을 차감한 금액입니다.

3.2.3. 각 원가흐름의 가정 방법의 비교

경영자는 재고자산 원가흐름 가정 중 어느 한 방법을 선택할 수 있다. 각 방법마다 장점과 단점이 있기 때문에 경영자는 기업의 경제적 실질을 잘 반영할 수 있는 방법을 선택하여 적용하되, 한번 채택한 방법은 계속성의 원칙에 입각하여 특별한 이유 없이는 변경하지 않아야 한다.

앞의 예제들의 결과에서 확인한 바와 같이 재고자산의 매입단가가 변동하면 원가흐름의 가정 중 어떤 방법을 선택하는지에 따라 기말재고자산, 매출원가, 당기순이익이 다르게 표시된다. 따라서 재고자산에서는 어떤 단위원가 결정방법을 사용하고 있는가를 이해하는 것이 중요하다. 각 방법별 결과를 비교하기 위해 각 원가흐름의 가정하에 작성한 포괄손익계산서는 다음의 [표 3-4]와 같다. 비교의 편의를 위해 앞의 예제에서 선입선출법과 후입선출법은 재고실사법을 가정하고, 매출액은 ₩1,500,000, 기타비용은 ₩300,000, 법인세율은 30%를 가정한다.

예제에서는 매입단가가 상승하고 있다. 이처럼 물가가 상승하는 경우에는 기말재고자산 원가는 선입선출법이 가장 크고, 후입선출법이 가장 작다. 그 이유는 선입선출법은 최근에 매입한 가장 높은 단가가 기말재고 수량에 곱해지고, 후입선출법은 기초에 있던 가장 낮은 단가가 곱해지기 때문이다. 평균법은 낮은 단가와 높은 단가가 희석되기 때문에 평균법에 의한 기말재고자산은 후입선출법보다는 크고 선입선출법보다는 작다. 한편, 이동평균법에 의한 기말재고자산은 최근에 구입한 상대적으로 높은 단가의 재고자산들로 평균이 계산되는 반면 총평균법은 당기 판매가능상품 전체로 총평균이 계산된다. 따라서 이동평균법에 의한 기말재고자산이 총평균법에 의한 기말재고자산보다 크다. 매출원가는 판매가능상품원가에서 기말재고자산의 원가를 차감하여 계산하므로, 매출원가의 크기 순서는 기말재고자산의 크기 순서와 반대가 된다. 즉, 매출원가는 선입선출법이 가장 작고, 후입선출법이 가장 크다. 당기순이익은 비용인 매출원가와 크기 순서가 반대가 되므로 당기순이익은 선입선출법이 가장 크고, 후입선출법이 가장 작다.

표 3-4 원가흐름가정의 비교(포괄손익계산서)

구분	선입선출법 <예제 3>	이동평균법 <예제 5>	총평균법 <예제 6>	후입선출법 <예제 4>
매출액(₩1,500,000 가정)	₩1,500,000	₩1,500,000	₩1,500,000	₩1,500,000
기초재고액	200,000	200,000	200,000	200,000
당기매입액	1,100,000	1,100,000	1,100,000	1,100,000
판매가능상품원가	1,300,000	1,300,000	1,300,000	1,300,000
(−) 기말재고액	450,000	430,005	390,000	325,000
매출원가	850,000	869,995	910,000	975,000
매출총이익	650,000	630,005	590,000	525,000
기타비용(가정)	300,000	300,000	300,000	300,000
법인세비용차감전순이익	350,000	330,005	290,000	225,000
법인세비용(30% 가정)	105,000	99,002	87,000	67,500
당기순이익	₩245,000	₩231,003	₩203,000	₩157,500

물가가 지속적으로 상승하는 경우 각 방법별로 계정과목의 크기를 정리하면 다음과 같다.

(1) 기말재고: 선입선출법 > 이동평균법 > 총평균법 > 후입선출법
(2) 매출원가: 선입선출법 < 이동평균법 < 총평균법 < 후입선출법
(3) 당기순이익: 선입선출법 > 이동평균법 > 총평균법 > 후입선출법

현실 속 회계 | SD바이오센서, '재고 리스크' 키운 회계변경

SD바이오센서가 바꾼 회계정책은 재고자산의 계산법입니다. '선입선출법'이란 방식을 '총평균법'으로 변경했습니다.

회계사들을 대상으로 취재한 결과, 일반적으로 재고자산의 계산법을 바꾸는 가장 일반적인 요인은 환율입니다. 환율 상승에 따라 원료 수입 가격이 오를 때, 선입선출법은 과거에 싸게 들여온 물건을 먼저 내보내는 것으로 계산합니다. 그렇기 때문에 제품이 잘 팔리더라도 재고가 천천히 떨어집니다. 만약 제품이 덜 팔려 재고가 쌓이는 상황이라면 과거 싸게 만들었던 물건들만 조금씩 팔려나가니 재고 평가액도 빨리 커집니다.

이제 SD바이오가 선입선출법을 버리고 회계정책을 바꾼 시점으로 돌아가 보겠습니다. 2021년 11월은 월간 일평균 확진자 2천751명, 12월은 5천922명을 기록하는 등 하루 수십만 명의 확진자가 나왔던 팬데믹이 끝난 시점이었습니다. 엔데믹 이야기도 이때쯤 힘을 얻기 시작했고, 한국은행은 이미 8월과 11월 두 차례 금리를 인상했습니다.

올라가는 금리, 높아지는 물가를 감안한다면 앞으로 원가는 오르고 재고가 소진되는 속도는 느려질 거란 예상이 충분히 설득력을 얻었을 시점이었습니다. SD바이오 입장에선 떨어지는 매출 속 재고자산이 빠지는 는 속도를 조금이나마 키우고 싶었을 것이고, 선입선출 대신 총평균을 택할 만한 유인이 있었다는 게 회계사들의 분석입니다.

출처: 이광호(2023.2.21.). SD바이오센서, '재고 리스크' 키운 회계변경. SBS Biz.
https://biz.sbs.co.kr/article/20000104403?division = NAVER

3.2.4. 후입선출법의 사용 금지

K-IFRS는 후입선출법의 사용을 금지하였다. 그럼에도 이 책에서 후입선출법을 설명한 것은 이해를 돕기 위함이었다. K-IFRS에서 후입선출법을 금지시킨 이유는 다음과 같다.

(1) 일반적으로 실제 원가흐름과 상이하다.
(2) 따라서 경제적 실질을 반영하기보다는 흔히 절세목적으로 사용된다.
(3) 재고자산의 취득원가가 지속적으로 상승하는 경우, 전기의 기말 재무상태표에 표시되는 재고자산이 매각되면 매출원가가 오래전에 취득한 단가를 반영함으로써 이익을 과대계상하게 되어 결과적으로 영업성과를 왜곡시킬 가능성이 크다. 이를 흔히 LIFO 청산(LIFO liquidation)이라 부른다.

현실 속 회계 | K-IFRS 도입으로 인한 정유사의 재고자산평가방법 변경의 효과

SK이노베이션은 1조원이 넘는 1분기 영업이익을 내 '어닝 서프라이즈'란 평가를 받았다. 하지만 1조 1,933억원의 영업이익 중 2,000억원 이상은 재고자산평가법을 '후입선출법'에서 '가중평균법'으로 바꾼 덕택이었다. 후입선출법은 나중에 구입한 재고가 먼저 팔린다고 가정하고 매출원가를 계산한다. 시간이 지날수록 물가가 높아질 때가 많아 후입선출법을 사용하면 보통 원가가 높게 인식돼 이익이 줄어든다. 이에 비해 가중평균법은 전체 재고의 평균을 원가로 정하기 때문에 물가상승분이 비용에 반영되지 않아 이익이 증가한다.

경쟁사 GS칼텍스도 지난해부터 IFRS를 조기 도입하면서 후입선출법이 금지되자, 가중평균법을 채택해 작년 한 해 순이익이 2,428억원 늘었다. 하지만 에쓰오일은 SK이노베이션과 GS칼텍스가 가중평균법으로 간 것과 달리 '선입선출법'을 채택해서 실적의 단순비교가 어려워졌다.

출처: 백광엽(2011.06.02.). [첫 공개 IFRS 대혼란] 영업이익 330% 뛴 회사, IFRS '착시' 걷어내면 4%. 한국경제.
https://www.hankyung.com/finance/article/2011060231411

SECTION

03 저가법

1 저가법

저가법이란 재고자산을 취득원가와 순실현가능가치 중 낮은 금액으로 측정하는 방법을 말하며 K-IFRS에서는 재고자산을 저가법으로 평가하도록 규정하고 있다. 즉, 재고자산의 순실현가능가치가 취득원가보다 낮은 경우에는 순실현가능가치로 감액한다. 저가법을 수식으로 표시하면 다음과 같다.

재고자산 = min {취득원가, 순실현가능가치}

여기서 취득원가는 구입 시 지불해야 하는 유출원가이고, 순실현가능가치는 매출 시 받을 수 있는 유입원가이다. 따라서 저가법은 매입을 위하여 얼마를 지불하였든 간에 재무상태표에 표시되는 재고자산의 장부금액은 매출 시에 기업에 유입될 금액을 초과할 수 없다는 것을 의미한다. 왜냐하면 자산은 미래의 효익을 기대하여 기업이 소유하고 있는 것이며 미래의 효익은 재고자산이 판매될 때 기업에 유입될 금액이기 때문이다.

순실현가능가치(net realizable value)는 정상적인 영업과정에서 재고자산의 판매를 통해 실현할 것으로 기대하는 순매각금액을 말한다. 즉, 예상 판매가격에서 예상되는 추가완성원가와 판매비용을 차감한 금액이다. 순실현가능가치는 기업특유가치(entity-specific value)로 순공정가치와 일치하지 않을 수도 있다.

순실현가능가치 = 예상 판매가격 - 예상되는 추가적인 완성원가와 판매비용

순실현가능가치를 추정할 때 재고자산으로부터 실현가능한 금액에 대하여 추정일 현재 사용가능한 가장 신뢰성 있는 증거에 기초해야 한다. 이때 재고자산의 보유 목적도 고려해야 한

다. 원재료의 경우 완성될 제품이 원가 이상으로 판매될 것으로 예상하는 경우에는 그 생산에 투입하기 위해 보유하는 원재료 및 기타 소모품을 감액하지 아니한다. 그러나 원재료 가격이 하락하여 제품의 원가가 순실현가능가치를 초과할 것으로 예상된다면 해당 원재료를 순실현가능가치로 감액한다. 그런데 생산과정에 투입될 원재료는 판매 목적이 아니므로 예상 판매가격을 이용하여 순실현가능가치를 추정하기 곤란하다. 이 경우 원재료의 현행대체원가는 순실현가능가치에 대한 최선의 이용 가능한 측정치가 될 수 있다. 또한 확정판매계약 또는 용역계약을 이행하기 위해 보유하는 재고자산의 경우 순실현가능가치는 계약가격에 기초한다.

저가법의 적용이 가능한 경우는 다음과 같다.

(1) 물리적으로 손상된 경우
(2) 완전히 또는 부분적으로 진부화된 경우
(3) 판매가격이 하락한 경우
(4) 제품을 완성하거나 판매하는 데 필요한 원가가 상승한 경우

(1)~(3)은 재고자산의 판매가격이 하락하는 경우이며, 마지막 (4)는 원가가 상승한 경우를 말한다. 따라서 저가법은 재고자산의 원가를 회수하기 어려운 경우에 회수할 수 있는 금액으로 감액하는 과정이다.

2 저가법의 적용

2.1. 저가법의 적용 원칙

가격의 변동에 의해 순실현가능가치가 원가 이하로 내려간 경우, 저가법을 적용하여 인식한 손실을 재고자산평가손실이라 부른다. 만약 순실현가능가치가 취득원가보다 크거나 같은 경우에는 재고자산평가이익이 발생하지 않는다.

취득원가 > 순실현가능가치: 재고자산평가손실 발생
취득원가 ≦ 순실현가능가치: 재고자산평가이익 발생 없음

재고자산을 순실현가능가치로 감액한 평가손실은 감액이 발생한 기간에 비용(매출원가)으로 인식하고, 기말재고자산은 평가손실 차감 후의 금액으로 기록한다.

이때 재고자산은 평가손실만큼 재고자산평가충당금 계정을 이용하여 회계처리 할 수도 있고 재고자산에서 직접 차감하여 표시할 수도 있다. 일반적으로는 평가충당금을 사용하여 차감 표시하는 간접법을 더 많이 사용한다.

(차)	재고자산평가손실 (또는 매출원가)	×××	(대)	재고자산평가충당금	×××

매 후속기간에 순실현가능가치를 재평가하도록 하는데, 재고자산의 감액을 초래했던 상황이 해소되거나 경제상황의 변동으로 가격이 상승하여 순실현가능가치가 상승한 명백한 증거가 있는 경우에는 최초의 장부금액을 초과하지 않는 범위 내에서 평가손실을 환입한다.

재고자산평가손실의 환입은 발생한 기간의 비용으로 인식된 재고자산 금액(매출원가)의 차감액으로 인식한다.

(차)	재고자산평가충당금	×××	(대)	재고자산평가손실환입 (또는 매출원가)	×××

그 결과 새로운 장부금액은 취득원가와 수정된 순실현가능가치 중 작은 금액이 된다. 예를 들어 판매가격의 하락 때문에 순실현가능가치로 감액한 재고항목을 후속기간에 계속 보유하던 중 판매가격이 상승한 경우가 이에 해당한다.

예제 07 저가법

서울㈜는 상품매매기업이다. 다음은 연도별 서울㈜가 보유하고 있는 재고자산의 원가와 순실현가능가치이다.

일자	원가	순실현가능가치
20X1.12.31	₩1,000	₩800
20X2.12.31	1,400	1,100
20X3.12.31	1,300	1,200
20X4.12.31	1,600	1,800

요구사항

재고자산평가손실과 관련된 회계처리를 연도별로 나타내고, 재고자산평가충당금의 기말잔액을 연도별로 계산하라.

해설

재고자산평가손실과 관련된 회계처리는 다음과 같다.

일자	회계처리					
20X1.12.31	(차)	재고자산평가손실	200	(대)	재고자산평가충당금	200
20X2.12.31	(차)	재고자산평가손실	100	(대)	재고자산평가충당금	100
20X3.12.31	(차)	재고자산평가충당금	200	(대)	재고자산평가손실환입 (또는 매출원가)	200
20X4.12.31	(차)	재고자산평가충당금	100	(대)	재고자산평가손실환입 (또는 매출원가)	100

연도별 기말의 재고자산평가충당금의 잔액은 다음 표와 같다.

일자	원가	순실현가능가치	기말재고자산평가충당금 잔액
20X1.12.31	₩1,000	₩800	₩200
20X2.12.31	1,400	1,100	300
20X3.12.31	1,300	1,200	100
20X4.12.31	1,600	1,800	0

한편, 저가법은 다음과 같은 한계점이 있다.

(1) 저가법은 평가손실만을 인식하고 재고자산의 시가가 취득원가를 초과하는 경우 발생하는 평가이익을 인식하지 않기 때문에 논리적 일관성이 없다.

(2) 저가법을 적용하는 경우 당해연도 순이익은 보수적으로 낮게 계상되나, 다음 기의 기초재고자산이 낮은 금액으로 이월되어 그 결과 다음 기의 매출원가는 과소계상되고, 당기순이익은 과대계상된다. 즉, 다음 기 이후 순이익이 다시 증가한다.

(3) 저가법을 적용할 때 순실현가능가치를 객관적으로 측정하기 어렵다.

2.2. 다수의 품목인 경우의 저가법의 적용

재고자산을 순실현가능가치로 감액하는 저가법은 개별 항목별로 적용한다. 그러나 경우에 따라서는 서로 비슷하거나 관련된 항목들을 통합하여 제품군기준 또는 조별기준으로 저가법을 적용할 수 있다. 제품군기준 혹은 조별기준을 적용할 수 있는 예로는 재고자산 항목이 비슷한 목적 또는 최종 용도를 갖는 같은 제품군과 관련되고, 같은 지역에서 생산되어 판매되며, 실무적으로 동일한 제품군에 속하는 다른 항목과 구분하여 평가할 수 없는 경우를 들 수 있다. 그러나 완제품 또는 특정 영업부문에 속하는 모든 재고자산에 기초하여 저가법을 적용하는 것(일명 총액법)은 적절하지 않다.

더 알아보기 저가법을 항목별로 적용하는 이유

항목별이 아닌 재고자산 전체(완제품 또는 영업부문별 모든 재고자산 등의 분류)에 대하여 저가법을 적용한다는 것은 곧 총액기준으로 저가법을 적용하는 것을 의미한다. 그러나 총액기준으로 적용하는 경우, 어떤 재고자산은 취득원가보다 시가가 낮고 어떤 재고자산은 취득원가보다 시가가 높으면 양자가 상쇄되는 경우가 발생할 수 있기 때문에 저가법의 취지를 반영하지 못한다. 다음 예시는 저가법을 (1) 항목별 기준, (2) 제품군 기준, (3) 총액 기준으로 적용했을 경우 각각의 재고자산 총액을 보여준다. 이 예시에서 보듯이 총액기준을 사용했을 때 재고자산총액이 가장 큰 것을 확인할 수 있다.

재고자산		원가	순실현 가능가치	저가법 적용		
				(1) 항목별 기준	(2) 제품군 기준	(3) 총액 기준
A제품군	A1	30,000	25,000	25,000	–	–
	A2	40,000	47,000	40,000		
	계	70,000	72,000	–	70,000	
B제품군	B1	20,000	15,000	15,000	–	
	B2	50,000	52,000	50,000		
	계	70,000	67,000	–	67,000	
총계		140,000	139,000	130,000	137,000	139,000

예시로 이해하기 | 저가법의 실제 적용 사례

대형 제조기업의 재고자산에 대한 주석

당사는 주기적으로 재고자산평가충당금의 중요한 변동을 발생시킬 가능성이 있는 미래의 제품수요 등을 검토하여 과잉, 진부화 및 시장가치의 하락 등이 발생한 경우 재고자산평가충당금을 계상하고 있습니다. 당사는 재고자산평가손실을 매출원가로 처리하고 있습니다.

계정과목	취득원가	보유금액	당기감모(평가)	기말잔액	당기감모(평가) 비율
제품 및 상품	4,643,155	4,643,155	131,764	4,511,391	2.8%
반제품 및 재공품	2,903,944	2,903,944	284,231	2,619,713	9.8%
원재료 및 저장품	4,268,697	4,268,697	108,855	4,159,842	2.6%
미착품	2,073,578	2,073,578	–	2,073,578	0.0%
합계	13,889,374	13,889,374	524,850	13,364,524	3.8%

3 재고자산평가손실과 재고자산감모손실

앞에서 살펴본 재고자산평가손실이란 가격의 변동에 의해 순실현가능가치가 취득원가 또는 장부 가액 이하로 내려가서 발생한 손실이다. 간접법을 사용하면 재고자산평가손실은 발생한 기간에 비용으로 인식하고, 재고자산에서 직접 차감하는 것이 아니라 재고자산평가충당금을 설정하여 재고자산에서 차감표시한다.

(차)	재고자산평가손실* (또는 매출원가)	×××	(대)	재고자산평가충당금	×××

*재고자산평가손실 = (단위당취득원가 – 단위당순실현가능가치) × 실지재고수량

이에 비하여 재고자산감모손실이란 재고자산의 도난이나 파손 등으로 인하여 재고자산의 실지재고수량이 장부수량보다 적은 경우의 차액이다.

재고자산감모손실은 평가손실과 같이 감액이나 감모가 발생한 기간에 기간비용으로 인식하고 기말재고자산은 감모손실을 직접 차감한 후의 금액으로 기록한다. 즉 감모손실에 대해서는 간접법을 사용하지 않는다. 재고자산감모손실을 재고자산에서 직접 차감하는 이유는 감모손실은 잃어버린 것으로 회복이 불가능해 환입이 발생하지 않기 때문이다.

(차)	재고자산감모손실*	×××	(대)	재고자산	×××
	(또는 매출원가)				

*재고자산감모손실 = (장부수량 - 실지재고수량) × 취득원가

재고자산감모손실과 재고자산평가손실이 동시에 발생하는 경우에는 다음의 [그림 3-2]와 같이 감모손실과 평가손실을 측정한다. 먼저 장부수량과 실지재고수량의 차이에 대한 재고자산감모손실을 계산한 다음 실지재고수량에 대하여 저가법을 적용한 재고자산평가손실을 계산한다.

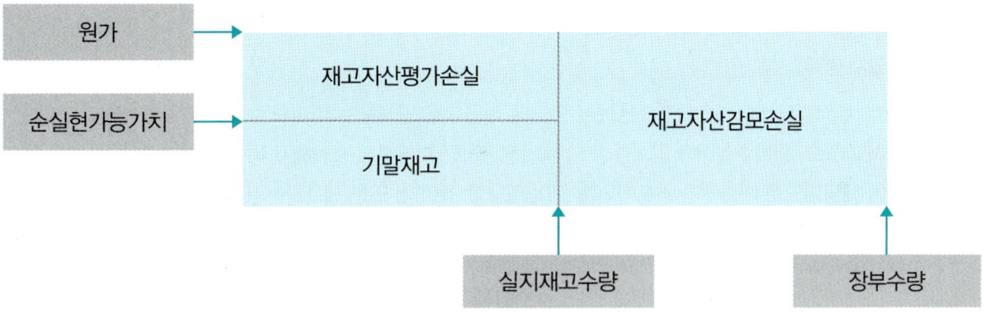

그림 3-2 **재고자산평가손실과 재고자산감모손실**

예제 08 재고자산감모손실과 재고자산평가손실

다음은 ㈜행복의 기말재고자산과 관련한 자료이다.

장부 수량	실제 수량	단위당 취득원가	단위당 순실현가능가치
200개	180개	₩100	₩80

요구사항

재고자산감모손실과 재고자산평가손실을 계산하고 회계처리를 제시하라.

해설

A. 재고자산감모손실과 재고자산평가손실은 다음과 같이 계산한다.
재고자산감모손실 = (200개 − 180개) × ₩100 = ₩2,000
재고자산평가손실 = (₩100 − ₩80) × 180개 = ₩3,600
재무상태표에 보고될 기말재고 금액 = ₩80 × 180개 = ₩14,400

B. 회계처리

(차)	재고자산감모손실(매출원가)	2,000	(대)	재고자산	2,000
(차)	재고자산평가손실(매출원가)	3,600	(대)	재고자산평가충당금	3,600

더 알아보기 재고자산평가손실과 재고자산감모손실의 회계처리

과거 한국의 기업회계기준서(K-GAAP)나 일반기업회계기준에서는 (1) 재고자산평가손실은 재고자산의 차감계정으로 표시하고 매출원가에 가산하며, (2) 감모손실의 경우 정상적으로 발생한 감모손실은 매출원가에 가산하고 비정상적으로 발생한 감모손실은 영업외비용으로 분류한다. 반면에 K-IFRS에서는 재고자산평가손실과 모든 감모손실은 비용으로 인식하도록 규정하고 있으며, 구체적 회계처리에 대해서는 언급하고 있지 않다.

그러나 K-IFRS 제1002호 '재고자산'에서 당기에 비용으로 인식하는 재고자산 금액을 일반적으로 매출원가라 하고 있고, 평가손실이나 감모손실 모두 비정상적인 부분까지 포함해서 비용으로 인식하는 재고자산 금액에 해당되므로 매출원가에 포함되는 것이 타당할 것이다. 또한 재고자산평가손실환입도 이러한 매출원가의 차감항목으로 보는 것이 타당할 것이다.

재고자산

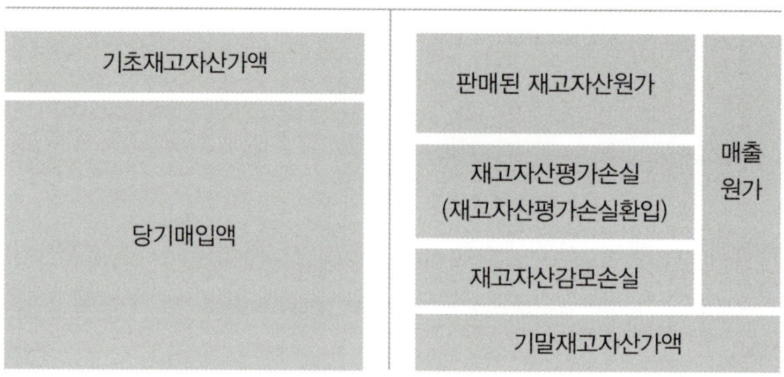

예제 09 저가법 종합

서울㈜는 상품매매기업이다. 다음은 서울㈜의 20X4년말 재고자산의 내역이다.

상품	장부재고	실지재고	단위당원가	판매가격	추정판매비
A	500개	450개	₩500	₩600	₩100
B	200개	150개	₩600	₩660	₩ 80

요구사항

A. 20X4년 기초재고액이 ₩100,000, 당기매입액이 ₩1,000,000일 때 다음의 금액을 구하라.

(1) 20X4년의 재고자산감모손실

(2) 20X4년의 재고자산평가손실

(3) 20X4년말 재무상태표상의 재고자산가액

(4) 20X4년의 매출원가

B. 20X5년말 상품 B의 순실현가능가치가 ₩95,000으로 회복되었다. 평가손실환입액은 얼마인가? 단, 동 재고자산은 전량 판매되지 않고 재고자산으로 보유하고 있다.

C. 요구사항 A의 재고자산평가손실, 재고자산감모손실, 요구사항 B의 평가손실환입에 대한 회계처리를 나타내라.

해설

A. 재고자산감모손실, 재고자산평가손실, 재고자산가액, 매출원가 계산

(1) 재고자산감모손실: 50개 × ₩500(상품 A)+50개 × ₩600(상품 B)=₩55,000

(2) 재고자산평가손실:

상품 A: 순실현가능가치 ₩500(₩600－₩100)이 원가와 동일하므로 저가법을 적용하지 않음

상품 B: 순실현가능가치 ₩580(₩660－₩80)이 원가보다 낮으므로 저가법을 적용하여 평가손실을 인식함 150개 × (₩600－₩580) = ₩3,000

(3) 기말재고자산가액 :

상품 A: 450개 × ₩500 = ₩225,000

상품 B: 150개 × ₩580 = 87,000

₩312,000

(4) 매출원가

판매된재고자산원가 = 기초재고원가 ₩100,000 ＋ 당기매입원가 ₩1,000,000

－ 감모 및 평가손실 전 기말재고자산

₩370,000(500개 × ₩500 ＋ 200개 × ₩600)

= ₩730,000

매출원가 = 판매된재고자산원가 ₩730,000 + 재고자산감모손실 ₩55,000 + 재고자산평가손실 ₩3,000 = ₩788,000

또는 다음과 같은 계산도 가능하다.

매출원가 = 판매가능재고자산 ₩1,100,000 − 감모및평가손실 조정후 기말재고자산 ₩312,000 = ₩788,000

B. 평가손실환입액

재고자산의 감액을 초래했던 상황이 해소되거나 경제상황의 변동으로 순실현가능가치가 상승한 명백한 증거가 있는 경우에는 최초의 장부금액을 초과하지 않는 범위 내에서 평가손실을 환입한다. 그 결과 새로운 장부금액은 취득원가와 수정된 순실현가능가치 중 작은 금액이 된다. 따라서, 평가손실환입액은 min{₩90,000(취득원가), ₩95,000(수정된 순실현가능가치)} − ₩87,000 = ₩3,000이 된다.

C. 회계처리

구분	회계처리					
감모손실 (20X4년말)	(차)	재고자산감모손실[주1]	55,000	(대)	재고자산	55,000
		주 1 ₩500 × 50개 + ₩600 × 50개 = ₩55,000				
평가손실 (20X4년말)	(차)	재고자산평가손실[주2]	3,000	(대)	재고자산평가충당금	3,000
		주 2 재고자산평가손실(상품 B) : 150개 × (₩600 − ₩580) = ₩3,000				
환입시 (20X5년말)	(차)	재고자산평가충당금[주3]	3,000	(대)	매출원가	3,000
		주 3 min{₩90,000, ₩95,000} − ₩87,000 = ₩3,000				

SECTION

04 소매재고법(매출가격환원법)

소매재고법은 이익률이 유사하고 품종변화가 심한 다품종 상품을 취급하는 유통업에서 실무적으로 다른 원가측정방법을 사용할 수 없는 경우에 일반적으로 사용하는 방법으로 소매재고법으로 평가한 결과가 실제원가와 유사한 경우에 사용할 수 있다.

소매재고법은 판매가능상품(기초재고+당기매입)의 원가와 판매가능상품(기초재고+당기매입)의 판매가격 사이에 일정한 원가율이 성립된다는 가정하에 판매가격 기준의 기말재고액에 원가율을 곱함으로써 기말재고원가를 쉽게 구할 수 있다는 데에서 출발한다. 따라서 소매재고법을 사용하기 위해서는 회사의 재고자산 관련 자료 중 판매가능상품(기초재고+당기매입)의 원가와 판매가격에 대한 정보를 입수해야 한다. 소매재고법의 계산과정은 다음의 [그림 3-3]과 같다.

소매재고법은 매우 간편한 방법이다. [그림 3-3]의 도식의 1단계에서 보듯이 기말에 재고조사를 하지 않더라도 판매가격기준의 기말재고액를 구할 수 있다. 2단계에서는 판매가능상품의 원가를 판매가격으로 나누어 원가율을 구한다. 마지막 3단계는 1단계에서 계산한 판매가격기준의 기말재고액에 2단계에서 구한 원가율을 곱하여 기말재고원가를 구할 수 있다. 당기에 판매가격의 순인상과 순인하가 발생한 경우 당기매입의 판매가격에 가감하여 계산한다.[4]

1단계	기초재고 + 당기매입 (판매가) (판매가)	−	매출	=	기말재고 (판매가)
2단계	기초재고 + 당기매입 (원가) (원가)	÷	기초재고 + 당기매입 (판매가) (판매가)	=	원가율
3단계	기말재고 (판매가)	×	원가율	=	기말재고 (원가)

그림 3-3 **소매재고법 계산과정(가중평균소매재고법의 예)**

4 순인상액과 순인하액을 매출액에서 조정하지 않고 당기매입의 판매가격에서 조정하는 이유는 다음과 같다. 순인상액과 순인하액은 회사가 정책적으로 판매가격을 인상하거나 인하하는 금액이며, 매출액은 순인상액 및 순인하액이 고려된 후 산정이 되므로 순인상액과 순인하액은 당기매입의 판매가격에서 조정해야 한다.

소매재고법 적용 시 가장 핵심이 되는 사항은 [그림 3-3]의 2단계인 기말재고자산(판매가격)에 적용할 원가율의 계산인데, 원가율은 원가흐름의 가정(선입선출법, 가중평균법)을 적용할 수 있다. 가중평균소매재고법은 소매재고법의 정의에 충실한 방법으로 기초재고항목과 당기 매입한 항목이 구별 없이 무작위로 출고된다고 가정한다. 따라서 원가율을 구할 때 기초재고와 당기매입액을 구별하지 않고 합하여 다음과 같이 계산한다.

$$\text{가중평균법 원가율} = \frac{\text{기초재고(원가)} + \text{당기매입(원가)}}{\text{기초재고(판매가격)} + \text{당기매입(판매가격)}}$$

$$\text{기말재고(원가)} = \text{기말재고(판매가격)} \times \text{원가율}$$

선입선출소매재고법은 먼저 매입한 재고자산이 먼저 판매된다는 가정에 기초하여 기초재고는 모두 판매되었다고 가정한다. 따라서 [그림 3-3]의 2단계인 기말재고의 원가율을 구할 때 기초재고를 제외하고 당기매입만을 고려하여 다음과 같이 계산한다.

$$\text{선입선출법 원가율} = \frac{\text{당기매입(원가)}}{\text{당기매입(판매가격)}}$$

$$\text{기말재고(원가)} = \text{기말재고(판매가격)} \times \text{원가율}$$

예제 10 소매재고법(매출가격환원법)

부산㈜는 상품매매기업이다. 다음은 부산㈜의 2X09년 재고자산의 내역이다.

	원가	판매가격(매가)
기초 재고	₩16,000	₩20,000
당기 매입	64,000	100,000
매출		90,000

요구사항

A. 가중평균소매재고법을 사용하여 매출원가와 기말재고자산의 원가를 추정하라.
B. 선입선출소매재고법을 사용하여 매출원가와 기말재고자산의 원가를 추정하라.

해설

A. 가중평균소매재고법

기말재고(판매가격) = 기초재고(판매가격) + 당기매입(판매가격) − 매출액

= ₩20,000 + ₩100,000 − ₩90,000

= ₩30,000

$$원가율(원가) = \frac{기초재고(원가)+당기매입(원가)}{기초재고(판매가격)+당기매입(판매가격)} = \frac{₩16,000+₩64,000}{₩20,000+₩100,000} = 66.67\%$$

기말재고(원가) = 기말재고(판매가격) × 원가율 = ₩30,000 × 66.67% = ₩20,000

따라서, 매출원가 = ₩16,000 + ₩64,000 − ₩20,000 = ₩60,000

B. 선입선출소매재고법

기말재고(판매가격) = 기초재고(판매가격) + 당기매입(판매가격) − 매출액

= ₩20,000 + ₩100,000 − ₩90,000

= ₩30,000

$$원가율(원가) = \frac{당기매입(원가)}{당기매입(판매가격)} = \frac{₩64,000}{₩100,000} = 64\%$$

기말재고(원가) = 기말재고(판매가격) × 원가율 = ₩30,000 × 64% = ₩19,200

따라서, 매출원가 = ₩16,000 + ₩64,000 − ₩19,200 = ₩60,800

더 알아보기 **매출총이익법에 의한 재고자산 추정**

상품 창고에 화재, 도난, 자연재해 등이 발생하여 상품의 손실이 발생한 경우 손실 규모를 파악하기 위해서는 이러한 사건이 발생하기 직전에 창고에 상품이 얼마가 있었는지를 추정해야 한다. 이 경우 이용하는 방법이 매출총이익법이다. 매출총이익법은 기업이 동일한 매출총이익률을 유지하며 경영을 하고 있을 것이라는 가정에 따라 과거의 매출총이익률을 이용하여 손실 발생 전의 기말재고를 추정한다.

예를 들어 A백화점의 전년도 포괄손익계산서의 관련 정보가 다음과 같다면, 매출원가율은 80%, 매출총이익률은 20%이다.

구분	금액	비율	비고
매출액	₩10,000	100%	
매출원가	8,000	80%	매출원가율 = 매출원가 ÷ 매출액
매출총이익	₩2,000	20%	매출총이익률 = 매출총이익 ÷ 매출액

A백화점의 당기의 기초상품 ₩2,000이고, 5월 1일 화재가 발생하기 전 4개월간 ₩28,000의 상품 매입이 있었고, 4개월간 매출액은 ₩20,000이라고 가정하자.

다음과 같은 순서로 화재 직전의 기말재고 금액을 추정할 수 있다.

[1단계] 매출원가의 추정: 매출원가 = 매출액 ₩20,000 × 매출원가율 80% = ₩16,000

[2단계] 기말재고의 추정: 기초재고 ₩2,000 + 당기매입 ₩28,000 − 화재 직전 기말재고 = 매출원가 ₩16,000

따라서, 화재 직전 기말재고는 ₩14,000으로 추정됨

매출총이익법은 많은 가정과 추정에 의존하기 때문에 재무보고 목적으로는 적합하지 않으며, 특수한 상황에서만 제한적으로 사용한다.

요약

01 재고자산의 정의 및 본질

- 재고자산은 통상적인 영업과정에서 판매를 위하여 보유 중이거나 생산 중인 자산, 생산이나 용역제공에 사용될 원재료나 소모품임
- 재고자산은 유동자산에 해당되며 비화폐성자산임

02 재고자산의 측정

- 재고자산의 취득원가는 매입원가나 제조에 소요되는 원가뿐만 아니라 재고자산을 현재의 장소와 상태에 이르게 하는 데 발생한 기타 원가 모두를 포함함
  - (1) 상품매매기업의 재고자산 취득원가: 매입원가 + 기타원가 − 매입할인, 에누리, 리베이트
  - (2) 제조기업의 재고자산 취득원가: 원재료+전환원가(노무원가 등 직접원가+간접원가)
  - (3) 용역제공기업의 재고자산 취득원가: 노무원가 및 기타원가 + 간접원가
- 재고자산 기록과 단위원가 결정방법(단위원가 흐름의 가정)
  - (1) 재고자산 기록: 실지재고조사법과 계속기록법
  - (2) 단위원가 결정: 개별법, 선입선출법, 가중평균법(후입선출법은 금지함)
- 물가가 지속적으로 상승하는 경우 단위원가 결정 방법별 크기
  - (1) 기말재고자산: 선입선출법 > 이동평균법 > 총평균법 > 후입선출법
  - (2) 매출원가: 선입선출법 < 이동평균법 < 총평균법 < 후입선출법
  - (3) 당기순이익: 선입선출법 > 이동평균법 > 총평균법 > 후입선출법

03 저가법

- 저가법: 재고자산은 취득원가와 순실현가능가치 중 낮은 금액으로 측정함
  - (1) 재고자산평가손실: 장부금액 − 순실현가능가치
  - (2) 시가하락: 당기비용으로 회계처리
  - (3) 시가회복: 비용으로 인식한 재고자산금액에서 차감
  - (4) 다수 품목인 경우의 적용: 종목별 또는 조별기준을 적용함
- 도난이나 파손 등으로 실지 재고수량이 장부수량보다 적은 경우 재고자산감모손실로 처리함

(1) 수량 차이: 당기비용으로 처리

(2) 환입: 불가

04 재고자산의 추정

- 소매재고법(매출가격환원법)은 이익률이 유사하고 품종변화가 심한 다품종 상품을 취급하는 유통업에서 실무적으로 다른 원가측정방법을 사용할 수 없는 경우에 일반적으로 사용하는 방법임
- 가중평균법 원가율 = {기초재고(원가) + 당기매입(원가)} ÷ {기초재고(판매가격) + 당기매입(판매가격)}
- 선입선출법 원가율 = 당기매입(원가) ÷ 당기매입(판매가격)

OX 퀴즈

다음의 설명이 타당하면 ○, 아니면 ×로 답하라.

01 재고자산의 취득원가에는 매입가격, 매입운임 등의 취득과정에서 직접 소요된 지출, 그리고 판매 전까지 발생한 보관비용이 포함된다.

02 선입선출법의 장점 중 하나는 기말재고자산이 가장 최근의 취득원가로 표시되므로 재고자산이 현행원가와 가장 유사하게 표시된다는 것이다.

03 상품의 매입단가가 계속 상승하는 경우 당기순이익의 크기는 총평균법 > 이동평균법 > 선입선출법 순서가 된다.

04 후입선출법은 물가상승 시 오래전에 구입한 재고자산의 재고층이 청산되면 수익비용대응구조가 왜곡되는 문제점을 가진다.

05 재고자산은 취득원가와 순실현가능가치 중 낮은 금액으로 측정하는 저가법을 이용한다.

06 저가법은 개별 항목별로만 적용해야 한다.

07 재고평가손실은 비용으로 인식하여 재고자산에서 직접 차감해야 한다.

08 판매된 재고자산의 원가와 배분되지 않은 제조간접원가 등을 매출원가로 인식하여 손익계산서에 표시하는 방식이 기능별 분류방식이다.

09 판매가능액의 매가와 판매가능액의 원가 사이에 일정한 원가율이 성립한다면 기말재고(판매가격)에 원가율을 곱함으로써 기말재고(원가)를 쉽게 구할 수 있다는 가정하에 원가를 결정하는 방법이 소매재고법이다.

종합 예제

01 다음은 ㈜대한의 최근 3년간 포괄손익계산서 관련 자료이다.

	20X3	20X2	20X1
매출액	₩(⑧)	₩60,000	₩47,000
매출에누리와환입	2,500	(④)	(①)
순매출액	68,000	(⑤)	45,000
기초재고	(⑨)	(⑥)	4,000
당기매입액	35,000	(⑦)	23,800
매입에누리와환출	1,500	1,000	800
매입운임	1,000	1,400	1,000
기말재고	(⑩)	6,000	3,000
매출원가	(⑪)	30,000	(②)
매출총이익	32,000	28,500	(③)

요구사항

( ) 안에 적절한 금액을 기재하라.

해설

매출액 − 매출에누리와환입 = 순매출액

기초재고 + 순매입액 − 기말재고 = 매출원가

당기매입액 − 매입에누리와환출 + 매입운임 = 순매입액

순매출액 − 매출원가 = 매출총이익

① ₩47,000 − ₩45,000 = ₩2,000

② ₩4,000 + ₩23,800 − ₩800 + ₩1,000 − ₩3,000 = ₩25,000

③ ₩45,000 − ₩25,000 = ₩20,000

④ ₩60,000 − ₩58,500(⑤) = ₩1,500

⑤ ₩30,000 + ₩28,500 = ₩58,500

⑥ 전기(20 × 1년) 기말재고 = ₩3,000

⑦ ₩30,000 + ₩6,000 − (₩3,000 − ₩1,000 + ₩1,400) = ₩32,600

⑧ ₩68,000 + ₩2,500 = ₩70,500

⑨ 전기(20 × 2년) 기말재고 = ₩6,000

⑩ ₩6,000 + ₩35,000 − ₩1,500 + ₩1,000 − ₩36,000(⑪) = ₩4,500

⑪ ₩68,000 − ₩32,000 = ₩36,000

02 다음은 ㈜대한의 6월 한 달간의 매입과 매출에 관한 자료이다.

일자	적요	수량(개)	단가	금액
6월 1일	기초재고	200	₩80	₩16,000
6월 10일	매입	800	84	67,200
6월 12일	판매	600		
6월 22일	매입	400	86	34,400
6월 29일	판매	300		
6월 30일	기말재고	500		

요구사항

다음 여섯 가지 방법으로 기말재고자산과 매출원가를 각각 계산하라.

A. 실지재고조사법과 선입선출법 B. 실지재고조사법과 후입선출법 C. 총평균법
D. 계속기록법과 선입선출법 E. 계속기록법과 후입선출법 F. 이동평균법

해설

A. 실지재고조사법과 선입선출법

판매가능상품원가 = 200개 × ₩80 + 800개 × ₩84 + 400개 × ₩86 = ₩117,600

① 기말재고자산 = 400개(6/22) × ₩86 + 100개(6/10) × ₩84 = ₩42,800

② 매출원가 = ₩117,600 − ₩42,800 = ₩74,800

B. 실지재고조사법과 후입선출법

① 기말재고자산 = 200개(6/01) × ₩80 + 300개(6/10) × ₩84 = ₩41,200

② 매출원가 = ₩117,600 − ₩41,200 = ₩76,400

C. 총평균법(실지재고조사법과 가중평균법)

① 기말재고자산 = 500개 × (₩117,600 ÷ 1,400개) = ₩42,000

② 매출원가 = ₩117,600 − ₩42,000 = ₩75,600

D. 계속기록법과 선입선출법

일자	적요	입고			출고			잔고		
		수량 (개)	단가 (₩)	금액 (₩)	수량 (개)	단가 (₩)	금액 (₩)	수량 (개)	단가 (₩)	금액 (₩)
6월 1일	전월이월	200	80	16,000				200	80	16,000
6월 10일	매입	800	84	67,200				200	80	16,000
								800	84	67,200
6월 12일	매출				200	80	16,000			
					400	84	33,600	400	84	33,600
6월 22일	매입	400	86	34,400				400	84	33,600
								400	86	34,400
6월 29일	매출				300	84	25,200	100	84	8,400
								400	86	34,400
합계		1,400		117,600	900		74,800			

① 기말재고액(마지막 일자의 잔고 금액): ₩42,800(= ₩8,400 + ₩34,400)

② 매출원가(출고란의 합계): ₩74,800(= ₩16,000+₩33,600 + ₩25,200)

E. 계속기록법과 후입선출법

일자	적요	입고			출고			잔고		
		수량 (개)	단가 (₩)	금액 (₩)	수량 (개)	단가 (₩)	금액 (₩)	수량 (개)	단가 (₩)	금액 (₩)
6월 1일	전월이월	200	80	16,000				200	80	16,000
6월 10일	매입	800	84	67,200				200	80	16,000
								800	84	67,200
6월 12일	매출				600	84	50,400	200	80	16,000
								200	84	16,800
6월 22일	매입	400	86	34,400				200	80	16,000
								200	84	16,800
								400	86	34,400
6월 29일	매출				300	86	25,800	200	80	16,000
								200	84	16,800
								100	86	8,600
합계		1,400		117,600	900		76,200			

① 기말재고액(마지막 일자의 잔고 금액): ₩41,400(= ₩16,000 + ₩16,800 + ₩8,600)

② 매출원가(출고란의 합계): ₩76,200(= ₩50,400 + ₩25,800)

F. 이동평균법(계속기록법과 가중평균법)

일자	적요	입고			출고			잔고		
		수량(개)	단가(₩)	금액(₩)	수량(개)	단가(₩)	금액(₩)	수량(개)	단가(₩)	금액(₩)
6월 01일	전월이월	200	80	16,000				200	80.0	16,000
6월 10일	매입	800	84	67,200				1,000	83.2	83,200
6월 12일	매출				600	83.2	49,920	400	83.2	33,280
6월 22일	매입	400	86	34,400				800	84.6	67,680
6월 29일	매출				300	84.6	25,380	500	84.6	42,300
합계		1,400		117,600	900		75,300			

① 기말재고액(마지막 일자의 잔고 금액): ₩42,300

② 매출원가(출고란의 합계): ₩75,300(= ₩49,920 + ₩25,380)

03 ㈜대한은 서로 다른 두 가지 종목의 상품을 판매하고 있다. 기초상품재고액은 ₩200,000이며, 당기상품매입액은 ₩1,300,000이다. ㈜대한은 종목별 저가기준을 적용하며 다음은 기말 상품과 관련한 정보이다.

상품(종목)	장부수량	실제수량	단위당 취득원가	단위당 순실현가능가치
갑	400개	360개	₩1,400	₩800
을	200개	200개	₩600	₩800

요구사항

㈜대한이 포괄손익계산서에 매출원가로 보고할 금액은 얼마인가? 단, 재고자산평가손실과 재고자산감모손실은 매출원가로 처리한다.

해설

재고자산감모손실과 재고자산평가손실이 함께 발생하면 다음 식이 성립한다.

기초재고자산가액 + 당기매입액	=	판매된 재고자산원가 + 재고자산평가손실 + 재고자산감모손실	(2) 매출원가
		(1) 기말재고자산가액	

따라서 다음과 같이 계산할 수 있다.

(1) 기말재고자산가액 = 360개(갑) × ₩800 + 200개(을) × ₩600 = ₩408,000

(2) 매출원가 = ₩200,000 + ₩1,300,000 − ₩408,000(기말재고) = ₩1,092,000

CHAPTER 4

수익인식 I : 일반적인 상황에서의 수익인식

학습목표

- 수익인식의 5단계에 대해 전반적으로 이해할 수 있다.
- 고객과의 계약을 식별할 수 있다.
- 수행의무를 식별할 수 있다.
- 거래가격 산정 원칙과 거래가격 산정 시 고려해야 할 사항을 이해할 수 있다.
- 거래가격을 수행의무에 배분하는 방법을 이해할 수 있다.
- 수행의무의 이행시점별로 수익을 인식하는 방법을 이해할 수 있다.

K-IFRS 고객과의 계약에서 생기는 수익(제1115호)

제(개정일): 2021.04.23.

사 례 고객과의 계약에서 생기는 수익 공시 사례(현대백화점)

재무제표

재무상태표

제21(당)기 2022년 12월 31일 현재

제20(전)기 2021년 12월 31일 현재

주식회사 현대백화점 단위: 천원

과목	주석	제21(당)기말	제20(전)기말
자산			
I. 유동자산		1,339,296,861	1,149,085,162
매출채권 및 기타채권	5, 34, 35	858,830,681	737,928,437
부채			
I. 유동부채		2,287,977,451	1,410,762,530
기타유동부채	7, 20	145,777,544	122,912,694

손익계산서

제21(당)기 2022년 1월 1일부터 2022년 12월 31일까지

제20(전)기 2021년 1월 1일부터 2021년 12월 31일까지

주식회사 현대백화점 단위: 천원

과목	주석	제21(당)기	제20(전)기
I. 매출액	15, 25, 34	1,655,713,149	1,512,060,769
II. 매출원가	28, 34	292,428,619	285,451,211
III. 매출총이익		1,363,284,530	1,226,609,558
IV. 판매비와관리비	15, 16, 26, 28	1,111,073,863	1,040,355,945
V. 영업이익		252,210,667	186,253,613
VI. 기타수익	5, 27	33,372,004	44,318,254
VII. 기타비용	5, 27	67,094,906	33,433,482
VIII. 금융수익	5, 27	36,517,646	33,085,282
IX. 금융비용	5, 16, 27	49,914,535	33,405,536
X. 법인세비용차감전순이익		205,090,876	196,818,131
XI. 법인세비용	29	44,212,931	44,744,569
XII. 당기순이익		160,877,945	152,073,562
XIII. 주당순이익	30		
기본주당순이익(원/주)		7,361	6,947
희석주당순이익(원/주)		7,361	6,947

주석

2. 재무제표 작성기준 및 중요한 회계정책 다음은 재무제표 작성에 적용된 중요한 회계정책입니다. 이러한 정책은 별도의 언급이 없다면, 표시된 회계기간에 계속적으로 적용됩니다. (중략)

2.24 고객과의 계약에서 생기는 수익

(1) 재화의 판매 및 용역의 제공

회사는 다양한 상품을 판매하는 백화점 및 아울렛을 운영하고 있습니다. 상품 판매로 인한 수익은 고객에게 상품이 인도되는 시점에 인식합니다. 고객은 상품을 구매한 후 일정기간 이내에 반품할 권리가 있습니다. 따라서 고객이 반품할 것으로 예상되는 상품에 대하여 환불부채(기타유동부채)와 고객으로부터 회수할 재화에 대한 권리(재고자산)를 인식하였습니다. 회사는 판매시점에 누적된 경험에 기초하여 기댓값 방법으로 반품을 예측합니다. 회사는 매 보고기간말 이러한 가정과 예상되는 반품금액이 타당한지 재평가합니다. 한편 회사는 본인을 대신해 대리인 역할을 수행하는 특정 매장의 상품매출에 대해서는 고객에게 상품을 인도하는 시점에 판매대가에서 특정 매입원가를 차감한 순액을 수익으로 인식하고 있습니다.

(2) 고객충성제도

회사는 다양한 종류의 고객충성제도를 운영하고 있습니다. 고객은 구매금액에 적용될 수 있는 공제나 그 밖의 쿠폰, 상품권, 포인트를 상품 구매시 사용할 수 있습니다. 고객충성제도와 관련한 수익은 쿠폰, 상품권, 포인트가 상환되거나 소멸될 때 인식합니다. 또한, 회사는 고객충성제도 운영으로 인한 쿠폰, 상품권, 포인트가 상환되거나 소멸되기 전까지는 계약부채를 인식합니다.

20. 기타유동부채 보고기간종료일 현재 기타유동부채의 내역은 다음과 같습니다.

단위: 천원

구분	당기말	전기말
선수수익	2,094,004	1,296,311
사은적립금	37,884,506	28,193,959
부가세예수금	12,709,505	18,810,458
이연수익 등(*1, 2, 3)	93,089,529	74,611,966
합계	145,777,544	122,912,694

(*1) 회사는 고객에게 구매조건부 혜택을 제공하고 있으며, 수행의무가 이행되는 시점에 매출로 인식하기 위하여 부채로 계상하고 있습니다. 또한, 회사는 향후의 반품예상액을 합리적으로 추정하여 반품충당부채를 계상하고 있습니다.

(*2) 당기말 이연수익 금액에는 주석 7에서 설명하는 고객충성제도에 의한 계약부채 85,342백만원(전기말: 74,015백만원)과 반품환불부채 748백만원(전기말: 597백만원)이 포함되어 있습니다.

(*3) 현대프리미엄 아울렛 대전점 화재 관련 충당부채 7,000백만원이 포함되어 있습니다.

(계속)

주석

25. 고객과의 계약에서 생기는 수익

가. 당기와 전기 중 매출액의 구성내역은 다음과 같습니다.

단위: 천원

구분	당기	전기
매출유형		
총매출액	5,241,880,945	4,788,410,757
(1) 상품 및 상품관련매출	5,044,354,805	4,609,222,001
(2) 용역매출액	197,526,140	179,188,756
매출차감	3,586,167,796	3,276,349,988
(1) 매출에누리	230,404,493	217,789,212
(2) 특정매입원가	3,180,631,150	2,905,256,937
(3) 기타	175,132,153	153,303,839
순매출액	1,655,713,149	1,512,060,769
수익인식시기		
한 시점에 인식	1,060,996,178	984,773,550
기간에 걸쳐 인식	594,716,971	527,287,219

나. 당기와 전기 중 회사의 매출액의 10% 이상을 차지하는 단일 외부고객은 없습니다.

SECTION
01 개요

1 수익의 개념

개념체계에서 수익(revenue)은 회계기간 동안 자산의 유입이나 부채 감소를 통해 자본이 증가하는 형태로 나타나는 경제적효익의 증가로 정의하고 있다. 그러나 지분참여자(주주)로부터의 출자와 관련된 자본의 증가는 수익이 아니다.

광의의 수익은 수익과 차익을 포괄하는 개념이다. 수익은 기업의 정상적인 경영활동에서 발생하는 것으로 매출액, 수수료수익, 이자수익, 배당수익, 로열티수익 등이 있다. 한편 차익은 기업의 정상적인 활동이 아닌 부수적인 거래나 사건 혹은 활동에서 발생하는 지속성이 낮은 경제적효익의 증가를 의미하며 유가증권이나 유형자산 관련 이익 등이 있다.

협의의 수익은 광의의 수익에서 차익을 제외한 개념이다. 포괄손익계산서에서 표시된 기타수익이나 금융수익은 차익으로 협의의 수익과 구별된다.

수익은 회계에서 가장 중요한 항목 중의 하나이다. [그림 4-1]에서 볼 수 있는 바와 같이, 수익은 포괄손익계산서에서 당기순이익에 영향을 미침으로써 경영성과 평가에 영향을 미친다. 또한 수익에 따라 결정되는 당기순이익은 재무상태표에서 이익잉여금을 증가시켜 결과적으로 자본에 영향을 미치고 매출채권 등 자산에도 변화를 가져온다.

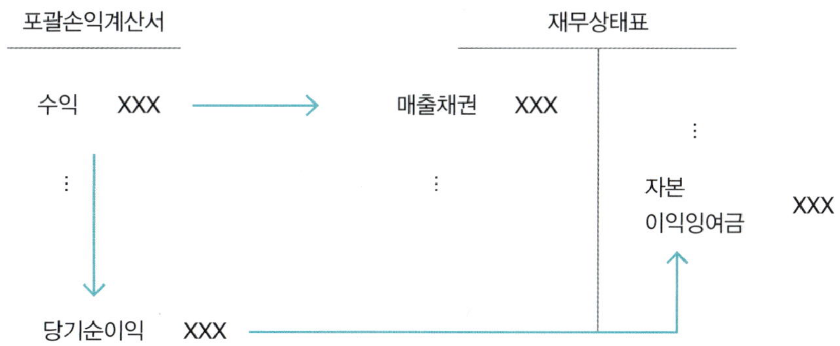

그림 4-1 수익이 포괄손익계산서와 재무상태표에 미치는 영향

수익은 재무회계이용자에게 일정한 회계기간 동안의 경영성과를 보여주는 포괄손익계산서에 공시하는 재무정보이다.

2 주요 회계이슈

수익에 관한 회계처리에서 가장 중요한 문제는 (1) 수익을 인식하는 시점과 (2) 수익 금액을 측정(결정)하는 것, 즉 수익을 언제 얼마로 기록할 것인지이다. 만약 수익을 올바른 시점보다 미리 인식하면 당기순이익을 비롯하여 이익잉여금과 수취채권이 과대계상되며, 반대로 수익을 늦게 인식하면 당기순이익과 이익잉여금 및 수취채권이 과소계상된다. 또한 수익 금액을 잘못 측정(산정)하게 되면 당기순이익, 이익잉여금 그리고 수취채권 등이 모두 왜곡된다. 따라서 올바른 수익인식 시점과 수익 금액을 측정하는 기준이 필요하다. 이 기준은 K-IFRS 제1115호 '고객과의 계약에서 생기는 수익'에서 설명한다.

고객과의 계약에서 발생하는 수익에 관한 회계처리에는 K-IFRS 제1115호를 적용하지만 모든 고객과의 계약에서 발생하는 수익에 이를 적용하지는 않는다. 예를 들어, 금융상품(K-IFRS 제1109호), 리스(K-IFRS 제1116호), 보험계약(K-IFRS 제1117호)과 같은 계약은 다른 기준이 적용된다. 이 장에서는 수익인식의 기준인 K-IFRS 제1115호를 중심으로 설명한다.

SECTION

02 수익인식의 5단계 모형

1 개요

수익을 창출하는 기업이 수취할 것으로 예상되는 금액을 수익으로 보고하고, 기업이 고객에게 제공하는 재화나 용역이 이전되는 양상을 나타낼 수 있는 방법을 적용하여 수익을 인식해야 한다.

이를 위하여 기업은 수익을 인식하고 측정할 때 다음의 5단계 모형을 적용해야 한다.

- 1단계: 고객과의 계약 식별
- 2단계: 수행의무의 식별
- 3단계: 거래가격의 산정
- 4단계: 거래가격을 수행의무에 배분
- 5단계: 수행의무의 이행 시 수익인식

2 수익인식 5단계 모형의 적용 사례

간단한 예시를 통하여 수익인식의 5단계 과정을 전체적으로 살펴보자.

예시로 이해하기 | 둘 이상의 재화를 묶음으로 판매하는 경우

㈜대한은 20X1.1.1. 제품 A와 B를 패키지로 구성하여 고객과 제품 판매계약을 체결하였다. 계약에 따라 제품 A는 20X1.6.1.에 인도하고, 제품 B는 20X1.12.1.에 인도한다. 계약상 총거래가격은 ₩900이며, 제품 A와 제품 B의 독립적인 판매가격은 각각 ₩800과 ₩200이다.

이 계약에 수익인식 5단계 모형을 적용하면 다음과 같다.

- 1단계: 고객과의 계약 식별

  고객과의 계약은 20X1.1.1. 체결한 제품 A와 B의 패키지 판매계약이다.

• 2단계: 수행의무의 식별
이 사례의 계약상 수행의무는 제품 A의 인도와 제품 B의 인도로 각각 식별된다.

• 3단계: 거래가격의 산정
거래가격은 계약에 따라 총 ₩900이다.

• 4단계: 거래가격을 수행의무에 배분
총 ₩900의 거래가격을 각 수행의무, 즉 제품 A의 인도와 제품 B의 인도에 합리적으로 배분하기 위해 각 제품의 독립적인 판매가격을 활용한다. 따라서 총거래가격 ₩900 중 제품 A에 ₩720(80% = ₩800 ÷ ₩1,000), 제품 B에 ₩180(20% = ₩200 ÷ ₩1,000)을 배분한다.

• 5단계: 수행의무의 이행 시 수익인식
㈜대한은 제품 A를 인도하여 수행의무를 이행하는 시점인 20X1.6.1.에 ₩720을 수익으로 인식하며, 제품 B를 인도하여 수행의무를 이행하는 시점인 20X1.12.1.에 ₩180을 수익으로 인식한다.

예시로 이해하기 | 재화를 판매하고 일정기간 관련 용역을 제공하는 경우

㈜대한은 20X1.4.1. 고객에게 휴대폰 단말기를 현금 판매하면서 판매 즉시 통신서비스를 12개월 동안 제공하기로 계약을 체결하였다. 휴대폰 단말기 대가는 ₩400이며, 통신서비스 대가는 월 ₩50에 12개월 동안 총 ₩600이다. 다만, ㈜대한은 영업 관행상 휴대폰 구매 고객에게 판매 시 ₩100의 보조금을 지급하고 있다.

이 계약에 수익인식 5단계 모형을 적용하면 다음과 같다.

• 1단계: 고객과의 계약 식별
동 계약은 이전될 재화와 용역과 관련된 각 당사자의 권리와 지급조건 등을 식별할 수 있으며, 상업적 실질이 있으므로 고객과의 계약으로 식별된다.

• 2단계: 수행의무의 식별
이 사례의 계약상 수행의무는 휴대폰 단말기 인도와 12개월 동안의 통신서비스 제공으로 각각 식별된다.

• 3단계: 거래가격의 산정
거래가격은 계약상 휴대폰 단말기 인도금액 ₩400과 통신서비스 제공금액 ₩600을 합하고, 관례상 고객에게 지급하는 보조금 ₩100을 차감하여 총 ₩900으로 산정된다.

• 4단계: 거래가격을 수행의무에 배분
총 ₩900의 거래가격을 수행의무인 휴대폰 단말기 인도와 12개월 동안의 통신서비스 제공의 독립된 판매가격에 따라 배분한다. 즉, 휴대폰 단말기 인도에 ₩360(40% = ₩400 ÷ ₩1,000), 통신서비스 제공에 ₩540(60% = ₩600 ÷ ₩1,000)을 배분한다.

• 5단계: 수행의무의 이행 시 수익인식
㈜대한은 20X1.4.1.에 휴대폰 단말기를 인도하면서 수행의무를 이행하였으므로 ₩360을 수익으로 인식한다. 통신서비스 제공과 관련한 ₩540은 12개월에 걸쳐 수익으로 인식하는 것이 적절하다. 왜냐하면 ㈜대한은 통신서비스를 12개월 동안 제공하여야 하고 이 기간 동안 고객이 효익을 누리기 때문이다.

위의 두 예시는 공통점도 있고 차이점도 있다. 공통점은 한 계약 안에서 고객에게 제공하기로 약속한 것(수행의무)이 하나 이상이라는 것이다. 이때 약속한 것은 식별하여 구분해야 한다. 차이점은 다음과 같다.

(1) 첫 번째 예시(둘 이상의 재화를 묶음으로 판매하는 경우)는 한 계약에서 두 재화를 공급하기로 약속한 경우이다. 이 경우 각 재화는 인도가 되는 시점에 수익을 인식한다.

(2) 두 번째 예시(재화를 판매하고 일정기간 관련 용역을 제공하는 경우)는 한 계약에서 재화와 용역을 함께 공급하기로 약속한 경우이다. 이 경우 재화는 인도되는 시점에 수익을 인식하지만, 용역은 제공되는 일정 기간 동안에 걸쳐 인식한다.

이와 같이 무엇을 약속하느냐에 따라 재화나 용역이 이전되는 시점이나 이전되는 행태가 다르므로, 인식시점 혹은 인식방법 또한 달라진다.

간단한 예시를 살펴보았지만, 실제 적용은 쉽지 않다. 또한 각 단계별로 고려해야 할 여러 요소와 상황이 있다. 다음 절에서는 각 단계별로 구체적으로 살펴본다.

현실 속 회계 | 2018년 1월 새 IFRS 도입… 게임 · 통신 · 유통사 대응책 분주

(중략) K-IFRS 1115를 도입한다고 해도 이동통신사의 실질적인 실적은 변함이 없다. 하지만 회계 장부상으로는 큰 변화가 예상된다. 매출 영향은 복합적이다. 지금은 선택약정 요금할인을 하면 매달 요금을 깎아주므로 매출이 줄지만, 내년부터는 깎아주기 전 원요금을 매출로 잡는다. 가입자당매출(ARPU)이 늘어 보이는 효과가 나타난다. 회계상 매출 증대 요소다. 반대로 단말 할부금은 일시에 매출로 잡던 것을 약정기간에 걸쳐 분할 인식한다. 회계상 매출이 줄어보일 것이다. 특히 단말을 직접 유통하는 KT, LG유플러스와 달리 SK텔레콤은 SK네트웍스가 유통하면서 3사 입장이 다르다. (중략)

IFRS를 따르는 온라인 쇼핑 사업자는 매출 계상에 영향을 받을 것으로 보인다. 소비자가 즉시 상품을 구매할 수 있는 오프라인과 달리 수일의 배송 소요 기간이 필요한 것은 물론 환불이 발생할 수 있기 때문이다. 그동안 상품을 출고한 날짜를 기준으로 매출을 잡았지만 내년부터는 각 단계별로 매출과 부채를 계상해야 한다. (후략)

출처: 최종희(2017.12.05.). 내년 1월 새 회계기준 도입…게임 이통사 유통업계 대응책 분주. 전자신문. https://www.etnews.com/20171205000201

SECTION

03 1단계: 고객과의 계약 식별

수익인식의 첫 번째 단계는 수익인식의 대상이 되는 고객과의 계약을 식별하는 것이다. 여기서 두 개의 중요한 단어가 있다. 하나는 '고객(customer)'이고 다른 하나는 '계약(contract)'이다. 각각의 의미는 무엇인지 알아보자.

고객이란 기업의 통상적인 활동의 산출물인 재화나 용역을 대가와 교환하여 획득하기로 기업과 계약한 당사자를 말한다.

계약은 둘 이상의 당사자들 사이에 집행가능한(enforceable) 권리와 의무가 생기게 하는 합의이다. 여기에서 계약에 따라 발생하는 권리와 의무의 집행 가능성은 법률적인 문제이다. 계약은 서면으로, 구두로, 기업의 사업 관행에 따라 암묵적으로 체결할 수 있는데, 고객과 계약을 체결하는 관행과 과정은 국가, 산업, 기업에 따라 다르다. 예를 들어 중장비 제조업, 조선업 등의 경우에는 서면 계약을 체결하는 것이 일반적이지만, 통신판매업이나 도소매업 등의 경우에는 구두 또는 사업 관행에 따라 계약을 체결하기도 한다.

1 고객과의 계약으로 식별되기 위한 다섯 가지 조건

고객과의 계약으로 식별되기 위해서는 다음의 다섯 가지 조건을 모두 충족해야 한다.

(1) 계약 당사자들이 계약을 (서면으로, 구두로, 그 밖의 사업 관행에 따라) 승인하고 각자의 의무를 수행하기로 확약(약속)한다.
(2) 이전할 재화나 용역과 관련된 각 당사자의 권리를 식별(확인)할 수 있다.
(3) 이전할 재화나 용역의 지급조건을 식별(확인)할 수 있다.
(4) 계약에 상업적 실질이 있다.
(5) 고객에게 이전할 재화나 용역에 대한 대가의 회수가능성이 높다.

위 다섯 가지 조건 중 (1)~(3)은 일반적으로 서면 계약 내용이나 사업 관행에 따라 파악할 수 있다. 그러나 (4)와 (5)에 대해서는 추가적인 검토가 필요한데, 다음에서 각각 살펴보기로 하자.

1.1. 계약의 상업적 실질

계약에 상업적 실질(commercial substance)이 있다는 것은 계약의 결과로 기업의 미래 현금흐름의 위험, 시기, 금액이 변동될 것으로 예상된다는 것이다. 여기서 중요한 것은 기업이 수익인식모형의 다른 규정을 적용하기 전에 모든 계약에는 상업적 실질이 있어야 한다는 것이다.

이 규정이 없다면, 기업들은 수익을 인위적으로 부풀리기 위해 성격과 가치가 유사한 재화나 용역을 아주 작은 현금성 대가와 함께 또는 아예 현금성 대가가 없이 주고받을 수 있다.

또한 상업적 실질이 없다면 기업이 경제적 결과가 있는 거래를 하는지도 의문스럽다. 따라서 비화폐성 재화나 용역의 교환에 상업적 실질이 없다면, 기업은 그 교환에서 수익을 인식하지 말아야 한다. 즉, 수익인식 기준서인 K-IFRS 제1115호를 적용하지 않는다.

예시로 이해하기 | 계약의 상업적 실질 여부 판단

- 부동산개발업자가 고객과 우주에 있는 블랙홀 여행 용역 계약을 체결하였다. 이 계약은 예측가능한 미래에 실현되기 어렵고, 미래 현금흐름의 변동이 예상되지 않는다. 따라서 이 계약은 상업적 실질이 없다고 결론지을 수 있다.
- 두 정유회사가 서로 다른 특정 지역에 있는 고객의 수요를 적시에 충족하기 위해, 두 정유회사끼리 유류를 교환하기로 합의한 계약, 즉 고객이나 잠재적 고객에게 쉽게 판매하기 위해 같은 사업 영역에 있는 기업 사이에 행하는 비화폐성 교환은 상업적 실질이 없으므로 수익인식 기준서를 적용하지 않는다.

1.2. 대가의 회수가능성

대가의 회수가능성이 높다(probable)는 것은 대가를 받을 가능성이 받지 못할 가능성보다 크다는 것을 의미한다. 즉, 대가를 받을 가능성이 50%를 초과한다는 것을 의미한다.

대가의 회수가능성이 높은지를 평가할 때에는 지급기일에 고객이 대가(금액)를 지급할 수 있는 능력과 지급할 의도만을 고려한다. 즉, 대가의 회수가능성은 고객의 신용위험(credit risk)을 평가하는 것이다. 기업이 고객에게 제공하는 가격할인(price concessions) 등으로 인해 대가가 변동할 위험과 같은 신용위험 이외의 위험은 수익인식모형의 3단계, '거래가격의 산정'에서 고려한다.

예제 01 고객과의 계약 식별: 대가의 회수가능성 (1)

부동산개발업자인 ㈜대한은 원가가 ₩60,000인 건물을 ₩100,000에 판매하기로 고객과 계약을 체결하였다. 고객은 그 건물에 레스토랑을 개업하려고 한다. 그 건물의 위치는 레스토랑 사이에 경쟁이 심한 지역이며, 고객은 레스토랑은 운영한 경험이 없다.

고객은 계약시점에 환불되지 않는 조건의 계약금 ₩5,000을 지급하고, 약속된 건물 매입대금의 95%인 나머지 금액 ₩95,000은 ㈜대한과 장기 금융약정을 체결하였다. 해당 장기 금융약정은 비소구(non-recourse) 조건인데, 이는 고객이 채무를 이행하지 못할 경우에 ㈜대한이 그 건물을 회수하고, 담보물(즉, 건물)의 가치가 받아야 할 금액보다 적더라도 고객에게 더는 보상을 요구할 수 없음을 뜻한다. 한편, 고객은 주로 레스토랑 운영에서 얻는 수익으로 ㈜대한과의 장기 금융약정의 잔액을 상환하고자 한다. 고객은 ㈜대한과의 장기 금융약정을 이행하기 위해 사용할 수 있는 다른 자산이나 수익은 부족한 상황이다.

요구사항

고객이 계약 개시시점에 건물을 통제하게 되는 경우, ㈜대한은 고객과의 계약을 식별할 수 있는지 대가의 회수가능성을 중심으로 설명하라.

해설

위 상황은 고객과의 계약 식별을 위한 다섯 가지 조건 중 1~4는 충족이 된다. 그러나 ㈜대한은 위 상황에서 고객과의 계약을 식별할 수 없다. 그 이유는 건물을 이전하고 받을 권리를 갖게 된 대가의 회수가능성이 높지 않기 때문이다. 다음과 같은 요소들 때문에 고객의 지급능력과 의도에 의문이 제기될 수 있다.

(1) 고객은 주로 레스토랑 사업에서 얻는 수익으로 건물 매입대금의 대부분(95%)을 상환하고자 하는데, 레스토랑 산업의 심한 경쟁과 고객의 경험 부족으로 ㈜대한의 입장에서 대금의 회수가 유의적인 위험에 노출되어 있다.

(2) 고객은 건물 매입대금 상환에 사용할 수 있는 다른 수익이나 자산이 부족하다.

(3) ㈜대한의 입장에서 건물 매입대금에 대한 고객과의 장기 금융약정이 비소구 조건이기 때문에, 고객의 채무 불이행시 담보물(건물)의 가치가 하락하는 경우 ㈜대한의 입장에서 고객에게 추가적인 보상을 요구할 수 없다.

2 계약 개시시점에 다섯 가지 조건이 충족된 경우

고객과의 계약 개시시점에 계약 식별을 위한 다섯 가지 조건이 충족된 경우에는 사실과 상황에 유의적인 변동 징후가 없는 한 이러한 조건들을 재검토하지 않는다.

그러나 사실과 상황에 유의적인 변동 징후가 있다면 다섯 가지 조건을 재검토해야 한다. 예를 들어, 만약 고객의 대가 지급 능력이 유의적으로 악화된다면 고객에게 이전할 나머지 재화나 용역에 대하여 수취하게 될 대가의 회수가능성이 높은지를 재검토해야 한다. 이러한 재검토 및 대손 회계처리 여부는 금융상품 기준서인 K-IFRS 제1109호에 따라 이루어진다. 즉, 수취채권의 회수가능성 정도에 따라 대손 또는 손상 여부를 검토해야 한다.

3 계약 개시시점에 다섯 가지 조건이 충족되지 못한 경우

고객과의 계약 개시시점에 계약 식별을 위한 다섯 가지 조건이 충족되지 못한 경우에는, 이 다섯 가지 조건이 나중에라도 충족되는지를 판단하기 위해 그 계약을 지속적으로 검토해야 한다.

이 경우 고객에게서 받은 대가는 다음 사건 중 어느 하나가 일어난 경우에만 수익으로 인식한다.

(1) 고객에게 재화나 용역을 이전해야 하는 의무가 남아 있지 않고, 고객이 약속한 대가를 모두 (또는 대부분) 받았으며 그 대가는 환불되지 않는다.
(2) 계약이 종료되었고 고객에게서 받은 대가는 환불되지 않는다.

위의 사건 중 하나라도 일어나지 못한 경우 만일 고객으로부터 수취한 대가가 있다면, 다섯 가지 조건이 모두 충족될 때까지 고객에게서 받은 대가는 부채로 인식한다.

예제 02 고객과의 계약 식별: 대가의 회수가능성 (2)

요구사항

[예제 01]에서 ㈜대한은 고객으로부터 받은 환불되지 않는 계약금 ₩5,000을 어떻게 회계처리하여야 하는지 설명하라.

해설

㈜대한은 (1) 고객으로부터 건물 매각대금 중 대부분의 대가를 받지도 못하였고, (2) 계약이 종료되지도 않았다. 따라서 ㈜대한은 환불되지 않는 계약금 ₩5,000을 수취시점에 보증금채무(deposit liability)로 회계처리 한다.

(차)	현금	5,000	(대)	보증금채무	5,000

㈜대한은 계약 개시시점에 고객과의 계약으로 식별하지 못했으므로, 이후에 고객과의 계약으로 식별하기 위한 다섯 가지 조건이 모두 충족되는지를 지속적으로 검토해야 한다.

SECTION 04

2단계: 수행의무의 식별

수익인식모형의 1단계에서 고객과의 계약이 식별되어 존재한다고 판단했다면, 2단계에서는 계약 내의 수행의무를 식별해야 한다. 수행의무를 식별한다는 것은 하나의 계약에서 고객에게 제공하기로 약속한 것이 무엇인지, 그리고 그 약속이 한 가지인지 여러 가지인지를 결정하는 것이다.

만약 하나의 계약에서 여러 가지 제품이나 용역을 묶음으로 판매한다면 각 제품이나 용역 단위로 수익을 별도로 인식해야 할 수도 있다. 예를 들면, 휴대폰의 경우 일반적으로 고객이 단말기와 통신용역을 함께 구매하고 회사가 이에 대해 하나의 계약서를 작성한다. 이 경우 회사는 단말기 판매와 통신용역을 묶어서 하나로 회계처리 해야 하는지 구별하여 별도로 회계처리 해야 하는지를 판단해야 한다.

이처럼 하나의 계약에서 구별되는 고객에게 이전하기로 한 약속(예: 단말기 제공 수행의무, 통신용역 제공 수행의무)을 수행의무라고 부른다.

1 수행의무

수행의무(performance obligation)란 계약 개시 시점에 고객과의 계약에서 다음 중 하나를 고객에게 이전하기로 한 각 약속을 말한다.

(1) 구별되는 재화 · 용역(또는 재화 · 용역의 묶음)

(2) 실질적으로 같고 고객에게 이전하는 방식도 같은 일련의 구별되는 재화 · 용역

하나의 계약에서 여러 종류의 재화나 용역을 제공할 수도 있기 때문에, 계약은 하나라도 수행의무는 하나 이상일 수 있다. 하나의 계약에 여러 개의 수행의무가 있는 경우, 기본적으로 이전하기로 약속한 재화나 용역(또는 재화나 용역의 묶음)이 구별되면 각각을 수행의무로 식별한다.

그러나 복수의 구별된 재화나 용역이 실질적으로 서로 같고 고객에게 이전하는 방식도 같다면 그 복수의 구별된 재화나 용역을 하나의 수행의무로 식별한다. 예를 들면, 일정 기간 제공하는 경비용역과 청소용역은 실질적으로 같고 고객에게 이전하는 방식도 같기 때문에 하나의 수행의무로 본다.

수행의무는 계약에 분명히 기재한 재화나 용역을 제공하는 데만 한정되지 않고, 기업의 사업관행, 공개한 경영방침, 특정 성명에 내재된 약속을 포함할 수 있다. 예를 들어, 고객과의 계약에 명시되어 있지 않더라도, 기업의 사업 관행에 따라 고객이 기업으로부터 일정기간 동안 무상 사후 서비스를 제공받는 등의 정당한 기대를 하도록 했다면 이러한 약속도 고객과의 계약에 포함된다.

2 구별되는 재화나 용역

경제시스템과 거래구조가 변화, 발전함에 따라 하나의 계약에 다양한 재화와 용역이 포함되어 복잡하게 거래되는 경우가 많아지고 있다. 이때, 하나의 계약에 포함되어 있는 재화와 용역을 수행의무별로 식별하는 것은 회계에서 매우 중요하다. 수행의무는 구체적인 수익인식 방법이 적용되는 회계단위(unit of account)가 되기 때문이다.

그러나 재화와 용역을 수행의무로 구별하는 것은 다음의 예처럼 쉽지 않은 경우가 많다.

예시로 이해하기 | 재화와 용역의 구별

- 전자제품을 판매하는 기업은 제품의 판매와 동시에 특정 기간 동안의 무상수리 서비스를 제공하는 것이 일반적이며, 이는 결과적으로 재화와 용역을 동시에 판매하는 것이 된다. 이렇게 하나의 계약을 통하여 재화와 용역을 동시에 거래함에도 불구하고, 재화의 인도 시점에 거래대가 전체를 수익으로 인식하는 것이 과연 적절할까?
- 고객 소유의 토지에 건물을 건설하는 계약에서 건설회사는 각종 자재, 기초공사, 엔지니어링, 구조물 건설 등을 모두 제공한다. 그렇다면 건설을 위한 벽돌 제공 의무를 하나의 별도 수행의무로 구분할 수 있을까?

하나의 계약에 포함된 재화나 용역을 수행의무별로 구별할 수 있더라도 일관된 적용을 위해서는 일정한 지침이 있어야 한다. 따라서 재화나 용역을 제공하는 약속이 다음 두 가지 요건을 모두 충족하는 경우에는 구별되는 것으로 본다.

(1) **재화나 용역에서 효익을 얻음:** 고객이 재화나 용역 그 자체로 효익(benefit)을 얻거나, 고객이 쉽게 구할 수 있는 다른 자원과 함께하여 그 재화나 용역에서 효익을 얻을 수 있다. 즉, 그 재화나 용역이 구별될 수 있다.

(2) **재화나 용역을 이전하기로 한 약속이 계약 내에서 구별:** 고객에게 재화나 용역을 이전하기로 한 기업의 약속을 계약 내의 다른 약속과 별도로 식별할 수 있다. 즉, 그 재화나 용역을 이전하기로 한 약속은 계약상 구별된다.

2.1. 재화나 용역에서 효익을 얻음(수행의무의 식별요건 ①)

어떤 재화나 용역을 사용 또는 소비하거나, 적절한 대가(폐물가치보다 큰 금액)를 수취하고 매각할 수 있거나, 임대수익을 얻는 등의 경제적효익을 창출하는 방법으로 보유할 수 있다면, 고객은 그 재화나 용역 자체로부터 효익을 얻을 수 있는 것이다.

고객이 쉽게 구할 수 있는 다른 자원과 함께하여 그 재화나 용역에서 효익을 얻을 수도 있다. 예를 들어 그 기업이나 다른 기업이 별도로 판매하는 재화나 용역이거나, 고객이 그 기업에게서 이미 획득한 자원(계약상 고객에게 미래에 이전하게 되어 있는 재화나 용역 포함), 또는 다른 거래나 사건에서 이미 획득한 자원은 쉽게 구할 수 있는 자원이다.

2.2. 재화나 용역을 이전하기로 한 약속이 계약 내에서 구별(수행의무의 식별요건 ②)

재화나 용역 그 자체로 효익을 얻을 수 있다고 하더라도(수행의무의 식별요건 ①을 충족시킨다고 하여도) 그 사실만으로 재화나 용역이 구별된다고 결론 내릴 수는 없으며, 그 재화나 용역이 '계약 내에서 구별'되는지도 검토해야 한다. 이는 계약의 전체 맥락을 고려하여, 고객에게 약속한 어떤 재화나 용역이 그 계약 내의 다른 재화나 용역과 어떤 관계에 있는지 확인해야 한다는 것을 의미한다.

예를 들어, 햄버거 가게에서 햄버거를 주문하면 빵을 구워서 소고기 패티와 야채 등을 올린 햄버거를 받는다. 이때, 빵, 소고기 패티, 야채 그리고 햄버거 조리 용역은 각각 별도로 구매하거나, 고객이 자체적으로 수행할 수 있을 것이다(수행의무의 식별요건 ① 만족). 그러나 이러한 거래에서 고객은 빵, 소고기 패티, 야채, 햄버거 조리 용역 각각을 별도의 재화와 용역으로 보고 주문하지 않는다. 따라서 햄버거 주문에서 각각의 재화와 용역은 계약 내에서 구별된다고 볼 수 없다(수행의무의 식별요건 ②를 불만족). 즉, 이 계약의 수행의무는 햄버거라는 결합산출물의 제공이지, 빵이나 패티 등의 개별 재화나 용역의 제공이 별도의 수행의무는 아니다. 또 다른 예로 벽돌 건물을 건설하는 경우, 고객은 벽돌을 사용하거나 외부에 판매하여 효익(benefit)을 얻을 수 있다. 따라서 수행의무의 식별요건 ①은 만족된다. 그러나 벽돌은 계약에 포함된 다른 용역, 즉 기초공사, 구조물 건설 용역과 결합하여 건물이 된다. 따라서 수행의무의 식별요건 ②는 만족되지 않는다. 즉 이 계약의 수행의무는 벽돌 건물의 건설이지, 벽돌의 제공이 별도의 수행의무는 아니다.

어떤 재화나 용역이 그 자체만으로 구별될 수 있으나, 계약 내에서 구별되지 않아서 별도의 수행의무로 식별되지 않는지에 대한 판단을 위해서는 계약 내용에 대한 면밀한 분석이 필요하다. 어떤 재화나 용역이 계약상 구별되는지, 즉 계약 내에서 별도로 식별할 수 있는지를 판단하기 위해 다음을 고려할 수 있다.

(1) 기업은 해당 재화나 용역과 그 계약 내의 다른 재화나 용역을, 계약상의 결합산출물에 해당하는 재화나 용역의 묶음으로 통합하기 위해 유의적인 용역을 제공하지 않는다. 다시 말해서, 고객이 특정한 결합산출물(combined output)을 생산하거나 인도하기 위한 투입물로서 그 재화나 용역을 사용하고 있지 않다.

(2) 해당 재화나 용역은 그 계약 내의 다른 재화나 용역을 유의적으로 변형(modify)하거나 고객 맞춤화(customize)하지 않는다.

(3) 해당 재화나 용역은 그 계약 내의 다른 재화나 용역에의 의존도(highly dependent)나 상호 관련성(highly related)이 높지 않다. 예를 들면 고객이 계약 내의 다른 재화나 용역에 유의적으로 영향을 주지 않으면서 그 재화나 용역을 구입하지 않기로 결정할 수 있다.

앞에서 설명한 햄버거의 사례에 적용하면, (1) 햄버거 가게에서 제공하는 햄버거 조리 용역을 통해 빵과 소고기 패티, 야채가 결합된 햄버거라는 '결합산출물'이 생산된다. 또한, (2) 조리 용역이 빵과 소고기 패티, 야채의 상태를 유의적으로 변형시키게 되며, (3) 통상 햄버거 가게에서 빵과 소고기 패티, 야채를 조리되지 않은 상태로 구입하는 고객은 없다. 따라서 조리 용역의 제공 여부는 빵과 소고기 패티, 야채를 포함한 전체 거래 대상(햄버거)의 구입 결정에 매우 중요한 요소이다. 결과적으로, 조리 용역은 계약 내에서 구별되는 용역으로 볼 수 없으며, 빵과 소고기 패티, 야채를 포함한 햄버거 전체를 하나의 수행의무로 판단하게 될 것이다.

예제 03 재화나 용역의 구별 (1)

소프트웨어 개발회사인 ㈜대한은 2년 동안 소프트웨어 라이선스를 이전하고, 설치용역을 수행하며, 특정되지 않은 소프트웨어 갱신(update)과 기술지원(온라인과 전화)을 제공하는 계약을 고객과 체결하였다. ㈜대한은 소프트웨어 라이선스, 설치용역, 기술지원을 별도로 판매한다. 설치용역은 각 이용자 유형(예: 마케팅, 재고관리, 기술정보)에 맞추어 웹 스크린을 변경하는 것을 포함한다. 설치용역은 일반적으로 다른 기업이 수행할 수 있으며, 이는 소프트웨어를 유의적으로 변형하지 않는다. 소프트웨어는 갱신과 기술지원 없이도 가동되는 상태이다.

요구사항

㈜대한이 고객과 체결한 계약에서 각각의 재화나 용역을 별도로 구별할 수 있는지 설명하라.

해설

(1) ㈜대한이 이전하는 소프트웨어는 다른 재화나 용역보다 먼저 인도되고 갱신과 기술지원이 없어도 가동되는 상태이다. 그러므로 ㈜대한은 고객이 재화나 용역(소프트웨어 라이선스) 그 자체로 효익을 얻거나, 쉽게 구할 수 있는 다른 재화나 용역(컴퓨터 하드웨어와 네트워크 등)과 함께 효익을 얻을 수 있을 것이라고 판단하는 것이 타당하다. 따라서 수행의무의 식별요건 ①을 충족한다.

(2) ㈜대한은 각 재화나 용역을 이전하기로 한 약속(즉, 소프트웨어 라이선스 이전, 설치용역, 소프트웨어 갱신, 기술지원)이 계약 내에서 각각 별도로 식별된다고 판단하는 것이 타당하다. 즉, 수행의무의 식별요건 ②를 충족한다. 설치용역은 다른 기업이 수행할 수 있으므로, 고객이 소프트웨어 라이선스를 사용하거나 그 라이선스에서 효익을 얻는 것에 유의적으로 영향을 미치지 않는다. 소프트웨어 갱신은 라이선스 기간에 소프트웨어 라이선스를 사용하고 고객이 그 라이선스에서 효익을 얻는 것에 유의적으로 영향을 미치지 않는다. 또한 ㈜대한이 약속한 재화나 용역 중 어떤 것도 서로 유의적으로 변형하거나 고객 맞춤화하지 않고, ㈜대한이 소프트웨어와 용역을 하나의 결합산출물로 통합하는 유의적인 용역을 제공하지 않는다. 그리고 ㈜대한은 후속적으로 설치용역, 소프트웨어 갱신, 기술지원을 제공하는 약속과 별개로 소프트웨어 라이선스를 이전하는 약속을 이행할 수 있으므로 소프트웨어와 용역이 상호의존도나 상호관련성이 높지 않다고 판단하는 것이 타당하다.

이러한 판단에 근거하여, ㈜대한은 고객과의 계약에서 다음의 재화나 용역에 대해 네 가지의 수행의무를 식별한다.

(1) 소프트웨어 라이선스, (2) 설치용역, (3) 소프트웨어 갱신, (4) 기술지원

예제 04 재화나 용역의 구별 (2)

기본적인 자료는 [예제 03]과 같다. 다만 추가적인 계약 내용으로 설치용역의 일부로 고객이 사용하고 있는 다른 소프트웨어 애플리케이션에 접근할 수 있도록 소프트웨어에 유의적인 새로운 기능을 추가하는 실질적인 고객 맞춤화 설치용역을 제공하기로 하였다고 가정하자. 이러한 고객 맞춤화 설치용역은 다른 기업이 제공할 수도 있다.

요구사항

㈜대한이 '소프트웨어 라이선스'와 '고객 맞춤화 설치용역'을 별도의 재화나 용역으로 구별할 수 있는지 설명하라.

해설

계약조건에 의하면, 고객 맞춤화 설치용역을 제공함으로써 기존 소프트웨어 시스템에 라이선스된 소프트웨어를 통합하는 유의적인 용역을 제공하는 약속이 생긴다. 다시 말해, ㈜대한은 계약에서 정한 결합산출물, 즉 통합된 소프트웨어 시스템을 생산하기 위하여 투입물로서 소프트웨어 라이선스와 고객 맞춤화 설치용역을 사용하는 것이다. 그리고 소프트웨어는 설치용역에 의해 유의적으로 변경되고 고객 맞춤화된다. 비록 고객 맞춤화 설치용역을 다른 기업이 제공할 수 있더라도 계약상 ㈜대한이 소프트웨어 라이선스를 이전하기로 한 약속을 고객 맞춤화 설치용역과 별도로 식별할 수 없으므로 수행의무의 식별요건 ②를 충족하지 못한다고 판단한다. 그러므로 소프트웨어 라이선스와 고객 맞춤화 설치용역은 구별되지 않는다.

이러한 판단에 근거하여, ㈜대한은 이 계약에서 재화나 용역에 다음의 세 가지 수행의무를 식별한다: (1) 소프트웨어 고객 맞춤화(소프트웨어 라이선스와 고객 맞품화 설치용역으로 구성), (2) 소프트웨어 갱신, (3) 기술지원

예제 05 재화나 용역이 구별되지 않는 경우(유의적인 통합용역)

도급업자인 ㈜대한은 고객에게 병원을 건설해 주는 계약을 체결하였다. ㈜대한은 그 프로젝트 전체를 책임지고 있으며, 엔지니어링, 부지 정리, 기초공사, 조달, 구조물 건설, 배관 · 배선, 장비 설치, 마무리 등을 포함한 여러 가지 재화와 용역을 제공한다.

㈜대한이 제공하는 재화나 용역은 고객이 그 재화와 용역을 제공하는 다른 경쟁기업 등으로부터 별도로 구매할 수 있으며, 고객이 개별적인 재화나 용역의 사용, 소비, 판매, 보유로 경제적효익을 창출할 수 있다. 즉, 고객이 재화나 용역 그 자체에서 효익을 얻거나, 고객이 쉽게 구할 수 있는 다른 자원과 함께하여 그 재화나 용역에서 효익을 얻을 수 있다.

요구사항

㈜대한이 엔지니어링, 부지 정리 등의 각 개별적인 재화나 용역을 구별하여, 각각을 별도의 수행의무로 식별할 수 있는지 설명하라.

해설

(1) ㈜대한이 제공하기로 약속한 재화와 용역은 구별될 수 있다. 고객이 그 재화나 용역 그 자체에서 효익을 얻거나, 고객이 쉽게 구할 수 있는 다른 자원과 함께하여 그 재화나 용역에서 효익을 얻을 수 있기 때문이다. 이는 고객이 그 재화와 용역을 제공하는 다른 경쟁기업 등으로부터 별도로 구매할 수 있으며, 고객이 개별적인 재화나 용역의 사용, 소비, 판매, 보유로 경제적효익을 창출할 수 있다는 사실로 알 수 있다.

(2) ㈜대한이 제공하기로 한 개별적인 재화와 용역은 계약 내에서 구별되지 않는다. 계약 내에서 개별적인 재화와 용역을 이전하기로 한 ㈜대한의 약속을 계약 내의 다른 약속과 별도로 식별할 수 없기 때문이다. 이는 고객과 체결한 계약에 근거할 때, 복수의 재화와 용역을 투입물로 통합하여 병원이라는 결합산출물을 만드는 유의적인 용역을 제공한다는 사실에 근거하여 판단할 수 있다.

따라서 각각의 재화나 용역은 구별되지 않는 것으로 보고, ㈜대한은 이 계약의 모든 재화와 용역을 단일 수행의무로 보고 수익을 인식해야 한다.

3 일련의 구별되는 재화나 용역

실질적으로 서로 같고 고객에게 이전하는 방식도 같은 일련의 구별되는 재화나 용역을 이전하기로 한 각 약속은 하나의 수행의무로 식별한다.

일련의 구별되는 재화나 용역이 다음 기준을 모두 충족하는 경우 고객에게 이전하는 방식이 같다고 보아 하나의 수행의무로 식별한다.

(1) 각 구별되는 재화나 용역이 기간에 걸쳐 이행하는 수행의무의 기준(5단계에서 설명)을 충족

(2) 각 구별되는 재화나 용역을 고객에게 이전하는 수행의무의 진행률을 같은 방법을 사용해 측정

예를 들어, 청소용역과 같은 반복적인 용역계약에서 그 계약을 실질적으로 같고 고객에게 이전하는 방식도 같은 일련의 구별되는 재화나 용역을 이전하는 약속으로서 하나의 수행의무로 식별한다고 가정하자. 이 경우 기업은 거래가격을 그 단일의 수행의무에 배분하고 하나의 진행률을 사용하여 수익을 인식하게 된다.

SECTION

05 3단계: 거래가격 산정

수익인식모형의 2단계에서 계약에 포함된 수행의무를 분리하여 수익인식기준을 적용할 회계처리 단위를 결정하였다면, 3단계는 인식할 (총)수익금액을 결정하는 단계이다. 인식할 (총)수익금액이란, 각 수행의무에 대한 금액이 아니라 전체 계약에 대한 금액을 산정하는 것이다. 3단계에서 전체 계약에 대한 금액을 산정한 후, 뒤에서 설명할 4단계에서 전체 계약에 대한 금액을 2단계에서 식별한 각 수행의무에 배분한다.

수익금액은 거래가격으로 결정한다. 거래가격(transaction price)이란 고객에게 약속한 재화나 용역의 이전 대가로 기업이 받을 권리를 갖게 될 것으로 예상하는 금액을 말한다. 거래가격을 산정할 때에는 부가가치세나 개별소비세 등과 같이 기업이 제3자를 대신하여 회수하는 금액은 제외한다. 거래가격은 고객이 지급하는 고정된 금액일 수도 있고 때로는 변동될 수 있는 금액이 포함되거나 현금 이외의 형태로 지급될 수도 있다.

예시로 이해하기 | 일반적인 거래가격 산정

㈜대한은 20X1년 6월 1일 5/10, n/30(5/10, n/30: 30일 이내 결제조건, 단 10일 이내 결제 시 5% 할인)의 조건으로 원가 ₩400,000의 상품을 ₩550,000에 거래처에 외상판매 하였다. 이때 판매가격에는 10%의 부가가치세가 포함되어 있었다. 20X1년 6월 8일 ㈜대한은 매출채권의 100%를 회수하면서 ₩522,500의 현금을 수령하였다. 이 경우 ㈜대한은 거래가격을 얼마로 산정하여야 할까?

거래가격은 고객에게 약속한 재화나 용역의 이전 대가로 기업이 받을 권리를 갖게 될 것으로 예상하는 금액이며, 부가가치세 등과 같이 제3자를 대신하여 회수하는 금액은 제외한다. 따라서 ㈜대한이 20X1년 6월 1일 수익으로 인식할 거래가격은 총외상대금 ₩550,000에서 부가가치세 ₩50,000을 제외한 ₩500,000이다. 그런데 20X1년 6월 8일 대금회수 시 10일 이내 결제에 따른 매출할인이 ₩27,500(=₩550,000 X 5%) 발생하게 되어 최종적으로 권리를 갖게 된 금액은 ₩472,500(=₩500,000−₩27,500)이 되며, 이 금액이 최종적인 수익금액이 된다.

참고로 각 날짜별 회계처리를 나타내면 다음과 같다.

구분	회계처리					
20X1. 6. 1. 외상판매시	(차)	매출채권	550,000	(대)	매출[주1]	500,000
					부가세예수금	50,000
	(차)	매출원가	400,000	(대)	재고자산	400,000
	주1 이 예제에서 총매출액은 ₩500,000이지만, 매출할인액이 ₩27,500 발생하였다. 따라서 포괄손익계산서에는 총매출액에서 매출할인액을 차감한 ₩472,500(=₩500,000−₩27,500)이 순매출액으로 보고된다.					
20X1. 6. 8. 대금 회수 및 부가세납부시	(차)	현금	522,500	(대)	매출채권	550,000
		매출할인	27,500			
	(차)	부가세예수금	50,000	(대)	현금	50,000

거래가격의 산정 시 고려해야 할 사항으로는 다음의 네 가지가 있다.

변동대가
변동대가 추정치의 제약

유의적인 금융요소
선수금도 화폐의 시간가치 반영

비현금대가
공정가치 측정

기업이 고객에게 지급하는 대가
거래가격에서 차감

그림 4-2 **거래가격 산정 시 고려사항**

1 변동대가

1.1. 변동대가의 정의

일반적으로는 계약금액이 거래가격이 되지만, 그렇지 않은 경우도 존재한다. 계약에서 약속한 대가 금액은 할인(discount), 리베이트, 환불, 공제(credits), 가격할인(price concessions), 장려금(incentives), 성과보너스, 위약금이나 그 밖의 비슷한 항목 때문에 변동될 수 있다.

또한 대가에 대한 기업의 권리가 미래 사건의 발생 여부에 달려있는 경우에도 약속한 대가는 변동될 수 있다. 예를 들면 반품권을 부여하여 제품을 판매하거나 특정 단계에 도달하면 고정금액의 성과보너스를 주기로 약속한 경우의 대가 금액은 변동될 것이다.

대가의 변동 가능성은 계약에 명시하기도 하지만, 사업 관행이나 공개한 경영방침 등에 근거하여 고객이 당연히 기대할 수도 있다.

이와 같이 계약금액이 변동될 수 있는 조건들을 변동대가(variable consideration)라고 부른다.

예제 06 | 위약금으로 인한 변동대가

㈜대한은 ₩1,000,000에 자산을 건설하기로 고객과 계약을 체결하였다. 그리고 계약에서 특정한 날부터 3개월 이내에 건물을 완성하지 못하면, 위약금 ₩100,000을 지급하기로 하였다.

요구사항

위의 자료에서 변동대가는 얼마인지 설명하라.

해설

㈜대한은 계약에서 약속된 대가 ₩1,000,000에 고정금액 ₩900,000과 변동금액 ₩100,000(위약금에서 발생)이 포함되어 있다고 판단하는 것이 타당하다. 따라서 위 자료에서 변동대가는 ₩100,000이다.

1.2. 변동대가의 추정

1.2.1. 변동대가를 추정하는 두 가지 방법

변동대가는 합리적인 방법으로 추정해서 거래가격에 포함해야 한다. 구체적으로 변동대가는 기댓값과 가능성이 가장 높은 금액 중 기업이 받을 권리를 갖게 될 금액을 더 잘 예측하는 방법으로 추정한다.

(1) **기댓값**(expected value): 가능한 대가의 범위에서 확률을 가중평균하여 계산한 금액이다. 기업이 비슷한 특성의 계약을 많이 보유하고 있는 경우에 기댓값은 변동대가 금액의 적절한 추정치일 수 있다.

(2) **가능성이 가장 높은 금액**(the mostly likely amount): 가능한 대가의 범위에서 가능성이 가장 높은 단일 금액(계약에서 가능성이 가장 높은 단일 결과치)이다. 계약에서 가능한 결과치가 두 가지뿐일 경우에는 가능성이 가장 높은 금액이 변동대가의 적절한 추정치가 될 수 있다.

변동대가를 추정할 때 주의할 점은 기업이 기댓값과 가능성이 가장 높은 금액 중에서 자유롭게 선택할 수 있다고 해석해서는 안 된다는 것이다. 기업은 어느 방법이 받을 권리를 갖게 될 금액을 더 잘 예측할 수 있을지를 고려하여 그 방법을 그 계약 전체와 비슷한 종류의 계약에 일관되게 적용해야 한다.

예제 07 변동대가의 추정

㈜대한은 주문제작 자산을 건설하기로 고객과 계약을 체결하였다. 약속대로 20X1년 3월 31일에 자산의 건설을 완성하면 ₩2,500,000을 대가로 받지만, 지연될 경우 위약금으로 지연일수에 대해 매일 ₩10,000씩 차감된다. 반대로 건설을 조기에 완공하는 경우에는 장려금으로 앞당긴 만큼 매일 ₩10,000씩 가산된다. 해당 계약조건은 ㈜대한이 과거에 체결하였던 계약조건과 유사하며, 경영진은 과거 경험을 기초로 해당 계약에 대한 예측이 가능하다고 본다. ㈜대한은 상호합의한 일자에 자산의 건설이 완료될 가능성은 60%, 1주일 지연될 가능성은 30%, 2주일 지연될 가능성은 10%라고 예측하였다. 그리고 자산이 완성되면, 제삼자가 그 자산을 검사하고 계약에 규정된 척도에 기초하여 평점을 매긴다. 완성된 자산이 특정 평점을 받으면, 기업은 특별장려금 ₩150,000을 받을 수 있다. ㈜대한은 과거 경험에 기초하여 완성된 자산이 특정 평점을 받을 가능성을 95%로 예상하였다.

요구사항

㈜대한이 변동대가를 추정할 때 어떤 방법을 적용하는 것이 적절한지 설명하라. 단, 거래가격에 포함된 변동대가의 추정치 제약은 고려하지 않는다.

해설

이 예제의 경우, 두 가지의 상이한 변동대가가 있다. 첫째는 매일의 위약금이나 장려금과 관련된 변동대가이고, 둘째는 특별장려금과 관련된 변동대가이다. ㈜대한은 거래가격을 산정할 때 이 두 가지의 상이한 변동대가에 대하여 각각 다른 방법으로 추정하는 것이 적절하다.

(1) 매일의 위약금이나 장려금(₩2,500,000 ± ₩10,000/일): 이와 관련된 변동대가를 추정하기 위해서는 기댓값 방법이 더 적절하다. 이는 예상되는 위약금과 장려금에 대한 가능한 결과치가 많기 때문이다. 가능한 결과치에 각각의 확률을 곱한 기댓값이 가장 적절한 추정치라고 예상할 수 있다. 이 예제에서 기댓값에 따른 총거래가격은 다음과 같다.

가중평균확률 추정치	대가
₩2,500,000 × 60%	₩1,500,000
₩2,430,000(위약금 ₩70,000 차감) × 30%	₩729,000
₩2,360,000(위약금 ₩140,000 차감) × 10%	₩236,000
총가중평균확률추정 대가	₩2,465,000

(2) 예상되는 특별장려금과 관련된 변동대가(₩150,000): 이와 관련된 변동원가를 추정하기 위해서는 가능성이 가장 높은 금액을 사용하는 방법이 더 적절하다. 이는 특별장려금에 대해 가능한 결과가 두 가지(₩150,000이나 ₩0)뿐이기 때문에 둘 중 더 높은 값이 가장 적절한 추정치라고 예상할 수 있기 때문이다. 이 예제에서는 특별장려금을 받을 가능성이 95%이므로 ₩150,000을 변동대가로 거래가격에 포함한다.

1.2.2. 변동대가 추정치의 제약

그런데 추정한 변동대가를 모두 그대로 거래가격에 반영하는 것은 아니다. 변동대가를 위의 두 가지 방법을 사용하여 추정한 후에 변동대가와 관련된 불확실성이 해소되는 시점에 유의적인 금액을 되돌리지(환원되지) 않을 가능성이 매우 높은 정도까지만 거래가격에 반영해야 한다. 이를 달리 설명하면, 변동대가를 추정하여 수익으로 인식했더라도 나중에 완성시점에 유의적인 금액을 감액(환원)해야 할 가능성이 높다면, 감액(환원) 가능성이 높은 변동대가의 추정액은 거래가격에 반영하지 못한다. 이를 변동대가 추정치의 제약(constraining estimates of variable consideration)이라고 한다.

이와 같은 제약을 두는 이유는 변동대가 금액은 항상 불확실성을 포함하고 있기 때문이다. 예를 들어, 대가 금액이 기업 외부 요인의 영향에 민감하거나 대가 금액의 불확실성이 장기간 해소되지 않을 것으로 예상되는 경우, 비슷한 유형의 계약에 대한 기업의 경험이 제한적인 경우에는 인식된 수익의 환원가능성이 높거나 환원 정도가 커질 수 있다. 그럼에도 불구하고 환원가능성이나 환원 정도를 고려하지 않고 수익을 인식한다면, 수익은 과대계상되는 결과를 가져올 수 있다. 결국 변동대가의 추정은 상당한 수준의 판단을 필요로 하는 절차인데, 이러한 경우에는 경영진이 통제하거나 합리적으로 추정하기 어려운 점을 고려하여 수익으로 인식할 변동대가에 제한을 주고 있는 것이다.

따라서 기업은 변동대가 금액을 기댓값 또는 가능성이 가장 높은 금액으로 추정하되, 그중 변동대가와 관련된 불확실성이 나중에 해소될 때 인식된 누적 수익 금액 중 유의적인 부분을 되돌리지(환원하지) 않을 가능성이 매우 높은(highly probable) 정도까지만 거래가격에 포함해야 한다. 즉, 기업의 경영진이 수익을 과대계상하지 않으면서 충분히 합리적으로 예측 가능한 수준까지만 거래가격에 포함하라는 뜻이다.

기업은 각 보고기간말의 상황과 보고기간의 상황 변동을 충실하게 표현하기 위하여 보고기간말마다 추정 거래가격을 갱신할 필요성이 있는지 검토해야 한다. 이때 변동대가 추정치의 제약에 대한 판단도 갱신할 수 있다.

예제 08 변동대가 추정치의 제약: 반품권

㈜대한은 고객들과 100건의 계약을 체결하였다. 각 계약은 제품 1개당 ₩100에 판매하는 약속을 포함하고 있으며(제품 총 100개 × ₩100 = 대가 총 ₩10,000), 제품에 대한 통제가 이전될 때 현금을 받는다. ㈜대한의 사업 관행은 고객이 사용하지 않은 제품을 30일 이내에 반품하면 전액을 환불받을 수 있도록 허용하고 있다. 각 제품의 원가는 ₩60이다.

계약에서 고객에게 제품의 반품을 허용하고 있기 때문에, 고객에게서 받은 대가는 변동될 수 있다. ㈜대한이 받을 권리를 갖게 될 것으로 예상하는 변동대가를 추정하기 위해 ㈜대한은 기댓값 방법을 사용하기로 결정하였다. ㈜대한은 기댓값 방법을 사용하여 97개의 제품이 반환되지 않을 것으로 추정하였다.

요구사항

㈜대한이 제품 100개에 대한 통제를 이전한 시점에 수행할 회계처리에 대해 설명하라. 단, ㈜대한은 이 제품과 고객층의 반품 추정에 상당한 경험이 있다고 가정한다. 또한 ㈜대한은 제품의 회수원가는 중요하지 않을 것이라고 추정하고 반품된 제품은 다시 판매하여 이익을 남길 수 있다고 예상한다.

해설

변동대가의 추정에 따라, ㈜대한은 제품 100개에 대한 통제를 이전하는 시점에 반품될 것으로 예상하는 제품 3개에 대한 수익은 인식하지 않는다. 변동대가에 대한 ㈜대한의 추정치는 ₩9,700(= ₩100 × 반품되지 않을 것으로 예상하는 제품 97개)이다.

㈜대한은 거래가격을 결정하기 전에 변동대가 추정치의 제약을 고려해야 한다. 비록 ㈜대한이 반품에 영향력은 미치지는 못하지만, 이 제품과 고객층의 반품 추정에는 경험이 상당히 있다. 그리고 불확실성은 단기간(30일 반품기간)에 해소될 것이다. 그러므로 ㈜대한은 불확실성이 해소될 때(반품기간이 종료될 때) 추정금액(₩9,700) 중 유의적인 부분이 되돌려지지 않을 가능성이 매우 높다고 판단할 수 있다.

거래가격을 합리적으로 추정하였으며, 변동대가 추정금액에 대한 제약이 없으므로 ㈜대한은 추정금액인 ₩9,700을 거래가격으로 결정하고 다음과 같은 회계처리를 한다.

(차)	매출채권	10,000	(대)	매출[주1]	9,700
				환불부채[주2]	300

주1 수익 ₩9,700(₩100 × 반품될 것으로 예상하지 않는 제품 97개)
주2 환불부채 ₩300(₩100 × 반품될 것으로 예상하는 제품 3개)

(차)	매출원가	5,820	(대)	재고자산	6,000
	반환제품회수권[주3]	180			

주3 자산 ₩180(₩60 × 환불부채를 정산할 때 고객에게서 회수할 권리가 있는 제품 3개)

참고로 이러한 변동대가 추정치에 대한 제약은 기업이 수행의무를 이행했는지 여부와 무관하게 적용한다. 즉, 기업이 수행의무를 모두 이행한 경우에도 미래 사건의 발생 여부에 따라 대가 금액이 결정되는 경우라면 변동대가의 추정치에 대한 제약이 적용된다. 예를 들어 로펌이 소송 중인 고객에게 법률 용역을 제공하고 판결에서 승소한 경우 대가 금액을 받기로 계약한 경우를 생각해보자. 비록 로펌이 고객에게 법률 용역을 모두 제공했다고 하더라도 법원이 판결을 내릴 때까지는 대가가 변동될 수 있으므로, 기업은 변동대가와 관련된 불확실성이 나중에 해소될 때 인식된 누적수익 금액 중 유의적인 부분을 되돌리지(환원하지) 않을 가능성이 매우 높은 금액 정도까지만 수익으로 인식할 수 있을 것이다.

2 계약에 있는 유의적인 금융요소

거래가격은 계약 당사자들 간의 합의에 따라 그 지급시기가 결정되기 때문에, 기업이 고객에게 재화 또는 용역을 이전하는 시점과 고객이 그 대가를 지급하는 시점이 다를 수 있다. 이러한 경우에는 화폐의 시간가치로 인해 계약에 유의적인 금융요소(significant financing component), 즉 이자상당액이 포함되어 있을 수 있다.

계약에 유의적인 금융요소가 포함된 경우에는 화폐의 시간가치가 미치는 영향을 반영하고 약속된 대가를 조정하여 거래가격을 산정해야 한다.

유의적인 금융요소를 반영하여 약속한 대가(금액)를 조정할 때에는 계약 개시시점에 기업과 고객이 별도의 금융거래를 한다면 반영하게 될 할인율을 사용한다. 또는 기업이 고객에게 재화나 용역을 이전할 때 고객이 그 재화나 용역의 대가를 현금으로 결제한다면 지급할 가격으로 약속한 대가의 명목금액을 할인하는 이자율을 식별하여 할인율을 산정할 수도 있다. 계약 개시 후에는 이자율이나 그 밖의 상황이 달라져도(예: 고객의 신용위험 평가의 변동) 그 할인율을 새로 수정하지 않는다.

포괄손익계산서에는 금융효과(이자수익이나 이자비용)를 고객과의 계약에서 생기는 수익과 구분하여 표시한다.

한편, 계약을 개시할 때 기업이 고객에게 약속한 재화나 용역을 이전하는 시점과 고객이 그에 대한 대가를 지급하는 시점 간의 기간이 1년 이내인 경우에는 유의적인 금융요소의 영향을 조정하지 않는 실무적 간편법을 쓸 수 있다.

예제 09 선수금과 할인율

㈜대한은 자산을 판매하기로 고객과 계약을 체결하였는데, 자산에 대한 통제는 2년 후에 고객에게 이전될 예정이다. 계약에 따르면 두 가지 지급 방법(2년 경과 후에 고객이 자산을 통제할 때 ₩5,000을 지급하거나, 계약에 서명할 때 ₩4,000 지급) 중에서 선택할 수 있다. 고객은 계약에 서명할 때 ₩4,000을 지급하기로 선택하였다. 단, 계약 개시시점에 기업과 고객이 별도 금융거래를 한다면 반영하게 될 할인율은 연 6%이다.

요구사항

㈜대한이 위 상황을 어떻게 회계처리하여야 하는지 설명하라.

해설

위 상황은 시장의 일반적인 이자율뿐만 아니라 고객이 자산에 대해 지급하는 시점과 기업이 고객에게 자산을 이전하는 시점 사이의 기간 때문에, 계약에 유의적인 금융요소가 포함되어 있다. 따라서 ㈜대한은 유의적인 금융요소에 대해 다음과 같이 회계처리 한다.

(1) 계약 개시시점에 받은 ₩4,000을 계약부채로 인식

(차)	현금	4,000	(대)	계약부채	4,000

(2) 계약 개시시점부터 자산을 이전할 때까지 2년 동안 ㈜대한은 약속된 대가(금액)를 조정하고, 2년 동안 매년 ₩4,000에 대한 이자를 6%씩 인식하여 계약부채를 증액한다.

(차)	이자비용	240	(대)	계약부채[주1]	240
				주1 계약부채 ₩4,000 × 6% = ₩240	
(차)	이자비용	254	(대)	계약부채[주2]	254
				주2 계약부채 ₩4,240 × 6% = ₩254	

(3) 자산 이전 시점에 수익을 인식

(차)	계약부채	4,494	(대)	매출	4,494

3 비현금 대가

고객이 현금 외의 대가를 약속한 계약에서는 고객으로부터 받은 또는 받을 비현금 대가(non-cash consideration)를 공정가치로 측정하여 거래가격을 산정한다.

만약 고객으로부터 받은 비현금 대가의 공정가치를 합리적으로 추정할 수 없는 경우에는, 그 대가와 교환하여 고객에게 약속한(제공한 또는 제공할) 재화나 용역의 개별 판매가격을 참조하여 간접적으로 그 대가를 측정한다.

예시로 이해하기 | 비현금 대가

㈜대한은 고객과 1년간 일주일 단위로 용역을 제공하는 계약을 체결하였고, 용역의 대가로 고객은 일주일 단위의 용역당 자신의 보통주 100주(계약에 대해 총 5,200주)를 약속하였다. 계약 조건은 일주일 단위로 용역이 성공적으로 완료될 때에 보통주가 지급되는 것이다. ㈜대한은 매주 용역이 완료되는 대로 수행의무의 진행률을 측정하여 수익을 인식한다.

이 경우 거래가격과 인식할 수익금액을 산정하기 위해, ㈜대한은 매주 용역이 완료됨에 따라 받는 100주의 공정가치를 측정한다. 한편, ㈜대한은 받았거나 받을 주식의 후속적인 공정가치 변동을 수익에 반영하지 않는다.

만일 주식의 공정가치를 합리적으로 추정할 수 없는 경우에는, 고객에게 제공하는 용역의 개별 판매가격을 수익금액으로 인식한다.

기업이 계약을 쉽게 이행할 수 있도록, 고객이 재화나 용역(예: 재료, 장비 또는 노동력)을 제공하는 경우가 있다. 이 경우 기업은 고객으로부터 제공받은 재화나 용역을 통제할 수 있는지를 먼저 판단한다. 만약 기업이 고객으로부터 제공받은 재화나 용역을 통제할 수 있다면, 이를 고객으로부터 받은 비현금대가로 회계처리 한다.

예제 10 | 기업이 계약의 이행을 쉽게 할 수 있도록 고객이 제공한 자재

㈜대한은 장비를 제조하여 공급하기로 고객과 계약을 체결하였다. 고객은 ㈜대한에 ₩300,000의 현금 대가를 지급하고, 장비 개발에 사용할 자재(공정가치 ₩150,000)도 공급하기로 하였다. 만약 고객이 ㈜대한에게 장비 개발에 사용할 자재를 공급하지 않는다면, ㈜대한은 해당 계약을 이행하기 위해 별도로 자재를 구매해야 한다. ㈜대한은 고객으로부터 자재를 제공받은 후에 그 자재를 다른 프로젝트에 사용하는 것이 가능하다. 고객은 장비제조의 개시시점으로부터 약 3개월 후에 자재를 인도하며, ㈜대한은 고객으로부터 자재를 인도받는 시점에 자재에 대한 통제를 획득한다.

요구사항

위 상황에서 ㈜대한은 거래가격을 어떻게 산정하여야 하는지 설명하라.

해설

㈜대한은 자재의 인도시점에 통제를 획득하므로, 자재의 공정가치를 거래가격에 포함한다. 따라서 거래가격은 현금대가 ₩300,000과 비현금대가의 공정가치 ₩150,000을 합한 ₩450,000이다.

4 고객에게 지급할 대가

기업은 종종 고객에게 판촉 목적으로 현금 또는 이와 유사한 대가를 지급한다. 예를 들어, 기업이 제공하는 재화나 용역 대가에서 차감할 수 있는 쿠폰이나 상품권 등도 고객에게 현금을 제공하는 것과 유사한 성격으로 볼 수 있다. 이러한 유형의 판매 인센티브들은 제공한 재화나 용역으로부터 수취할 대가의 공정가치를 하락시킨다는 관점에서 거래가격, 즉 수익의 차감으로 회계처리 해야 한다.

그러나 고객에게 지급할 대가가 고객에게서 받은 구별되는 재화나 용역에 대한 지급이라면 다른 공급자에게서 구매한 경우와 같은 방법으로 회계처리 한다(예: 비용, 재고자산, 유형자산 등으로 회계처리). 참고로 여기에서 사용되는 '구별'의 개념은 수행의무를 식별할 때 적용했던 개념과 동일하다. 즉, 고객에게 제공한 대가가 수익거래와 밀접하게 연관되어 있다면 별도로 구별되는 거래로 볼 수 없을 것이지만, 수익거래와는 무관하게 동 고객으로부터 별도의 재화나 용역을 제공받고 있다면 이러한 거래는 정상적인 구매거래로 회계처리 해야 할 것이다.

또한 통제의 개념과도 관련이 있다. 고객에게 지급한 대가로 고객에게 받은 재화나 용역을 기업이 통제한다면, 이는 정상적인 구매거래이다. 반면에 지급한 대가로 기업이 통제하는 재화나 용역이 없다면(고객이 통제하고 있다면), 거래가격의 차감으로 인식해야 한다.

예제 11 | 고객에게 지급할 대가

20X1년 1월 1일 소비재 제조업자인 ㈜대한은 국제적인 대형 소매체인점인 고객에게 1년 동안 재화를 판매하기로 계약을 체결하였다. 고객은 1년 동안 적어도 ₩15,000,000의 제품을 구입하기로 약속하였다. 계약에서는 ㈜대한이 계약 개시시점에 고객에게 환불을 요구하지 않는 조건으로 ₩1,500,000을 고객에게 지급하도록 되어 있다. 이 ₩1,500,000의 지급액은 고객이 ㈜대한의 제품을 자신의 매장 내 선반에 올리는 데 필요한 변경에 대해 고객에게 보상하는 것이다.

요구사항

㈜대한이 고객에게 지급한 대가 ₩1,500,000을 비용으로 처리해야 하는지 거래가격의 차감으로 회계처리 해야 하는지 설명하라.

해설

㈜대한은 ₩1,500,000의 지급액을 ㈜대한에 이전되는 구별되는 재화나 용역과 교환하여 지급한 것이 아니라고 판단하는 것이 타당하다. ㈜대한이 고객의 매장 내 선반에 대한 어떠한 권리도 통제하지 못하기 때문이다.

따라서 ㈜대한은 ₩1,500,000의 지급액을 거래가격의 감액으로 회계처리 한다. 즉, ㈜대한이 고객에게 재화를 이전할 때, ㈜대한은 각 제품의 거래가격을 10%(₩1,500,000 ÷ ₩15,000,000)씩 차감한 금액으로 수익으로 인식해야 한다.

예를 들어, 20X1년 1월 1일 ㈜대한이 고객에게 ₩1,500,000을 지급하고, 고객이 20X1년 3월 1일에 20X1년에 구입하기로 약속한 ₩15,000,000 중 ₩5,000,000의 제품을 외상으로 구입했다고 가정하자. 이 경우 다음과 같이 회계처리 한다.

(1) 20X1년 1월 1일

(차)	선급인센티브	1,500,000	(대)	현금	1,500,000

(2) 20X1년 3월 1일

(차)	매출채권	5,000,000	(대)	매출	4,500,000
				선급인센티브	500,000

SECTION 06

4단계: 거래가격 배분

이 단계는 수익인식모형 3단계에서 산정한 계약의 거래가격을 2단계에서 식별한 각 수행의무에 배분하는 단계이다.

1 거래가격의 배분

거래가격을 각 수행의무의 상대적 개별 판매가격(stand-alone selling prices)을 기준으로 배분한다.

만약 개별 판매가격의 합계가 거래가격을 초과하는 경우에는, 고객이 제품 묶음을 구매하면서 할인을 받은 것으로 본다. 따라서 제품 묶음에 대한 거래가격을 각 제품의 개별 판매가격 비율로 배분한다.

예제 12 거래가격의 배분 (1)

㈜대한은 제품 A, B, C를 개별적으로 판매하고 있다. 20X1년 1월 ㈜대한은 제품 A, B, C를 판매하고 ₩100을 받기로 고객과 계약을 체결하였으며, 계약 체결 시점에서 제품 A, B, C 각각의 개별 판매가격은 ₩40, ₩55, ₩45이다. ㈜대한은 서로 다른 시점에 각 제품에 대한 수행의무를 이행할 것이다.

요구사항

이러한 경우에 ㈜대한이 고객과 체결한 계약의 거래가격 ₩100을 각각의 수행의무(제품 A, B, C)에 얼마만큼 배분하여야 하는지 설명하라.

해설

개별 판매가격의 합계(₩140 = ₩40 + ₩55 + ₩45)가 약속된 대가(₩100)를 초과하기 때문에 고객은 제품 묶음을 구매하면서 할인을 받는 것이다.

㈜대한은 거래가격을 각 수행의무에 배분함에 있어서 각 제품의 상대적 개별 판매가격을 기준으로 한다. 세 제품의 개별 판매가격이 존재하므로, 제품 A, 제품 B, 제품 C를 고객에게 이전하는 시점에 다음과 같이 수익으로 인식한다.

제품	배분된 거래가격(단위: ₩)
A	₩29 (₩40 / ₩140 × ₩100)
B	₩39 (₩55 / ₩140 × ₩100)
C	₩32 (₩45 / ₩140 × ₩100)
합계	₩100

거래가격을 배분함에 있어서 각 수행의무의 상대적 개별 판매가격의 결정이 선행되어야 한다. 위의 예제는 각 수행의무의 개별 판매가격이 이미 존재하는 것으로 가정했지만, 실제로는 개별 판매가격의 결정이 쉽지 않은 경우도 많다. 이를 위한 구체적인 지침은 다음과 같다.

2 개별 판매가격

개별 판매가격은 그 수행의무(재화, 용역)를 개별적으로 판매할 때의 가격을 말하며, 회사가 동일한 재화나 용역을 개별적으로 판매하고 있다면 그 가격이 개별 판매가격이다.

만일 재화나 용역을 개별적으로 판매하지 않는다면 다른 방법을 이용하여 개별 판매가격을 추정해야 한다. 이때에는 적정하게 구할 수 있는 모든 정보(시장상황, 기업 특유 요소, 고객이나 고객층에 대한 정보 포함)를 고려하여야 하며, 관측가능한 투입변수들을 최대한 사용하고 비슷한 상황에서는 추정방법을 일관되게 적용해야 한다.

재화나 용역의 개별 판매가격을 적절하게 추정하는 방법으로는 다음과 같은 것들이 있다.

(1) **시장평가 조정 접근법(adjusted market assessment approach)**: 기업이 재화나 용역을 판매하는 시장을 평가하여 그 시장에서 고객이 그 재화나 용역에 대해 지급하려는 가격을 추정하는 방법이다. 비슷한 재화나 용역에 대한 경쟁자의 가격을 참고하고 그 가격에 기업의 원가와 이윤을 반영하기 위해 필요한 조정을 할 수도 있다.

(2) **예상원가 이윤 가산 접근법(expected cost plus a margin approach)**: 수행의무를 이행하기 위한 예상원가를 예측하고, 여기에 그 재화나 용역에 대해 적절한 이윤을 가산하는 방법이다.

(3) **잔여접근법(residual approach)**: 총거래가격에서 계약에서 약속한 그 밖의 재화나 용역의 관측가능한 개별 판매가격의 합계를 차감하여 추정하는 방법이다.

다만 잔여접근법은 다음의 기준 중 하나를 충족하는 경우에만 개별 판매가격 추정에 사용할 수 있다.

(1) 같은 재화나 용역을 서로 다른 고객들에게(동시에 또는 가까운 시기에) 광범위한 금액으로 판매하는 경우(즉, 과거 거래나 그 밖의 관측가능한 증거로 대표적인 개별 판매가격을 분간할 수 없을 정도로 판매가격이 매우 다양한 경우)
(2) 재화나 용역의 가격을 아직 정하지 않았고 그 재화나 용역을 과거에 개별적으로 판매한 적이 없는 경우(즉, 판매가격이 불확실한 경우)

예시로 이해하기 | 개별 판매가격의 결정

예시 1

㈜대한은 제품 A, B, C를 판매하고 ₩100을 받기로 고객과 계약을 체결하였다. ㈜대한은 서로 다른 시점에 각 제품에 대한 수행의무를 이행할 것이다. ㈜대한은 보통 제품 A를 별도로 판매하는데, 제품 A의 개별 판매가격은 ₩50이다.

한편, 제품 B와 C의 개별 판매가격은 직접 관측할 수 없다. 그렇기 때문에, ㈜대한은 그 가격을 추정해야 한다. ㈜대한은 개별 판매가격을 추정하기 위해, 제품 B에는 시장평가 조정 접근법을 사용하고 제품 C에는 예상원가 이윤 가산 접근법을 사용한다. 관측가능한 변수를 최대한 많이 사용하여 추정한 결과 제품 B와 제품 C의 개별판매가격은 각각 ₩25과 ₩75으로 추정되었다.

이 경우에 개별 판매가격의 합계(₩150)가 약속된 대가(₩100)를 초과하기 때문에 고객은 제품 묶음을 구매하면서 할인을 받는 것이다. ㈜대한은 전체 할인이 귀속되는 개별 수행의무에 대한 관측가능한 증거가 있는지를 고려하고, 그렇지 않다면 할인액(₩50)을 제품 A, B, C에 비례적으로 배분한다. 그 결과 할인액과 거래가격은 다음과 같이 배분된다.

제품	배분된 거래가격(단위: ₩)
A	₩33(₩50 / ₩150 × ₩100)
B	₩17(₩25 / ₩150 × ₩100)
C	₩50(₩75 / ₩150 × ₩100)
합계	₩100

예시 2

모든 자료는 위의 예시 1과 동일하다. 단, 제품 C는 새로이 생산을 시작하여 가격이 정해져 있지 않고 과거에 판매한 적이 없는 제품이다.

이러한 경우 제품 C에는 잔여접근법을 적용할 수 있다. 잔여접근법은 총거래가격에서 계약에서 약속한 제품 A와 B의 관측가능한 개별 판매가격의 합계를 차감하여 추정하는 방법이다. 그 결과 거래가격은 다음과 같이 배분된다.

제품	배분된 거래가격(단위: ₩)
A	₩50
B	₩25
C	₩25(₩100 – ₩50 – ₩25)
합계	₩100

한편, 거래가격에 일부분에만 관련되는 할인액이 포함되어 있는 경우에는 이를 관련된 일부 수행의무에만 배분한다.

예제 13 거래가격의 배분 (2)

모든 자료는 [예제 12]와 동일하다고 가정한다. 단, ㈜대한은 제품 B와 제품 C의 경우 함께 판매할 때에는 ₩60에 판매한다.

요구사항

㈜대한은 고객과 체결한 계약의 거래가격 ₩100을 각각의 수행의무(제품 A, B, C)에 얼마만큼 배분하여야 하는지 제품 B와 제품 C의 통제를 (1) 같은 시점에 이전하는 경우와 (2) 다른 시점에 이전하는 경우로 구분하여 설명하라.

해설

이 계약에서는 거래 전체에 ₩40의 할인을 포함하고 있다. ㈜대한이 정기적으로 제품 B와 제품 C를 함께 ₩60에, 제품 A를 ₩40에 판매하기 때문에, 제품 B와 제품 C를 이전하는 약속에 전체 할인(₩40)을 배분해야 한다.

(1) 만일 ㈜대한이 같은 시점에 제품 B와 제품 C의 통제를 이전한다면, ㈜대한은 실무적으로 그 제품의 이전을 단일 수행의무로 회계처리 할 수 있다. 즉 제품 B와 제품 C를 고객에게 동시에 이전할 때 기업이 단일 수행의무에 거래가격 ₩60을 배분할 수 있고, 따라서 다음과 같이 수익으로 인식할 수 있다.

제품	배분된 거래가격(단위: ₩)
A	₩40(개별 판매가격)
B와 C	₩60(개별 판매가격)
합계	₩100

(2) 계약에 ㈜대한이 서로 다른 시점에 제품 B와 제품 C의 통제를 이전하도록 되어 있다면 거래가격의 배분금액 ₩60은 다음과 같이 제품 B(개별판매가격 ₩55)와 제품 C(개별 판매가격 ₩45)를 이전하기로 한 약속에 개별적으로 배분한다.

제품	배분된 거래가격(단위: ₩)
A	₩40(개별 판매가격)
B	₩33(₩55 / ₩100 × ₩60)
C	₩27(₩45 / ₩100 × ₩60)
합계	₩100

계약을 개시한 다음에 거래가격이 여러 가지 이유로 변동될 수 있는데, 이를 거래가격의 후속 변동이라 한다. 거래가격의 후속 변동은 계약 개시시점과 같은 기준으로 계약상 수행의무에 배분한다.

주의할 점은 개별 제품의 판매가격이 사후적으로 변동하였다 하더라도 변동된 개별 판매가격이 아닌 최초 배분시점의 개별 판매가격에 따라 배분한다는 것이다. 만약, 계약을 개시한 후 개별 판매가격 변동을 반영하기 위해 거래가격을 다시 배분한다면, 계약의 내용 및 수행의무가 변경되지 않았음에도 불구하고 수익인식 금액이 사후적으로 변동되기 때문에 이와 같이 사후적인 개별 판매가격의 변동에 따라 거래가격을 다시 배분하지 않도록 하고 있다.

예제 14 거래가격의 후속 변동

모든 자료는 [예제 12]와 동일하다고 가정한다. 단, 20X1년 2월 ㈜대한은 고객과의 합의하에 20X1년 1월 체결한 제품 A, B, C 판매계약의 거래가격을 ₩100에서 ₩120으로 인상하기로 조정하였다. 거래가격 조정 시점에서 제품 A, B, C 각각의 개별 판매가격은 ₩40, ₩60, ₩50이다.

요구사항

이러한 경우에 ㈜대한은 20X1년 2월 고객과 조정한 거래가격 ₩120을 각각의 수행의무(제품 A, B, C)에 어떻게 배분하여야 하는지 설명하라.

해설

제품 A, B, C 묶음의 판매 가격이 사후적으로 ₩120으로 조정되었으므로, 변동금액인 ₩20(= ₩120 − ₩100)을 최초 배분기준이었던 각 제품별 개별 판매가격에 따라 다음과 같이 배분한다.

거래가격 조정시점에서의 개별 판매가격이 최초 배분시점의 개별 판매가격과 다른 경우에도, 최초 배분시점의 개별 판매가격에 따라 변동금액인 ₩20을 배분한다. 참고로, 이미 이행된 수행의무에 배분된 금액은 거래가격이 변동되는 기간에 수익이나 수익의 차감으로 인식한다.

제품	최초 배분된 거래가격(단위: ₩)	조정금액 배분	조정 후 거래가격
A	₩29(₩40 / ₩140 × ₩100)	₩5(₩40 / ₩140 × ₩20)	₩34
B	₩39(₩55 / ₩140 × ₩100)	₩8(₩55 / ₩140 × ₩20)	₩47
C	₩32(₩45 / ₩140 × ₩100)	₩7(₩45 / ₩140 × ₩20)	₩39
합계	₩100	₩20	₩120

SECTION 07

5단계: 수행의무의 이행(수익인식)

이 단계에서는 4단계에서 각 수행의무에 배분한 거래가격을 수익으로 인식하는 시점을 판단한다. 수익을 인식하는 시점은 고객과의 계약에서 약속한 수행의무를 이행하는 시점이다. 수행의무를 이행하면 재화나 용역에 대한 통제가 기업에서 고객으로 이전된다. 따라서 재화나 용역에 대한 통제가 고객에게 이전될 때에 수익을 인식한다. 여기서 통제(control)란 자산의 사용을 지시하고 자산으로부터 효익을 얻을 수 있는 능력을 말하며, 보통 지급청구권, 법적소유권, 물리적 점유 여부 등으로 판단한다.

그런데 고객으로 통제가 이전되는 것은 어느 한 시점에 이루어질 수도 있고 일정 기간에 걸쳐서 이루어질 수도 있다. 따라서 수익인식 시점을 결정하는 것은 다음의 두 가지를 결정하는 것이다.

(1) **인도기준 또는 진행기준의 적용 여부:** 특정 계약의 수익을 한 시점에, 즉 인도기준으로 인식할 것인가? 아니면 기간에 걸쳐 진행기준으로 인식할 것인가?
(2) **인도시점 또는 진행률의 측정:** 인도기준으로 수익을 인식한다면 인도하는 시점이 언제인가? 진행기준으로 수익을 인식한다면 매 기간 진행률은 어떻게 측정할 것인가?

수익인식의 2단계에서는 고객과의 계약에서 제공하기로 약속한 수행의무를 식별하였고, 4단계에서는 이 식별된 수행의무에 거래가격을 배분하였다. 따라서 5단계에서 수익인식 시점을 결정하는 것은 계약 단위가 아니라 식별된 수행의무별로 적용한다는 점에 주의해야 한다. 즉, 수행의무는 구체적인 수익인식 방법이 적용되는 회계단위이다. 다르게 말하면 한 계약이라도 여러 개의 수행의무로 식별될 수 있으면, 각 수행의무별로 다른 시점에 수익을 인식한다.

현실 속 회계 | K-IFRS 1115 도입되면 … 분식기술 안 먹히네 안 먹혀

2018년, 새 회계기준 IFRS 1115가 도입됐다. 회계투명성을 높이겠다는 이유에서인데, 기업 입장에선 예민한 게 숱하다. 무엇보다 매출 인식 시점이 바뀔 가능성이 높다. (중략) 그렇다면 K-IFRS 1115가 기존의 회계기준과 다른 점은 무엇일까. K-IFRS 1115에서 가장 두드러진 변화 포인트는 '수행의무'와 '통제권'이다. 이 두 요소가 충족되지 않으면 수익으로 인식할 수 없다는 거다. 먼저 수행의무는 제품이나 서비스를 계약 상대에게 제공해야 할 의무를 뜻한다. 여기서 주목해야 할 건 하나의 계약 안에서 둘 이상의 수행의무가 발생하면 개별적인 수익으로 인식해야 한다는 점이다. (후략)

지급청구권 없으면 매출이 부채로

(중략) K-IFRS 1115에서도 공정률(진행률)에 따라 매출을 인식할 수 있다. 그러나 "기업이 고객에게 전체 대금을 청구할 수 있는 지급청구권이 있어야 한다"는 전제조건이 붙는다. 중간에 계약이 파기되더라도 고객이 남은 대금을 책임지고 지급하겠다는 조항이 체결 당시 계약서에 있어야 한다는 얘기다. 쉽게 말해, K-IFRS 1115의 취지는 '대금을 확실하게 청구할 수 있을 때에만 매출로 인식하겠다'는 것이다. (후략)

출처: 고준영(2018.01.01.). IFRS1115 도입되면 … 분식기술 안 먹히네 안 먹혀. 더스쿠프.
https://www.thescoop.co.kr/news/articleView.html?idxno=25648

1 자산의 통제

고객에게 약속한 재화나 용역, 즉 자산을 이전하여 수행의무를 이행할 때(또는 기간에 걸쳐 이행하는 대로) 수익을 인식한다. 자산은 고객이 그 자산을 통제할 때(또는 기간에 걸쳐 통제하게 되는 대로) 이전된다.

자산에 대한 통제는 (1) 자산을 사용하도록 지시(direct the use)하고 (2) 자산의 나머지 효익 대부분을 획득(obtain substantially all of the remaining benefits)할 수 있는 능력으로 정의된다.

'자산을 사용하도록 지시'한다는 것은 다른 기업이 자산의 사용을 지시하고 자산의 효익을 획득하는 것을 못하도록 하는 능력을 포함한다.

자산의 효익은 다음과 같은 다양한 방법으로 직 · 간접적으로 획득할 수 있는 잠재적인 현금흐름의 유입(또는 유출의 감소)이다.

(1) 재화를 생산하고 용역(공공용역 포함)을 제공하기 위한 자산의 제공
(2) 다른 자산의 가치를 높이기 위한 자산의 사용
(3) 부채를 결제하거나 비용을 줄이기 위한 자산의 사용
(4) 자산의 매각 또는 교환
(5) 차입금을 보증하기 위한 자산의 담보 제공
(6) 자산의 보유

자산을 사용하거나, 소비, 매각, 교환, 담보 제공, 물리적 점유 등이 고객이 자산을 통제한다는 것을 나타내는 지표가 된다.

통제의 이전 시점에 수익을 인식하는 것은 재화의 판매뿐만 아니라 용역의 제공에도 동일하게 적용된다. 재화와 용역의 통제를 고객에게 이전하는 것은 곧 자산을 고객에게 이전(고객이 취득)하는 것이다. 용역의 경우 고객이 용역을 제공받은 동시에 소비하기 때문에 실제로는 자산으로 인식되지 않지만, 개념적으로 고객이 취득한 순간만큼은 자산이다.

정리하면, 수행의무를 이행하는 것은 고객에게 약속한 재화나 용역을 이전하는 것이며, 이는 곧 자산을 이전하는 것이고, 구체적으로는 그 자산에 대한 통제를 고객에게 이전하는 것이다. 따라서 재화와 용역 모두 통제가 이전되어 고객이 그 자산을 통제할 때 수익으로 인식한다.

자산에 대한 통제가 이전되는 방식은, (1) 통제가 기간에 걸쳐 이전되는 방식과 (2) 한 시점에 이전되는 방식으로 구분되며, 각각의 이전방식을 잘 나타낼 수 있도록 수익을 인식해야 한다. 즉, 통제가 기간에 걸쳐 이전되는 경우에는 수행의무를 기간에 걸쳐 이행하는 것이므로 이를 잘 나타낼 수 있도록 기간에 걸쳐 수익을 인식(진행기준)하며, 통제가 한 시점에 이전되는 경우에는 수익도 한 시점에 인식(인도기준)해야 한다.

따라서 계약에서 식별된 각 수행의무가 기간에 걸쳐 이행되는지 또는 한 시점에 이행되는지 결정하는 것이 중요하다. 수행의무가 언제 이행되는지는 계약 개시시점에 결정하며, 수행의무가 기간에 걸쳐 이행되지 않는다면 그 수행의무는 한 시점에 이행되는 것으로 판단한다.

2 기간에 걸쳐 이행하는 수행의무(진행기준)

계약에서 식별된 각 수행의무가 기간에 걸쳐 이행되는지 또는 한 시점에 이행되는지 결정하는 것은 쉽지 않다.

다음 기준 중 어느 하나를 충족하면 기업이 재화나 용역의 통제를 기간에 걸쳐 이전하는 것이며, 수익을 진행기준으로 인식한다.

> (1) 고객은 기업이 수행함에 따라 효익을 동시에 받고 소비한다.
> (2) 기업이 자산을 만들거나 자산 가치를 높이는 대로 고객이 이를 통제한다.
> (3) 기업이 수행하여 만든 자산은 기업 자체에는 대체 용도가 없고, 지금까지 수행을 완료한 부분에 대해 집행가능한 지급청구권이 기업에 있다.

2.1. 고객은 기업이 수행함에 따라 효익을 동시에 받고 소비하는지 여부

용역은 기업이 수행함에 따라 고객이 효익을 동시에 받고 소비하는 가장 대표적인 예이다. 따라서 일상적이거나 반복적인 용역들(예: 청소 용역, 케이블TV 용역)과 같은 수행의무에 대해서는 기간에 걸쳐 수행의무를 이행하고 수익을 인식한다. 즉, 용역에 대해서는 일반적으로 진행기준을 적용한다.

그러나 기업이 수행하는 대로 그 제공하는 효익을 고객이 동시에 받고 소비하는지를 쉽게 식별하기 어려운 수행의무도 있을 것이다. 이런 경우, 만약 기업이 고객에 대하여 의무 수행을 중단하고 다른 기업이 나머지 수행의무를 이행한다고 가정해 보자. 다른 기업이 지금까지 완료한 업무를 다시 수행할 필요가 없을 것으로 판단한다면 그 수행의무는 기간에 걸쳐 이행하는 것으로 본다.

예제 15 | 고객이 효익을 동시에 받고 소비하는 경우

㈜대한은 고객에게 1년 동안 매월 급여처리 용역을 제공하기로 계약을 체결하였다. 약속한 급여처리 용역은 매월 실질적으로 동일하고, 고객에게 이전되는 방식도 같은 '일련의 구별되는 재화나 용역'으로서, 단일 수행의무에 해당한다.

요구사항

이러한 수행의무는 기간에 걸쳐 이행되는지 아니면 한 시점에 이행되는지(즉, 수익을 기간에 걸쳐 인식해야 하는지 아니면 한 시점에 인식해야 하는지)를 설명하라.

해설

고객은 각 거래가 처리될 때 각 급여 거래 처리의 수행에서 효익을 동시에 받고 소비하기 때문에 수행의무는 기간에 걸쳐 이행된다. 즉, ㈜대한이 아닌 다른 기업이 급여처리 용역을 제공하기로 한 경우, ㈜대한이 지금까지 고객에게 제공한 급여처리 용역을 다른 기업이 다시 수행할 필요가 없을 것이다. 이러한 사실은 기업이 수행하는 대로 고객이 기업의 수행에서 효익을 동시에 받고 소비한다는 것을 보여준다. 기업은 그 수행의무의 진행률을 측정하여 기간에 걸쳐 수익을 인식해야 한다.

현실 속 회계 | 씨티씨바이오, 기술수출 수익 분할인식으로 적자 전환

(중략) 당초 씨티씨바이오는 다국적제약사들과 수출 계약을 맺은 이후 송금받은 계약금을 일시에 수익으로 반영했지만 외부 감사의 지적에 따라 분할 인식키로 결정했다. 예를 들어 지난해 A제약사로부터 100억원의 계약금을 받고 향후 10년간 제품 공급을 약속했을 경우 계약금도 10년에 걸쳐 수익으로 인식해야 한다는 의미다. 지난해 받은 계약금을 향후 수년간 분할 인식키로 하면서 지난해 매출과 영업이익 등은 감소하게 됐다.

최근 한미약품과 동아에스티도 기술수출 계약금을 분할 인식하는 추세다. 한미약품은 지난해 말 체결한 제넨텍과의 기술수출에 따른 계약금 8000만달러를 30개월에 나눠 반영키로 했다. 동아에스티도 애브비 바이오테크롤로지로부터 수취한 계약금 4000만달러를 36개월 동안 분할 인식키로 결정했다. (후략)

출처: 천승현(2017.03.23.). 씨티씨바이오, 기술수출 수익 분할인식으로 적자 전환. 바이오스펙테이터.
http://www.biospectator.com/view/news_view.php?varAtcId=2954

2.2. 기업이 자산을 만들거나 자산 가치를 높이는 대로 고객이 이를 통제하게 되는지 여부

기업이 자산을 만들거나 자산 가치를 높이는 대로 고객이 통제하는 가장 좋은 예는 고객이 소유한 토지에 건물을 건설하는 도급공사[1]의 경우이다. 이 경우 건물의 건설에 따라 고객의 자산 가치는 상승할 것이다. 통제가 고객에게 이전되는지의 여부는 앞서 살펴본 통제에 대한 규정을 적용하여 판단해야 한다.

한편, 만들어지거나 가치가 높아지는 자산(예: 재공품)은 유형자산이나 무형자산일 수도 있는데, 예를 들어 기업이 정부기관(고객)에 연구 용역을 제공하고 정부기관이 그 연구 용역의

1 '도급'이란 물건의 제조·건설·수리 또는 서비스의 제공, 그 밖의 업무를 타인에게 맡기는 계약을 말한다.

산출물을 통제하는 경우, 그 수행의무는 기간에 걸쳐 이행되는 수행의무로 판단될 것이다.

2.3. 기업에게 자산의 대체 용도가 없고, 기업이 수행을 완료한 부분에 대해 지급청구권을 갖는지 여부

위의 두 가지 경우와는 다른 경우가 있다. 주문에 따라 제품을 제작하거나 건설하는 계약(조선, 자체분양계약, 주문 기계 제작 등)이 그 예이다. 이 경우에는 위의 두 가지 경우에 비하여 통제가 기간에 걸쳐 이전되는지가 불확실하다.

따라서 이 경우에는, 다음의 두 가지 요건을 모두 만족시키는 수행의무만을 기간에 걸쳐 이행되는 것으로 본다.

(1) 기업이 수행하여 만든 결과물이 기업 자체에는 대체 용도(no alternative use)가 없다.

(2) 지금까지 기업이 수행을 완료한 부분에 대해 지급청구권(enforceable right to payment)이 기업에 있다.

대체 용도가 있는지의 여부는 기업이 그 자산을 쉽게 다른 용도(예: 다른 고객에게 판매)로 전환할 수 있는 능력이 있는지를 판단하는 것이다. 기업이 자산을 만들거나 가치를 높이는 기간에 그 자산을 쉽게 다른 용도로 전환하는 데 계약상 제약이 있거나, 완료된 상태의 자산을 쉽게 다른 용도로 전환하는 데 실무상 제한이 있다면, 기업이 수행하여 만든 그 자산은 그 자체에는 대체 용도가 없는 것이다.

지급청구권을 갖는지 여부는 기업이 고객과 약속한 대로 수행하지 못한 사유 외의 사유로 고객이나 다른 당사자가 계약을 종료하는 경우, 적어도 지금까지 수행을 완료한 부분에 대해 보상금액을 받을 권리가 있는지를 판단하는 것이다. 지금까지 수행을 완료한 부분에 대해 보상금액을 받을 권리가 있다면 지급청구권을 갖는 것으로 본다.

더 알아보기 **'대체 용도 존재 여부'와 '지급청구권'의 의미**

'대체 용도 존재 여부'는 통제와 밀접한 관계가 있다. 만일 자산에 대체 용도가 있다면 기업은 다른 고객에게 자산을 쉽게 넘길 수 있고 따라서 고객은 자산이 만들어질 때 그 자산을 통제하지 못할 것이다. 예를 들면 표준화된 제품을 만드는 경우이다. 이 경우에 고객은 자산을 통제할 수 없다. 기업이 그 자산을 다른 고객에게 넘기는 것을 제한할 능력을 고객이 갖고 있지 않기 때문이다. 이와 반대로 기업이 특정 고객에게 맞춤화된 자산을 만들 때 그 자산은 대체 용도를 가질 가능성이 더 낮다. 이것은 기업이 다른 고객에게 팔기 위하여 자산을 변형하는 데 유의적인 원가가 들(또는 자산을 유의적으로 할인된 가격에 판매해야 할) 것이기 때문이다. 고객이 수행의 효익을 얻는 것으로 볼 수 있으므로, 수행되는 대로 재화나 용역을 통제하는 것(자산이 만들어짐)으로 볼 수 있다.

'지급청구권' 또한 통제 여부의 판단과 관련 있다. 먼저 기업이 만들고 있는 자산이 기업에게 대체 용도가 없다면 기업은 사실상 고객의 지시에 따라 자산을 만들고 있는 것이다. 따라서 기업은 고객이 중간에 계약을 종료하는 경우 경제적으로 보호받기를 원할 것이다. 그 보호는 계약이 중간에 종료되면 고객이 그때까지 기업이 수행을 완료한 부분에 대하여 반드시 지급해야 한다고 요구함으로써 확실해질 것이다. 반대로 기업이 이행하는 수행의무에 대하여 고객이 효익을 얻지 못한다면, 고객은 기업의 수행분에 대하여 지급할 의무를 지려 하지 않을 것이다. 따라서 고객이 기업의 수행분에 대해 지급할 의무가 있다는 사실(다시 말해서 그 수행에 대해 지급을 회피할 수 없음)은 고객이 기업의 수행에서 효익을 얻었음을 나타낸다.

한편, 위와 같은 경우에 고객이 지금까지 수행을 완료한 부분에 대해 기업에 보상하는 금액은 계약이 종료된다고 가정할 때 기업이 잠재적으로 상실하는 이익(즉, 투입원가)만을 보상하는 것이 아니라 지금까지 이전된 재화나 용역의 판매가격에 가까운 금액(예: 수행의무의 이행에 들이는 원가와 적정한 이윤의 회수)이 되어야 한다.

예제 16 대체 용도와 지급청구권의 검토

㈜대한은 고객에게 전문가로서의 의견을 제공하는 컨설팅 용역을 제공하기로 계약을 체결하였다. 해당 컨설팅 용역은 고객에게만 특정된 사실 및 상황에 관련된 것이다. ㈜대한이 약속한 대로 컨설팅을 수행하지 못하는 경우 이외의 사유로 고객이 컨설팅 용역을 종료한다면, 고객은 계약에 따라 ㈜대한의 발생원가에 15% 이윤을 더하여 보상해야 한다. 15%의 이윤은 ㈜대한이 비슷한 계약에서 벌어들이는 이윤에 가깝다.

요구사항

컨설팅 용역을 제공하기로 한 수행의무는 기간(예: 컨설팅 용역을 제공하는 기간)에 걸쳐 이행되는지 아니면 한 시점(예: 컨설팅 의견을 제공하는 시점)에 이행되는지를 설명하라.

해설

(1) 고객은 기업이 수행함에 따라 효익을 동시에 받고 소비하는지 여부

용역이므로 먼저 '고객이 기업의 수행에서 효익을 받고 동시에 소비하는지 여부'를 검토해야 한다. 전문가 의견의 성격상 고객이 그 의견을 받아들이는 경우에만 기업의 수행에서 효익을 얻을 수 있는 것이다. 따라서 고객이 기업의 수행에서 효익을 동시에 받고 소비한다는 기준은 충족하지 못한다.

(2) 기업이 자산을 만들거나 자산 가치를 높이는 대로 고객이 이를 통제하게 되는지 여부

㈜대한이 자신의 의무를 이행할 수 없고 고객이 의견을 제공하는 다른 컨설팅 기업을 고용하는 경우에 다른 컨설팅 기업은 ㈜대한이 지금까지 완료한 작업을 실질적으로 다시 수행할 필요가 있을 것이다. ㈜대한이 수행한 진행 중인 작업의 효익을 다른 컨설팅 기업이 이용할 수 없을 것이기 때문이다.

다음의 두 가지 요소 때문에 기간에 걸쳐 이행하는 수행의무이다.

(3) 기업에게 자산의 대체 용도가 없고, 기업이 수행을 완료한 부분에 대해 지급청구권을 갖는지 여부

① 컨설팅을 통한 전문가 의견의 개발은 ㈜대한에게 대체 용도가 있는 자산을 창출하지 못한다. 전문가 의견이 고객에게 특정된 사실 및 상황에 관련되기 때문이다. 그러므로 그 자산을 다른 고객에게 쉽게 넘길 수 있는 기업의 능력은 실무적으로 제한된다.

② 기업은 지금까지 수행을 완료한 부분에 대해 원가에 적정한 이윤(다른 계약에서의 이윤에 가까움)을 더한 금액만큼 집행가능한 지급청구권이 있다.

따라서 ㈜대한은 수행의무의 진행률을 측정하여 기간에 걸쳐 수익을 인식해야 한다.

한편, 계약에서 정한 지급 일정이 기업이 지금까지 수행을 완료한 부분에 대해 집행가능한 지급청구권이 있다는 것을 반드시 의미하는 것은 아니다. 즉 계약상 지급 일정에서 고객이 지급할 대가의 시기와 금액을 정하더라도, 그 지급 일정이 반드시 지금까지 수행을 완료한 부분에 대한 기업의 지급청구권에 관한 증거가 되지 않을 수도 있다.

예제 17 지금까지 수행을 완료한 부분에 대한 집행가능한 지급청구권: 주문제작 자산

㈜대한은 고객이 요구하는 설계에 따라 특수장비를 제작하기로 하는 계약을 체결하였다. 장비의 제작에는 1년 정도 소요되며 제품의 특성 때문에 주문한 고객 외의 제3자에게 판매할 수 없다. ㈜대한은 계약시점에 대금의 10%, 건설기간 중에 정기적으로 50%(기성금)를 받으며, 제품이 완성된 후 테스트를 통과하면 나머지 40%를 받는다. 고객이 계약을 해지한다면 ㈜대한은 받은 계약금과 기성금(progress payment)을 환불하지 않으나 추가로 보상을 받는 조건은 없다.

요구사항

㈜대한이 특수장비를 제작하기로 한 수행의무가 기간에 걸쳐 이행하는 수행의무인지 여부를 설명하라.

해설

이 계약은 기간에 걸쳐 이행하는 수행의무의 세 가지 조건 중 조건 ①과 ②에는 해당하지 않으므로 조건 ③을 검토해야 한다. 조건 ③은 (1) 기업에게 자산의 대체 용도가 없고, (2) 기업이 수행을 완료한 부분에 대해 지급청구권을 갖는지의 여부를 검토하도록 요구하고 있다.

특수장비는 제3자에게 판매가 불가능하므로 이 자산은 ㈜대한에 대체 용도가 없다. 그러나 고객이 계약을 해지하더라도 기지급된 계약금과 기성금 이외에 추가적인 보상금을 청구할 수 없으므로, ㈜대한은 해지 시점까지 제작에 투입한 원가와 적절한 이윤을 보상받지 못할 수도 있다. 즉 제작하는 동안 여러 차례 고객이 지급한 누적 대가 금액이 그 시점까지 완료된 특수장비의 판매가격보다 적을 경우가 있을 수 있다.

따라서 ㈜대한은 지금까지 수행을 완료한 부분에 대한 지급 청구권이 없기 때문에 기업의 수행의무는 기간에 걸쳐 이행되는 것으로 볼 수 없다. ㈜대한은 특수장비 제작을 한 시점에 이행되는 수행의무로 회계처리 해야 한다.

현실 속 회계 | **건설사, K-IFRS 1115 도입 '찻잔 속 태풍'에 그친 이유는**

(중략) 이는 K-IFRS 1115 도입 이후 건설사들의 부채비율이 최대 2.8배 이상 늘어날 것이란 예상을 한참 벗어난 결과다. 자산 기준을 엄격하게 적용하는 K-IFRS 1115는 건설사가 자체개발사업을 진행할 경우 준공 전까지는 미완성 주택이 재고자산으로 잡히고 계약금 및 중도금 유입액은 부채로 반영된다. 자체개발사업 비중이 높은 건설사일수록 부채비율이 올라갈 가능성이 높았던 것이다.

K-IFRS 1115 도입 영향이 미미했던 것은 지급청구권에 대한 해석이 달라졌기 때문이다. 건설사들이 공사를 진행한 뒤 여기에 소요된 비용을 청구할 수 있는 지급청구권이 존재할 경우 과거와 마찬가지로 계약금과 중도금을 자산으로 인식할 수 있게 된 것이다. 건설업계 관계자는 "대한건설협회에서 한국회계기준원에 질의한 결과, 이 같은 답변을 얻어냈다"고 말했다. (후략)

출처: 이상균(2018.05.23.). 건설사, IFRS 1115 도입 '찻잔 속 태풍'에 그친 이유는. 더벨.
https://www.thebell.co.kr/free/content/ArticleView.asp?key=201805170100028390001756

2.4. 진행률 산정과 진행기준의 적용

진행기준을 적용하기 위해서는 기간에 걸쳐 고객에게 자산의 통제를 이전한 정도를 나타낼 수 있는 방법인 진행률을 산정해야 한다.

진행률을 산정하는 방법은 크게 산출법과 투입법이 있으며, 각각의 구체적인 산정 방법은 다음과 같다.

(1) 산출법

- 진행률 = 현재까지 고객에게 이전한 재화나 용역 / 약속된 재화나 용역
- 산출물의 예: 수행 완료분을 조사, 달성한 결과에 대한 평가, 도달한 단계, 기간의 경과, 생산한 단위

(2) 투입법

- 진행률 = 수행의무의 이행에 투입한 투입물 / 예상되는 총투입물
- 투입물의 예: 소비한 자원, 사용되는 노동시간, 발생 원가, 기간의 경과, 기계장치 사용시간

예제 18 기간에 걸쳐 이행하는 수행의무(진행률 산정과 진행기준의 적용)

㈜대한은 컨설팅 용역을 제공하는 회사이며 계약기간 3년의 컨설팅 계약을 체결하였다. 계약의 구체적인 내용은 다음과 같다.

- 용역제공기간: 20X1.1.1.~ 20X1.12.31.
- 계약금액: ₩2,000,000
- 총예상용역원가: ₩1,500,000

한편, 매년 용역 제공과 관련한 원가, 작업량, 용역량에 관한 자료는 다음과 같다.

구분	20X1	20X2	20X3
누적용역원가	₩300,000	₩900,000	₩1,500,000
누적작업시간	6,000시간	10,000시간	20,000시간
누적용역량(프로젝트 수)	4	7	10

요구사항

A. 용역원가 기준으로 진행률을 계산하는 경우 연도별 용역손익을 구하라.

B. 작업시간 기준으로 진행률을 계산하는 경우 연도별 용역손익을 구하라.

C. 용역량 기준으로 진행률을 계산하는 경우 연도별 용역손익을 구하라.

해설

A. 용역손익(용역원가 기준 진행률)

구분	20X1	20X2	20X3
계약금액	₩2,000,000	₩2,000,000	₩2,000,000
진행률	20%[주1]	60%[주2]	100%
누적용역수익	₩400,000	₩1,200,000	₩2,000,000
전기누적용역수익	–	(400,000)	(1,200,000)
당기용역수익	₩400,000	₩800,000	₩800,000
당기용역원가	(300,000)	(600,000)	(600,000)
당기이익	₩100,000	₩200,000	₩200,000

주1 ₩300,000 ÷ ₩1,500,000 = 20%　　주2 ₩900,000 ÷ ₩1,500,000 = 60%

B. 용역손익(작업시간 기준 진행률)

구분	20X1	20X2	20X3
계약금액	₩2,000,000	₩2,000,000	₩2,000,000
진행률	30%[주3]	50%[주4]	100%
누적용역수익	₩600,000	₩1,000,000	₩2,000,000
전기누적용역수익	–	(600,000)	(1,000,000)
당기용역수익	₩600,000	₩400,000	₩1,000,000
당기용역원가	(300,000)	(600,000)	(600,000)
당기이익(손실)	₩300,000	₩(200,000)	₩400,000

주3 6,000시간 ÷ 20,000시간 = 30%　　**주4** 10,000시간 ÷ 20,000시간 = 50%

C. 용역손익(용역량 기준 진행률)

구분	20X1	20X2	20X3
계약금액	₩ 2,000,000	₩2,000,000	₩2,000,000
진행률	40%[주5]	70%[주6]	100%
누적용역수익	₩800,000	₩1,400,000	₩2,000,000
전기누적용역수익	–	(800,000)	(1,400,000)
당기용역수익	₩800,000	₩600,000	₩600,000
당기용역원가	(300,000)	(600,000)	(600,000)
당기이익(손실)	₩500,000	₩0	₩0

주5 4 ÷ 10 = 40%　　**주6** 7 ÷ 10 = 70%

3 한 시점에 이행하는 수행의무(인도기준)

수행의무가 기간에 걸쳐 이행되지 않는다면, 그 수행의무는 한 시점에 이행되는 것이다. 이는 진행기준과 인도기준의 적용에 있어서 순서가 있다는 것을 의미한다. 즉, 진행기준의 적용 여부를 우선 검토하여 진행기준의 적용이 적절치 않다면 인도기준을 적용해야 한다. 이를 순서도로 표현하면 다음과 같다.

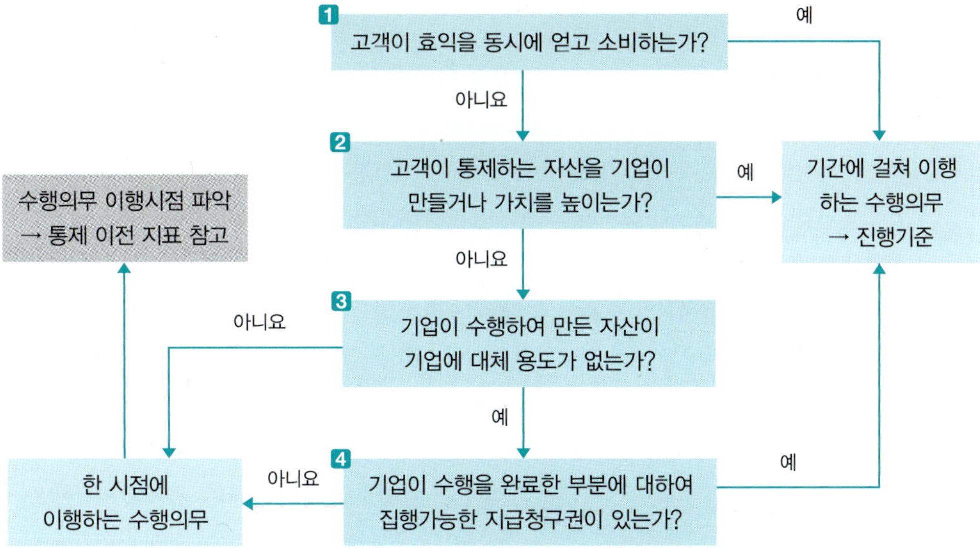

그림 4-3 **진행기준과 인도기준의 적용 순서**

한 시점에 이행되는 수행의무의 수익은 자산의 통제가 고객에게 이전되는 시점에 인식한다.

통제가 고객에게 이전되는 시점을 결정할 때에는 판단이 필요하다. 고객이 약속된 자산을 통제하고 기업이 수행의무를 이행하는 시점을 판단하기 위해 다음과 같은 통제 이전의 지침을 고려해야 한다.

(1) **기업은 자산에 대해 현재 지급청구권이 있다:** 고객이 자산에 대해 지급할 현재 의무가 있다면, 이와 교환하여 고객은 자산의 사용을 지시하고 자산의 나머지 효익의 대부분을 획득할 능력이 있다는 것을 나타낼 수 있다.

(2) **고객에게 자산의 법적 소유권이 있다:** 법적 소유권은 계약 당사자 중 누가 '자산의 사용을 지시하고 자산의 나머지 효익의 대부분을 획득할 능력이 있는지' 또는 '그 효익에 다른 기업이 접근하지 못하게 하는 능력이 있는지'를 나타낼 수 있다. 그러므로 자산의 법적 소유권의 이전은 자산을 고객이 통제하게 되었음을 나타낼 수 있다. 다만, 고객의 지급불이행에 대한 안전장치로서만 법적 소유권이 기업에 있다면 기업의 그 권리 때문에 고객이 자산을 통제하지 못하는 것은 아닐 것이다.

(3) **기업이 자산의 물리적 점유를 이전하였다:** 자산에 대한 고객의 물리적 점유는 고객이 '자산의 사용을 지시하고 자산의 나머지 효익 대부분을 획득하는 능력'이 있거나 '이러한 효익에 다른 기업이 접근하지 못하게 하는 능력'이 있음을 나타낼 수 있다. 그러나 물리적 점유는 자산의 통제와 일치하지 않을 수 있다. 예를 들면 일부 재매입약정이나 위탁약정에서는 고객이나 수탁자가 기업이 통제하는 자산을 물리적으로 점유할 수 있다. 이와 반대로, 일부 미인도청구약정에서는 고객이 통제하는 자산을 기업이 물리적으로 점유할 수 있다.

(4) **자산의 소유에 따른 유의적인 위험과 보상은 고객에게 있다:** 자산의 소유에 따른 유의적인 위험과 보상이 고객에게 이전되었다는 것은 자산의 사용을 지시하고 자산의 나머지 효익의 대부분을 획득하는 능력이 고객에게 있음을 나타낼 수 있다. 그러나 약속된 자산의 소유에 따른 위험과 보상을 평가할 때에는, 기업의 그 자산을 이전해야 하는 수행의무와 구분되는 별도의 수행의무를 생기게 할 위험은 제외한다. 예를 들면 기업이 고객에게 자산의 통제를 이전하였으나, 이전된 자산과 관련된 유지용역을 제공해야 하는 추가되는 수행의무는 아직 이행하지 못하였을 수 있다. 이때 유지용역 제공과 관련된 위험과 보상은 자산의 소유에 따른 위험과 보상의 이전 여부를 평가할 때 고려하지 않는다.

(5) **고객이 자산을 수락하였다:** 고객이 자산을 수락한 것은 자산의 사용을 지시하고, 자산의 나머지 효익 대부분을 획득하는 능력이 고객에게 있음을 나타낼 수 있다.

통상적으로는 기업이 고객에게 자산을 이전하고 대금을 청구할 수 있을 때 고객은 자산의 사용을 지시하고, 효익을 획득할 수 있을 것이다. 따라서 자산을 인도하는 시점에 수익을 인식한다. 이를 인도기준이라고 한다.

그러나 재매입약정, 위탁이나 미인도 청구 약정, 수락조항 등이 있다면 통제가 이전되는 시점을 계약조건에 따라 판단해야 한다. 이러한 조항은 고객이 그 자산을 법적으로 소유하거나, 물리적으로 점유하더라도 자산의 사용을 지시하거나 효익을 획득하는 능력이 제한되기 때문이다. 이에 대해서는 5장의 '보론'에서 별도로 설명하기로 한다.

SECTION

08 계약관련 자산과 부채의 표시

계약 당사자 중 어느 한편이 계약을 수행했을 때, 기업의 수행 정도와 고객의 지급과의 관계에 따라 그 계약을 계약자산(contract asset)이나 계약부채(contract liability)로 재무상태표에 표시한다. 그리고 대가를 받을 무조건적인 권리는 수취채권(receivable bond)으로 구분하여 표시한다. 각각의 정의는 다음과 같다.

(1) **계약자산:** 기업이 고객에게 이전한 재화나 용역에 대하여 그 대가를 받을 권리로, 그 권리에 시간의 경과 외의 조건(예: 기업의 미래 수행)이 있는 자산

(2) **계약부채:** 기업이 고객에게서 이미 받은 대가 또는 지급기일이 된 대가에 상응하여 고객에게 재화나 용역을 이전하여야 하는 기업의 의무

(3) **수취채권:** 기업이 대가를 받을 무조건적인 권리

고객이 대가를 지급하기 전이나 지급기일 전에 기업이 먼저 고객에게 재화나 용역을 이전하는 경우에 기업은 계약자산, 즉 고객에게 재화나 용역을 이전하고 고객에게서 대가를 받을 권리를 가진다.

일반적으로 계약자산은 대가를 받을 무조건적인 권리, 즉 수취채권이다. 단지 시간만 경과하면 대가를 지급받을 수 있는 날이 오기 때문이다. 그러나 어떤 경우에는 기업이 수행의무를 이행하더라도 대가를 받을 무조건적인 권리가 없는 경우도 있다. 예를 들면 기업은 계약의 또 다른 수행의무를 우선적으로 이행해야 하는 경우도 있기 때문이다.

따라서 기업이 수행의무를 이행하였지만 또 다른 수행의무가 있어 대가를 받을 무조건적인 권리가 없는 경우에는 계약자산을 인식하고, 시간만 지나면 대가를 지급받기로 하는 무조건적인 권리가 있는 경우에는 수취채권을 인식한다.

더 알아보기 **계약자산과 수취채권을 구분해서 표시하는 이유**

계약자산과 수취채권을 구분해서 표시하는 것이 재무제표이용자들에게 계약상 기업의 권리와 관련된 위험에 대한 목적적합한 정보를 제공하기 때문이다. 비록 계약자산과 수취채권 모두 신용위험에 노출되겠지만, 계약자산은 추가 수행위험과 같은 다른 위험에 노출될 수도 있다.

수취채권은 금융상품 기준서(K-IFRS 제1109호)에 따라 회계처리 한다. 따라서 고객과의 계약으로 수취채권을 최초로 인식할 때, 금융상품 기준서에 따른 수취채권의 측정치와 인식한 수익에 상응하는 금액 간의 차이는 비용(예: 손상차손)으로 표시한다.

한편, 기업이 고객에게 재화나 용역을 이전하기 전에 고객이 대가를 지급하거나 기업이 대가를 받을 무조건적인 권리(수취채권)를 갖고 있는 경우에, 기업은 지급받은 때나 지급받기로 한 때에 그 계약을 계약부채로 표시한다.

예시로 이해하기 **계약자산과 수취채권**

㈜대한은 고객에게 제품 A와 B를 이전하고 그 대가로 ₩1,000을 받기로 20X1년 1월 1일에 계약을 체결하였다. 계약에서는 제품 A를 먼저 인도하도록 요구하고, 제품 A의 인도 대가는 제품 B의 인도를 조건으로 한다고 기재되어 있다. 다시 말하면, 대가 ₩1,000은 ㈜대한이 고객에게 제품 A와 B 모두를 이전한 다음에만 받을 권리가 생긴다. 따라서 ㈜대한은 제품 A와 제품 B 모두를 고객에게 이전할 때까지 대가를 받을 무조건적인 권리(수취채권)가 없다.

㈜대한은 제품 A와 B를 이전하기로 한 약속을 수행의무로 식별하고, 제품의 상대적 개별 판매가격에 기초하여 제품 A에 대한 수행의무에 ₩400을, 제품 B에 대한 수행의무에 ₩600을 배분하였다. ㈜대한은 제품에 대한 통제를 고객에게 이전할 때 각 수행의무에 대한 수익을 인식한다.

이 사례에 대해 각 시점별로 다음과 같이 회계처리 한다.

(1) ㈜대한이 제품 A를 이전하는 수행의무를 이행한 시점

(차)	계약자산	400	(대)	수익	400

(2) ㈜대한이 제품 B를 이전하는 수행의무를 이행한 시점

(차)	수취채권	1,000	(대)	계약자산	400
				수익	600

예시로 이해하기 계약부채와 수취채권

㈜대한은 20X1년 3월 31일에 고객에게 제품을 이전하는 계약을 20X1년 1월 1일에 체결하였다. 계약에 따라 고객은 20X1년 1월 31일에 대가 ₩1,000을 미리 지급하여야 하는데, 실제로 고객은 20X1년 3월 1일에 대가를 지급하였다. ㈜대한은 20X1년 3월 31일에 제품을 이전하였다. 다음의 각 상황별로 ㈜대한이 이 계약을 어떻게 회계처리 하는지를 설명한다.

1. 취소할 수 있는 계약인 경우, 시점별로 다음과 같이 회계처리 한다.

(1) 20X1년 3월 1일: 현금 ₩1,000을 받는 시점

(차)	현금	1,000	(대)	계약부채	1,000

(2) 2X09년 3월 31일: 수행의무를 이행한 시점

(차)	계약부채	1,000	(대)	수익	1,000

2. 취소할 수 없는 계약인 경우, 시점별로 다음과 같이 회계처리 한다.

(1) 20X1년 1월 31일: 계약상 대가의 지급기일 시점에 ㈜대한이 대가를 받을 무조건적인 권리를 갖기 때문에 수취채권으로 인식한다.

(차)	수취채권	1,000	(대)	계약부채	1,000

(2) 20X1년 3월 1일: 현금 ₩1,000을 받은 시점

(차)	현금	1,000	(대)	수취채권	1,000

(3) 20X1년 3월 31일: 수행의무를 이행한 시점

(차)	계약부채	1,000	(대)	수익	1,000

예시로 이해하기 기업의 수행 정도에 대해 인식하는 수취채권

㈜대한은 제품을 개당 ₩150에 이전하기로 20X1년 1월 1일에 고객과 계약을 체결하였다. 고객이 1년 이내에 제품을 1백만 개 이상 구매할 경우에는 계약에 따라 개당 가격을 소급하여 ₩125으로 낮추어야 한다. 기업은 계약 개시시점에 고객이 가격 인하의 임계치인 제품 1백만개 조건을 충족할 것이고, 따라서 거래가격이 제품 개당 ₩125이 될 것으로 추정하고 있다. ㈜대한은 20X1년 1월 10일에 제품 100개를 고객에게 처음 운송하였다.

제품에 대한 통제를 고객에게 이전할 때 대가를 지급받을 권리가 생긴다. 그러므로 ㈜대한은 제품 1백만 개를 운송한 후 가격 감액을 소급 적용하기 전까지, 개당 ₩150의 대가를 받을 무조건적 권리(수취채권)가 있다. 따라서 ㈜대한은 제품 100개를 고객에게 처음 운송할 때 다음과 같이 수익을 인식한다.

(차) 수취채권[주1]	15,000	(대)	수익[주2]	12,500
			환불부채(계약부채)	2,500

주1 개당 ₩150 × 제품 100

주2 개당 거래가격 ₩125 × 제품 100

환불부채는 제품 개당 ₩25의 환불금을 나타낸다. 이는 수량기준 리베이트(기업이 받을 무조건적인 권리가 있는 계약 표시가격 ₩150과 추정 거래가격 ₩125의 차이)로 고객에게 제공될 것으로 예상하는 것이다.

요약

01 1단계: 고객과의 계약 식별(계약의 요건)

(1) 계약 당사자들이 계약을(서면으로, 구두로, 그 밖의 사업관행에 따라) 승인하고 각자의 의무를 수행하기로 확약

(2) 이전할 재화나 용역과 관련된 각 당사자의 권리를 식별 가능

(3) 이전할 재화나 용역의 지급조건을 식별 가능

(4) 계약에 상업적 실질이 존재(계약의 결과로 기업의 미래 현금흐름의 위험, 시기, 금액이 변동될 것으로 예상)

(5) 고객에게 이전할 재화나 용역에 대하여 받을 권리를 갖게 될 대가의 높은 회수가능성

02 2단계: 수행의무의 식별

(1) 수행의무: 고객과의 계약에서 약속한 재화나 용역을 검토하여 고객에게 ① 구별되는 재화나 용역 (또는 재화나 용역의 묶음), 또는 ② 실질적으로 서로 같고 고객에게 이전하는 방식도 같은 '일련의 구별되는 재화나 용역' 중 하나를 이전하기로 한 약속

(2) 식별되지 않는 재화와 용역: 구별되는 재화나 용역의 묶음을 식별할 수 있을 때까지 그 재화나 용역을 약속한 다른 재화나 용역과 결합하여 단일의 수행의무로 회계처리

03 3단계: 거래가격의 산정

구분	내용	일반적인 측정방법
원칙	고객에게 약속한 재화나 용역을 이전하고 그 대가로 기업이 받을 권리를 갖게 될 것으로 예상하는 금액	받을 대가의 공정가치
변동대가	계약에 약속한 대가 중 변동되는 금액	추정치를 거래가격에 포함하여 수익인식
변동대가 추정치의 제약	변동대가와 관련된 추정치 중 환원하리라 예상되는 금액	거래가격에 포함하지 않음 (수익으로 인식하지 않음)
계약에 있는 유의적인 금융요소	계약에 유의적인 금융요소가 포함된 화폐의 시간가치가 미치는 영향	유의적인 금융요소를 반영하여 약속한 대가를 조정(현재가치)
비현금 대가	계약에 약속한 대가 중 현금 외의 형태로 제공되는 금액	공정가치로 측정하여 약속한 대가에 포함
고객에게 지급할 대가	기업이 고객에게 지급하는 현금 금액	거래가격에서 차감하여 회계처리

04 4단계: 거래가격의 배분

구분	내용
배분방법	상대적 개별 판매가격에 기초하여 각 수행의무에 비례적으로 배분
개별 판매가격	수행의무(재화나 용역)를 별도로 판매할 때의 가격

05 5단계: 수행의무의 이행(수익인식)

(1) 기간에 걸쳐 수행의무를 이행하는 경우: 수행의무의 진행률을 측정하여 기간에 걸쳐 수익을 인식

(2) 한 시점에 수행의무를 이행하는 경우: 자산의 통제가 고객에게 이전되는 시점에 수익을 인식

OX 퀴즈

다음의 설명이 타당하면 ○, 아니면 ×로 답하라.

01 재화나 용역의 교환에 상업적 실질이 없다고 하더라도, 기업은 그 교환에서 수익을 인식할 수 있다.

02 하나의 계약에 여러 개의 수행의무가 있는 경우, 기본적으로 이전하기로 약속한 재화나 용역(또는 재화나 용역의 묶음)이 구별되면 각각을 수행의무로 식별한다. 그러나 복수의 구별된 재화나 용역이 실질적으로 서로 같고 고객에게 이전하는 방식도 같다면 그 복수의 구별된 재화나 용역을 하나의 수행의무로 식별한다.

03 햄버거 가게에서 햄버거를 판매할 경우, 햄버거의 제공뿐 아니라 빵이나 패티 등의 제공이 별도의 수행의무가 된다.

04 변동대가는 (1) 기댓값과 (2) 가능성이 가장 높은 금액 중 기업이 권리를 갖게 될 대가 금액을 더 잘 예측하는 금액으로 추정한다. 이때 기업은 기댓값과 가능성이 가장 높은 금액 중에서 자유롭게 선택할 수 있다.

05 고객이 현금 외의 대가를 약속한 계약에서는 비현금 대가를 공정가치로 측정하여 거래가격을 산정한다. 즉, 고객으로부터 받은 또는 받을 비현금 대가의 공정가치로 측정한다.

06 재화나 용역의 개별 판매가격을 적절하게 추정하는 방법 중 잔여접근법은 수행의무를 이행하기 위한 예상원가를 예측하고, 여기에 그 재화나 용역에 대해 적절한 이윤을 가산하는 방법이다.

07 자산에 대한 통제는 (1) 자산을 사용하도록 지시하고 (2) 자산의 나머지 효익 대부분을 획득할 수 있는 능력으로 정의된다. 여기에는 다른 기업이 자산의

사용을 지시하는 것과 자산의 효익을 획득하는 것을 못하게 하는 능력을 포함한다.

08 고객이 지금까지 완료된 수행분에 대해 기업에 보상하는 금액이 계약이 종료된다고 가정할 때 기업이 잠재적으로 상실하는 이익(즉, 투입원가)에 해당한다면 지급청구권이 있다고 할 수 있다.

09 기업이 수행의무를 이행하였지만 또 다른 수행의무가 있어 대가를 받을 무조건적인 권리가 없는 경우에는 계약자산을 인식하고, 시간만 지나면 대가를 지급받기로 하는 무조건적인 권리가 있는 경우에는 수취채권을 인식한다.

종합 예제

01 ㈜대한은 통상적으로 제품 A, B, C를 개별 판매하고 있으며, 제품 B와 제품 C를 함께 묶어서 판매하는 경우에는 ₩1,200에 판매하고 있다. 각 제품별 단위당 판매가격은 다음과 같다.

제품	단위당 개별 판매가격
A	₩800
B	1,100
C	900
합계	₩2,800

㈜대한은 제품 A, B, C 각 한 단위를 묶어서 ₩2,000에 판매하기로 ㈜민국과 계약을 체결하였으며, ㈜대한은 서로 다른 시점에 각 제품에 대한 수행의무를 이행할 예정이다.

요구사항

㈜민국과의 계약에 대한 수익인식에 있어서 ㈜대한이 제품 B에 배분할 거래가격은 얼마인가?

해설

해당 계약은 ₩800의 할인액(개별 판매가격 합계 ₩2,800과 거래가격 ₩2,000의 차이)을 포함하고 있다. 그런데 ㈜대한은 보통 제품 B와 C를 함께 ₩1,200에, 제품 A를 ₩800에 판매하고 있기 때문에, K-IFRS 제1115호 문단 82에 따라 일부 수행의무(제품 B와 C를 이전하는 약속)에만 전체 할인액을 배분한다. 배분된 거래가격은 다음과 같다.

제품	배분된 거래가격	
A		₩800
B	₩1,100 − ₩800 × (₩1,100/₩2,000) =	660
C	₩900 − ₩800 × (₩900/₩2,000) =	540
합계		₩2,000

따라서 제품 B에 배분할 거래가격은 ₩660이다.

02 ㈜대한은 20X1년 1월 1일 총수취액 ₩7,500,000의 할부매출을 하면서 20X1년말부터 ₩2,500,000씩 3년에 걸쳐서 수령하기로 하였다. 이 거래에는 유의적인 금융요소가 포함되어 있으며, 계약 할인율은 연 12%이다. 현가계수는 다음과 같다.

이자율	현가계수			
	1년	2년	3년	계
12%	0.8929	0.7972	0.7118	2.4019

요구사항

A. ㈜대한의 총수취액을 매출액과 이자수익으로 구분하라.

B. 20X1년부터 20X3년까지 매년 포괄손익계산서에 표시될 이자수익과 매 회계연도말에 재무상태표에 표시될 매출채권의 장부금액을 구하라.

해설

A. 매출액과 이자수익

(1) 매출액 = ₩2,500,000 × 2.4019(3기간, 12%, 연금현가계수) = ₩6,004,750

(2) 이자수익 = 총수취액 ₩7,500,000 − ₩6,004,750 = ₩1,495,250

B. 매출채권 장부금액 조정표

일자	할부금 회수액	이자수익(12%)	원금회수액	장부금액
20X1. 1. 1.				₩6,004,750
20X1.12.31.	₩2,500,000	₩720,570	₩1,779,430	4,225,320
20X2.12.31.	2,500,000	507,038	1,992,962	2,232,358
20X3.12.31.	2,500,000	267,642*	2,232,358	0
계	₩7,500,000	₩1,495,250	₩6,004,750	

* 단수차이 조정

참고로 회계처리를 예시하면 다음과 같다(유동성 대체 분개 생략).

20X1. 1. 1.	(차)	장기매출채권	6,004,750	(대)	매출	6,004,750
20X1.12.31.	(차)	현금	2,500,000	(대)	이자수익	720,570
					장기매출채권	1,779,430
20X2.12.31.	(차)	현금	2,500,000	(대)	이자수익	507,038
					장기매출채권	1,992,962
20X3.12.31.	(차)	현금	2,500,000	(대)	이자수익	267,642
					장기매출채권	2,232,358

03 ㈜대한은 20X1년초에 상품 X를 개당 ₩1,000에 판매하기로 고객과 계약을 체결하였다. 계약에는 고객이 상품 X를 1년 동안 1,000개 이상 구매하면 개당 판매가격을 ₩900으로 소급하여 낮추기로 하였다. 20X1년 3월 31일에 ㈜대한은 고객에게 상품 X를 100개 판매하였는데, 당기 중에 고객이 1,000개 이상을 구매하지 않을 것으로 예상하였다. 그러나 20X1년 6월 30일에 ㈜대한은 고객에게 상품 X를 500개 판매하였고 당기 중에 판매량이 1,000개를 초과할 것으로 예상하였다.

요구사항

20X1년 3월 31일과 20X1년 6월 30일의 회계처리를 제시하라.

해설

(1) 20X1년 3월 31일 회계처리

매출액 = 100개 × ₩1,000 = ₩100,000

(차)	매출채권	100,000	(대)	매출	100,000

(2) 20X1년 6월 30일 회계처리

매출액 = 500개 × ₩900 − 100개 × ₩100(3월 31일자 가격할인액) = ₩440,000

(차)	매출채권	440,000	(대)	매출	440,000

CHAPTER 5

수익인식 II
: 특수한 상황에서의 수익인식

학습 목표

- 건설계약과 진행기준에 따른 수익인식에 대해 이해할 수 있다.

* 3~13은 '보론'으로 책에서는 생략하고 출판사 홈페이지 자료실에 별도 게시하였다.

K-IFRS 고객과의 계약에서 생기는 수익(제1115호)

제(개정일): 2021.04.23.

사 례 건설계약과 진행기준 공시 사례(GS건설주식회사)

재무제표

재무상태표

제54기말 2022년 12월 31일 현재

제53기말 2021년 12월 31일 현재

GS건설주식회사 단위: 원

과목	주석	제54(당)기말	제53(전)기말
자산			
I. 유동자산		6,055,660,132,779	6,085,166,326,823
매출채권 및 기타채권	6, 7, 9, 30, 32, 33	2,402,572,212,052	2,075,478,718,676
계약자산	7, 32	1,195,467,178,775	794,725,053,315
부채			
I. 유동부채		5,624,645,004,093	5,595,037,842,054
계약부채	7	1,725,099,480,299	2,063,667,806,448
유동충당부채	7, 20	257,156,448,165	147,553,094,842
기타유동부채	7, 9, 17, 30, 33	944,901,101,653	905,103,198,631

손익계산서

제54기 2022년 1월 1일부터 2022년 12월 31일까지

제53기 2021년 1월 1일부터 2021년 12월 31일까지

GS건설주식회사 단위: 원

과목	주석	제61(당)기	제60(전)기
I. 매출액	4, 7, 30	8,613,702,892,101	7,795,915,289,675
1. 공사매출		7,698,241,225,203	6,933,730,521,212
2. 분양매출		775,101,418,032	753,739,594,168
3. 기타매출		140,360,248,866	108,445,174,295
II. 매출원가	7, 29, 30	7,803,249,192,903	6,687,225,802,554
1. 공사매출원가		7,004,118,850,396	6,004,285,479,852
2. 분양매출원가		655,554,237,747	560,456,623,802
3. 기타매출원가		143,576,104,760	122,483,698,900
III. 매출총이익		810,453,699,198	1,108,689,487,121

주석

2. 재무제표 작성기준 및 중요한 회계정책

2.3.15 충당부채

충당부채는 과거사건의 결과로 현재의무(법적의무 또는 의제의무)가 존재하고, 당해 의무를 이행하기 위하여 경제적효익이 내재된 자원이 유출될 가능성이 높으며, 의무의 이행에 소요되는 금액을 신뢰성 있게 추정할 수 있는 경우에 인식하고 있습니다. 충당부채를 결제하기 위하여 필요한 지출액의 일부 또는 전부를 제3자가 변제할 것이 예상되는 경우 당사가 의무를 이행한다면 변제를 받을 것이 거의 확실하게 되는 때에 한하여 변제금액을 인식하고 별도의 자산으로 회계처리하고 있습니다. 충당부채와 관련하여 포괄손익계산서에 인식되는 비용은 제3자의 변제와 관련하여 인식한 금액과 상계하여 표시하고 있습니다.

화폐의 시간가치 효과가 중요한 경우 충당부채는 부채의 특유위험을 반영한 현행 세전 이자율로 할인하고 있습니다. 충당부채를 현재가치로 평가하는 경우, 기간 경과에 따른 장부금액의 증가는 금융원가로 인식하고 있습니다.

(1) 하자보수 충당부채

당사는 법적 요구에 따라 판매 시점에 결함이 존재하는 제품을 수리하는 보증을 제공하고 있습니다. 이러한 확신 유형의 보증은 고객에 제품이 판매되거나 용역이 제공되는 시점에 인식되며, 과거 경험에 근거해서 측정합니다. 하자보수 충당부채는 보고기간말마다 조정됩니다.

(2) 손실부담계약

당사가 손실부담계약을 체결하고 있는 경우에는, 관련된 현재의무를 충당부채로 인식하고 측정합니다. 손실부담계약에 대한 충당부채를 인식하기 전에 해당 손실부담계약을 이행하기 위하여 사용하는 자산에서 생긴 손상차손을 먼저 인식합니다.

손실부담계약은 계약상 의무 이행에 필요한 회피불가능 원가가 그 계약에서 받을 것으로 예상되는 경제적효익을 초과하는 계약입니다. 회피불가능 원가는 계약에서 존재하는 최소 순원가로 계약을 이행하기 위하여 필요한 원가와 계약을 이행하지 못하였을 때 지급하여야 할 보상금이나 위약금 중 적은 금액입니다.

2.3.17 수익인식

(1) 수행의무의 식별

당사는 ① 고객이 재화나 용역 그 자체에서 효익을 얻거나 고객이 쉽게 구할 수 있는 다른 자원과 함께하여 그 재화나 용역에서 효익을 얻을 수 있고, ② 고객에게 재화나 용역을 이전하기로 하는 약속을 계약 내의 다른 약속과 별도로 식별해 낼 수 있다면 구별되는 별도의 수행의무로 식별합니다.

(2) 기간에 걸쳐 이행하는 수행의무

당사가 수행하고 있는 대부분의 건설 계약은 고객이 요구하는 아파트, 상업시설, 플랜트, 도로, 교량 등 다양한 시설물을 제작하고 있으며, 일반적으로 3~4년의 공사 기간이 소요됩니다.

기업회계기준서 제1115호에 따르면 각각의 수행의무를 한 시점에 이행하는지, 기간에 걸쳐 이행하는지에 따라 수익인식 시점이 변경될 수 있습니다. 수행의무를 일정 기간에 걸쳐 이행하는지는 다음 기준 중

주석

어느 하나를 충족해야 합니다.

① 고객이 기업이 업무를 수행하는 대로 효익을 얻고 동시에 소비한다.

② 기업이 만드는 대로 고객이 그 자산을 통제한다.

③ 기업이 업무를 수행하여 만든 자산이 기업 자체에는 대체 용도가 없고 지금까지 업무 수행을 완료한 부분에 대해서는 집행가능한 지급청구권이 있다.

당사의 대부분의 건설 계약은 계약기간 동안 고객에게 건설 공사 및 유지보수용역을 제공할 의무가 있으며 당사가 만들거나 가치를 높이는 대로 그 자산을 고객이 통제할 수 있는 것으로 판단되어 수행의무에 배분된 거래가격을 용역을 제공하는 기간에 걸쳐 수익으로 인식하고 있습니다.

자체분양공사의 수익은 한국회계기준원 질의회신 '2017-I-KQA015'의 조건을 충족하는 계약에 대하여 진행기준으로 인식하며, 동 회계처리는 한국채택국제회계기준에 한하여 효력이 있습니다.

(3) 투입법을 이용한 진행률 측정

기업회계기준서 제1115호에 따르면 고객에게 약속한 재화나 용역, 즉 자산을 이전하여 수행의무를 이행할 때 또는 기간에 걸쳐 수행의무를 이행하는 대로 수익을 인식합니다. 기간에 걸쳐 수행하는 의무는 수행의무 완료까지의 진행률을 측정하여 기간에 걸쳐 수익을 인식하고, 진행률을 측정하는 방법에는 산출법과 투입법이 포함되며, 수행의무의 진행률을 합리적으로 측정할 수 있는 경우에만 적용할 수 있습니다. 당사의 대부분의 건설계약은 투입법을 이용한 진행률 측정을 적용하고 있습니다.

기업회계기준서 제1115호에 따르면 계약 개시 시점에 재화가 구별되지 않고, 고객이 재화와 관련된 용역을 제공받기 전에 유의적으로 그 재화를 통제할 것으로 예상되며, 이전되는 재화의 원가가 수행의무를 완전히 이행하기 위해 예상되는 총원가와 비교하여 유의적인데다, 기업이 제3자에게서 재화를 조달받고 그 재화의 설계와 생산에 유의적으로 관여하지 않는다고 예상한다면, 수행의무를 이행하기 위해 사용한 재화의 원가와 동일한 금액을 수익으로 인식하는 방법이 기업의 수행 정도를 충실하게 나타낼 수 있습니다.

당사의 플랜트 부문에서 수행하고 있는 건설계약은 특수장비의 구매 및 설치를 포함한 계약으로 대부분 3년 이상의 장기간에 걸쳐 공사를 진행합니다. 당사는 플랜트 건설계약 중 총예정원가 대비 특수장비 원가의 규모, 개별 계약에 따른 특수장비에 대한 고객의 유의적인 통제 여부, 재화의 설계와 생산에 유의적인 관여 여부 등을 고려하여 회계처리 하고 있습니다.

(4) 계약체결증분원가 및 계약이행원가

당사는 회수될 것으로 예상되는 계약체결증분원가 또는 계약과 직접 관련하여 발생하였고 계약을 이행하는 데 사용할 자원을 창출하고 회수될 것으로 예상되는 계약이행원가에 한하여 자산화를 하고 있으며, 자산화 요건을 충족하지 못하는 경우에는 당기 비용으로 처리하고 있습니다.

7. 건설계약

(1) 당기 및 전기 중 당사의 공사계약 잔액 변동내역은 다음과 같습니다.

주석

〈당기〉

단위: 백만원

구분		기초잔액	증감액	공사수익인식	기말잔액
도급공사	건축 · 주택부문	13,742,323	7,146,220	6,068,416	14,820,127
	플랜트부문	480,066	389,034	560,384	308,716
	ECO사업부문	294,310	194,013	60,780	427,543
	인프라부문	2,149,224	421,367	867,183	1,703,408
	신사업부문	–	4,389	676	3,713
	소계	16,665,923	8,155,023	7,557,439	17,263,507
자체공사(*)	건축 · 주택부문	1,843,226	5,436	546,546	1,302,116
합계		18,509,149	8,160,459	8,103,985	18,565,623

(*) 한 시점에 수익을 인식하는 분양계약을 제외하였습니다.

〈전기〉

단위: 백만원

구분		기초잔액	증감액	공사수익인식	기말잔액
도급공사	건축 · 주택부문	9,228,441	9,477,986	4,964,104	13,742,323
	플랜트부문	971,402	539,090	1,030,426	480,066
	ECO사업부문	254,810	123,510	84,010	294,310
	인프라부문	2,673,281	195,742	719,799	2,149,224
	소계	13,127,934	10,336,328	6,798,339	16,665,923
자체공사(*)	건축 · 주택부문	472,569	2,096,289	725,632	1,843,226
합계		13,600,503	12,432,617	7,523,971	18,509,149

(*) 한 시점에 수익을 인식하는 분양계약을 제외하였습니다.

상기 공사계약금액은 미착공 현장의 공사계약금액을 포함하고 있지 않습니다.

(2) 보고기간종료일 현재 당사의 진행 중인 건설계약 내역은 다음과 같습니다.

〈당기말〉

단위: 백만원

구분		누적공사수익	누적공사원가	누적공사손익	유보금(*)
도급공사	건축 · 주택부문	35,476,760	30,107,103	5,369,657	6,076
	플랜트부문	27,394,987	27,304,974	90,013	163,588
	ECO사업부문	4,974,581	5,398,325	(423,744)	47,193
	인프라부문	11,388,463	10,956,942	431,521	83,437
	신사업부문	676	676	–	–
	소계	79,235,467	73,768,020	5,467,447	300,294
자체공사	건축 · 주택부문	2,990,173	2,365,219	624,954	–
합계		82,225,640	76,133,239	6,092,401	300,294

(*) 유보금은 재무제표상 공사미수금에 포함되어 있습니다.

〈전기말〉

단위: 백만원

구분		누적공사수익	누적공사원가	누적공사손익	유보금(*)
도급공사	건축 · 주택부문	35,018,108	29,509,289	5,508,819	9,230
	플랜트부문	26,836,104	26,652,190	183,914	148,848
	ECO사업부문	5,101,723	5,498,364	(396,641)	50,258
	인프라부문	10,774,649	10,406,536	368,113	77,935
	소계	77,730,584	72,066,379	5,664,205	286,271
자체공사	건축 · 주택부문	2,444,281	1,922,272	522,009	–
합계		80,174,865	73,988,651	6,186,214	286,271

(*) 유보금은 재무제표상 공사미수금에 포함되어 있습니다.

(3) 보고기간종료일 현재 당사의 계약자산(미청구공사) 및 계약부채(초과청구공사 및 선수금) 내역은 다음과 같습니다.

〈전기말〉

단위: 백만원

구분		당기말		전기말	
		계약자산(*1)	계약부채(*2)	계약자산(*1)	계약부채(*2)
도급공사	건축 · 주택부문	765,453	1,103,415	316,614	1,433,894
	플랜트부문	68,947	125,184	163,816	125,162
	ECO사업부문	50,075	81,297	53,797	35,461
	인프라부문	303,362	24,987	252,126	49,637
	신사업부문	676	–	–	–
	합계	1,188,513	1,334,883	786,353	1,644,154

(*1) 보고기간종료일 현재 당사가 기업회계기준서 제1109호에 따라 계약자산에 대하여 인식한 대손충당금은 273,736백만원(전기말: 269,860백만원)입니다.

(*2) 전기말 계약부채 잔액 중 당기에 인식한 수익은 1,452,844백만원(전기: 1,397,412백만원)입니다.

당사의 자체공사와 관련하여 분양수익이 진행청구액을 초과하는 금액은 당기말 현재 4,026백만원(전기말: 7,744백만원)이며, 진행청구액이 분양수익을 초과하는 금액은 당기말 현재 238,123백만원(전기말: 280,624백만원)입니다.

(4) 보고기간종료일 현재 당사가 자산으로 인식한 계약이행원가는 113,878백만원(전기말: 89,486백만원)입니다. 당사는 건설계약과 관련하여, 계약(또는 예상 계약)과 직접 관련되고, 미래의 수행의무를 이행할 때 사용할 기업의 자원을 창출하거나 가치를 높이며, 회수될 것으로 예상되는 원가를 계약이행원가로 인식하였습니다.

(5)~(7) 생략

SECTION 01

개요

4장에서는 일반적인 상황에서 수익을 인식하는 원칙과 그 적용에 대하여 살펴보았다. 일반적인 상황에서 기업은 고객에게 자산을 이전하고 대금을 청구할 수 있을 때, 수익을 인식한다.

그러나 수익이 발생하는 상황은 매우 다양하기 때문에, 특별한 상황에서는 일반적인 수익인식 원칙만으로 적용이 어렵다. 이러한 경우에는 수익인식과 관련하여 추가적인 고려가 필요하다. 예를 들면, 다음과 같은 특별한 상황이 있을 수 있다.

(1) 건설계약과 진행기준
(2) 반품권이 있는 판매
(3) 보증
(4) 본인 대 대리인의 고려사항
(5) 추가 재화나 용역에 대한 고객의 선택권
(6) 고객이 행사하지 아니한 권리
(7) 환불되지 않는 선수수수료
(8) 라이선싱
(9) 재매입약정
(10) 위탁약정
(11) 미인도청구약정
(12) 고객의 인수

5장에서는 4장에 이어 특별한 상황에서의 수익인식에 대하여 설명한다. 4장과의 차이점은 위와 같은 각각의 특별한 상황에서 (1) 수익인식을 위해 어떤 추가적인 사항을 고려해야 하는지, 그에 따라 (2) 수익의 인식이 어떻게 달라지는지를 살펴보는 것이다. 다만, 5장의 본문에서는 앞의 다양한 상황 중에서 '(1) 건설계약과 진행기준'에 대해 설명하고, 나머지 상황에 대해서는 별도로 제공되는 보론[1]을 참고하길 바란다.

1 출판사 홈페이지 자료실(http://www.hanbit.co.kr/src/40027)에 게시되어 있다.

SECTION

02 건설계약

1 주요 회계이슈

건설계약(construction contract)은 '단일 자산(예: 교량, 건물, 댐, 도로, 선박 또는 터널 등)의 건설을 위해 구체적으로 협의된 계약뿐 아니라 설계, 기술 및 기능 또는 그 최종 목적이나 용도에 있어서 밀접하게 상호연관된 단일자산이거나 상호의존적인 복수자산(예: 정제시설, 기타 복합생산설비 또는 기계장치)의 건설을 위해 구체적으로 협의된 계약'을 말한다.

건설계약은 일반적으로 단기간 내에 완성되지 않으며, 2~3년 또는 그 이상의 장기간이 소요되는 경우가 많다. 따라서 계약활동이 시작되는 날과 종료되는 날이 다른 회계기간에 귀속된다는 특징이 있다.

이러한 상황에서 상품이나 제품과 같이 건물이 완성(인도)되었을 때까지 수익인식을 늦추면, 수익과 비용의 대응이 적절히 이루어지지 않으며 기간손익이 왜곡되는 문제점이 있다.

예시로 이해하기 | 건설계약을 완성(인도) 기준으로 수익을 인식하는 경우

㈜대한은 20X1년초부터 20X3년말까지 3년간 공사하는 계약을 ₩1,800,000에 체결하였다. 매년 발생하는 공사원가는 20X1년 ₩200,000, 20X2년 ₩300,000, 20X3년 ₩500,000이다. 이 경우 완성(인도)기준으로 수익을 인식한다면 3년 동안 각 연도별로 인식해야 하는 손익은 다음과 같다.

구분	20X1	20X2	20X3
수익인식액	–	–	₩ 1,800,000
(–) 발생원가인식액	–	–	₩ 1,000,000
이익인식액	–	–	₩ 800,000

이러한 문제점을 해결하는 방법은 다음의 그림과 같이 적절한 기준에 따라 수익과 비용이 대응되도록 계약수익과 계약원가를 건설공사를 수행하는 회계기간에 배분하는 것이다. 즉, 진행기준을 적용하여 수익과 비용을 인식하는 것이다.

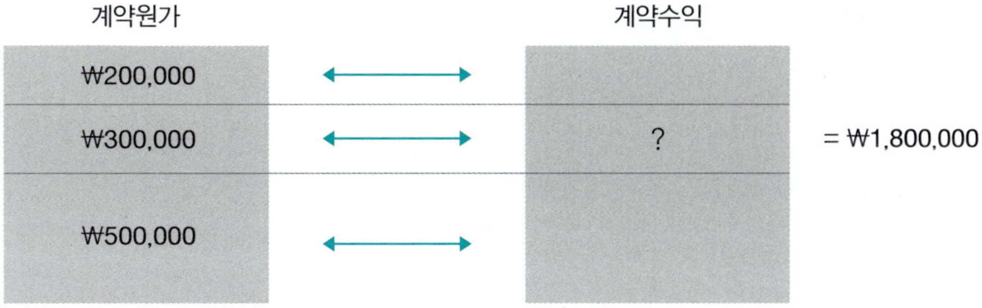

그림 5-1 **진행기준을 적용한 수익과 비용의 인식**

그런데 건설계약에 진행기준을 적용하기 위해서는 다음과 같이 고려해야 할 여러 가지 이슈가 있다. 이러한 이슈들은 건설계약뿐 아니라 진행기준을 적용할 수 있는 모든 경우에 반드시 고려해야 하는 이슈이다.

(1) 모든 건설계약에 진행기준을 적용할 수 있는가?
(2) 진행기준을 적용하여 계약수익과 계약원가를 건설공사가 수행되는 회계기간에 적절히 배분하기 위해서는 어떠한 기준을 사용하여야 하는가?
(3) 진행기준 적용에 따른 수익, 비용, 자산, 부채를 재무제표에 어떻게 표시하는가?
(4) 공사 전체적으로 손실이 예상되는 건설계약의 경우는 어떻게 회계처리 해야 하는가?

4장의 '5단계: 수행의무의 이행(수익인식)'에서도 진행기준에 대해 간단히 살펴보았다. 이 장에서는 진행기준과 관련된 여러 가지 이슈에 대하여 자세히 알아보기로 한다.

2 진행기준의 적용 여부

건설계약이라고 해서 항상 진행기준을 적용할 수 있는 것은 아니다. 4장에서 살펴보았듯이 (1) 통제가 기간에 걸쳐 이전됨을 보여주는 세 가지 조건 중 하나를 만족하고, (2) 진행률을 합리적으로 측정할 수 있는 경우에만 건설계약에 진행기준을 적용할 수 있다.

2.1. 통제가 기간에 걸쳐 이전

기업이 재화나 용역의 통제를 기간에 걸쳐 이전하는 경우에만 진행기준을 적용할 수 있다. 다음 조건 중 어느 하나를 충족하면, 재화나 용역의 통제가 기간에 걸쳐 이전되는 것이며 수익을 진행기준으로 인식한다.

(1) 고객은 기업이 수행함에 따라 효익을 동시에 받고 소비한다.
(2) 기업이 자산을 만들거나 자산 가치를 높이는 대로 고객이 이를 통제한다.
(3) 기업이 수행하여 만든 자산은 기업 자체에는 대체 용도가 없고, 지금까지 수행을 완료한 부분에 대해 집행가능한 지급청구권이 기업에 있다.

(1) 위의 세 가지 조건 중 첫 번째 조건은 주로 용역(예: 청소용역)에 해당한다. 용역은 일반적으로 기업이 수행함과 동시에 고객은 효익을 얻기 때문에 진행기준의 적용이 적절하다.

(2) 두 번째 조건은 건설계약 중 고객이 소유한 토지에 건물을 건설하는 도급공사의 경우에 해당한다. 이 경우 건물의 건설에 따라 통제가 이전되어 고객의 자산 가치는 상승할 것이므로 진행기준을 적용할 수 있다.

(3) 첫 번째와 두 번째 조건이 모두 충족되지 않는다면, 기업은 건설계약이 세 번째 조건을 만족하는지를 검토해야 한다. 즉, 기업이 건설한 자산이 ① 기업 자체에는 대체 용도가 없고, ② 지금까지 수행을 완료한 부분에 대해 집행가능한 지급청구권이 기업에 있는 경우 기간에 걸쳐 이행하는 수행의무이므로 진행기준에 따라 수익을 인식한다.

더 알아보기 **수행의무가 기간에 걸쳐 이행되는지 여부: 부동산선분양계약**

건설회사인 ㈜대한은 회사 소유의 토지에 공동주택단지를 개발하고 있다. 각 단위는 평면도와 크기가 비슷하지만, 단지 내에서의 위치, 층 등의 속성은 다르다. 개발 중에 기업은 건설 중인 주택을 판매하는 계약을 체결한다. 고객은 계약을 체결하면서 환불되지 않는 계약금을, 건설기간 중 스케줄에 따라 중도금을 지급한다. 계약에 따라 ㈜대한은 고객이 구매한 주택을 다른 고객에게 이전할 수 없다. 고객은 계약을 종료할 권한이 없고, 고객이 지급기한에 대금을 지급하지 못하면 계약을 종료할 수 있다.

이러한 경우 ㈜대한은 진행기준의 세 가지 조건을 검토해야 한다. 첫 번째와 두 번째 조건은 해당하지 않으므로 세 번째 조건인 대체 용도와 지급청구권이 있는지를 검토해야 한다.

먼저 대체 용도의 유무를 살펴보면, 계약에 따라 ㈜대한은 고객이 구매한 주택을 다른 고객에게 이전할 수 없기 때문에 A사에는 대체 용도가 없다. 또한 ㈜대한은 지급청구권을 가지고 있다. 고객이 대금을 지급하지 않아도 ㈜대한은 건설을 완료하면 계약에 따라 약속된 대가 전부를 청구할 권리가 있기 때문에(원가와 적절한 이윤을 보상받을 수 있으므로) 지급청구권도 가진 것이다. 따라서 ㈜대한이 공동주택단지를 개발하기로 한 수행의무는 기간에 걸쳐 이행하는 수행의무이므로 진행기준으로 수익을 인식한다.

이 사례는 매우 극단적인 경우를 가정한 것이다. 실제로 대체 용도와 지급청구권의 유무가 분명한 경우는 많지 않다. 특히 지급청구권이 있는가는 많은 경우에 이슈가 된다.

2.2. 진행률의 합리적 측정

진행기준을 적용하기 위한 또 하나의 조건은 해당 회계기간에 수행의무가 이행된 정도인 진행률을 합리적으로 측정할 수 있어야 한다는 것이다. 진행률이란 고객에게 약속한 재화나 용역에 대한 통제를 이전(기업의 수행의무 이행)하는 과정에서 기업의 수행 정도를 나타내기 위한 것인데, 진행률이 합리적이지 않다면 수행의무의 이행 정도를 알 수 없기 때문이다.

만약 진행률을 합리적으로 측정하기 위한 신뢰성 있는 정보가 부족한 경우에는, 진행률을 신뢰성 있게 측정할 수 있을 때까지 진행기준을 적용하지 않고 발생원가의 범위 내에서만 수익을 인식한다.

현실 속 회계 | **매출의 인식 기준 '발생'에서 '인도'로 …**

(중략) 하지만 K-IFRS 1115의 도입 이후 선수금과 공정률에 따른 잔금이 매출로 인식되지 않을 가능성이 크다. 까다로운 조건이 붙기 때문이다. 한종수 이화여대(회계학) 교수는 "K-IFRS 1115에선 계약이 장기간에 걸쳐 진행되는 경우라면 계약 상대에게 전체 대금을 청구할 수 있는 지급청구권이 있어야 중간에 발생하는 수익을 매출로 잡을 수 있다"면서 "이는 계약서에 명시돼 있어야 인정된다"고 설명했다.

문제는 기존의 통상적인 계약에선 지급청구권이 없는 경우가 많다는 점이다. 조선사 관계자는 "일반적으로 선사의 잘못으로 건조계약이 파기되면 이전에 받았던 선수금이나 잔금은 조선사가 몰취하고, 남은 대금은 받지 못하는 경우가 대다수다"라고 말했다. 조선업 관계자들이 "IFRS 1115 도입에 따른 가장 큰 우려는 중간에 발생하는 수익이 인식되지 않아 장기간 매출 공백이 발생할 수 있다는 점이다"고 토로하는 이유가 여기에 있다.

조선사가 최종적으로 배를 고객에게 인도해야 매출로 인식할 수 있다는 건데, 이 기간은 최소 2~3년 이상이 소요된다. 그전까지는 매출이 전혀 발생하지 않는다. 심지어 중간에 받은 선수금이나 잔금은 배를 인도하기 전까지 모두 부채로 인식된다. (후략)

출처: 고준영(2018.1.1.). [IFRS 리스크 조선] 배 건조 기간에 매출 '제로'. 더스쿠프.
https://www.thescoop.co.kr/news/articleView.html?idxno=25649

3 건설계약의 수익과 비용 인식

앞에서 살펴본 내용에 따르면, 건설계약의 경우 수익과 비용을 인식할 때 발생할 수 있는 상황 세 가지는 다음과 같다.

상황 1: 기간에 걸친 통제의 이전 조건을 만족하고, 진행률을 신뢰성 있게 측정할 수 있는 경우 → 진행기준에 따라 수익인식

상황 2: 기간에 걸친 통제의 이전 조건을 만족하지만, 진행률을 신뢰성 있게 측정할 수 없는 경우 → 원가의 범위 내에서 수익인식

상황 3: 기간에 걸친 통제의 이전 조건을 만족하지 못하는 경우 → 완성기준에 따라 수익인식

다음에서는 각각의 상황에서 어떻게 수익과 비용을 인식하는지 알아보자.

3.1. 상황 1: 기간에 걸친 통제의 이전 조건을 만족하고 진행률을 신뢰성 있게 측정할 수 있는 경우

이 경우는 (1) 기간에 걸친 통제의 이전 조건을 만족하고 (2) 진행률을 신뢰성 있게 측정할 수 있는 경우이다. 이 경우 진행기준을 적용하여 건설계약과 관련된 계약수익과 계약원가를 수익과 비용으로 인식한다.

진행기준은 계약수익과 계약원가를 보고기간말 현재 계약활동의 진행률을 기준으로 각각 수익과 비용으로 인식하는 방법이다.

3.1.1. 진행률

1) 진행률의 측정

진행률을 산정하는 방법은 크게 투입법과 산출법이 있으며, 계약의 진행률은 계약의 성격에 따라 다음과 같은 여러 가지 방법으로 측정할 수 있다.

(1) 누적발생계약원가를 추정총계약원가로 나눈 비율

(2) 수행한 공사의 측량(예: 노동시간비례법)

(3) 계약 공사의 물리적 완성비율(예: 완성된 단위의 비율)

진행률을 누적발생계약원가 기준으로 결정하는 방법은 투입법 중 하나이며, 실무에서 가장 많이 사용되는 방법이다. 이 방법에서는 수행한 공사를 반영하는 계약원가만 누적발생원가에 포함해야 하며, 진행률은 다음과 같이 계산한다.

$$계약의\ 진행률 = \frac{누적발생계약원가}{추정총계약원가} = \frac{누적발생계약원가}{누적발생계약원가 + 추가예정계약원가}$$

예제 01 진행률 계산

㈜대한은 ㈜민국과 3년(1차 연도 초~3차 연도 말) 동안 건물을 건설하는 계약을 체결하였다. 총도급금액은 ₩30,000,000이다. 공사가 완성된 3차 연도 말까지 건설활동과 관련된 자료는 다음과 같다.

구분	1차 연도	2차 연도	3차 연도
누적계약원가	₩6,000,000	₩14,000,000	₩20,000,000
추가예정계약원가	14,000,000	6,000,000	–
계약대금회수액	7,000,000	18,000,000	5,000,000

요구사항

누적발생계약원가를 기준으로 각 연도의 진행률을 계산하라.

해설

구분	1차 연도	2차 연도	3차 연도
누적발생계약원가(①)	₩6,000,000	₩14,000,000	₩20,000,000
추가예정계약원가(②)	14,000,000	6,000,000	–
총계약예정원가(③ = ①+②)	₩20,000,000	₩20,000,000	₩20,000,000
누적진행률(① / ③)	30%	70%	100%

2) 추정의 변경과 진행률

신뢰할 수 있는 정보에 근거하여 합리적인 수행의무의 진행률을 측정할 수 있다고 하여도 계약원가에 대한 추정은 다시 변경될 수 있다.

변경된 추정치는 회계추정의 변경으로 보아 전진적으로 적용한다. 즉, 과거의 회계기간에 영향을 미치지 않고 변경이 이루어진 회계기간과 그 후 기간의 포괄손익계산서에 인식되는 수익과 비용의 금액결정에 사용한다. 추정의 변경을 회계처리에 반영하기 위하여 진행기준은 매 회계기간마다 현행 추정치에 근거하여 누적기준으로 계약수익과 계약원가를 추정한다.

예제 02 추정의 변경 시 진행률의 계산

㈜대한은 ㈜민국과 3년(1차 연도 초~3차 연도 말) 동안 건물을 건설하는 계약을 체결하였다. 총도급금액은 ₩30,000,000이다. 공사가 완성된 3차 연도 말까지 건설활동과 관련된 자료는 다음과 같다. 1차 연도에는 총계약예정원가가 ₩20,000,000으로 추정되었으나, 2차 연도에는 인건비 상승으로 총계약예정원가가 ₩25,000,000으로 상승하였다. 그리고 최종적으로 공사 완료 시까지 발생한 총계약원가는 ₩24,000,000이었다.

구분	1차 연도	2차 연도	3차 연도
누적계약원가	₩6,000,000	₩15,000,000	₩24,000,000
추가예정계약원가	14,000,000	10,000,000	-
계약대금회수액	7,000,000	18,000,000	5,000,000

요구사항

누적발생계약원가를 기준으로 각 연도의 진행률을 계산하라.

해설

총계약예정원가가 변동하더라도 과거의 진행률은 수정하지 않고 전진적, 누적적으로 진행률을 계산한다.

구분	1차 연도	2차 연도	3차 연도
누적발생계약원가(①)	₩6,000,000	₩15,000,000	₩24,000,000
추가예정계약원가(②)	14,000,000	10,000,000	-
총계약예정원가(③ = ①+②)	₩20,000,000	₩25,000,000	₩24,000,000
누적진행률(① / ③)	30%	60%	100%

3.1.2. 진행기준의 적용과 계약수익 및 계약원가의 인식

진행기준에 따르면 계약수익은 특정 진행률에 도달하기까지 발생한 계약원가에 대응되며, 그 결과로 진행률에 비례하여 수익, 비용 및 이익이 보고된다.

진행기준하에서 계약수익과 계약원가는 다음과 같이 측정하여 포괄손익계산서에 수익과 비용으로 인식한다. 계약수익은 공사가 수행된 회계기간의 수익으로 인식하고, 계약원가도 통상적으로 관련 공사가 수행된 회계기간의 비용으로 인식한다.

(1) 당기계약수익

당기누적계약수익 − 전기누적계약수익

= (당기말 건설계약금액 × 당기누적진행률)

− (전기말 건설계약금액 × 전기누적진행률)

(2) 당기계약원가

당기누적계약원가 − 전기누적계약원가

= (당기말 추정총계약원가 × 당기누적진행률)

− (전기말 추정총계약원가 × 전기누적진행률)

= 당기발생계약원가

(3) 당기계약이익

당기계약수익(수익) − 당기계약원가(비용)

예제 03 진행기준 적용 건설계약 (1)

㈜대한은 ㈜민국과 3년(1차 연도 초~3차 연도 말) 동안 건물을 건설하는 계약을 체결하였다. 총도급금액은 ₩30,000,000이다. 공사가 완성된 3차 연도 말까지 건설활동과 관련된 자료는 다음과 같다.

구분	1차 연도	2차 연도	3차 연도
누적계약원가	₩6,000,000	₩17,500,000	₩24,000,000
추가예정계약원가	14,000,000	7,500,000	−

요구사항

A. 누적발생계약원가를 기준으로 각 연도의 누적진행률을 계산하라.

B. 각 연도에 인식하여야 할 계약수익, 계약원가, 계약이익(손실)을 구하라.

C. 각 연도에 필요한 회계처리를 나타내라.

해설

A. 누적진행률 계산

구분	1차 연도	2차 연도	3차 연도
누적발생계약원가(①)	₩6,000,000	₩17,500,000	₩24,000,000
추가예정계약원가(②)	14,000,000	7,500,000	−
총계약예정원가(③ = ①+②)	20,000,000	25,000,000	24,000,000
누적진행률(① / ③)	30%	70%	100%

B. 계약수익, 계약원가, 계약이익 산출

구분	1차 연도	2차 연도	3차 연도
총계약수익(도급금액)	₩30,000,000	₩30,000,000	₩30,000,000
진행률	30%	70%	100%
당기누적계약수익	₩9,000,000	₩21,000,000	₩30,000,000
전기누적계약수익	–	(9,000,000)	(21,000,000)
당기계약수익	₩9,000,000	₩12,000,000	₩9,000,000
당기계약원가	6,000,000	11,500,000	6,500,000
당기계약이익	₩3,000,000	₩500,000	₩2,500,000

C. 회계처리

K-IFRS 제1115호 '고객과의 계약에서 생기는 수익'에서는 계약수익, 계약원가에 대한 회계처리 예시는 제시하고 있지 않다. 그러나 이와 관련된 해외 실무서 등을 참조한 회계처리를 예시하면 다음과 같다.

구분	회계처리					
〈1차 연도〉						
계약원가 발생	(차)	미성공사	6,000,000	(대)	현금	6,000,000
계약수익/원가인식	(차)	계약원가	6,000,000	(대)	계약수익	9,000,000
		미성공사	3,000,000			
〈2차 연도〉						
계약원가 발생	(차)	미성공사	11,500,000	(대)	현금	11,500,000
계약수익/원가인식	(차)	계약원가	11,500,000	(대)	계약수익	12,000,000
		미성공사	500,000			
〈3차 연도〉						
계약원가 발생	(차)	미성공사	6,500,000	(대)	현금	6,500,000
계약수익/원가인식	(차)	계약원가	6,500,000	(대)	계약수익	9,000,000
		미성공사	2,500,000			

위 [예제 5-3]과 같이 회계처리하면 각 보고기간말 현재 미성공사 계정의 장부금액은 계약수익으로 인식한 금액과 동일한 금액이 된다. 그 이유는 계약원가는 기중 발생 시 이미 미성공사 차변에 기록하였으므로, 계약수익과 계약원가의 차액인 계약이익에 해당하는 금액을 미성공사에 추가로 차변에 기록(차기)하면 그 결과 계약수익과 동일한 금액이 되기 때문이다.

따라서 특정 보고기간말 현재 미성공사 계정의 장부금액은 누적계약수익인식액과 동일하게 된다. 그리고 공사완공 시점에 미성공사 계정은 총건설계약금액과 일치하게 된다.

당기말 미성공사 = 당기누적계약원가 + 당기누적계약이익
= 당기누적계약수익

* 단, 이러한 관계는 공사손실이 예상되거나 진행률을 원가기준 이외의 다른 기준으로 산정하는 경우에는 성립하지 않음에 주의하기 바란다.

3.1.3. 건설계약대금 청구 및 회수

공사기간 중 건설계약대금의 청구를 통해 회수 가능하게 된 금액은 다음과 같이 계약미수금과 진행청구액(progress billings on construction contracts)의 과목으로 각각 인식한다.

(차)	계약미수금	×××	(대)	진행청구액	×××

계약미수금은 대가를 받을 무조건적인 권리를 갖는 수취채권이므로 자산으로 분류하고, 진행청구액은 건설사업자가 발주자에게 청구한 누적금액을 나타내는 계정으로 건설사업자가 해당 금액만큼의 건설의무를 수행하여야 하므로 부채로 분류한다.

한편, 공사완공 시점까지 건설계약대금을 모두 청구할 것이므로 공사완공 시점에 진행청구액은 총건설계약금액과 일치하게 된다.

건설사업자는 발주자로부터 회수한 건설계약대금을 계약미수금과 상계한다. 만약 회수한 건설계약대금이 계약미수금보다 더 큰 경우에는 차액을 계약선수금이라는 과목으로 부채로 인식한다.

(차)	현금	×××	(대)	계약미수금	×××
				계약선수금	×××

3.1.4. 미청구공사와 초과청구공사

미청구공사와 초과청구공사는 누적발생원가에 계약이익(손실)을 반영한 금액인 누적계약수익과 진행청구액과의 차이에서 발생한다.

미청구공사 또는 초과청구공사

$$= \underbrace{\text{누적발생원가} + \text{계약이익} (- \text{계약손실})}_{\text{누적계약수익 (= 미성공사)}} - \text{진행청구액}$$

당기의 누적계약수익(미성공사)에서 진행청구액(누적공사청구액)을 차감한 차액이 (+)이면 '미청구공사'라고 하며, 당기의 누적계약수익에서 진행청구액을 차감한 잔액이 (-)이면 '초과청구공사'라고 한다.

미청구공사는 누적계약수익 중에서 아직 청구하지 않은 금액을 의미하므로 계약자산에 해당하며, 재무상태표에 표시하는 자산 항목이다. 반면에 초과청구공사는 누적계약수익보다 초과해서 청구한 금액이므로 계약부채와 같은 의미를 가지며 재무상태표에 표시하는 부채 항목이다.

구분	발생 근거	재무상태표 표시
미청구공사	차액 = 누적계약수익(미성공사) − 진행청구액 > 0	자산(계약자산)
초과청구공사	차액 = 누적계약수익(미성공사) − 진행청구액 < 0	부채(계약부채)

더 알아보기 **미청구공사/초과청구공사와 계약자산/계약부채**

K-IFRS 제1115호 '고객과의 계약에서 생기는 수익'이 제정되기 전에는 K-IFRS 제1011호 '건설계약'에 따라 건설계약을 회계처리 하였다. 과거 건설계약 기준서에서는 '미청구공사'와 '초과청구공사' 계정을 사용하여 재무상태표에 표시하도록 하였다. 그러나 새로운 수익 기준서인 K-IFRS 제1115호에서는 '미청구공사'와 '초과청구공사' 계정은 제시하지 않고 있다. 그 대신 4장의 '8. 계약관련 자산과 부채의 표시'에서 설명한 '계약자산'과 '계약부채'라는 계정을 제시하고 있다.

따라서 과거의 기준서에서 사용하던 용어인 '미청구공사'와 '초과청구공사'라는 계정을 앞으로도 사용하느냐 아니면 새로운 기준서의 용어인 '계약자산'과 '계약부채'라는 계정으로 바꿔서 사용하느냐의 문제가 있다.

K-IFRS 제1115호는 재무상태표에서 다른 표현을 사용하는 것을 금지하지 않는다. 다만, '계약자산' 대신 다른 표현을 사용할 경우에는 '수취채권'과 '계약자산'을 구별할 수 있도록 함으로써 재무제표이용자에게 충분한 정보를 제공하도록 하고 있다. 따라서 이 책에서는 독자들의 이해를 돕기 위해 종전 기준서에서 사용하던 '미청구공사'와 '초과청구공사' 계정을 사용하기로 한다. 단, 이 용어들은 '계약자산' 및 '계약부채'의 의미를 가짐을 기억하길 바란다.

현실 속 회계 | 건설 · 조선 못 받은 돈 40兆 '시한폭탄'

(중략)

미청구 금액 '시한폭탄'

23일 금융정보업체 에프엔가이드에 따르면 상장 건설 조선사 51곳의 상반기 기준 미청구공사는 32조 5374억원, 공사 미수금은 7조2584억원으로 집계됐다. 건설사들이 번갈아 적자를 발표했던 2X13년 상반기 말에 비해 미청구공사 규모가 2조3667억원 늘었다.

공사 미수금과 미청구공사는 공사를 하고도 발주처로부터 받지 못한 돈이다. 특히 미청구공사는 조선 · 건설사가 프로젝트 진행률에 따라 매출을 인식하는 데 이 과정에서 발주처와 의견이 다를 경우 발주처에게 청구하지 못해 나타난다. 일종의 매출채권이지만 충당금을 따로 설정하지 않아 미수금에 비해 회수기간이 길고 수령하지 못해 우발손실이 되는 경우도 많다.

실제로 삼성엔지니어링의 대규모 영업적자는 진행 중인 공사의 원가율 상승과 미청구공사에 대한 충당금 반영이 큰 폭으로 증가했기 때문이라는 분석이다. 상반기 기준 삼성엔지니어링의 미청구공사 규모는 2조 3163억원으로 보유 매출채권(3조362억원)의 76.29% 수준이었다. 동부증권 조윤호 연구원은 "준공 지연으로 추가 비용이 발생하고, 발주처와의 협상 지연, 고위험 지역 공사로 인한 인건비 상승 등이 손실로 돌아왔다"고 설명했다.

삼성엔지니어링 이외에 현대건설, GS건설, 대림산업 등 건설사 3곳과 현대중공업, 대우조선해양, 삼성중공업 등 조선사 3곳도 미수금과 미청구공사를 합치면 1조원을 넘는다.

(후략)

출처: 고민서, 박세인(2015.10.23.). 건설 · 조선 못 받은 돈 40兆 '시한폭탄'. 파이낸셜뉴스. https://www.fnnews.com/news/201510231717043208

3.1.5. 공사완공 시점에서 미성공사와 진행청구액의 제거

공사완공 시점에서는 미성공사 계정과 진행청구액 계정의 금액이 건설계약금액과 일치하게 된다. 따라서 공사완공 시점에서는 미성공사 계정과 진행청구액 계정을 다음과 같이 서로 상계하여 재무상태표에서 제거한다.

(차)	진행청구액	×××	(대)	미성공사	×××

예제 04 진행기준 적용 건설계약 (2)

㈜대한은 ㈜민국과 3년(1차 연도 초~3차 연도 말) 동안 건물을 건설하는 계약을 체결하였다. 총도급금액은 ₩30,000,000이다. 공사가 완성된 3차 연도 말까지 건설활동과 관련된 자료는 다음과 같다. 단, 계약대금을 청구한 회계연도에 청구한 금액을 회수한다고 가정한다.

구분	1차 연도	2차 연도	3차 연도
누적계약원가	₩6,000,000	₩17,500,000	₩24,000,000
추가예정계약원가	14,000,000	7,500,000	–
계약대금청구/회수액	7,000,000	18,000,000	5,000,000

요구사항

A. 누적발생계약원가를 기준으로 각 연도의 누적진행률을 계산하라.

B. 각 연도에 인식하여야 할 계약수익, 계약원가, 계약이익(손실)을 구하라.

C. 각 연도에 필요한 회계처리를 나타내라.

D. 각 연도 말 재무상태표에 표시될 미청구공사와 초과청구공사 금액을 계산하라.

해설

A. 누적진행률 계산

구분	1차 연도	2차 연도	3차 연도
누적발생계약원가(①)	₩6,000,000	₩17,500,000	₩24,000,000
추가예정계약원가(②)	14,000,000	7,500,000	–
총계약예정원가(③ = ①+②)	₩20,000,000	₩25,000,000	₩24,000,000
누적진행률(① / ③)	30%	70%	100%

B. 계약수익, 계약원가, 계약이익 산출

구분	1차 연도	2차 연도	3차 연도
총계약수익(도급금액)	₩30,000,000	₩30,000,000	₩30,000,000
진행률	30%	70%	100%
당기누적계약수익	₩9,000,000	₩21,000,000	₩30,000,000
전기누적계약수익	–	(9,000,000)	(21,000,000)
당기계약수익	₩9,000,000	₩12,000,000	₩9,000,000
당기계약원가	6,000,000	11,500,000[주1]	6,500,000[주2]
당기계약이익	₩3,000,000	₩500,000	₩2,500,000

주1 ₩17,500,000 – ₩6,000,000 = ₩11,500,000 주2 ₩24,000,000 – ₩17,500,000 = ₩6,500,000

C. 회계처리

구분	회계처리					
〈1차 연도〉						
계약원가 발생	(차)	미성공사	6,000,000	(대)	현금	6,000,000
계약수익/원가인식	(차)	계약원가	6,000,000	(대)	계약수익	9,000,000
		미성공사	3,000,000			
진행청구액 청구	(차)	계약미수금	7,000,000	(대)	진행청구액	7,000,000
진행청구액 수령	(차)	현금	7,000,000	(대)	계약미수금	7,000,000
〈2차 연도〉						
계약원가 발생	(차)	미성공사	11,500,000	(대)	현금	11,500,000
계약수익/원가인식	(차)	계약원가	11,500,000	(대)	계약수익	12,000,000
		미성공사	500,000			
진행청구액 청구	(차)	계약미수금	18,000,000	(대)	진행청구액	18,000,000
진행청구액 수령	(차)	현금	18,000,000	(대)	계약미수금	18,000,000
〈3차 연도〉						
계약원가 발생	(차)	미성공사	6,500,000	(대)	현금	6,500,000
계약수익/원가인식	(차)	계약원가	6,500,000	(대)	계약수익	9,000,000
		미성공사	2,500,000			
진행청구액 청구	(차)	계약미수금	5,000,000	(대)	진행청구액	5,000,000
진행청구액 수령	(차)	현금	5,000,000	(대)	계약미수금	5,000,000
미성공사의 제거	(차)	진행청구액	30,000,000	(대)	미성공사	30,000,000

D. 미청구공사와 초과청구공사 계산

Ⅰ = 누적계약수익 − 진행청구액

Ⅰ >0: 미청구공사(자산으로 표시)

Ⅰ <0: 초과청구공사(부채로 표시)

1차 연도 = ₩9,000,000(= ₩6,000,000 + ₩3,000,000) − ₩7,000,000
= ₩2,000,000 ('미청구공사' 자산인식)

2차 연도 = ₩21,000,000(= ₩17,500,000 + ₩3,000,000 + ₩500,000)
−₩25,000,000(= ₩7,000,000 + ₩18,000,000)
= (₩4,000,000) ('초과청구공사' 부채인식)

3차 연도 = ₩30,000,000 − ₩30,000,000 = ₩0(없음)

[예제 5-4]에서 1차 연도의 계약수익은 ₩9,000,000이었으나, 청구하여 회수한 금액은 ₩7,000,000이었다. 이에 한 가지 가정을 더해 1차 연도에 ₩7,000,000을 청구하였으나, 현금회수는 ₩4,000,000밖에 하지 못했다고 가정하자. 그러면 계약미수금 ₩3,000,000(= 7,000,000 − 4,000,000)과 미청구공사가 ₩2,000,000이 다음과 같이 재무상태표에 표시된다. 공사미수금 ₩3,000,000은 수취채권(청구하였으나 받지 못한 금액)이며 미청구공사 ₩2,000,000은 계약자산(수익으로 획득하였으나 청구하지 않은 금액)이어서 성격이 상이하므로 구별하여 표시한다.

재무상태표

계약미수금(수취채권)	₩3,000,000	
미청구공사(계약자산)	₩2,000,000	

반대로 누적계약수익보다 더 많은 금액을 청구했다면, 초과청구공사가 발생한다. [예제 5-3]의 경우 2차 연도에 누적계약수익은 ₩21,000,000(= 9,000,000+12,000,000)이나, 청구하여 회수한 금액은 ₩25,000,000이다. 따라서 공사를 통해서 받을 수 있는 금액보다 더 많은 금액을 청구해서 회수했기 때문에 그 차액인 ₩4,000,000은 초과청구공사로 부채로 인식한다. 이는 다음과 같이 재무상태표에 표시한다.

재무상태표

	초과청구공사(계약부채)	₩4,000,000

이와 같이 미청구공사나 초과청구공사는 수행의무의 이행, 즉 가득(earned)이라는 개념과 밀접한 관련이 있다. 공사를 통해서 수행의무를 이행한(가득한) 수익보다 덜 청구하면 미청구공사이며, 공사를 통해서 수행의무를 이행한(가득한) 수익보다 더 많이 청구하면 초과청구공사라는 것이다.

현실 속 회계 | 건설사 미청구공사, 위험도 높은 다섯 가지 유형

건설사의 미청구공사 계정은 매출액으로 인식은 했지만 아직 발주처에 공사대금을 청구하지 않아 현금이 들어오진 않은 자산을 의미한다. 이는 건설사가 계산한 공사진행률과 발주처가 인정한 공사진행률의 차이에서 발생한다. 가령 건설사는 공사가 50%가량 진행됐다고 판단하는데 발주처는 30%만 진행됐다고 볼 경우 그 차이인 20%만큼의 공사대금이 미청구공사다. 미청구공사는 유가나 환율, 인건비 등의 변동으로 예정 투입원가가 늘어나면 기존에 인식된 매출액이 손실로 돌변할 수 있는 계정이다. 건설, 조선사의 대표적인 위험자산으로 꼽는 이유도 이 때문이다.

한국신용평가는 도급금액 500억원 이상인 131개 현장의 공사진행 단계별 미청구공사 발생 추이와 2X14년 이전에 수주한 425개 해외건설 사업장을 분석한 결과, △준공이 임박한 사업장에 누적된 미청구공사 △과거 손실이 발생한 해외 사업장의 미청구공사 △누적 매출액 대비 미청구공사 비율이 감소하지 않을 경우 △플랜트 공종의 미청구공사 △해외 수주경쟁이 심화한 2X10년부터 2X12년에 사우디아라비아, 아랍에미리트, 쿠웨이트 등 중동 3국 국영석유회사에서 발주한 현장의 미청구공사 등은 위험도가 높다고 밝혔다.

(후략)

출처: 김도년(2016.3.29.). 건설사 미청구공사, 위험도 높은 다섯 가지 유형. 이데일리.
https://www.edaily.co.kr/news/read?newsId=01774486612588240&mediaCodeNo=257&OutLnkChk=Y

3.2. 상황 2: 기간에 걸친 통제의 이전 조건을 만족하지만, 진행률을 신뢰성 있게 추정할 수 없는 경우

진행률을 신뢰성 있게 측정할 수 없는 경우에는 진행기준을 적용할 수 없으며, 다음과 같이 회계처리 한다.

(1) 계약원가는 발생한 기간의 비용으로 인식하지만,
(2) 수익은 발생한 계약원가의 범위 내에서 회수가능성이 높은 경우에만 인식한다.

계약수익 = min[누적계약원가 발생액, 계약수익 중 회수가능액] − 전기누적계약수익
계약원가 = 당기계약원가 발생액

그러나 만일 진행률을 신뢰성 있게 측정할 수 없게 한 불확실성이 해소된 경우에는, 해당 시점부터 진행기준(보고기간말 현재 계약활동의 진행률을 기준)에 따라 수익과 비용을 인식한다.

예시로 이해하기 | 건설계약 결과를 신뢰성 있게 추정할 수 없는 경우

㈜대한은 총도급금액 ₩15,000,000의 건설계약을 수행하고 있다. 이 건설계약의 결과는 신뢰성 있게 추정할 수 없다. 20X1년 12월 31일(보고기간말)까지 원가가 ₩6,200,000 발생하였으며 이 중 ₩5,900,000만 회수가능성이 높다고 보고 있다. 이 경우 ㈜대한은 계약수익 ₩5,900,000, 계약원가 ₩6,200,000을 인식하여야 한다. 따라서 당기 계약손실은 ₩300,000이다.

예제 05 진행률을 신뢰성 있게 측정할 수 없는 경우

㈜대한은 ㈜민국과 3년 동안 건물을 건설하는 계약을 체결하였으며, 총도급금액은 ₩3,000,000이다. 건설활동과 관련된 자료는 다음과 같으며, ㈜대한은 추가예정계약원가를 추정할 수 없어 진행률을 신뢰성 있게 측정할 수 없는 상황이다.

구분	1차 연도	2차 연도
계약원가	₩600,000	₩800,000
추가예정계약원가	?	?

1차 연도에 회수가능한 금액은 ₩900,000이다.

요구사항

A. ㈜대한이 1차 연도에 인식하여야 할 계약수익, 계약원가, 계약이익(손실)을 구하라.

B. ㈜대한은 2차 연도에 추가예정계약원가를 ₩600,000으로 신뢰성 있게 추정할 수 있게 되었다. ㈜대한이 2차 연도에 인식하여야 할 계약수익, 계약원가, 계약이익을 구하라.

해설

A. 1차 연도 계약수익, 계약원가, 계약이익

당기계약수익	min [600,000 , 900,000] =	₩ 600,000
당기계약원가		₩ 600,000
당기계약이익		₩ 0

B. 2차 연도 계약수익, 계약원가, 계약이익

가. 진행률 계산

누적계약원가	₩1,400,000
추정총계약원가	₩2,000,000
진행률	70%

나. 계약수익, 계약원가, 계약이익

당기계약수익	₩3,000,000 × 70%−₩600,000 =	₩1,500,000
당기계약원가	₩2,000,000 × 70%−₩600,000 =	800,000
당기계약이익		₩700,000

3.3. 상황 3: 기간에 걸친 통제의 이전 조건을 만족하지 못하는 경우

만약 통제가 기간에 걸쳐 이전되는 것으로 볼 수 있는 세 가지 조건 중 어느 하나도 충족하지 못한다면, 진행기준을 적용할 수 없다. 이는 수행의무가 기간에 걸쳐 이행되는 것을 의미하지 않기 때문이다.

수행의무가 기간에 걸쳐 이행되지 않는다면, 그 수행의무는 한 시점에 이행되는 것이다. 이 경우 언제 수행의무가 이행되는지를 검토해야 한다. 한 시점에 이행되는 수행의무의 경우, 수익은 자산의 통제가 고객에게 이전되는 시점에 인식한다. 따라서 기업은 건설의 산출물에 대한 통제가 고객에게 이전되는 시점을 판단해야 한다. 건설의 경우, 자산의 통제는 일반적으로 고객에게 인도되는 시점에 이전되므로 인도기준에 따라 수익을 인식한다.

예제 06 인도기준 적용 건설계약

㈜대한은 ㈜민국과 3년(1차 연도 초~3차 연도 말) 동안 건물을 건설하는 계약을 체결하였다. 총계약금액은 ₩30,000,000이다. 공사가 완성된 3차 연도 말까지 건설활동과 관련된 자료는 다음과 같다. 이 건설계약은 기간에 걸쳐 통제가 이전되는 조건을 만족하지 못하여, ㈜대한은 이 건설계약에 대하여 인도기준을 적용하여 수익을 인식한다.

구분	1차 연도	2차 연도	3차 연도
누적계약원가	₩6,000,000	₩17,500,000	₩24,000,000
추가예정계약원가	14,000,000	7,500,000	-
계약대금청구/회수액	7,000,000	18,000,000	5,000,000

요구사항

A. 각 연도에 인식하여야 할 계약수익, 계약원가, 계약이익(손실)을 구하라.

B. 각 연도에 필요한 회계처리를 나타내라.

C. 각 연도말 재무상태표에 표시될 미청구공사와 초과청구공사 금액을 계산하라.

해설

A. 계약수익, 계약원가, 계약이익 산출

인도기준을 적용하여 수익을 인식하므로, 1차 연도와 2차 연도에 인식되는 계약수익과 계약원가는 없으며, 건물이 완성되는 3차 연도에 계약수익과 계약원가가 전액 인식된다.

구분	1차 연도	2차 연도	3차 연도
총계약수익(도급금액)	₩30,000,000	₩30,000,000	₩30,000,000
진행률	0%	0%	100%
당기누적계약수익	0	0	₩30,000,000
당기계약수익	0	0	0
당기계약원가	0 [주1]	0 [주2]	24,000,000
당기계약이익	0	0	₩6,000,000

주1 ₩20,000,000 × 0% = 0　주2 ₩25,000,000 × 0% = 0

B. 회계처리

구분	회계처리						
〈1차 연도〉							
계약원가 발생	(차)	미성공사	6,000,000	(대)	현금	6,000,000
진행청구액 청구	(차)	계약미수금	7,000,000	(대)	진행청구액	7,000,000
진행청구액 수령	(차)	현금	7,000,000	(대)	계약미수금	7,000,000
〈2차 연도〉						
계약원가 발생	(차)	미성공사	11,500,000	(대)	현금	11,500,000
진행청구액 청구	(차)	계약미수금	18,000,000	(대)	진행청구액	18,000,000
진행청구액 수령	(차)	현금	18,000,000	(대)	계약미수금	18,000,000
〈3차 연도〉						
계약원가 발생	(차)	미성공사	6,500,000	(대)	현금	6,500,000
계약수익/원가인식	(차)	계약원가	24,000,000	(대)	계약수익	30,000,000
		미성공사	6,000,000			
진행청구액 청구	(차)	계약미수금	5,000,000	(대)	진행청구액	5,000,000
진행청구액 수령	(차)	현금	5,000,000	(대)	계약미수금	5,000,000
미성공사의 제거	(차)	진행청구액	30,000,000	(대)	미성공사	30,000,000

C. 미청구공사와 초과청구공사 계산

Ⅰ = 누적발생원가와 인식한 계약이익(손실)의 합계금액(미성공사) − 진행청구액

Ⅰ >0: 미청구공사(자산으로 표시)

Ⅰ <0: 초과청구공사(부채로 표시)

1차 연도 = ₩6,000,000 − ₩7,000,000 = (₩1,000,000) ('초과청구공사' 부채인식)

2차 연도 = ₩17,500,000(= ₩6,000,000 + ₩11,500,000)
− ₩25,000,000(= ₩7,000,000 + ₩18,000,000)
= (₩7,500,000) ('초과청구공사' 부채인식)

3차 연도 = ₩30,000,000 − ₩30,000,000 = ₩0 (없음)

4 진행기준의 특수 상황: 손실부담계약(예상손실)의 인식

손실부담계약(onerous contract)이란 계약상의 의무이행에서 발생하는 회피불가능한 원가(unavoidable cost)가 그 계약에 의하여 받을 것으로 기대되는 경제적효익(economic benefit)을 초과하는 계약이다.

회피불가능한 원가는 계약을 해지하기 위한 최소 순원가로서 다음의 (1)과 (2) 중에서 작은 금액을 말한다.

(1) 계약을 이행하기 위하여 소요되는 원가

(2) 계약을 이행하지 못하였을 때 지급하여야 할 보상금 또는 위약금

예시로 이해하기 | 회피불가능원가

㈜대한은 운용리스계약을 체결하여 매년 ₩20,000의 리스료를 지급하고 있다. 잔여 리스기간은 5년이며, 2년 후에는 ₩25,000의 위약금을 지급하고 리스계약을 취소할 수 있다. 리스계약을 이행하기 위하여 필요한 원가는 ₩85,000(잔여 리스기간인 5년간 매년 납부할 리스료 ₩20,000의 현재가치 해당액)이다. 2년 후 리스계약을 취소할 경우 예상되는 원가는 ₩60,000(향후 3년간 매년 납부할 리스료와 계약취소시 위약금 합계액의 현재가치 해당액)이다.

이 경우 계약을 이행하기 위하여 소요되는 원가는 ₩85,000이고, 2년 후 계약을 이행하지 못할 때 부담하여야 할 원가는 ₩60,000이다. 따라서, 동 리스계약을 이행하기 위하여 발생하는 회피불가능원가는 ₩60,000이다.

건설계약이 손실부담계약인 경우에는 관련된 현재의무를 충당부채로 인식하고 측정한다. 또한 예상되는 손실을 즉시 비용(예: 건설계약예상손실 등)으로 인식한다.

더 알아보기 손실부담계약(예상손실)과 K-IFRS 제1115호

과거 K-IFRS 제1011호 '건설계약'에는 손실부담계약에 대한 분명한 규정이 있었다. 그러나 K-IFRS 제1115호를 제정할 때 IASB는 이미 존재하는 기준서 K-IFRS 제1037호 '충당부채, 우발부채 및 우발자산'의 규정으로 손실부담계약을 충분히 식별할 수 있다고 생각하여 손실부담계약에 대한 특별한 회계처리를 규정하지 않았다. 따라서 이제는 '건설계약'이 손실부담계약인지 평가할 때 K-IFRS 제1037호 '충당부채, 우발부채 및 우발자산'을 적용하여야 한다.

과거 K-IFRS 제1011호는 '총계약원가가 총계약수익을 초과할 가능성이 높은 경우'가 손실부담계약이라고 지침을 제시하였다. 이 지침은 매우 분명하다. 회피불가능 원가는 총계약원가이며, 경제적효익은 총계약수익이라는 것을 분명히 설명하고 있기 때문이다. 그러나 K-IFRS 제1037호는 손실부담계약에 대한 지침이 분명하지 못하다.

K-IFRS 제1037호는 계약상 의무이행에 필요한 회피불가능 원가의 의미에 대한 명확한 지침을 제공하고 있지 못하다. 따라서 다음과 같은 견해 1, 2 같은 다양한 원가의 개념이 존재한다.

① 견해 1: 기업이 계약을 보유하고 있기 때문에 회피할 수 없는 원가[계약을 이행하기 위해 사용되는 재료비와 인건비, 계약을 이행하기 위해 사용되는 자산의 상각비(또는 감가상각비 배분액) 등을 포함]

② 견해 2: 기업이 계약을 보유하고 있지 않다면 회피할 수 있는 원가(증분원가의 개념과 유사하며 계약 이행을 위해 사용한 재료비와 그 계약을 이행하기 위해 특별히 고용한 인원에 대한 인건비를 포함하나, 그 계약의 이행 및 다른 용도로도 사용되는 자산의 감가상각비와 같은 비용은 포함하지 않음)

K-IFRS 제1037호는 받을 것으로 기대되는 경제적효익에 대해서도 분명한 지침을 제공하고 있지 못하다. 예를 들어 현재의 계약으로부터의 효익만을 의미할 수 있다. 만일 미래의 계약을 위하여 현재의 계약금액을 낮게 책정했다면 현재와 미래의 계약 모두로부터의 효익이 해당할 수도 있다.

이에 대해 IFRS 해석위원회에서는 회피불가능 원가와 받을 것으로 기대되는 경제적효익에 대해서 폭넓은 논의를 시작하기로 하였다.

예시로 이해하기 | 손실부담계약

㈜대한은 고객과 체결한 선박건조계약에 대하여 진행기준을 적용한다. 선박 건조의 총원가는 ₩100(고정제조간접비용 등 비증분원가 ₩70과 증분원가 ₩30으로 구성)으로 예상되며 계약금액은 ₩80이다. ㈜대한이 이 계약을 이행하지 못할 때 지급해야 할 위약금은 ₩40이다.

요구사항

A. 계약상 의무이행에 필요한 회피불가능원가에 대해서는 다음과 같은 두 가지 견해가 존재한다. 각각의 견해를 따를 때, ㈜부산이 이 선박건조계약이 손실부담계약인지를 판단하기 위하여 고려해야 하는 원가는 얼마인가?

견해 1: 기업이 계약을 보유하고 있기 때문에 회피할 수 없는 원가(총원가)

견해 2: 기업이 계약을 보유하고 있지 않다면 회피할 수 있는 원가(증분원가)

B. ㈜대한이 이 선박건조계약에서 인식해야 하는 충당부채는 얼마인가?

해설

A. 견해 1과 견해 2에 따른 계약상 의무이행에 필요한 회피불가능원가는 다음과 같다.

견해 1: ₩40 (min[₩100, ₩40])

견해 2: ₩30 (min[₩30, ₩40])

B. 회피불가능원가인 ₩40과 ₩30 모두 경제적효익인 계약수익 ₩80보다 작으므로 손실부담계약이 아니다. 따라서 ㈜대한이 이 계약으로 인해 인식해야 할 손실부담충당부채는 없다.

계약으로부터의 회피불가능한 원가나 기대되는 효익은 기간별로 항상 동일하지는 않을 것이다. 회피불가능한 원가나 기대되는 효익의 변동으로 발생하는 향후 추정부채나 예상손실의 증감은 회계추정의 변경으로 보고, 변경된 추정치는 변경이 이루어진 회계기간과 그 후 기간의 당기손익으로 인식되는 수익과 비용의 금액 결정에 사용한다.

예제 07 손실부담계약(예상손실)

㈜대한은 ㈜민국과 3년(1차 연도 초~3차 연도 말) 동안 건물 건설계약을 체결하였다. 총도급금액은 ₩30,000,000이다. 건물이 완성되는 3차 연도 말까지 ㈜대한의 건설활동과 관련된 회피불가능한 원가는 다음과 같다.
"㈜대한이 이 계약을 이행하지 못할 때 지급해야 할 위약금은 ₩36,000,000이며, 해당 시점까지 이행된 누적계약원가는 차감하는 조건이다."

구분	1차 연도	2차 연도	3차 연도
누적계약원가	₩9,600,000	₩24,500,000	₩33,000,000
추가예정계약원가	22,400,000	10,500,000	–

요구사항

A. 누적발생계약원가를 기준으로 각 연도의 누적진행률을 계산하라.

B. ㈜대한이 3차 연도 말까지 건물을 완성하였다고 가정하고, 각 연도에 인식하여야 할 계약수익, 계약원가, 계약이익(손실), 충당부채를 구하라. 단, 손실부담계약인지의 여부를 판단함에 있어 ㈜대한은 전부원가(기업이 계약을 보유하고 있기 때문에 회피할 수 없는 원가)를 사용한다.

C. 각 연도에 필요한 회계처리를 나타내라.

해설

A. 진행률 계산

구분	1차 연도	2차 연도	3차 연도
누적발생계약원가(①)	₩9,600,000	₩24,500,000	₩33,000,000
추가예정계약원가(②)	22,400,000	10,500,000	–
총계약예정원가(③ = ①+②)	₩32,000,000	₩35,000,000	₩33,000,000
누적진행률(① / ③)	30%	70%	100%

B. 계약수익, 계약원가, 계약이익 산출

구분	1차 연도	2차 연도	3차 연도
총계약수익(도급금액)	₩30,000,000	₩30,000,000	₩30,000,000
진행률	30%	70%	100%
당기누적계약수익	₩9,000,000	₩21,000,000	₩30,000,000
전기누적계약수익	–	(9,000,000)	(21,000,000)
당기계약수익	₩9,000,000	₩12,000,000	₩9,000,000
당기계약원가	9,600,000	14,900,000[주1]	8,500,000[주2]
조정 전 당기계약이익(손실)	(₩600,000)	(₩2,900,000)	₩500,000
조정 후 당기계약이익(손실)[주3]	(₩2,000,000)	(₩3,000,000)	₩2,000,000

주1 ₩24,500,000 − ₩9,600,000 = ₩14,900,000 주2 ₩33,000,000 − ₩24,500,000 = ₩8,500,000
주3 조정 후 당기계약이익(손실)

1) 1차 연도

1차 연도에 진행률에 의한 당기계약손실은 ₩600,000이다. 그러나 예상되는 총계약손실은 ₩2,000,000이다.

- 회피불가능원가 = min(₩32,000,000, ₩36,000,000) = ₩32,000,000
- 경제적효익 = ₩30,000,000
- 총계약손실 = ₩30,000,000 − ₩32,000,000 = ₩2,000,000

예상되는 모든 손실을 즉시 비용과 충당부채로 인식해야 하기 때문에 당기계약손실 이외에 ₩1,400,000을 추가로 손실로 인식하여 예상되는 총계약손실인 ₩2,000,000을 포괄손익계산서에 보고해야 한다. 그리고 추가적인 예상계약손실 ₩1,400,000은 손실부담계약충당부채로 보고한다.

2) 2차 연도

2차 연도에도 진행률에 의한 당기계약손실은 ₩2,900,000이다. 그러나 2차 연도에 당 건설계약과 관련하여 예상되는 총계약손실은 ₩5,000,000이다.

- 회피불가능원가 = min(₩35,000,000, ₩36,000,000) = ₩35,000,000
- 경제적효익 = ₩30,000,000
- 총계약손실 = ₩30,000,000 − ₩35,000,000 = ₩5,000,000

이미 1차 연도에 ₩2,000,000을 손실로 인식하였으므로 2차 연도에 포괄손익계산서에 인식해야 할 손실은 ₩3,000,000(=₩5,000,000 − ₩2,000,000)이다. 따라서 당기계약손실 이외에 ₩100,000을 추가로 손실로 인식하고 손실부담계약충당부채를 추가로 인식한다.

3) 3차 연도

3차 연도에 당 건설계약과 관련된 총계약손실은 ₩3,000,000(= ₩30,000,000 − ₩33,000,000)으로 1차 및 2차 연도에 걸쳐 인식한 손실 ₩5,000,000보다 ₩2,000,000 더 적다. 따라서 당기계약이익 ₩500,000에 1차 및 2차연도에 걸쳐 인식한 손실부담계약충당부채 ₩1,500,000을 환입하여 3차 연도 포괄손익계산서에 보고할 계약이익은 ₩2,000,000이 된다. 또한 건설이 완공되었으므로 인식할 충당부채는 없다.

결국, 3년 동안 인식하게 되는 총계약손실은 최종적인 총계약손실인 ₩3,000,000과 일치하게 된다.

C. 회계처리

구분	회계처리					
〈1차 연도〉						
계약원가 발생	(차)	미성공사	9,600,000	(대)	현금	9,600,000
계약수익	(차)	계약원가	9,600,000	(대)	계약수익	9,000,000
/원가인식					미성공사	600,000
충당부채 설정	(차)	손실부담계약손실[주4]	1,400,000	(대)	손실부담계약충당부채	1,400,000

	주4 손실부담계약손실(예상손실)을 계약원가로 인식하고, 손실부담계약충당부채를 미성공사에서 차감하는 회계처리도 가능하다. 이러한 회계처리하에서는 미성공사 계정은 누적발생계약원가에서 총계약손실을 차감한 금액이 되며 누적계약수익과 일치하지 않게 된다. 그러나 이 책에서는 예상손실의 개념을 더욱 명확하게 제시하기 위해 손실부담계약손실이라는 별도의 계정을 사용하기로 한다.					
〈2차 연도〉						
계약원가 발생	(차)	미성공사	14,900,000	(대)	현금	14,900,000
계약수익	(차)	계약원가	14,900,000	(대)	계약수익	12,000,000
/원가인식					미성공사	2,900,000
	(차)	손실부담계약손실	100,000	(대)	손실부담계약충당부채	100,000
〈3차 연도〉						
계약원가 발생	(차)	미성공사	8,500,000	(대)	현금	8,500,000
계약수익	(차)	계약원가	8,500,000	(대)	계약수익	9,000,000
/원가인식		미성공사	500,000			
미성공사의 제거	(차)	손실부담계약충당부채	1,500,000	(대)	손실부담계약충당부채환입	1,500,000

현실 속 회계 | 뭇매 맞은 GS건설 "적자 아니라 이익 줄은 것" 눈물 해명

GS건설은 1분기에 6개 해외프로젝트에서 총 5290억원의 원가정산 손실액이 발생했다. 이 중 20X9년 11월과 12월에 계약한 UAE 루와이스 정유플랜트에서 76.6%(4050억원)의 손실이 발생했다. 이 프로젝트들은 그동안 원가율이 양호한 것으로 알려졌기에 충격이 더 컸다.

이번 대규모 적자가 드러난 것은 지난해 4분기 적자가 신호탄이었다. K건설은 지난해 4분기 적자를 계기로 200여 해외현장을 전수 조사했으며, 그 결과 사업지별로 원가 상승분을 모두 반영하면서 대규모 적자가 발생했다고 밝혔다. 대규모 원가정산 손실액이 발생한 것은 △공기 지연 △C/O(계약변경으로 공사비 증액) △원자재가격 상승 등이 원인이다. (중략)

해외 프로젝트들이 모두 적자 아니냐는 의혹에 대해서도 "예상보다 이익 폭이 크게 줄어들었을 뿐 프로젝트 자체가 적자는 아니다"라고 강조했다. 다만 UAE 루와이스 정유플랜트 프로젝트의 경우 20X9년부터 선반영한 4050억원의 이익을 이번 분기에 모두 손실로 처리하면서 대규모 적자를 기록했다는 설명이다. 이 프로젝트의 완공예정일은 내년 1월로 프로젝트 자체는 이익이 될 가능성이 크다고 회사 측은 덧붙였다. (후략)

출처: 김유경(2013.04.12.). 뭇매 맞은 GS건설 "적자 아니라 이익 줄은 것" 눈물 해명. 머니투데이. https://news.mt.co.kr/mtview.php?no=2013041217004040927&outlink=1&ref=https%3A%2F%2Fsearch.naver.com

요약

01 진행기준의 적용

- 다음의 경우에만 진행기준을 적용
  (1) 통제가 기간에 걸쳐 이전됨을 보여주는 세 가지 조건 중 하나를 만족하고,
  (2) 진행률을 합리적으로 측정할 수 있을 때

- 통제가 기간에 걸쳐 이전되기 위한 조건
  (1) 고객은 기업이 수행함에 따라 효익을 동시에 받고 소비한다.
  (2) 기업이 자산을 만들거나 자산 가치를 높이는 대로 고객이 이를 통제한다.
  (3) 기업이 수행하여 만든 자산은 기업 자체에는 대체 용도가 없고, 지금까지 수행을 완료한 부분에 대해 집행가능한 지급청구권이 기업에 있다.

02 누적발생계약원가 기준 진행률 측정

$$\text{계약의 진행률} = \frac{\text{누적발생계약원가}}{\text{추정총계약원가}} = \frac{\text{누적발생계약원가}}{\text{누적발생계약원가} + \text{추가예정계약원가}}$$

03 진행기준에 따른 계약수익 및 계약원가의 인식

(1) 당기계약수익

당기누적계약수익 − 전기누적계약수익
= (당기말 건설계약금액 × 당기누적진행률)
− (전기말 건설계약금액 × 전기누적진행률)

(2) 당기계약원가

당기누적계약원가 − 전기누적계약원가
= (당기말 추정총계약원가 × 당기누적진행률)
− (전기말 추정총계약원가 × 전기누적진행률)
= 당기발생계약원가

(3) 당기계약이익

당기계약수익(수익) − 당기계약원가(비용)

04 미청구공사와 초과청구공사

구분	발생 근거	재무상태표 표시
미청구공사	차액 = 누적계약수익(미성공사) − 진행청구액 > 0	자산(계약자산)
초과청구공사	차액 = 누적계약수익(미성공사) − 진행청구액 < 0	부채(계약부채)

OX 퀴즈

다음의 설명이 타당하면 ○, 아니면 ×로 답하라.

01 통제가 기간에 걸쳐 이전됨을 보여주는 세 가지 조건 중 하나를 만족하고, 진행률을 합리적으로 측정할 수 있는 경우에만 건설계약에 진행기준을 적용할 수 있다.

02 진행률을 합리적으로 측정하기 위한 신뢰성 있는 정보가 부족한 경우에는, 진행률을 신뢰성 있게 측정할 수 있을 때까지 진행기준을 적용하지 않고 수익을 인식해서는 안 된다.

03 진행률을 산정하는 방법은 크게 투입법과 산출법이 있으며, 계약의 진행률은 계약의 성격에 따라 누적발생계약원가를 추정총계약원가로 나눈 비율, 수행한 공사의 측량 등과 같은 여러 가지 방법으로 측정할 수 있다.

04 계약원가에 대한 추정치의 변경은 소급적으로 적용하여 진행률을 재산정한다.

05 특정 보고기간말 현재 미성공사 계정의 장부금액은 누적계약수익인식액과 동일하게 된다.

06 계약미수금은 대가를 받을 무조건적인 권리를 갖는 수취채권이므로 자산으로 분류하고, 진행청구액은 해당 금액만큼의 건설의무를 수행하여야 하므로 부채로 분류한다.

07 당기의 누적계약수익(미성공사)에서 진행청구액(누적공사청구액)을 차감한 차액이 (+)이면 '초과청구공사'라고 하며, 당기의 누적계약수익에서 진행청구액을 차감한 잔액이 (−)이면 '미청구공사'라고 한다.

08 미청구공사는 누적계약수익 중에서 아직 청구하지 않은 금액을 의미하므로 계약부채에 해당한다.

09 공사완공 시점에서는 미성공사 계정과 진행청구액 계정의 금액이 건설계약금액과 일치하게 된다.

10 손실부담계약이란 계약상의 의무이행에서 발생하는 회피불가능한 원가가 그 계약에 의하여 받을 것으로 기대되는 경제적효익을 초과하는 계약이다. 건설계약이 손실부담계약인 경우에는 관련된 현재의무를 충당부채로 인식하고 측정한다. 또한 예상되는 손실을 즉시 비용(예: 건설계약예상손실 등)으로 인식한다.

종합 예제

01 다음은 20X1년 1월 1일 ㈜대한이 ㈜민국으로부터 수주한 ₩90,000의 공사계약과 관련된 자료이다. 해당 공사는 20X3년에 완공되었다. ㈜대한은 공사 용역에 대한 통제가 기간에 걸쳐 이전한 것으로 판단하였다. ㈜대한은 발생원가에 기초한 투입법으로 진행률을 측정한다.

구분	20X1년	20X2년	20X3년
당기 발생 공사원가	₩7,200	₩38,700	₩34,100
완성 시까지 추가소요원가	₩64,800	₩30,600	–

요구사항

각 연도별로 공사수익, 공사이익을 계산하라.

해설

연도별 총예상원가 = 누적발생원가 + 완성 시까지 추가로 소요될 원가

20X1년: ₩7,200 + ₩64,800 = ₩72,000

20X2년: ₩7,200 + ₩38,700 + ₩30,600 = ₩76,500

20X3년: ₩7,200 + ₩38,700 + ₩34,100 = ₩80,000

구분	20X1년	20X2년	20X3년	합계
누적 발생 공사원가	₩7,200	₩45,900	₩80,000	
총예상원가	72,000	76,500	80,000	
누적진행률	10%	60%	100%	
누적공사수익(A) = 계약금액 × 누적진행률	₩90,000 × 10% = ₩9,000	₩90,000 × 60% = ₩54,000	₩90,000 × 100% = ₩90,000	
전기누적공사수익(B)	–	₩9,000	₩54,000	
공사수익(A – B)	₩9,000	₩45,000	₩36,000	₩90,000
공사원가	(7,200)	(38,700)	(34,100)	(80,000)
공사이익	₩1,800	₩6,300	₩1,900	₩10,000

CHAPTER 6

유형자산

학습목표

- 유형자산의 정의와 인식기준을 이해할 수 있다.
- 유형자산 취득원가를 결정할 수 있다.
- 유형자산의 감가상각방법의 종류를 이해하고, 각 방법에 따라 감가상각비를 계산할 수 있다.
- 유형자산 재평가모형 선택 시 장부금액을 공정가치로 수정하는 회계처리를 수행할 수 있다.
- 유형자산 재평가모형 선택 시 재평가잉여금 누적액을 적절히 후속 처리할 수 있다.
- 유형자산 제거 시점을 이해하고 제거를 위한 회계처리를 수행할 수 있다.

K-IFRS 유형자산(제1016호)

목차	문단번호
목적	1
적용	한2.1
적용범위	2~5
용어의 정의	6
인식	7~14
최초 원가	11
후속 원가	12~14
인식시점의 측정	15~28
원가 구성요소	16~22A
원가의 측정	23~28
인식시점 이후의 측정	29~66
원가모형	30
재평가모형	31~42
감가상각	43~62A
손상	63~64
손상에 대한 보상	65~66
제거	67~72
공시	73~79
경과규정	80~80D
시행일	81~81M
기준서 등의 대체	82~83

제(개정일): 2021.04.23.

사 례 유형자산 공시(현대자동차)

재무제표

재무상태표

제55기말: 2022년 12월 31일 현재

제54기말: 2021년 12월 31일 현재

현대자동차주식회사 단위: 백만원

과목	주석	제55기말	제54기말
자산			
I. 유동자산		23,819,313	23,330,493
II. 비유동자산		59,593,036	56,427,807
5. 유형자산	8	25,644,467	25,264,360
6. 투자부동산	9	128,816	134,017
자산총계		83,412,349	79,758,300

손익계산서

제55기 2022년 1월 1일부터 2022년 12월 31일까지

제54기 2021년 1월 1일부터 2021년 12월 31일까지

현대자동차주식회사 단위: 백만원

과목	주석	제55기	제54기
I. 매출액	23	65,308,350	55,605,120
II. 매출원가	27	53,137,884	46,539,009
III. 매출총이익		12,170,466	9,066,111
IV. 판매비와관리비	4, 27	9,341,897	8,404,488
V. 영업이익		2,828,569	661,623
1. 종속기업및관계기업투자손익	12	−214,337	−1,163,061
2. 금융수익	25	1,940,396	1,329,888
3. 금융비용	25	243,530	115,908
4. 기타수익	26	852,872	875,920
5. 기타비용	26, 27	988,495	598,615
VI. 법인세비용차감전순이익		4,175,475	989,847
1. 법인세비용	29	473,517	344,321
VII. 당기순이익		3,701,958	645,526

주석

2. 재무제표 작성기준 및 유의적 회계정책

(중략) 회사는 토지를 제외한 유형자산에 대해서 추정 경제적 내용연수 동안 정액법으로 감가상각하고 있으며, 대표 내용연수는 다음과 같습니다.

구분	대표 내용연수
건물 및 구축물	12, 50
기계장치	6, 15
차량운반구	6, 15
공구기구금형	6
집기비품	6

8. 유형자산

1) 당기말 및 전기말 현재 유형자산의 내역은 다음과 같습니다.

단위: 백만원

구분	당기말			전기말		
	취득원가	상각누계액	장부금액	취득원가	상각누계액	장부금액
토지	10,812,541	–	10,812,541	10,755,914	–	10,755,914
건물	7,511,756	(2,867,093)	4,644,663	7,203,661	(2,654,825)	4,548,836
구축물	907,871	(463,558)	444,313	891,390	(433,096)	458,294
기계장치	11,645,325	(7,617,872)	4,027,453	11,402,384	(7,160,455)	4,241,929
차량운반구	260,895	(117,747)	143,148	228,152	(109,387)	118,765
공구기구금형	9,381,368	(6,878,732)	2,502,636	8,736,818	(6,201,377)	2,535,441
집기비품	905,022	(684,349)	220,673	830,544	(632,152)	198,392
건설중인자산	2,849,040	–	2,849,040	2,406,789	–	2,406,789
계	44,273,818	(18,629,351)	25,644,467	42,455,652	(17,191,292)	25,264,36

2) 당기 중 유형자산 장부금액의 변동내역은 다음과 같습니다.

단위: 백만원

구분	기초	취득	대체	처분	감가상각비	기타(*)	기말
토지	10,755,914	–	56,663	(74)	–	38	10,812,541
건물	4,548,836	–	332,086	(15,201)	(220,845)	(213)	4,644,663
구축물	458,294	–	18,321	(453)	(32,061)	212	444,313
기계장치	4,241,929	–	474,093	(38,590)	(648,629)	(1,350)	4,027,453
차량운반구	118,765	–	85,190	(31,293)	(29,595)	81	143,148
공구기구금형	2,535,441	–	718,929	(1,676)	(751,307)	1,249	2,502,636
집기비품	198,392	–	99,032	(1,207)	(75,098)	(446)	220,673
건설중인자산	2,406,789	2,376,559	(1,784,314)	(594)	–	(149,400)	2,849,040
계	25,264,360	2,376,559	–	(89,088)	(1,757,535)	(149,829)	25,644,467

SECTION 01

개요

1 유형자산의 정의

유형자산이란 재화나 용역의 생산이나 제공, 타인에 대한 임대 또는 관리활동에 사용할 목적으로 보유하는 물리적 형태가 있는 자산으로 한 회계기간을 초과하여 사용할 것이 예상되는 자산이다. 재무제표에서 흔히 찾아볼 수 있는 유형자산으로는 토지, 건물, 기계장치, 차량운반구, 건설중인자산 등이 있다.

유형자산을 정의하는 핵심 개념 세 가지를 하나씩 자세히 알아보자.

(1) 사용 목적
(2) 물리적 형태
(3) 장기 사용

1.1. 사용 목적으로 보유

유형자산은 정상적인 영업활동 및 임대 또는 관리활동에 사용할 목적으로 가지고 있는 자산이다. 물리적 형태가 있는 자산일지라도 회사가 임대수익이나 시세차익을 얻기 위한 투자 목적으로 보유하는 자산은 투자부동산으로 분류하고, 통상적인 영업과정에서 판매를 위해 보유하는 자산은 재고자산으로 분류한다.

예를 들어, 자동차 제조회사가 생산하여 판매를 목적으로 보유하는 차량은 재고자산이나, 영업 활동을 위해 임직원이 사용하는 차량은 유형자산이다. 마찬가지로 주택 건설회사가 신축하여 분양하는 완성된 아파트는 재고자산이다.

1.2. 물리적 형태가 존재

유형자산은 물리적 형태가 존재한다. 특허권이나 상표권도 정상적인 영업활동에 사용할 목적으로 보유하고 장기간 사용하나 물리적 형태가 존재하지 않으므로 무형자산으로 분류한다.

1.3. 장기적으로 사용

유형자산은 장기에 걸쳐 사용되며 경제적효익을 창출하므로 비유동자산 중의 하나이다. 기본적으로는 토지를 제외한 유형자산은 감가상각을 통하여 경제적효익을 창출하는 기간에 걸쳐 비용화된다. 유형자산 투자는 장기적으로 회사의 수익성과 미래 현금창출 능력에 영향을 미치며, 앞서 현대자동차의 재무제표 공시 사례에서 보듯이 재무제표상 자산 규모, 당기손익 및 현금흐름을 직접적으로 변동시킨다. 따라서 정보이용자에게 유형자산의 취득, 사용, 처분 및 폐기에 대한 정보를 제공할 필요가 있다.

2 주요 회계이슈

회사가 유형자산을 취득하여 보유하다가 처분 또는 폐기하기까지 주요 회계이슈를 요약하면 [그림 6-1]과 같다. 이 그림의 흐름에 따라 K-IFRS 제1016호 '유형자산'을 살펴보자.

① 유형자산을 취득하면 먼저 인식기준에 따라 재무상태표에 자산으로 인식할 수 있는지, 취득원가는 얼마인지 결정한다. 유형자산 보유 기간 중 ② 후속원가가 발생하는 경우 자산 인식 여부를 인식기준에 따라 판단하며, 유형자산의 취득원가를 ③ 감가상각을 통해 비용화한다. ④ 유형자산은 인식시점 이후 원가로 표시(원가모형)할 수도 있고, 공정가치로 재평가하여 표시(재평가모형)할 수도 있다. 어떤 측정방법을 선택하느냐에 따라 재무상태와 포괄손익이 달라지므로 각 방법이 재무제표에 미치는 영향을 이해하는 것이 중요하다.

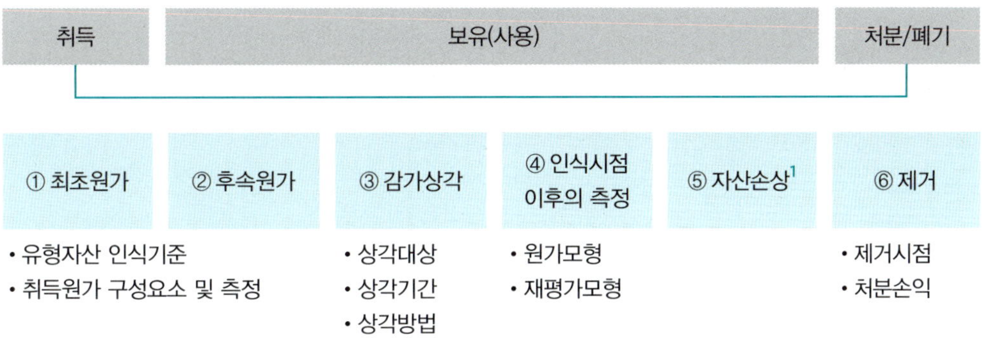

그림 6-1 유형자산 회계의 흐름

1 유형자산의 손상 여부를 결정하기 위해서는 K-IFRS 제1036호 '자산손상' 기준서를 적용하며, 이 책의 8장 자산손상에서 설명한다. 이 장에서는 자산손상 이외의 회계이슈에 대해 설명한다.

또 다른 중요한 이슈는 ⑤ 자산손상으로 유형자산이 예상한 대로 경제적효익을 창출하지 못함으로써 장부금액보다 회수가능액이 작아지는 경우를 말한다. 마지막으로, ⑥ 유형자산의 사용 종료, 처분 및 폐기 시점에 재무상태표에서 유형자산 정보를 제거하고 관련 손익을 인식한다.

SECTION 02

유형자산의 인식과 측정

1 유형자산 인식의 원칙

유형자산과 관련된 모든 원가는 그 발생시점에 인식원칙을 적용하여 평가한다. 이러한 원가에는 유형자산을 매입하거나 건설할 때 최초로 드는 원가뿐만 아니라 후속적으로 증설, 부품대체, 수선 · 유지와 관련하여 드는 원가를 포함한다.

1.1. 유형자산 인식기준

유형자산으로 인식되기 위해서는 다음의 인식기준을 모두 충족해야 한다.

(1) 자산으로부터 발생하는 미래경제적효익이 기업에 유입될 가능성이 크다.
(2) 자산의 원가를 신뢰성 있게 측정할 수 있다.

기업이 유형자산을 취득하는 목적은 영업활동 등에 유형자산을 사용하고, 그 결과 미래경제적효익을 얻을 것을 기대하기 때문이다. 그러므로 자산으로부터 발생하는 미래경제적효익이 기업에 유입될 가능성이 커야 자산을 취득했다고 기록할 수 있는 것이다.

안전 또는 환경상의 이유로 취득하는 유형자산은 그 자체로는 직접적인 미래경제적효익을 얻을 수 없지만, 다른 자산에서 미래경제적효익을 얻는 데 필요할 수 있다. 이러한 유형자산은 당해 유형자산을 취득하지 않았을 경우보다 관련 자산으로부터 미래경제적효익을 더 많이 얻을 수 있게 해주기 때문에 자산으로 인식할 수 있다.

1.2. 유형자산 인식의 단위

유형자산 인식기준을 적용할 때 특정 유형자산을 구성하고 있는 요소들을 분리하여 개별 유형자산으로 식별해야 할지, 구성요소 전체를 하나의 유형자산으로 인식해야 할지는 기업의 상황을 고려하여 정한다. 예를 들어, 금형, 공구 및 틀 등과 같이 개별적으로 경미한 항목은 통합하여 그 전체가치에 대하여 인식기준을 적용하는 것이 적절하다. 한편, 항공기 엔진은 항공기를 구성하는 요소이지만 항공기 엔진의 원가가 전체원가에 대해 유의적이라면 별도로 구분하는 것이 적절할 수 있다.

1.3. 후속원가

유형자산을 최초로 취득한 후에도 일상적인 수선 · 유지에서부터 상당한 수준의 증설 등 추가적인 지출이 발생하는데, 이를 후속원가라 한다. 후속원가도 1.1절에서 설명한 유형자산의 인식기준을 충족한다면 유형자산의 장부금액에 포함하여 인식하나, 그렇지 못한 경우에는 당기손익으로 인식한다.

1.3.1 일상적인 수선 · 유지

유형자산에 대한 일상적인 수선 · 유지에 드는 지출은 유형자산의 장부금액에 포함되기에는 미래경제적효익의 유입 가능성이 충분치 않다. 예를 들면, 차량운반구 사고로 찌그러진 부위를 수리하거나, 기계장치의 누전 · 누수 등 수리에 드는 비용과 같은 일상적 수선 · 유지비는 발생한 때에 당기손익으로 인식한다. 주로 노무비와 소모품비로 구성되며 사소한 부품원가가 포함될 수도 있다.

1.3.2. 정기적 교체 및 종합검사

일부 유형자산의 경우 주요 부품이나 구성요소의 정기적 교체가 필요할 수 있다. 용광로 내화벽돌이나 항공기 좌석, 취사실 등 내부설비 등이 그 예이다. 또한 건물의 인테리어 벽처럼 유형자산을 취득한 후 반복적이나 비교적 적은 빈도로 또는 비반복적으로 대체하는 경우도 있다. 한편, 항공기와 같은 유형자산을 계속적으로 가동하기 위해서는 결함에 대한 정기적 종합검사가 필요할 수 있다.

유형자산의 일부 대체나 정기적인 종합검사에 드는 지출이 1.1절에서 설명한 유형자산의 인식기준을 충족하는 경우 유형자산의 장부금액에 포함하여 인식한다. 이때, 대체되는 부분과 직전에 이루어진 종합검사 원가와 관련되어 남아 있는 장부금액은 제거한다.

예제 01 **정기적 종합검사**

해운업체인 ㈜대한은 안전운항 관련 법규에 따라 선박에 대해 적어도 5년에 한 번은 선박을 육상으로 끌어올려 정기검사를 받아야 한다. 경영진은 정기검사를 받아야 계속하여 선박을 운항할 수 있으므로 운송수익을 창출할 수 있고, 검사 원가를 신뢰성 있게 측정할 수 있다고 판단하였다. 20X1.1.1에 시행된 1차 정기검사의 원가는 ₩80,000이었고, 20X3.12.31 장부금액은 ₩16,000이다. 회사는 통상 5년마다 정기검사를 받으나, 최근 보다 안전한 운항을 위하여 20X4.1.1.에 2차 정기검사를 시행하였고, 정기검사 원가는 ₩85,000이 발생하였다.

요구사항

20X4.1.1.에 선박의 2차 정기검사와 관련한 회계처리를 제시하라.

해설

선박의 정기검사 원가가 발생 시 미래경제적효익의 유입 가능성이 높고, 검사 원가를 신뢰성 있게 측정할 수 있으므로 정기검사 원가는 선박의 장부금액에 포함하여 유형자산으로 인식한다. 20X4.1.1.에 발생한 2차 정기검사 원가를 자산으로 인식할 때 1차 정기검사와 관련되어 남아있는 장부금액 ₩64,000을 제거한다.

일자	회계처리				
20X4. 1. 1.	(차) 유형자산(2차검사)	85,000	(대)	현금	85,000
	감가상각누계액	64,000		유형자산(1차검사)	80,000

2 유형자산 인식시점의 측정

유형자산은 인식시점의 취득원가로 측정한다. 원가란 자산을 취득하기 위하여 자산의 취득시점이나 건설시점에서 지급한 현금 또는 현금성자산이나 기타 제공한 대가의 공정가치로 정의한다. 취득원가는 유형자산을 최초로 취득할 때나 이미 보유하고 있는 유형자산에 후속적으로 발생하기도 한다. 유형자산의 인식과 측정 기준은 최초원가와 후속원가에 공통적으로 적용한다.

2.1. 유형자산 원가의 구성요소

2.1.1 유형자산의 원가

유형자산의 원가는 구입가격, 직접관련원가, 추정복구원가로 구성된다.

(1) **구입가격:** 거래가격에서 관세 및 환급불가능한 취득 관련 세금을 가산하고 매입할인과 리베이트 등을 차감한 금액

(2) **직접관련원가:** 경영진이 의도하는 방식으로 자산을 가동하는 데 필요한 장소와 상태에 이르게 하는 데 직접 관련되는 원가

(가) 유형자산의 매입 또는 건설과 직접적으로 관련되어 발생한 종업원급여

(나) 설치장소 준비 원가

(다) 최초의 운송 및 취급 관련 원가

(라) 설치원가 및 조립원가

(마) 유형자산의 정상 작동 여부를 시험하는 과정에서 발생하는 원가

(바) 전문가에게 지급하는 수수료

(3) **추정복구원가:** 자산을 해체, 제거하거나 부지를 복구하는 데 소요될 것으로 최초에 추정되는 원가

2.1.2. 유형자산 원가에 포함되지 않는 원가

유형자산과 관련한 지출이나 유형자산 원가가 아닌 예는 다음과 같다. 다음 항목들은 지출 성격에 맞는 계정과목을 사용하여 당기손익으로 인식한다.

(1) 새로운 시설을 개설하는 데 소요되는 원가

(2) 새로운 상품과 서비스를 소개하는 데 소요되는 원가(예: 광고선전비, 판매촉진비)

(3) 새로운 지역에서 또는 고객층을 대상으로 영업을 하는 데 소요되는 원가

(4) 관리 및 기타 일반간접원가

(5) 유형자산이 경영진이 의도하는 방식으로 가동될 수 있는 장소와 상태에 이른 후에 발생한 원가(예: 유형자산 사용 중 이전 원가, 초기 가동손실)

(6) 유형자산 건설 또는 개발 관련 영업활동 중 발생한 부수적인 수익

예제 02 유형자산 취득원가 결정

㈜행복은 반도체 패키징 업체로 공정 완료 후 반도체 제품의 최종 불량 유무를 선별하는 테스트 기계장치를 ㈜대한으로부터 취득하였다. 계약금액은 ₩100,000이나 2%의 매입할인을 받았다. 추가적으로 수입관세 ₩5,000를 납부하였고, 기계장치를 ㈜행복은 공장으로 운반하는 비용 ₩2,000, 설치비용 ₩1,000을 지출하였다. 또한 기계장치가 정상적으로 불량품을 선별해 내는지 시험해보는 데 ₩1,500원을 지출하였다.

요구사항

㈜행복이 취득한 토지의 취득원가는 얼마일까?

해설

취득원가 = 구입가격(계약가격 ₩100,000 − 매입할인 ₩2,000) + 수입관세 ₩5,000 + 운임 ₩2,000 + 설치비용 ₩1,000 + 시운전비 ₩1,500 = ₩107,500

예제 03 추정복구원가 인식

폐기물처리 기업인 ㈜대한은 20X1. 1. 1. 생활폐기물 매립장 용도의 토지를 ₩1,000,000에 매입하고, 취득세 4%를 납부하였다. ㈜대한은 환경 관련 법령에 따라 생활폐기물 매립장을 5년간 사용한 후에는 오염 토양을 복원하여야 할 의무를 부담한다. 토지 취득시점에 추정한 5년 후의 복구원가는 ₩100,000으로 지출이 거의 확실하며 추정금액도 합리적이라 판단된다. 복구원가의 현재가치 계산 시 적용할 할인율은 10%이며, 5년 단순현금흐름의 현가계수는 0.6209이다.

요구사항

토지 취득과 관련하여 20X1년에 필요한 회계처리를 제시하라.

해설

토지 취득 시 납부하는 환급불가능한 취득세와 5년 후 복구원가의 추정치는 토지 취득시점의 현재가치로 평가하여 토지 취득원가에 포함한다.

추정복구원가의 현재가치 = ₩100,000 × 0.6209(5년, 10% 현가계수) = ₩62,090

취득원가 = ₩1,000,000 + 취득세 ₩40,000 + 추정복구원가 ₩62,090 = ₩1,102,090

참고로, 복구충당부채는 실제 복구의무를 이행한 때 제거되고 실제 복구에 소요된 금액과의 차이는 당기손익으로 인식한다. 실제로 20X5.12.31.에 복구의무가 이행되었고, ₩105,000이 소요되었다고 가정하고 회계처리 흐름을 제시한다.

일자	회계처리					
20X1. 1. 1	(차)	토지	1,102,090	(대)	현금	1,040,000
					복구충당부채	62,090
20X1.12.31.	(차)	이자비용[주1]	6,209	(대)	복구충당부채	6,209
	주 1 ₩62,090 × 10% = ₩6,209 복구충당부채에 대한 이자비용을 유효이자율법으로 인식한다.					
20X5.12.31. (복구의무이행)	(차)	복구충당부채[주2]	100,000	(대)	현금	105,000
		복구공사손실	5,000			
	주 2 유효이자율법에 따라 20X1.1.1. ~ 20X5. 12.31.까지의 이자비용을 인식한 후의 복구충당부채 장부금액					

2.1.3. 자가건설한 유형자산 원가의 구성요소

자가건설한 유형자산의 원가는 외부에서 구입한 유형자산에 적용하는 것과 같은 기준을 적용하여 결정한다. 어떤 기업이 유사한 자산을 판매 목적으로도 건설한다면 이 자산은 재고자산으로 분류될 뿐 자산의 원가는 사용 목적으로 건설하는 유형자산의 원가와 같다. 따라서 유형자산 자가건설에 따른 내부이익과 자가건설 과정에서 원재료, 인력 및 기타 자원의 낭비로 인한 비정상적인 원가는 자산의 원가에 포함하지 않는다. 유형자산 자가건설 시 이자비용이 발생하는 경우 차입원가를 유형자산의 장부금액에 포함하는데, 이에 대해서는 K-IFRS 제1023호 '차입원가'의 인식기준을 적용한다. 차입원가는 7장에서 별도로 설명한다.

예제 04 자가건설 유형자산의 취득원가

㈜행복은 사업부 간 내부거래제도를 운영한다. X사업부가 생산설비를 제작하여 Y사업부에 이전하면, Y사업부는 이를 사용하여 최종 제품을 제조한다. 20X1년 중 X사업부가 최신 생산기술이 반영된 새로운 설비를 제작하는 데 원가 ₩20,000이 발생하였으나, 최신 기술을 반영하는 데 시행착오가 있어 인력 및 기타 자원에 ₩1,000의 낭비 요소가 있었음이 발견되었다. X사업부는 생산설비 총제조원가의 15%의 내부이익률을 더하여 ₩23,000에 Y사업부에 이전하였다.

요구사항

㈜행복이 제작한 생산설비의 취득원가는 얼마인가?

해설

취득원가 = ₩20,000(내부이익은 포함하지 않음) − 낭비원가 ₩1,000 = ₩19,000

2.2. 유형자산 원가의 측정

2.2.1. 측정원칙

유형자산의 원가는 인식시점의 현금가격상당액이다. 대금지급이 일반적인 신용기간을 초과하여 이연되는 경우, 현금가격상당액과 실제 총지급액과의 차액은 차입원가로 자본화하지 않은 한 신용기간에 걸쳐 이자로 인식한다.

2.2.2. 비화폐성자산과 교환하여 취득한 유형자산

하나 이상의 비화폐성자산 또는 화폐성자산과 비화폐성자산이 결합된 대가와 교환하여 하나 이상의 유형자산을 취득하는 경우가 있다. 교환을 통해 취득한 유형자산 원가는 다음의 경우를 제외하고는 공정가치로 측정한다.

(1) 교환거래에 상업적 실질이 결여된 경우
(2) 취득한 자산과 제공한 자산 모두의 공정가치를 신뢰성 있게 측정할 수 없는 경우

취득한 유형자산의 원가를 공정가치로 측정하는 경우에는 제공한 자산의 공정가치로 측정하는데, 취득한 자산의 원가가 더 명백하다면 취득한 자산의 공정가치로 측정한다. 취득한 유형자산의 원가를 공정가치로 측정하지 않는 경우에는 제공한 자산의 장부금액으로 측정한다.

새롭게 취득한 유형자산의 원가를 공정가치로 측정한다는 것은 회사가 제공하는 자산을 교환이라는 방식으로 처분하고 제공 또는 취득하는 자산의 공정가치만큼의 처분대가를 받는 것이라 이해하면 된다. 따라서 기존에 사용하던 자산의 처분손익을 인식할 수 있다.

반면, 새로운 자산의 취득원가를 제공하는 자산의 장부금액으로 측정하면 기존에 사용하던 유형자산의 처분손익을 인식하지 않는다. 상업적 실질이 없는 거래는 기존 자산의 경제적효익 창출과정이 완료되지 않고 새롭게 취득하는 자산을 통해 지속되기 때문에 차익을 인식할 수 없으며, 공정가치를 신뢰성 있게 측정할 수 없는 경우 교환거래를 통해 차익을 '조작'하는 것을 방지하기 위해서다. 위의 설명을 요약하면 다음 [표 6-1]과 같다.

표 6-1 비화폐성 자산의 교환으로 취득한 유형자산의 취득원가 결정

<table>
<tr><td rowspan="3">상업적 실질이 있는 교환거래</td><td>제공한 유형자산의 공정가치</td><td>제공한 자산의 공정가치</td><td rowspan="2">처분손익 인식</td></tr>
<tr><td>취득한 유형자산의 공정가치가 더 명백함</td><td>취득한 자산의 공정가치</td></tr>
<tr><td>제공, 취득한 유형자산의 공정가치 모두 신뢰성 있게 측정 불가</td><td rowspan="2">제공한 자산의 장부금액</td><td rowspan="2">처분손익 없음</td></tr>
<tr><td colspan="2">상업적 실질이 없는 교환거래</td></tr>
</table>

더 알아보기 **교환거래의 상업적 실질이란?**

교환거래에 상업적 실질이 있는지를 결정할 때는 교환거래 결과 미래현금흐름이 얼마나 변동될지를 고려해야 한다. 다음 1 또는 2에 해당하면서 3을 충족하는 경우에 교환거래는 상업적 실질이 있다고 본다.

1. 취득 자산 관련 현금흐름의 구성(위험, 유출입시기, 금액)이 제공 자산 관련 현금흐름의 구성과 다르다.
2. 교환거래의 영향을 받는 영업 부분의 기업특유가치(세후현금흐름 반영)가 교환거래의 결과로 변동한다.
3. 위 1이나 2의 차이(즉, 교환 전과 교환 후의 현금흐름 구성의 차이 또는 기업특유가치의 차이)가 교환된 자산의 공정가치에 비하여 중요하다.

예제 05 유형자산의 교환거래 (1)

㈜대한은 토지를 제공하고 기계장치를 취득하였다. 기계장치의 공정가치는 ₩200,000이었으며 토지의 공정가치는 ₩250,000(장부금액 ₩225,000)이었다. 한편 공정가치 차이금액 ₩50,000은 현금으로 지급받았다.

요구사항

이 거래가 상업적 실질이 있는 경우와 없는 경우에 각각 ㈜대한이 자산의 교환거래에 대하여 해야 할 회계처리를 제시하라.

해설

A. 상업적 실질이 있는 경우

제공한 자산의 공정가치가 명백하게 확인되므로 기계장치의 취득원가는 토지 공정가치 ₩250,000에서 ㈜대한에 수령한 현금 ₩50,000을 차감한 ₩200,000이다. 장부금액이 ₩225,000인 토지를 처분하는 대가로 기계장치 ₩200,000와 현금 ₩50,000를 받았으니 ₩25,000의 유형자산처분이익이 발생한다.

회계처리					
(차)	기계장치	200,000	(대)	토지	225,000
	현금	50,000		유형자산처분이익	25,000

B. 상업적 실질이 없는 경우

교환하는 자산의 공정가치를 명백히 관찰 혹은 추정할 수 있더라도 거래에 상업적 실질이 없기 때문에 토지의 장부금액 ₩225,000에서 현금 수령액 ₩50,000을 차감한 금액이 기계장치의 취득원가가 된다.

회계처리					
(차)	기계장치	175,000	(대)	토지	225,000
	현금	50,000			

예제 06 유형자산의 교환거래 (2)

㈜행복은 장부금액 ₩350,000의 토지를 공정가치가 ₩250,000인 설비자산과 교환하면서 추가로 ₩200,000의 현금을 받았다.

요구사항

교환거래에 상업적 실질이 있는 경우와 없는 경우에 각각 ㈜행복이 자산의 교환거래에 대하여 해야 할 회계처리를 제시하라.

해설

A. 상업적 실질이 있는 경우

제공한 자산의 공정가치가 확인되지 않고, 취득한 자산의 공정가치가 더 명백하므로 설비자산의 취득원가는 공정가치 ₩250,000이다. 한편, 현금 ₩200,000을 추가로 수령하였으므로 설비자산 취득원가와 현금 수령액의 합계 ₩450,000와 토지 장부금액 ₩350,000의 차이 ₩100,000은 유형자산처분이익이 된다.

회계처리					
(차)	현금	200,000	(대)	토지	350,000
	설비자산	250,000		유형자산처분이익	100,000

B. 상업적 실질이 없는 경우

거래에 상업적 실질이 없는 경우에는 제공한 토지의 장부금액에 수령한 현금을 차감한 금액을 설비자산의 취득원가로 한다.

회계처리					
(차)	현금	200,000	(대)	토지	350,000
	설비자산	150,000			

더 알아보기 **재고자산의 교환거래와 유형자산의 교환거래**

재고자산의 교환거래와 유형자산의 교환거래는 측정 시 초점이 다르다. 재고자산 교환거래는 취득한 자산의 공정가치를 먼저 고려하는 반면, 유형자산의 교환거래는 제공한 자산의 공정가치를 먼저 고려한다. 그 이유는 거래의 성격이 다르기 때문이다. 재고자산의 교환거래는 수익인식이 초점이고, 유형자산의 교환거래는 취득원가 결정이 초점이다.

재고자산의 교환거래에서 재고자산을 제공하는 것은 매출로서, 재고자산 제공 대가로 받는 자산(재화)의 공정가치로 수익인식한다. 반면, 유형자산의 교환거래는 순수한 자산의 교환으로, 새로운 유형자산을 취득하기 위해 사용하던 자산을 대가로 제공하는 것이다. 일반적인 현금거래에서 새로운 유형자산을 취득하기 위하여 지급한 금액이 취득한 유형자산의 취득원가가 되듯이, 유형자산 교환거래의 경우 새로운 유형자산을 취득하기 위해 지급한 금액은 제공한 자산의 공정가치라 할 수 있다. 따라서 유형자산의 교환거래에서는 자산의 취득원가를 제공한 자산의 공정가치로 결정하는 것이다.

3 유형자산 인식시점 이후의 측정

유형자산을 신규 취득하여 최초로 재무제표에 인식한 이후에는 원가모형이나 재평가모형 중 하나를 회계정책으로 선택하여 측정한다.

원가모형은 원가에서 감가상각누계액과 손상차손누계액을 차감한 금액을 장부금액으로 한다. 감가상각은 다음 페이지 '유형자산의 감가상각'에서 손상은 8장 '자산손상'에서 설명한다.

재평가모형은 유형자산을 공정가치로 평가하는 모형으로 유형자산의 기말 장부금액은 재평가일의 공정가치에서 이후의 감가상각누계액과 손상차손누계액을 차감한 재평가금액이다.

재평가모형을 전반적으로 이해하기 위해서는 감가상각과 유형자산의 제거를 먼저 이해해야 하므로 이를 먼저 학습한 뒤 재평가모형을 알아보도록 하자.

SECTION
03 유형자산의 감가상각

1 감가상각의 의의

감가상각은 유형자산의 미래경제적효익의 감소를 당기비용으로 인식하는 것이다. 즉 자산의 감가상각 대상금액을 그 자산의 내용연수에 걸쳐 체계적으로 배분하는 것이다.

토지를 제외한 유형자산은 사용되면서 또는 시간의 경과에 따라 미래경제적효익이 감소한다. 미래경제적효익을 감소시키는 물리적 요인은 자산의 마모 또는 손상이다. 그러나 유형자산이 물리적으로 마모, 손상되지 않았음에도 불구하고 시간이 경과하면서 보다 효율적으로 개선된 대체품들이 나타나 기존 유형자산의 유용성이 떨어질 수도 있고, 회사가 급격히 성장하거나 업종을 변경하여 기존 유형자산을 사용하는 것이 적합하지 않을 수도 있다. 이러한 경제적 요인은 유형자산의 미래경제적효익을 감소시킨다.

이렇게 유형자산의 경제적효익이 감소하는 원인은 다양하고 복합적이기 때문에 회사가 유형자산의 경제적효익의 감소분을 직접 관찰하여 화폐금액으로 측정하기는 매우 어렵다. 추정이 가능하다 하더라도 주관적이며 추정 비용이 클 수 있다.

따라서 회계는 유형자산의 경제적효익의 감소분을 평가(valuation)하는 대신, 합리적이고 체계적인 방법으로 배분(allocation)한다. 감가상각은 원가의 배분 과정이지 자산가치의 평가 과정이 아님에 유의해야 한다.

2 감가상각 회계처리

유형자산을 구성하는 일부의 원가가 당해 유형자산의 전체원가에 비교하여 유의적이라면, 해당 유형자산을 감가상각할 때 그 부분은 별도로 구분하여 감가상각한다.

유형자산의 원가는 그 유형자산을 구성하고 있는 유의적인 부분에 배분하여 각 부분별로 감가상각한다. 예를 들면, 항공기 동체와 엔진을 별도로 구분하여 감가상각하는 것이 적절할 수 있다.

각 기간의 감가상각액은 일반적으로 당기손익으로 인식한다. 그러나 유형자산에 내재된 미래경제적효익이 다른 자산을 생산하는 데 사용되는 경우도 있다. 이 경우 유형자산의 감가상각액은 해당 자산의 원가의 일부가 된다. 예를 들어 제조설비의 감가상각액은 재고자산의 가공원가로서 K-IFRS 제1002호 '재고자산'에 따라 제조원가를 구성하고, 개발활동에 사용되는 유형자산의 감가상각액은 K-IFRS 제1038호 '무형자산'에 따라 해당 무형자산의 원가에 포함될 수 있다.

3 감가상각을 위한 기초 개념

유형자산의 감가상각 대상금액은 내용연수에 걸쳐 체계적인 방법으로 배분하는 것이 감가상각이라는 것을 배웠다. 여기서부터는 감가상각에 필요한 기초 개념을 알아보자.

3.1. 감가상각 대상금액

감가상각 대상금액은 유형자산의 원가에서 잔존가치를 뺀 금액이다. 유형자산의 감가상각 대상금액은 내용연수에 걸쳐 체계적인 방법으로 배분하여 감가상각비로 인식한다.

감가상각 대상금액 = 유형자산의원가 − 잔존가치

잔존가치는 자산이 이미 오래되어 내용연수 종료시점에 도달하였다는 가정하에 유형자산의 처분 시 받을 것으로 예상하는 금액에서 그 자산의 처분과 관련된 비용을 차감한 금액의 추정치이다. 잔존가치는 적어도 매 회계연도말에 재검토하여, 재검토 결과 추정치가 종전 추정치와 다르면 회계추정치 변경으로 처리하여 변경 효과가 미래에 반영되도록 한다.[2]

실무적으로 유형자산의 잔존가치는 매우 작으나, 해당 자산의 장부금액과 같거나 큰 금액일 수도 있다. 이 경우에는 자산의 잔존가치가 장부금액보다 작은 금액으로 감소될 때까지 유형자산의 감가상각액은 영(0)이 된다. 다시 말해서 감가상각비를 인식하지 않는다.

한편, 유형자산의 공정가치가 장부금액을 초과하더라도 잔존가치가 장부금액을 초과하지 않는 한 계속하여 감가상각한다.

2 회계추정치 변경 시 K-IFRS 제1008호 '회계정책, 회계추정치 변경과 오류'를 따른다.

3.2. 내용연수

내용연수는 기업이 자산을 사용할 수 있을 것으로 예상하는 기간이나 자산에서 얻을 것으로 예상하는 생산량 또는 이와 비슷한 단위 수량이다. 이어서 설명할 감가상각방법 중 생산량비례법을 제외하면 내용연수는 대부분 기간을 의미한다.

유형자산의 미래경제적효익은 주로 사용함으로써 소비하는 것이 일반적이다. 그러나 자산을 사용하지 않더라도 기술적 또는 상업적 진부화 및 마모나 손상 등의 요인으로 인하여 자산으로부터 기대하였던 경제적효익이 감소될 수 있다. 다시 말해서, 내용연수는 반드시 자산을 물리적으로 더 이상 사용할 수 없게 되는 기간을 의미하는 것이 아니라, 더 이상 자산으로부터 경제적효익을 기대할 수 없게 되는 기간, 즉, 경제적 내용연수를 의미한다. 자산의 내용연수는 다음의 요소를 모두 고려해서 결정한다.

(1) 자산의 예상 생산능력이나 물리적 생산량을 토대로 한 자산의 예상사용수준
(2) 자산을 교대로 사용하는 빈도, 수선 · 유지계획과 운휴 중 유지보수 등과 같은 가동요소를 고려한 자산의 예상 물리적 마모나 손상
(3) 생산방법의 변화, 개선 또는 해당 자산에서 생산되는 제품 및 용역에 대한 시장수요의 변화로 인한 기술적 또는 상업적 진부화
(4) 리스계약의 만료일 등 자산의 사용에 대한 법적 또는 이와 유사한 제한

이렇게 유형자산의 내용연수는 자산으로부터 기대되는 효용에 따라 결정된다. 그러므로 기업이 여러 전략적 이유로 경제적 내용연수에 도달하기 전에 자산을 처분하는 경우 내용연수는 일반적 상황에서의 경제적 내용연수보다 짧을 수 있다. 예를 들어, 특정 건설 계약을 위해 경제적 내용연수가 10년인 건설기계를 구입하였으나, 이 계약에 의하면 5년 후 완공해야 한다. 이 건설기계가 해당 건설 계약 외에는 사용가치가 없다고 할 경우 건설기계의 감가상각을 위한 내용연수는 5년이다. 그러므로 감가상각기간을 결정할 때 유사한 자산에 대한 기업의 경험에 비추어 해당 유형자산의 내용연수를 추정해야 한다.

3.3. 감가상각기간

유형자산의 감가상각은 자산이 사용가능한 때부터 시작한다. 즉, 경영진이 의도하는 방식으로 자산을 가동하는 데 필요한 장소와 상태에 이른 때부터 시작한다. 따라서 건설 중인 자산은 사용하기 전 상태이므로 감가상각하지 않는다.

한편, 감가상각은 K-IFRS 제1105호 '매각예정비유동자산과 중단영업'에 따라 자산이 매각예정자산으로 분류되는 날과 자산이 제거되는 날 중 이른 날에 중지한다.

따라서 유형자산이 운휴 중이거나 적극적인 사용상태가 아니어도, 감가상각이 완전히 이루어지기 전까지는 감가상각을 중단하지 않는다. 그러나 유형자산의 사용정도에 따라 감가상각을 하는 경우(예: 생산량비례법)에는 생산활동이 이루어지지 않을 때 감가상각액을 인식하지 않을 수 있다.

3.4. 토지와 건물 동시 취득 시

토지와 건물을 동시에 취득하는 경우, 이들은 분리가능한 자산이고 각 자산의 내용연수가 다르기 때문에 별개의 자산으로 회계처리 한다. 채석장이나 매립지 등을 제외하고는 토지는 내용연수가 무한하므로 감가상각하지 않지만 건물은 내용연수가 유한하므로 감가상각한다.

4 감가상각방법

감가상각방법은 자산의 경제적효익이 소멸되는 상황을 반영할 수 있도록 체계적이고 합리적이어야 한다. 유형자산의 감가상각방법은 해당 자산에 내재되어 있는 미래경제적효익의 예상 소비형태를 가장 잘 반영하는 방법을 선택하고, 선택한 방법은 예상 소비형태가 변하지 않는 한 매 회계기간에 일관성 있게 적용해야 한다.[3]

유형자산의 감가상각방법은 매 회계연도말에 재검토한다. 재검토 결과 자산에 내재된 미래경제적효익의 예상되는 소비형태에 유의적인 변동이 있다면, 변동된 소비형태를 반영하기 위하여 감가상각방법을 변경하고 그 차이를 회계추정변경으로 반영한다.

K-IFRS 제1016호 '유형자산'에서는 정액법, 체감잔액법 및 생산량비례법을 제시하고 있다. 각 방법의 특징과 상세한 적용 방법을 살펴보자.

4.1. 정액법

정액법은 잔존가치가 변동하지 않는다고 가정할 때 자산의 내용연수 동안 매 기간 일정액의 감가상각액을 계상하는 방법이다. 유형자산의 미래경제적효익이 시간의 경과에 따라 비례적

3 자산을 사용함으로써 창출하는 수익에 기초한 감가상각방법은 적절하지 않다. 왜냐하면 수익은 일반적으로 자산의 경제적효익을 소비하는 것 외에도 다양한 투입 및 판매활동을 통해 결정되므로 수익이 유형자산의 미래경제적효익의 소비형태를 가장 잘 반영한다고 보기 어렵기 때문이다.

으로 감소한다는 가정하에 매기 감가상각비는 감가상각 대상금액을 내용연수로 나누어 계산한다.

$$감가상각비 = \frac{감가상각\ 대상금액(=취득원가 - 잔존가치)}{내용연수}$$

정액법은 실무에서 적용하기에 매우 간편하다는 장점이 있으나, 유형자산의 경제적효익이 소비되는 정도가 매기 같다는 가정이 비현실적이라는 점에서 비판을 받는다.

4.2. 체감잔액법

체감잔액법은 가속상각법이라고도 불리는데 내용연수 초기에는 감가상각을 많이 하다가 후기에는 적게 하는 방법이다. 유형자산이 진부화되어 내용연수 후기로 갈수록 미래경제적효익이 소비되는 정도가 작아질 것이 예상되는 경우에는 체감잔액법을 적용하는 것이 적절하다.

4.2.1. 정률법

정률법은 기초장부금액에 상각률을 곱해 감가상각비를 계산한다.

$$감가상각비 = 기초장부금액 \times 상각률$$
$$\left(상각률 = 1 - \sqrt[내용연수]{\frac{잔존가치}{취득원가}}\right)$$

감가상각 대상금액이 아니라 기초장부금액에 상각률을 곱하는 것에 주의해야 한다. 개념적으로는 내용연수 동안 매기 일정한 상각률로 기초장부금액을 상각할 때 내용연수 종료 시점의 장부금액이 잔존가치가 되는 상각률을 구해서 정률법을 적용한다. 잔존가치가 0인 경우 상각률이 1이 되는 문제가 있어 실무적으로 잔존가치가 0보다 큰 경우에만 정률법을 사용한다.

4.2.2. 이중체감법

이중체감법은 정률법을 간편하게 사용할 수 있도록 변형한 방법이다. 감가상각비 계산 방법은 정률법과 같지만 상각률을 '2/내용연수'로 정한 것만 다르다. 상각률이 정액법 상각률의 2배라고 하여 '정액법의 배법'이라고도 부른다.

이중체감법은 기초장부금액에 상각률을 곱해 감가상각비를 계산한다.

$$감가상각비 = 기초장부금액 \times 상각률$$
$$(상각률 = \frac{2}{내용연수})$$

이중체감법을 사용하면 감가상각완료 시 장부금액이 잔존가치와 일치하지 않게 되기 때문에 내용연수 마지막 기간의 감가상각비는 감가상각완료 시 장부금액이 잔존가치와 일치하게끔 하는 금액으로 한다.

4.2.3. 연수합계법

연수합계법은 정액법처럼 감가상각 대상금액에 상각률을 곱해 감가상각비를 계산한다. 다른 점은 매기 상각률에 연도별 가중치가 적용된다는 점인데, 내용연수 초기의 상각률을 크게 하고 후기로 갈수록 상각률을 작게 하여 체감잔액법처럼 감가상각비가 체감하도록 하는 방법이다.

연수합계법은 감가상각 대상금액에 상각률을 곱해 감가상각비를 계산한다.

$$감가상각비 = 감가상각\ 대상금액(취득원가 - 잔존가치) \times 상각률$$
$$(상각률 = \frac{당기\ 포함\ 잔여내용연수}{내용연수의\ 합계})$$

정률법과 이중체감법을 사용하면 초기 감가상각비가 상대적으로 매우 크고 기하급수적으로 줄어들기 때문에 손익이 극단적으로 변동할 가능성이 있다. 상각률이 완만하게 작아지는 연수합계법을 사용하면 체감잔액법을 사용하면서도 손익 변동성을 관리할 수 있다.

현실 속 회계 | 감가상각방법 변경의 효과: 영업이익 개선

LG유플러스는 지난 1분기 매출액 2조1165억원을 기록한 가운데 영업이익 899억원, 당기순이익 570억원으로 전년 4분기 적자에서 흑자로 전환에 성공했다고 3일 밝혔다. (중략)

이날 실적을 발표한 LG유플러스를 포함해 SK텔레콤, KT 등 나머지 이통사들도 IFRS 덕분에 실적이 좋아진 이른바 '착시효과'가 일부 있다. 새 회계기준에 따라 감가상각방법을 정률법에서 정액법으로 바꿨기 때문이다.

이통사들은 망(네트워트)에 대한 투자가 연간 설비투자금액의 80%가량을 차지할 정도로 가장 큰 금액으로 계산되는데 망 투자에 대한 감가상각방법이 그동안 정률법으로 이뤄져 2년 반만에 감가상각이 끝날 수 있었다. 그러나 앞으로는 이러한 '가속상각'을 할 수 없기 때문에 초기 감가상각비가 줄어든 만큼 영업이익이 늘어나 보인다는 것이다.

실제 올 1분기 LG유플러스의 감가상각액은 2217억원으로 지난해 분기 평균 2500억원보다 300억원 가까이 줄어들었다.

출처: 김기철, 황시영, 강다영(2011.05.03.). LG유플러스 899억 영업흑자 전환. 매일경제.
https://www.mk.co.kr/news/stock/4909777

4.3. 생산량비례법

생산량비례법은 자산의 예상조업도 혹은 예상생산량에 근거하여 감가상각액을 계상하는 방법이다. 유형자산을 사용함으로써 소비할 수 있는 미래경제적효익의 총량과 매기 실제 소비한 경제적효익을 생산량이나 작업시간과 같은 생산 측면의 지표로 측정하여 감가상각비를 계산한다.

$$\text{감가상각비} = \text{감가상각 대상금액} \times \frac{\text{당기 실제 생산량(작업시간)}}{\text{총 추정 생산량(작업시간)}}$$

정액법이나 체감잔액법은 시간의 경과에 따라 감가상각을 하는 반면 생산량비례법은 자산의 사용도에 따라 감가상각을 한다는 점에서 다르다. 따라서 건물처럼 시간이 경과하면서 자연적으로 서서히 노후화되는 자산보다는 기계장치처럼 가동률이 높을수록 성능이 더 크게 낮아지는 자산에 더 적절한 방법이다. 그러나 총생산량(작업시간)을 합리적으로 추정하고 매기 실제 생산량(작업시간)을 신뢰성 있게 측정할 수 있어야 한다는 실무 적용의 어려움이 있다.

예제를 통해 위에서 설명한 감가상각방법들을 연습해본다.

예제 07 감가상각비 계산

㈜대한은 20X1.1.1. 기계장치를 취득하였고, 취득원가는 ₩650,000이다. 내용연수는 5년이며 잔존가치는 ₩50,000으로 추정된다. 기계장치의 가동능력은 총 100,000시간으로 추정되며 20X1년에 10,000시간, 20X2년에 20,000시간, 20X3년에 15,000시간, 20X4년에 30,000시간, 20X5년에 25,000시간이 사용되었다. 내용연수 종료시까지 매기말 내용연수, 잔존가치 및 총가동능력을 재추정한 결과 최초 추정치 대비 변동은 없었다.

요구사항

정액법, 정률법, 이중체감법, 연수합계법, 생산량비례법을 이용해 매 기 감가상각비와 매 기말 기계장치 장부금액을 구하라.

해설

A. 정액법

연도	감가상각 대상금액	상각률	감가상각비	기말장부금액
20X1	600,000	1/5	120,000	530,000
20X2	600,000	1/5	120,000	410,000
20X3	600,000	1/5	120,000	290,000
20X4	600,000	1/5	120,000	170,000
20X5	600,000	1/5	120,000	50,000
합계			600,000	

연도	회계처리					
20X1	(차)	감가상각비	120,000	(대)	감가상각누계액	120,000
20X2	(차)	감가상각비	120,000	(대)	감가상각누계액	120,000
20X3	(차)	감가상각비	120,000	(대)	감가상각누계액	120,000
20X4	(차)	감가상각비	120,000	(대)	감가상각누계액	120,000
20X5	(차)	감가상각비	120,000	(대)	감가상각누계액	120,000

B. 정률법

$$상각률 = 1-\sqrt[5]{\frac{50,000}{650,000}} = 0.401297$$

연도	기초장부금액	상각률	감가상각비	기말장부금액
20X1	650,000	0.401297	260,843	389,157
20X2	389,157	0.401297	156,168	232,989
20X3	232,989	0.401297	93,498	139,491
20X4	139,491	0.401297	55,977	83,514
20X5	83,514	0.401297	33,514	50,000
합계			600,000	

연도	회계처리					
20X1	(차)	감가상각비	260,843	(대)	감가상각누계액	260,843
20X2	(차)	감가상각비	156,168	(대)	감가상각누계액	156,168
20X3	(차)	감가상각비	93,498	(대)	감가상각누계액	93,498
20X4	(차)	감가상각비	55,977	(대)	감가상각누계액	55,977
20X5	(차)	감가상각비	33,514	(대)	감가상각누계액	33,514

C. 이중체감법

$$상각률 = \frac{2}{5} = 0.4$$

연도	기초장부금액	상각률	감가상각비	기말장부금액
20X1	650,000	0.4	260,000	390,000
20X2	390,000	0.4	156,000	234,000
20X3	234,000	0.4	93,600	140,400
20X4	140,400	0.4	56,160	84,240
20X5	84,240	0.4	34,240[주1]	50,000
합계			600,000	

주1 내용연수에 걸쳐 총 ₩600,000(취득원가 ₩650,000 − 잔존가치 ₩50,000)의 감가상각비가 인식되어야 한다. 20X4년까지의 감가상각누계액이 ₩464,960이므로 20X5년에는 이를 만족시키는 금액 ₩34,240을 감가상각한다.

연도	회계처리					
20X1	(차)	감가상각비	260,000	(대)	감가상각누계액	260,000
20X2	(차)	감가상각비	156,000	(대)	감가상각누계액	156,000
20X3	(차)	감가상각비	93,600	(대)	감가상각누계액	93,600
20X4	(차)	감가상각비	56,160	(대)	감가상각누계액	56,160
20X5	(차)	감가상각비	34,240	(대)	감가상각누계액	34,240

D. 연수합계법

$$상각률 = \frac{당기포함\ 잔존내용연수}{5+4+3+2+1}$$

연도	감가상각 대상금액	당기 포함 잔존내용연수	상각률	감가상각비	기말장부금액
20X1	600,000	5	5/15	200,000	450,000
20X2	600,000	4	4/15	160,000	290,000
20X3	600,000	3	3/15	120,000	170,000
20X4	600,000	2	2/15	80,000	90,000
20X5	600,000	1	1/15	40,000	50,000
합계		15		600,000	

연도	회계처리					
20X1	(차)	감가상각비	200,000	(대)	감가상각누계액	200,000
20X2	(차)	감가상각비	160,000	(대)	감가상각누계액	160,000
20X3	(차)	감가상각비	120,000	(대)	감가상각누계액	120,000
20X4	(차)	감가상각비	80,000	(대)	감가상각누계액	80,000
20X5	(차)	감가상각비	40,000	(대)	감가상각누계액	40,000

E. 생산량비례법

$$상각률 = \frac{당기\ 실제\ 작업시간}{100,000시간}$$

연도	감가상각 대상금액	상각률	감가상각비	기말장부금액
20X1	600,000	10%	60,000	590,000
20X2	600,000	20%	120,000	470,000
20X3	600,000	15%	90,000	380,000
20X4	600,000	30%	180,000	200,000
20X5	600,000	25%	150,000	50,000
합계		100%	600,000	

연도	회계처리					
20X1	(차)	감가상각비	60,000	(대)	감가상각누계액	60,000
20X2	(차)	감가상각비	120,000	(대)	감가상각누계액	120,000
20X3	(차)	감가상각비	90,000	(대)	감가상각누계액	90,000
20X4	(차)	감가상각비	180,000	(대)	감가상각누계액	180,000
20X5	(차)	감가상각비	150,000	(대)	감가상각누계액	150,000

회계기간 중도에 유형자산을 취득하거나 처분하는 경우에는 1년치 감가상각비를 월별로 안분하여 기중 유형자산을 보유하고 있던 월 수만큼의 감가상각비를 인식한다. 즉, 중도취득시에는 취득일로부터 기말까지의 감가상각비를 인식하고, 중도처분시에는 기초부터 처분일까지의 감가상각비를 인식한다.

더 알아보기 **정액법과 체감잔액법 비교**

정액법과 체감잔액법 모두 유형자산의 미래경제적효익이 시간의 경과에 따라 소비된다고 보지만 소비 형태에 대한 가정은 서로 다르다. 정액법은 자산의 생산성이 시간이 지나도 일정하다고 가정하지만 체감잔액법은 자산의 생산성이 시간이 지날수록 감소한다고 가정한다.

어떤 방법을 선택할 것인지는 경영진의 판단에 따르면 된다. 만약 유형자산이 내용연수 동안 회사의 수익창출에 고르게 기여한다고 판단하면 정액법이 적절하다. 반면 유형자산이 내용연수 초기에 수익창출에 기여하는 바가 더 크고, 급격히 진부화된다고 판단하면 체감잔액법이 적절하다.

유형자산이 생산하는 품목의 판매가격이 향후 하락할 것이 예상된다면, 이는 그 자산이 기술적 · 상업적으로 진부화될 것을 시사한다. 즉, 시간이 지날수록 자산이 진부화되어 같은 기간에 회사가 소비할 수 있는 자산의 경제적효익이 더 작아지므로 내용연수 초기에 감가상각을 많이 하고, 후기에 적게 하는 체감잔액법이 적절할 것이다.

경영진은 일단 감가상각방법을 선택하면 일관성 있게 적용해야 하고, 선택의 근거가 되는 자산의 미래경제적효익의 소비형태를 제시할 수 있어야 한다.

5 감가상각과 회계추정의 변경

유형자산의 잔존가치와 내용연수 및 감가상각방법은 적어도 매 회계연도말에 재검토한다. 재검토 결과 잔존가치나 내용연수 추정치가 종전 추정치와 다르다면 그 차이는 회계추정의 변경으로 회계처리 한다. 마찬가지로 자산에 내재된 미래경제적효익의 예상되는 소비형태가 유의적으로 달라졌다면, 달라진 소비형태를 반영하기 위하여 감가상각방법을 변경하고 회계추정의 변경으로 회계처리 한다.

회계추정치가 변경되면 감가상각 금액도 달라지는데, 감가상각비 변경 효과는 회계추정치가 변경된 기간과 미래기간의 당기손익에 포함하여 전진적으로 인식한다.

예제 08 감가상각과 회계추정의 변경

㈜행복은 20X1년초 구입한 취득원가 ₩500,000, 내용연수 5년, 잔존가치 ₩50,000의 기계장치를 정액법으로 감가상각하고 있다.

요구사항

A. 20X2년말 감가상각을 위해 회계추정치를 재검토한 결과 잔존내용연수가 2년, 잔존가치는 ₩10,000으로 추정되었다. ㈜행복이 인식하여야 할 20X1년과 20X2년의 감가상각비를 구하고 회계처리를 제시하라.

B. 요구사항 A와는 독립적으로 20X2년말 감가상각방법을 재검토한 결과 연수합계법이 변동된 소비형태를 더 잘 반영할 것으로 판단하였다. ㈜행복이 인식하여야 할 20X1년과 20X2년의 감가상각비를 구하고 회계처리를 제시하라.

해설

A. 잔존가치와 내용연수 추정치의 변경

연도	감가상각비
20X1	(₩500,000 − ₩50,000) ÷ 5년 = ₩90,000 (취득가액 − 잔존가치) ÷ 내용연수
20X2	{(₩500,000 − ₩90,000) − ₩10,000} ÷ 2년 = ₩200,000 (감가상각 직전 장부금액 − 재추정된 잔존가액) ÷ 재추정된 잔여 내용연수

연도	회계처리					
20X1	(차)	감가상각비	90,000	(대)	감가상각누계액	90,000
20X2(변경 후)	(차)	감가상각비	200,000	(대)	감가상각누계액	200,000

B. 감가상각방법의 변경

연도	감가상각비
20X1	(₩500,000 − ₩50,000) ÷ 5년 = ₩90,000 (취득가액 − 잔존가치) ÷ 내용연수
20X2	{(₩500,000 − ₩90,000) − ₩50,000} × 4 / (4 + 3 + 2 + 1) = ₩144,000 (감가상각 직전 장부금액 − 잔존가액) × 잔여내용연수 4년에 대한 상각률

연도	회계처리					
20X1	(차)	감가상각비	90,000	(대)	감가상각누계액	90,000
20X2(변경 후)	(차)	감가상각비	144,000	(대)	감가상각누계액	144,000

현실 속 회계 | **감가상각 내용연수 변경의 효과: 영업이익 개선**

네이버는 지난 8일 올해 1분기 영업이익이 3305억원으로 작년 동기 대비 9.5% 증가했다고 발표했다. 시장이 예상한 영업이익 전망치 3071억원을 넘어 '깜짝 실적'이라는 평가를 받았다. 증권가 애널리스트들은 '미국판 당근마켓'이라 불리던 미국 포시마크 인수 효과, 핀테크와 콘텐츠 분야의 고른 성장세 등을 실적 호조 이유로 꼽았다.

네이버 깜짝 실적엔 '회계처리 변경'도 크게 기여한 것으로 나타났다. 네이버는 서버, 네트워크 장비 등 주요 장비의 감가상각 내용연수를 올해부터 늘리면서 1분기에만 200억원 이상 영업이익이 증가하는 효과를 본 것으로 파악됐다. 감가상각 내용연수는 자산의 사용 가능 기간을 뜻한다. 기업들은 자산을 구입한 뒤 해당 자산의 내용연수 기간 동안 나눠 비용을 인식하는데, 내용연수가 늘수록 매년 인식하는 비용은 감소한다. (후략)

출처: 배성철(2023.05.10.). 好실적 뜯어보니…네이버의 '회계 마법'. 한국경제신문.
https://www.hankyung.com/economy/article/2023051061451

SECTION
04 유형자산의 제거

1 제거의 시기

유형자산의 장부금액은 다음과 같은 때 제거한다.

(1) 처분하는 때
(2) 사용이나 처분을 통하여 미래경제적효익이 기대되지 않을 때

2 제거 시 발생하는 손익

유형자산의 제거로 인하여 발생하는 순매각금액과 장부금액의 차이는 당기손익으로 인식하고 기타수익이나 기타비용으로 분류한다. 순매각금액은 처분대가에서 처분비용을 차감한 금액이므로 처분비용은 별도의 비용으로 인식하지 않고 처분손익에 포함한다.

유형자산의 처분대가는 K-IFRS 제1115호 '고객과의 계약에서 생기는 수익'의 거래가격 산정 원칙을 따른다. 변동대가, 계약에 있는 유의적인 금융요소, 비현금 대가 등을 모두 고려하며 자세한 내용은 이 책 4장 '수익인식'을 참고하라.

예제 09 | 유형자산 매각

㈜대한은 20X1.1.1.에 취득원가 ₩500,000, 내용연수 5년, 잔존가치 ₩50,000의 기계장치를 취득하였고, 이를 정액법으로 감가상각하였다. 20X3.12.31.에 이 기계를 처분하고 대가로 현금 ₩200,000을 받았다.

요구사항

기계장치 취득시부터 처분시까지 필요한 회계처리를 제시하라.

해설

일자	회계처리					
20X1. 1. 1.	(차)	기계장치	100,000	(대)	현금	100,000
20X1.12.31.	(차)	감가상각비[주1]	45,000	(대)	감가상각누계액	45,000
		주 1 (₩500,000 − ₩50,000) ÷ 10 = ₩45,000				
20X2.12.31.	(차)	감가상각비	45,000	(대)	감가상각누계액	45,000
20X3.12.31.	(차)	감가상각비	45,000	(대)	감가상각누계액	45,000
		현금	200,000	(대)	기계장치	500,000
		감가상각누계액	135,000			
		유형자산처분손실	165,000			

SECTION

05 재평가모형

전통적으로 유형자산은 원가로 평가하였으나(원가모형) K-IFRS에서는 유형자산을 공정가치로 평가할 수 있도록(재평가모형) 허용한다. 앞에서 유형자산의 인식과 측정, 감가상각은 원가모형을 위주로 학습하였으므로 여기서는 재평가모형을 학습한다.

재평가모형은 공정가치를 신뢰성 있게 측정할 수 있는 유형자산에 대하여 재평가일의 공정가치로 평가하고 이후의 감가상각누계액과 손상차손누계액을 차감한 재평가금액을 장부금액으로 한다.

> 재평가모형 유형자산의 장부금액
> = 재평가일의 공정가치 − 감가상각누계액 − 손상차손누계액

재평가모형을 선택하면 재평가 대상 자산과 재평가 시기 결정, 재평가 회계처리, 재평가 후의 감가상각 등 원가모형에 비해 고려할 것이 많다. 그럼에도 불구하고 기업이 재평가모형을 선택하는 동기에 대해서 다음 사례를 통해 생각해보자.

현실 속 회계 | 부동산 재평가로 부채비율 낮추기

부채비율 363% → 274%, 부동산 재평가 덕…추가 자산매각 가능성

(중략) 실적보다 눈길을 끄는 것은 바로 재무상태의 변화다. 2019년말 기준으로 363%에 달했던 부채비율은 1분기 만에 274%로 낮아졌다. 회계상 부채로 잡히는 선수금 8650억원을 제외한다면 부채비율은 198%까지 떨어진다.

현대로템은 부채비율을 낮추기 위해 차입금을 줄이는 동시에 자본금을 늘렸다. 올 1분기 차입금은 1조 3440억원으로 지난해 1조4820억원보다 1380억원 줄었으며 자본금은 8830억원에서 1조1320억원으로 2490억원 증가했다.

그렇다면 현대로템은 어떻게 단기간에 이처럼 자본금을 대폭 늘렸을까. 이용배 사장은 자본금을 늘리기 위한 방법으로 부동산 재평가를 활용한 것으로 분석된다. 기존 보유하고 있던 부동산 가격을 다시 책정해 높아진 가치를 새로 반영한 것이다.

현대로템 관계자는 "창원공장과 의왕공장 등의 토지를 재평가 받았다"며 "자본금 증가는 이 내용이 반영된 결과"라고 말했다. 현대로템은 유상증자 등 추가적인 자본거래 없이 자본금을 크게 늘린 셈이다. (후략)

출처: 김성진(2020.04.29.). 속도 내는 현대로템 이용배 재무구조 개선. 자본시장 미디어 '더벨'. https://www.thebell.co.kr/free/content/ArticleView.asp?key=202004271710195880102291&svccode=00&page=1&sort=thebell_check_time

예시로 이해하기 | 현대로템 사업보고서 재무제표 주석

10. 유형자산

(중략) (3) 회사는 당기 중 토지에 대해 재평가모형을 적용하였으며, 2020년 3월 31일을 기준일로 하여 회사와 독립적이고 전문적 자격이 있는 평가기관이 산출한 감정가액을 이용하여 토지를 재평가하였습니다.

평가방법은 대상 토지와 인근 지역에 있는 유사한 이용가치를 지닌 표준지의 공시지가를 기준으로 공시기준일로부터 기준시점 현재까지의 지가변동률, 생산자물가상승률, 당해 토지의 위치, 형상, 환경, 이용상황, 기타 가치형성요인 등을 종합적으로 고려하여 공시지가기준법 등으로 평가하였습니다.

한편, 당기말 현재 회사의 재평가에 따른 토지의 장부금액과 원가모형으로 평가되었을 경우의 장부금액은 다음과 같습니다.

단위: 천원

구분	재평가모형	원가모형
토지	863,456,621	521,517,765

상기 토지 재평가로 인해 당기 중 기타포괄이익으로 인식한 재평가잉여금은 259,189,653천원(법인세효과 차감 후)으로 기타포괄손익으로 인식하였습니다.

현실 속 회계 | 유형자산 재평가에 적극적인 기업들

자산재평가 실시한 기업 현황

기업	결정일	재평가 대상 자산 장부가액	재평가 결과
대호피앤씨	2월 20일	402억 3431만원	평가 중
한빛소프트	2월 4일	24억원	87억 4616만원
비에이치아이	1월 30일	1191억 2000만원	평가 중
삼강엠앤티	1월 28일	748억 3817만원	1008억 2743만원
우리조명지주	1월 3일	64억 7514만원	362억 6078만원

출처: 금융감독원 전자공시

재무구조 개선 목적으로 자산재평가에 나서는 상장사들이 줄을 잇고 있다. 실적 부진 우려가 커지고 있는 가운데 자산재평가를 통한 재무구조 개선으로 투자심리를 자극하려는 움직임으로 풀이된다.

자산재평가(revaluation)는 기업이 보유하고 있는 사업용 자산을 시장가치에 맞춰 재조정하는 작업을 말한다. 토지, 건물, 장비 등의 자산을 취득 당시 가격이 아니라 현재의 공정가치로 평가하는 것이다. 인플레이션 상황, 혹은 투자가치가 급격히 상승한 결과 장부가격과 시가에 큰 격차가 발생했을 때 필요하다. 자산재평가는 장부상으로만 이뤄지는 것이어서 실질적인 현금유입은 없으나, 평가차익이 발생해 재무구조를 개선하는 효과가 있다. (중략)

자산재평가 결과 평가차액이 크면 클수록 눈에 보이는 재무개선 효과도 커진다. 평가차액이 대부분 자본으로 잡히는 만큼 부채비율도 낮아진다. 주가순자산비율(PBR)도 낮아져 밸류에이션(적정 주가) 매력이 높아지는 효과도 나타난다.

다만 전문가들은 자산재평가를 실시한 기업들의 재무구조 개선은 수치상 개선일 뿐 기본적으로 수익성 개선 등 기업 내용에 변화가 생기는 것은 아니기 때문에 일부 착시현상은 주의해서 봐야 한다고 조언한다.

출처: 서태욱(2013.02.27.). 자산재평가로 재무제표 '성형'. 매일경제.
https://www.mk.co.kr/news/stock/5461667

1 유형자산 재평가 대상 및 시기

재평가모형을 선택한다고 하여 기업이 보유하는 모든 유형자산을 재평가해야 하는 것은 아니다. 유형자산의 유형을 구분하고, 특정 유형자산을 재평가할 때 해당 자산이 포함되는 유형자산의 유형 전체를 재평가한다.[4] 예를 들어, 전국에 건물을 여러 채 보유하는 회사가 건

4 유형자산의 유형은 기업의 영업에서 특성과 용도가 비슷한 자산의 집합이다. 계정과목 분류와 비슷하지만 반드시 일치하지 않아도 된다.

물에 대해 재평가모형을 선택한다면 모든 건물을 동시에 재평가해야 한다. 개별 자산을 선택적으로 재평가하도록 허용한다면 회사는 재평가를 통해 이익을 손쉽게 조정할 수 있을 것이다.

재평가가 반드시 매 회계기간말에 시행되어야 하는 것은 아니다. 재평가 빈도는 재평가 대상 유형자산의 공정가치 변동에 따라 달라진다. 매년 재평가가 필요한 유형자산이 있는 반면에 공정가치 변동이 경미하여 매 3년이나 5년마다 재평가하는 것으로 충분한 유형자산도 있다.

예시로 이해하기 | 동일 유형 전체를 동시에 재평가하는 이유

㈜행복은 서울, 대전, 부산에 각각 건물 1채씩을 소유하고 있다. 건물 3채를 각각 ₩100,000에 취득하였는데 10년이 지난 시점에 보니 부산에 있는 건물의 가치는 급격히 상승하여 공정가치가 ₩200,000인 반면, 서울과 대전에 있는 건물은 공정가치가 매우 하락하여 각각 ₩70,000과 ₩60,000이라고 하자.

만약 개별 자산 단위의 재평가를 허용한다면 서울과 대전에 있는 건물에 대한 재평가손실을 인식하지 않기 위해서 부산 건물만 재평가를 선택할 것이다. 그리고 서울과 대전의 건물은 공정가치가 상승하기를 기다렸다가 유리한 시점에 재평가할 것이다. 이렇게 재평가 대상과 시기를 선택하는 데 경영자의 재량을 허용하면 당기손익을 손쉽게 조정할 수 있다. 경영자의 재량으로 당기손익이 조정된 재무보고는 신뢰성을 잃게 되므로 특정 유형자산을 재평가할 때 해당 자산이 포함된 유형 전체를 동시에 재평가해야 한다.

2 재평가모형 회계처리: 감가상각하지 않는 자산

재평가모형 회계처리는 (1) 재평가일에 유형자산 장부금액을 공정가치로 조정하는 재평가, (2) 감가상각 대상 자산인 경우 재평가 이후 내용연수 동안의 감가상각, (3) 자산이 손상된 경우 손상차손인식, (4) 유형자산 제거 시 회계처리로 구분할 수 있다. 자산손상은 8장 '자산손상'에서 다루므로 이 장에서는 이를 제외하고 설명한다.

2.1. 재평가로 장부금액이 증가하는 경우

재평가일에 자산의 공정가치가 재평가 직전 자산의 장부금액보다 높으면 자산의 장부금액이 재평가로 인하여 증가하는데 그 증가액은 기타포괄손익(other comprehensive income, OCI)으로 인식하여 재평가잉여금 과목으로 자본에 가산한다.

• 재평가증가액 발생

(차)	유형자산	×××	(대)	재평가잉여금(OCI)	×××

그러나 동일한 자산에 대하여 이전에 당기손익으로 인식한 재평가감소액이 있다면 그 금액을 한도로 재평가증가액만큼은 당기손익으로 인식한다. 이러한 회계처리는 재평가증가액이 기본적으로는 기타포괄손익이지만 과거에 당기손익으로 인식했던 재평가손실만큼의 재평가증가액은 당기손익으로 인식할 수 있도록 한 것이다. 즉, 재평가증가액이 과거에 인식한 재평가손실을 초과하는 만큼만을 재평가잉여금으로 기타포괄손익을 인식하게 된다.

• 재평가증가액 발생: 이전에 당기손익으로 인식한 재평가감소액이 있는 경우

(차)	유형자산	×××	(대)	재평가손실(NI)	×××
				재평가잉여금(OCI)	

2.2. 재평가로 장부금액이 감소하는 경우

자산의 공정가치가 재평가 직전 자산의 장부금액보다 낮으면 자산의 장부금액이 재평가로 인하여 감소하는데 그 감소액은 당기손익으로 인식한다.

• 재평가감소액 발생

(차)	재평가손실(NI)	×××	(대)	유형자산	×××

그러나 그 자산에 대한 재평가잉여금의 잔액이 있다면 그 금액을 한도로 재평가감소액을 기타포괄손익으로 인식한다. 즉, 자산의 장부금액을 감소시키면서 자본에 누적되어 있는 재평가잉여금을 차감한다. 만약 재평가감소액이 이전에 재평가잉여금으로 인식한 기타포괄손익보다 크다면 재평가잉여금을 초과하는 만큼만을 재평가손실 과목을 사용하여 당기손익으로 인식한다.

• 재평가감소액 발생: 이전에 재평가잉여금으로 인식한 재평가증가액이 있는 경우

(차)	재평가잉여금(OCI)	×××	(대)	유형자산	×××
	재평가손실(NI)				

예제 10 재평가일의 회계처리: 감가상각하지 않는 유형자산

㈜대한은 토지 회계처리 시 재평가모형을 사용한다. 20X1.1.1.에 취득한 토지의 취득원가는 ₩800,000이며, 재평가 주기는 1년이다. 시기별 토지의 공정가치는 다음과 같이 변동하였다.

일자	20X1.12.31.	20X2.12.31.	20X3.12.31.	20X4.12.31.
공정가치	₩820,000	₩850,000	₩760,000	₩810,000

요구사항

토지 취득시부터 20X3.12.31.까지 필요한 회계처리를 제시하라.

해설

일자	회계처리					
20X1.1.1.	(차)	토지	800,000	(대)	현금	800,000
20X1.12.31.	(차)	토지	20,000	(대)	재평가잉여금(OCI)	20,000
20X2.12.31.	(차)	토지	30,000	(대)	재평가잉여금(OCI)	30,000
20X3.12.31.	(차)	재평가잉여금(OCI)	50,000	(대)	토지	90,000
		재평가손실(NI)	40,000			
20X4.12.31.	(차)	토지	50,000	(대)	재평가손실(NI)	40,000
					재평가잉여금(OCI)	10,000

기본적으로는 재평가를 통해 자산가치의 평가이익이 발생하면 당기순이익에 포함하지 않고 기타포괄손익으로 인식하지만, 평가손실이 발생하면 즉시 당기순이익이 감소한다. 그러나 과거에 자산 재평가로 인식한 평가손실이 누적되어 있던 상황에서 평가이익이 발생한 것이라면 평가손실 누적액만큼은 당기순이익으로 인식할 수 있다. 마찬가지로 과거에 자산 재평가로 인식한 평가이익이 누적되어 있던 상황에서 평가손실이 발생한 것이라면 평가이익 누적액만큼은 평가손실로 인식하지 않는다.

표 6-2 유형자산 재평가 회계처리 원칙

구분		회계처리
재평가 감소	최초 평가	재평가손실로 당기손익 인식
	재평가이익 인식 후 후속재평가	기타포괄손익으로 분류된 재평가잉여금과 우선 상계 후 재평가손실 인식
재평가 증가	최초 평가	재평가잉여금으로 기타포괄손익 인식
	재평가손실 인식 후 후속재평가	과거에 인식했던 재평가손실과 우선 상계 후 기타포괄손익에 재평가잉여금으로 인식

재평가는 주기적으로 해야 하므로 공정가치 변동에 따라서 재평가증가액과 감소액이 반복적으로 나타나며, 재평가잉여금, 재평가손실 및 재평가이익이 증가했다 감소하는 회계처리가 이어진다. 결국 재평가일에 유형자산의 취득원가보다 공정가치가 낮다면 취득일로부터 재평가일까지의 공정가치 하락분이 재평가손실로 인식되어 당기순이익을 감소시키게 된다. 반대의 경우 공정가치 상승분은 재평가잉여금으로 인식되어 당기순이익을 증가시키지는 못하고 기타포괄이익으로 자본만을 증가시킨다.

이러한 비대칭적 회계처리의 배경은 공정가치 증가를 당기손익으로 인식하는 것보다 기타포괄이익으로 구분하는 것이 표현의 충실성이 더 높은 정보를 제공하기 때문이라 이해된다. 이는 개념체계의 신중성과 관련하여 당기손익을 구성하는 수익을 과대평가하지 않고 비용을 과소평가하지 않도록 한 것이라 볼 수 있겠다.

2.3. 유형자산 제거 시 재평가잉여금 처리

재평가모형을 선택한 유형자산을 처분하거나 폐기하여 장부에서 제거해야 하는 시점에 이 자산과 관련하여 인식했던 재평가잉여금이 자본의 기타포괄손익누계액에 계상되어 있을 수 있다. 이 재평가잉여금은 자산이 제거될 때 이익잉여금으로 직접 대체할 수 있다.

재평가잉여금을 이익잉여금으로 대체하는 경우 그 금액은 당기손익으로 인식하지 않는다. 이익잉여금은 당기손익을 마감 과정에서 결산분개를 통해 누적하는 과목이나 재평가잉여금은 직접 이익잉여금과 계정대체한다.

• 재평가잉여금을 이익잉여금으로 직접 대체하는 경우

(차)	재평가잉여금(OCI)	×××	(대)	이익잉여금	×××

3 재평가모형 회계처리: 감가상각 대상 자산

3.1. 재평가일의 회계처리

유형자산 재평가는 재무제표에 유형자산을 공정가치로 표시하는 것이 목적이므로 먼저 감가상각을 하고 재평가한다. 감가상각 대상 자산도 재평가일에 장부금액을 공정가치로 수정하는 회계처리는 위에서 설명한 내용과 동일하다. 단, 감가상각 대상 자산의 장부금액은 총장부금액에서 감가상각누계액을 차감한 값이므로 총장부금액과 감가상각누계액을 함께 수정할 필요가 있다.

(1) **비례적으로 수정하는 방법:** 재평가 후 자산의 장부금액이 재평가금액과 일치하도록 총장부금액과 감가상각누계액을 비례적으로 수정하는 방법이다.

(2) **기존의 감가상각누계액을 제거하는 방법:** 기존의 감가상각누계액을 모두 제거하고, 총장부금액이 재평가금액과 일치하도록 총장부금액을 수정하는 방법이다.

예제 11 재평가일의 회계처리: 감가상각 대상 유형자산

㈜행복은 취득원가 ₩600,000인 건물을 소유하고 있다. 재평가 직전 시산표상 건물의 감가상각누계액은 ₩100,000이다. 건물에 대해 재평가모형을 선택하였고, 20X3.12.31.에 최초로 재평가하는데 건물 공정가치는 ₩700,000으로 확인되었다. ㈜행복은 건물의 장부금액을 공정가치로 수정하는 회계처리를 하고자 한다.

요구사항

A. 총장부금액과 감가상각누계액을 비례적으로 수정하는 방식을 채택한 경우 필요한 회계처리를 제시하라.

B. 기존의 감가상각누계액을 제거하는 방식을 채택한 경우 필요한 회계처리를 제시하라.

해설

A. 비례적으로 수정하는 방법

재평가 직전 건물의 장부금액은 ₩500,000이고, 공정가치는 ₩700,000로 장부금액의 1.4배이다. 장부금액을 1.4배 증가시키기 위해서 총장부금액과 감가상각누계액을 각각 1.4배 증가시킨다.

구분	재평가 전	비례적 수정	재평가 후	수정해야 할 금액
총장부금액	₩600,000	→ × 1.4	₩840,000	240,000 증가
(감가상각누계액)	(100,000)	→ × 1.4	(140,000)	40,000 증가
장부금액	₩500,000	→ × 1.4	₩700,000	200,000 증가

20X3.12.31.에 최초로 재평가하였으므로 재평가증가액은 기타포괄손익으로 인식한다.

일자	회계처리					
20X3.12.31.	(차)	건물	240,000	(대)	재평가잉여금(OCI)	200,000
					감가상각누계액	40,000

B. 기존의 감가상각누계액을 제거하는 방법

재평가 직전 감가상각누계액을 모두 제거하여 ₩0으로 하고 건물 총장부금액 ₩600,000을 공정가치 ₩700,000이 되게끔 수정한다.

구분	재평가 전		재평가 후	수정해야 할 금액
총장부금액	₩600,000	→	₩700,000	100,000 증가
(감가상각누계액)	(100,000)	→	0	100,000 감소
장부금액	₩500,000	→	₩700,000	200,000 증가

20X3.12.31.에 최초로 재평가하였으므로 재평가증가액은 기타포괄손익으로 인식한다.

일자	회계처리					
20X3.12.31.	(차)	건물	100,000	(대)	재평가잉여금(OCI)	200,000
		감가상각누계액	100,000			

3.2. 재평가일 이후의 감가상각과 재평가잉여금

감가상각 대상 자산은 재평가일 이후 수정된 장부금액을 기초로 잔여 내용연수 동안 감가상각한다.

이 경우 재평가된 금액에 근거한 감가상각액은 재평가하지 않았을 경우의 최초원가에 근거한 감가상각액과 달라진다. 예를 들어, 재평가로 장부금액이 증가한다면 이후 기간의 감가상각비 또한 최초원가에 기초한 감가상각비보다 커진다. 이 차이만큼의 재평가잉여금을 이익잉여금으로 대체할 수 있다.

즉, 감가상각 대상 자산과 관련된 재평가잉여금은 자산을 제거할 때 전부 이익잉여금으로 대체하거나, 자산을 사용하면서 잔여 내용연수 동안 재평가로 인해 달라지는 감가상각액만큼씩 이익잉여금으로 대체하는 방법 중 선택하여 회계처리하면 된다.

예제를 통해 감가상각 대상 자산의 재평가 회계처리 흐름을 학습한다.

예제 12 **재평가일 이후의 회계처리: 감가상각 대상 자산**

㈜대한은 20X1.1.1. 기계장치를 원가 ₩500,000에 취득하였다. 내용연수는 10년, 잔존가치는 ₩0으로 추정되며, 정액법으로 감가상각한다. ㈜대한은 재평가모형을 선택하여 매 회계연도 말에 공정가치로 재평가하며, 재평가 시 기존의 감가상각누계액을 제거하는 방법을 사용한다. 매 회계기간말 기계장치의 공정가치는 다음과 같으며, 20X4.1.1.에 기계장치를 ₩330,000에 처분하였다.

20X1.12.31.	20X2.12.31.	20X3.12.31.
₩540,000	₩430,000	₩345,000

요구사항

A. 자산을 제거할 때 재평가잉여금을 이익잉여금으로 대체하는 방식을 사용하는 경우 일자별 필요한 회계처리를 제시하라.

B. 자산을 사용하면서 재평가잉여금을 이익잉여금으로 대체하는 방식을 사용하는 경우 일자별 필요한 회계처리를 제시하라.

해설

A. 자산을 제거할 때 재평가잉여금을 이익잉여금으로 대체

일자	회계처리					
20X1. 1. 1.	(차)	기계장치	500,000	(대)	현금	500,000
20X1.12.31.	(차)	감가상각비[주1]	50,000	(대)	감가상각누계액	50,000
		주1 500,000 ÷ 10 = ₩50,000				
	(차)	감가상각누계액[주2]	50,000	(대)	재평가잉여금(OCI)	90,000
		기계장치[주2]	40,000			
		주2 구분	재평가 전		재평가 후	조정금액
		취득원가	500,000		540,000	40,000 증가
		감가상각누계액	(50,000)		(0)	50,000 감소
		장부금액	450,000		540,000	90,000 증가
20X2.12.31.	(차)	감가상각비[주3]	60,000	(대)	감가상각누계액	60,000
		주3 ₩540,000(재평가 후 장부금액) ÷ 9(잔여내용연수) = ₩60,000				
	(차)	감가상각누계액[주4]	60,000	(대)	기계장치[주4]	110,000
		재평가잉여금(OCI)	50,000			
		주4 구분	재평가 전		재평가 후	조정금액
		취득원가	540,000		430,000	110,000 감소
		감가상각누계액	(60,000)		(0)	60,000 감소
		장부금액	480,000		430,000	50,000 감소
20X3.12.31.	(차)	감가상각비[주5]	53,750	(대)	감가상각누계액	53,750
		주5 ₩430,000(재평가 후 장부금액) ÷ 8(잔여내용연수) = ₩53,750				
	(차)	감가상각누계액[주6]	53,750	(대)	기계장치[주6]	85,000
		재평가잉여금(OCI)	31,250			
		주6 구분	재평가 전		재평가 후	조정금액
		취득원가	430,000		345,000	85,000 감소
		감가상각누계액	(53,750)		(0)	53,750 감소
		장부금액	376,250		345,000	31,250 감소
20X4. 1. 1.	(차)	현금	330,000	(대)	기계장치	345,000
		유형자산처분손실	15,000			
	(차)	재평가잉여금(OCI)	8,750		이익잉여금	8,750

B. 자산을 사용하면서 재평가잉여금을 이익잉여금으로 대체

K-IFRS는 회계기간말에 이루어지는 감가상각, 재평가잉여금 대체, 장부금액을 공정가치로

수정하는 세 가지 회계처리의 순서를 명확히 규정하지는 않았다. 이 책에서는 감가상각 → 재평가잉여금 대체 → 장부금액을 공정가치로 수정하는 순서로 설명한다.

일자	회계처리					
20X1. 1. 1.	(차)	기계장치	500,000	(대)	현금	500,000
20X1.12.31.	(차)	감가상각비	50,000	(대)	감가상각누계액	50,000
	(차)	감가상각누계액	50,000	(대)	재평가잉여금(OCI)	90,000
		기계장치	40,000			
20X2.12.31.	(차)	감가상각비	60,000	(대)	감가상각누계액	60,000
		재평가잉여금(OCI)[주1]	10,000	(대)	이익잉여금	10,000
		주1 최초원가에 기초한 감가상각비: ₩50,000 20X1.12.31. 재평가 후 장부금액에 기초한 감가상각비: ₩60,000				
	(차)	감가상각누계액	60,000	(대)	기계장치[주4]	110,000
		재평가잉여금(OCI)	50,000			
20X3.12.31.	(차)	감가상각비	53,750	(대)	감가상각누계액	53,750
		재평가잉여금(OCI)	3,750		이익잉여금	3,750
		주4 최초원가에 기초한 감가상각비: ₩50,000 20X2.12.31. 재평가 후 장부금액에 기초한 감가상각비: ₩53,750				
	(차)	감가상각누계액	53,750	(대)	기계장치	85,000
		재평가잉여금(OCI)[주2]	26,250			
		재평가손실(NI)[주2]	5,000			
		주2 재평가 직전 남아있는 재평가잉여금을 우선 상계 후 재평가손실 인식				
20X4. 1. 1.	(차)	현금	330,000	(대)	기계장치	345,000
		유형자산처분손실	15,000			

더 알아보기 재평가잉여금을 이익잉여금으로 대체하는 것의 의미

재평가잉여금과 이익잉여금은 모두 자본을 구성한다. 재평가잉여금이 어떤 계정과목으로 표시되는지는 부채비율이나 자기자본수익률 같은 재무지표를 산출할 때 영향을 미치지 않는다. 그러나 배당가능이익을 산출할 때에는 이야기가 좀 다르다. 배당가능이익은 이익잉여금을 기초로 산출되므로 회사가 보다 많은 배당가능이익을 확보하고자 한다면 재평가잉여금을 이익잉여금으로 대체하는 방식을 택할 수 있을 것이다.

유형자산을 보유하는 동안은 자산의 공정가치가 상승해도 단지 숫자상 평가이익이 반영되었을 뿐 처분하여 현금화할 때까지는 미실현이익일 뿐이다. 재평가잉여금이 아무리 많더라도 자산을 처분하여 현금을 확보해야 실제로 주주 배당이 가능하다. 따라서 자산 처분 시 재평가잉여금을 이익잉여금으로 대체할 수 있게 한 것이라 이해할 수 있다.

단, 감가상각 대상 자산을 재평가하여 감가상각비가 증가하는 경우 원가모형에 비해 증가한 감가상각비만큼 당기손익이 낮아진다. 감가상각비는 비현금비용으로 실제 배당지급여력에 영향을 미치지 않는데, 재평가 때문에 당기손익이 낮아져 이익잉여금이 작아지고 배당가능이익이 줄어든다. 자산을 사용하면서 재평가잉여금을 이익잉여금으로 대체하면 이러한 상황을 보완할 수 있다.

더 알아보기 **유형자산 재평가의 양면성**

재평가모형은 자산의 가치가 상승할 때 재무상태표의 자산과 자본을 증가시켜 기업의 재무건전성을 평가하는 부채비율을 개선할 수 있다.

그러나 자산가치가 하락하여 재평가손실을 인식하는 회계기간에는 당기순이익이 낮아지므로 경영성과에 악영향을 미칠 수 있다. 또한 자산가치가 지속적으로 상승하여 향후 높은 가격에 자산을 매각하더라도 처분시에 유형자산처분이익으로 인식할 수 있는 금액의 폭이 줄어든다. 공정가치 상승분은 재평가잉여금으로 자본에 누적되기 때문이다.

감가상각 대상 자산이라면 재평가모형을 사용해 재무상태표의 자산 금액이 증가하였더라도 감가상각비 또한 증가하여 당기손익을 낮추는 결과를 낳는다.

기업의 수익성을 평가하는 자산대비수익률(return on assets, ROA)이나 자본대비수익률(return on equity, ROE) 지표는 이익을 자산규모 또는 자본규모로 나누어 구하는데, 유형자산 재평가로 자산이나 자본이 증가하고 당기손익이 감소하니 수익성 지표에는 악영향을 끼친다.

현실 속 회계 **유형자산 재평가를 꺼리는 기업들**

국제회계기준(K-IFRS)을 조기 적용 중인 59개사(2009년 14개, 2010년 45개) 중 유형자산 평가 때 '재평가모형'을 선택한 기업은 한 곳도 없는 것으로 나타났다. K-IFRS가 '공정가치'를 강조하는 것과는 사뭇 다른 결과다. K-IFRS에서는 기업들이 토지 건물 기계장치 등 유형자산을 평가할 때 원가모형과 재평가모형 중에서 선택할 수 있게 하고 있다. 원가모형은 유형자산을 처음 구입했을 때의 원가를 유지하는 방식인 반면에 재평가모형은 주기적으로 유형자산의 가치를 재평가하는 방식이다.

원가모형 도입 기업은 재평가모형으로의 전환이 가능하지만, 재평가모형을 선택한 뒤 원가모형으로 돌아가기는 사실상 불가능하다. 전문가들은 재평가모형을 도입하면 자산가격의 변동에 따라 재무제표상 숫자들이 함께 널뛸 수 있어 도입을 꺼리는 것으로 보고 있다.

재평가모형을 선택하면 3~4년 주기로 자산을 재평가해야 하고, 자산가치에 중대한 변화가 생길 때도 그대로 재평가하게 돼 있어 재무지표의 변동성이 커질 수밖에 없다. 이 같은 부담 때문에 IFRS의 본산지인 유럽연합(EU)의 75개 대표회사 중에서도 재평가모형을 채택한 기업은 2곳에 불과한 실정이다. 많게는 수억원에 달하는 평가비용도 문제다. K-IFRS는 토지 건물 기계장치 등과 같은 항목에 속한 자산 중 하나라도 재평가하면 해당 항목에 속한 자산 전부를 재평가해야 하기 때문이다. 유성신 KT&G 회계부 차장도 "100개가 넘는 사업장을 3~4년마다 평가하려면 비용 부담이 엄청나다"며 "자산가치가 불어나면 배당압력이 커질 수 있다는 점도 고려했다"고 말했다.

출처: 박민제(2010.6.17.). IFRS '재평가 모형' 꺼리는 까닭은. 한국경제.
https://www.hankyung.com/economy/article/2010061720261

현실 속 회계 | 기업들이 자산 재평가에 뛰어드는 이유

최근 코스닥 기업들 공시 중에 눈에 띄는 것 중 하나가 자산재평가 차익에 대한 공시입니다. 주로 토지나 건물 등 부동산과 같은 유형자산에 대한 재평가가 이뤄지고 기존보다 가치가 높게 잡히면서 그만큼 장부상 자산이 늘었다는 내용이 공시죠. 최근 내외 각종 악재에 주식시장이 답보상태를 보이면서 자산재평가 공시는 상당히 호재로 인식되고 있습니다. (중략)

기업들이 자산 재평가에 너나없이 뛰어든 이유는 자산재평가 차익으로 유형자산 가치가 불어나면 부채비율이 크게 낮아질 수 있기 때문이죠. 부채비율이 내려가면 기업의 재무안정성이 높아보이게 되고, 은행이나 금융기관 등에서 자금을 차입해올 때 금융비용도 낮출 수 있는 이점들이 많기 때문에 부채비율이 높던 기업들 입장에서는 앞다퉈 자산 재평가를 하게 됐죠. 일부 기업들의 경우에는 부채비율을 수백 퍼센트씩 낮출 수 있었던 것으로 알려져 있습니다.

하지만 자산 재평가는 이런 무조건적인 호재만은 아닙니다. 그동안 상대적으로 낮게 책정돼있던 유형자산에 대한 장부상 가치만 변형시키는 것이지 실제 가치가 갑자기 늘어나는 것은 아니기 때문이죠. 또한 토지를 제외한 건물이나 기타 시설들의 경우에는 자산 재평가 실시 이후부터는 원가법과 달리 유형자산에 대한 감가상각비가 당기순익에 큰 영향을 끼치게 됩니다. (중략)

그렇기에 대부분 기업들의 자산 재평가 사례를 살펴보면, 건물이나 시설이 아닌 감가상각이 적은 토지부문에 집중된 것을 알 수 있습니다. 결국 무조건 자산 재평가에 뛰어들거나 이 공시 하나가 장기적 호재가 되는 것은 아닌 셈이죠.

출처: 이현우(2019.09.21.). 자산재평가, 무조건 호재일까? 아시아경제.
https://www.asiae.co.kr/article/2019092016302844045

보론 정부보조금

1 정부보조금이란

정부는 기반시설을 제공함으로써 기업에 효익을 제공하지만, 기업의 영업활동과 관련하여 과거나 미래에 일정한 조건을 충족하였거나 충족할 경우 기업에게 자원을 이전하는 형식으로 보다 직접적인 지원을 하기도 한다. 후자를 '정부보조금'이라 한다. 지원의 목적은 지원이 제공되지 않을 경우 정상적으로 수행되지 않는 활동에 기업의 진출을 장려하는 것일 수 있다. 기업이 정부지원을 받는 경우 K-IFRS 제1020호 '정부보조금의 회계처리와 정부지원의 공시'를 따라 회계처리하고 관련 정보를 공시해야 한다.

정부지원은 매우 다양한 형식을 취하는데, 크게 다음 세 가지로 분류할 수 있다.

(1) **자산 관련 보조금:** 정부지원의 요건을 충족하는 기업이 장기성 자산을 매입, 건설하거나 다른 방법으로 취득하여야 하는 일차적 조건이 있는 정부보조금
(2) **수익 관련 보조금:** 자산관련보조금 이외의 정부보조금
(3) **상환면제가능대출:** 자금의 대여자가 규정된 일정한 조건에 따라 상환받는 것을 포기하는 경우의 대출

2 정부보조금 회계처리

2.1. 정부보조금 인식의 원칙

정부보조금[5]은 정부보조금에 부수되는 조건을 준수하고, 보조금 수취에 대한 합리적 확신이 있을 경우에만 당기손익으로 인식한다.

5 공정가치로 측정되는 비화폐성 보조금을 포함한다.

정부보조금으로 보전하려 하는 관련 원가를 비용으로 인식하는 기간에 걸쳐 체계적인 기준에 따라 당기손익으로 인식한다. 대부분의 정부보조금은 기업이 준수해야 하는 조건이 부수되어 있으므로 정부보조금으로 원가를 보전하는 기간을 쉽게 확정할 수 있다. 감가상각자산과 관련된 보조금이라면 자산의 감가상각기간 동안 당기손익으로 인식하면 된다.

만약 정부보조금이 이미 발생한 비용이나 손실에 대한 보전 또는 향후의 관련원가 없이 기업에 제공되는 즉각적인 금융지원일 경우에는 기업이 정부보조금을 수취할 권리가 발생하는 기간에 당기손익으로 인식한다.

토지나 그 밖의 자원과 같은 비화폐성자산을 지원하는 정부보조금은 일반적으로 비화폐성자산의 공정가치를 평가하여 보조금과 자산 모두를 그 공정가치로 회계처리 한다.

정부보조금을 당기손익으로 처리하는 방법으로는 궁극적으로 수익을 인식하는 방법과 비용을 차감하는 방법으로 구분할 수 있다. 정부보조금의 유형별 회계처리를 알아보자.

2.2. 자산관련정부보조금

공정가치로 측정되는 비화폐성 보조금을 포함한 자산관련정부보조금은 재무상태표에 이연수익으로 표시하거나(이연수익법) 자산의 장부금액을 결정할 때 차감하여 표시한다(자산차감법).

2.2.1. 이연수익법

정부보조금을 이연수익(부채)으로 인식하고 자산의 내용연수에 걸쳐 체계적인 기준으로 당기손익에 인식한다.

2.2.2. 자산차감법

자산의 장부금액을 계산할 때 보조금을 차감하는 방법이다. 자산의 장부금액이 감소하므로 자산의 내용연수에 걸쳐 감가상각비가 줄어든다.

다음 예제를 통해 자산관련정부보조금의 회계처리를 알아보자.

예제 13 자산관련정부보조금의 표시

㈜행복은 20X1.1.1에 기계장치를 ₩50,000에 구입하였으며, 동시에 기계장치의 취득원가 40%에 대해서 정부보조금을 수령하였다. 이 기계장치의 내용연수는 5년이며 잔존가치는 0이다. 기계장치의 감가상각방법은 정액법이다.

요구사항

A. ㈜행복이 정부보조금을 재무상태표에 이연수익으로 표시하는 방법을 사용할 때 20X1년초 및 20X1년말의 회계처리를 나타내라.

B. ㈜행복이 자산의 장부금액을 결정할 때 정부보조금을 차감하는 방법을 사용할 때 20X1년초 및 20X1년말의 회계처리를 나타내라.

해설

자산 취득 목적으로 수취한 정부보조금은 자산의 내용연수 동안 감가상각비를 보전한다. 정부보조금을 내용연수에 걸쳐 감가상각 대상금액 중 당해연도의 감가상각비의 비율대로 당기손익으로 인식하면 된다.

기계장치의 연도별 감가상각비 및 감가상각누계액은 다음과 같다.

연도	기초장부금액	감가상각비	감가상각누계액	기말장부금액
20X1	50,000	10,000	10,000	40,000
20X2	40,000	10,000	20,000	30,000
20X3	30,000	10,000	30,000	20,000
20X4	20,000	10,000	40,000	10,000
20X5	10,000	10,000	50,000	–

A. 이연수익법

연도	기초이연수익	정부보조금수익	정부보조금누적수익	기말이연수익
20X1	20,000	4,000[주1]	4,000	16,000
20X2	16,000	4,000	8,000	12,000
20X3	12,000	4,000	12,000	8,000
20X4	8,000	4,000	16,000	4,000
20X5	4,000	4,000	20,000	–

주1 이연수익 20,000 × 감가상각비 10,000 ÷ 감가상각 대상금액 50,000 = 4,000

일자	회계처리					
20X1.1.1.	(차)	기계장치	50,000	(대)	현금	50,000
	(차)	현금	20,000	(대)	이연수익(부채)	20,000
20X1.12.31.	(차)	감가상각비	10,000	(대)	감가상각누계액	10,000
	(차)	이연수익(부채)	4,000	(대)	정부보조금수익	4,000

B. 자산차감법

정부보조금 수취 시 자산에서 차감하여 자산의 장부금액이 감소하므로 감가상각비 역시 줄어들어야 한다. 먼저 자산의 취득원가를 기초로 감가상각비를 인식하고, 정부보조금을 감가상각 대상금액 중 감가상각비의 비율만큼 감가상각비와 대체한다.

일자	회계처리					
20X1.1.1.	(차)	기계장치	50,000	(대)	현금	50,000
	(차)	현금	20,000	(대)	정부보조금 (자산차감계정)	20,000
20X1.12.31.	(차)	감가상각비	10,000	(대)	감가상각누계액	10,000
	(차)	정부보조금 (자산차감계정)	4,000	(대)	감가상각비	4,000

이 예제에서 20X1년초와 20X1년말의 부분 재무상태표를 만들면 다음과 같다. 재무상태표에서 보듯이 어느 방법을 사용하건 순자산에 미치는 영향은 같다. 또한 당기순손익에 미치는 영향도 같다. 단, 이연수익법은 수익의 증가를 통해서, 자산차감법은 비용의 감소를 통해서 당기순손익에 영향을 미친다는 차이가 있다.

A. 이연수익법

재무상태표

20X1.1.1

〈자산〉		〈부채〉	
기계장치	50,000	이연수익	20,000

20X1.12.31

〈자산〉		〈부채〉	
기계장치	50,000	이연수익	16,000
감가상각누계액	(10,000)		
	40,000		

B. 자산차감법

재무상태표

20X1.1.1

〈자산〉		〈부채〉
기계장치	50,000	
정부보조금	(20,000)	
	30,000	

20X1.12.31

〈자산〉		〈부채〉
기계장치	50,000	
정부보조금	(16,000)	
감가상각누계액	(10,000)	
	24,000	

2.3. 수익관련정부보조금

수익관련보조금은 당기손익의 일부로 별도의 계정이나 '기타수익'과 같은 일반계정으로 표시한다(수익인식법). 대체적인 방법으로 관련비용에서 보조금을 차감할 수도 있다(비용차감법).

2.3.1. 수익인식법

수익인식법의 근거는 수익항목과 비용항목을 상계하는 것은 적절치 않고, 정부보조금을 기타수익으로 인식하여야 보조금과 관련된 비용을 다른 비용들과 쉽게 비교할 수 있다는 것이다.

2.3.2. 비용차감법

비용차감법의 근거는 정부보조금이 없었더라면 기업이 비용을 발생시키지 않았을 것이기 때문에 관련 비용에서 보조금을 차감하는 것이 적절하다는 것이다.

다음 예제를 통해서 수익관련정부보조금의 회계처리를 알아보자.

예제 14 | 수익관련정부보조금의 표시

정부는 기업들이 국외로부터 저가로 수입할 수 있는 원재료를 국내에서 구입하도록 강제하고, 대신 해당 기업들에게 일정 금액의 보조금을 지원하기로 하였다. 이 제도로 인하여 ㈜행복은 기존에 국외에서 수입하던 원재료를 국내에서 구입하게 되어 20X1년에 매입원가 ₩50,000이 추가로 발생하였다. 이에 정부로부터 ₩50,000의 보조금을 수령하였다. 20X1년에 구입한 원재료는 모두 제품 제조에 투입되었고 생산된 제품은 모두 판매되었다.

요구사항

A. ㈜행복이 정부보조금을 손익계산서에 수익으로 인식할 때 정부보조금 수령과 관련한 20X1년의 회계처리를 제시하라.

B. ㈜행복이 정부보조금을 관련 비용에서 차감하는 방법을 사용할 때 정부보조금 수령과 관련한 20X1년의 회계처리를 제시하라.

해설

원재료 국내 구매 제도로 인해 원재료 매입원가가 증가하면 제품 판매에 따른 매출원가가 증가하므로 보조금과 관련된 비용은 매출원가이다.

A. 수익인식법

일자	회계처리					
20X1 보조금수취일	(차)	현금	50,000	(대)	정부보조금수익	50,000

B. 비용차감법

일자	회계처리					
20X1 보조금수취일	(차)	현금	50,000	(대)	매출원가	50,000

3 정부보조금의 상환

상환의무가 발생하게 된 정부보조금은 회계추정의 변경으로 회계처리 한다.[6]

자산관련보조금을 상환하는 경우에 기업이 이연수익법을 사용하고 있었다면 상환금액만큼 이연수익에서 차감하여 기록하고, 자산차감법을 사용하고 있었다면 상환금액만큼 자산의 장부금액을 증가시킨다. 보조금이 없었더라면 현재까지 당기손익으로 인식했어야 하는 추가 감가상각누계액은 즉시 당기손익으로 인식한다.

수익관련보조금을 상환하는 경우 보조금과 관련하여 아직 수익으로 대체되지 않고 남아있는 이연수익 잔액이 있다면 이연수익을 먼저 차감한다. 이연수익 계정 금액을 초과하거나 이연수익 계정이 없는 경우에는 초과금액 또는 상환금액을 즉시 당기손익으로 인식한다.

4 공시

다음 사항을 공시한다.

(1) 정부보조금에 대해 채택한 회계정책(재무제표에 표시하는 방법 포함)
(2) 재무제표에 인식한 정부보조금의 성격과 정도 및 직접적으로 효익을 얻는 그 밖의 정부지원에 대한 내용
(3) 인식된 정부지원에 부수되는 미이행 조건과 기타 우발상황

6 K-IFRS 제1008호 '회계정책, 회계추정치 변경과 오류' 참조

요약

01 유형자산의 정의 및 인식, 측정

- 정의: (1) 물리적실체, (2) 장기 사용, (3) 영업활동에 사용이 목적
- 인식기준: (1) 자산으로부터 발생하는 미래경제적효익이 기업에 유입될 가능성이 높다, (2) 자산의 원가를 신뢰성 있게 측정할 수 있다.
- 측정: 원가(구입가격, 직접관련원가, 복구추정원가)
- 자산 교환 시

<table>
<tr><td rowspan="3">교환거래에 상업적 실질 존재</td><td>제공한 무형자산의 공정가치 명백</td><td>제공한 자산의 공정가치</td><td rowspan="2">교환(처분)손익 인식</td></tr>
<tr><td>취득한 무형자산의 공정가치가 더 명백</td><td>취득한 자산의 공정가치</td></tr>
<tr><td>제공, 취득한 무형자산의 공정가치 모두 신뢰성 있게 측정 불가</td><td>제공한 자산의 장부금액</td><td rowspan="2">교환(처분)손익 인식하지 않음</td></tr>
<tr><td colspan="3">교환거래에 상업적 실질 결여</td></tr>
</table>

02 유형자산의 감가상각

- 감가상각 대상금액 = 유형자산의 원가 − 잔존가치
- 상각기간: 자산이 사용가능한 때 ~ 자산이 매각예정자산으로 분류되는 날과 자산이 제거되는 날 중 이른 날
- 감가상각방법: (1) 정액법, (2) 체감잔액법(정률법, 이중체감법, 연수합계법), (3) 생산량비례법
- 잔존가치, 내용연수, 감가상각방법의 변경: 회계추정의 변경으로 회계처리

03 원가모형

- 자산의 장부금액 = 최초인식원가 − 감가상각누계액 − 손상차손누계액

04 재평가모형

- 자산의 장부금액 = 재평가일의 자산 공정가치 − 감가상각누계액 − 손상차손누계액

(1) 자산의 장부금액이 재평가로 인하여 증가된 경우: 기타포괄손익으로 인식(자본가산). 단, 동일한 자산에 대하여 이전에 당기손익으로 인식한 재평가감소액 존재 시, 그 금액 한도로 당기손익 우선 인식

(2) 자산의 장부금액이 재평가로 인하여 감소된 경우: 당기손익으로 인식. 단, 동일한 자산에 대하여 이전에 기타포괄손익으로 인식한 재평가잉여금 존재 시, 그 금액 한도로 자산 우선 차감

(3) 재평가잉여금의 대체: 자산이 제거되는 경우, 자산을 사용하는 경우

05 자산의 제거

• 처분하는 때, 사용이나 처분을 통하여 미래경제적효익이 기대되지 않을 때

(1) 유형자산의 처분대가: 공정가치 인식

(2) 순매각금액－장부금액＝당기손익 인식

OX 퀴즈

다음의 설명이 타당하면 ○, 아니면 ×로 답하라.

01 기계장치를 취득해 사용 가능하도록 설치하는 데 지출한 설치비는 유형자산 취득원가에 포함된다.

02 복구의무가 있는 유형자산 취득 시 복구의무를 이행하는 데 드는 원가의 추정치는 유형자산의 취득원가에 포함되지 않는다.

03 유형자산의 내용연수를 증가시키거나 자산의 가치를 증가시키는 후속원가는 유형자산의 일부가 대체되는 것으로 보아 해당 유형자산의 장부금액에 포함하여 인식한다.

04 자산의 교환 시 교환거래에 상업적 실질이 있고 취득하는 자산의 공정가치만을 신뢰성 있게 측정할 수 있는 경우 유형자산의 원가는 제공한 자산의 장부금액으로 측정한다.

05 유형자산 재평가모형을 선택한 경우 매 회계기간말 재평가해야 한다.

06 유형자산을 재평가할 때, 재평가 후 자산의 장부금액이 재평가금액과 일치하도록 감가상각누계액과 총장부금액을 비례적으로 수정하는 방법을 선택할 수 있다.

07 동일한 분류 내의 유형자산을 동시에 재평가하는 이유는 선택적 재평가를 이용한 이익의 조정을 방지하기 위해서이다.

08 어떤 유형자산 항목과 관련하여 자본에 계상된 재평가잉여금은 그 자산의 제거 시 이익잉여금으로 대체할 수 있다.

09 자산의 장부금액이 재평가로 인하여 증가된 경우에 항상 그 증가액은 기타포괄손익으로 인식하고 재평가잉여금의 과목으로 자본에 가산한다.

10 유형자산 취득을 위한 정부보조금을 받는 경우 어떤 회계처리 방법을 사용하든 관련 유형자산 내용연수 동안의 당기손익이 증가한다.

종합 예제

01 ㈜대한은 20X1년에 건물(신사옥) 신축을 위해 구건물(철거 예정임)이 있는 토지를 취득하였다. ㈜대한의 20X1년 중 토지와 건물의 취득과 관련한 자료는 다음과 같다. 건물(신사옥)은 20X1년 중에 완공되었다.

구건물이 있는 토지의 구입대금	₩500,000
구건물 및 토지의 구입과 관련하여 지급한 중개수수료	₩10,000
구건물 철거원가	₩50,000
구건물 철거에서 발생한 고철 매각대금	₩3,000
건물(신사옥)에 대한 건설용 측량비 및 건축사 설계비	₩30,000
건물(신사옥) 신축비	₩600,000
건물(신사옥) 완공 후 발생한 관리 및 기타 일반간접원가	₩15,000

요구사항

20X1년에 인식할 토지 및 건물(신사옥)의 취득원가는 각각 얼마인가?

해설

	토지	건물(신사옥)
구건물과 토지의 구입대금	₩500,000	–
중개수수료	10,000	
구건물 철거원가	50,000	–
구건물 철거에서 발생한 고철 매각대금	(3,000)	–
신사옥 건설용 측량비 및 건축사 설계비	–	₩30,000
신사옥 신축비	–	600,000
취득원가	₩557,000	₩630,000

완공 후 발생한 관리 및 기타 일반간접원가는 유형자산의 취득원가에 해당하지 않는다.

02 12월 결산법인인 ㈜대한은 기계장치를 ₩500,000에 취득하였다. 추정 내용연수는 4년, 추정 잔존가치는 ₩40,000이다.

요구사항

A. 취득일은 20X1.1.1.이다. 연수합계법에 의한 매년 감가상각비, 매기말 장부금액을 계산하라.

B. 취득일은 20X1.1.1.이다. 정률법(상각률 47%)에 의한 매년 감가상각비, 매

기 말 장부금액을 계산하라.

C. 취득일은 20X1.4.1.이다. 연수합계법에 의한 매년 감가상각비, 매기말 장부금액을 계산하라.

D. 취득일은 20X1.4.1.이다. 정률법(상각률 47%)에 의한 매년 감가상각비, 매기 말 장부금액을 계산하라.

해설

A. 연수합계법(취득일: 20X1.1.1.)

연도	상각대상금액	상각률	감가상각비	감가상각누계액	기말장부금액
20X1	₩460,000	4/10	₩184,000	₩184,000	₩316,000
20X2	460,000	3/10	138,000	322,000	178,000
20X3	460,000	2/10	92,000	414,000	86,000
20X4	460,000	1/10	46,000	460,000	40,000

B. 정률법(취득일: 20X1.1.1.)

연도	기초장부금액	상각률	감가상각비	감가상각누계액	기말장부금액
20X1	₩500,000	0.47	₩235,000	₩235,000	₩265,000
20X2	265,000	0.47	124,550	359,550	140,450
20X3	140,450	0.47	66,012	425,562	74,438
20X4	74,438		34,438[주1]	460,000	40,000

주1 마지막 연도에는 기초장부금액에서 잔존가치를 차감한 금액을 상각함

C. 연수합계법(취득일: 20X1.4.1.)

기중 취득의 경우 12개월 단위의 감가상각비를 계산한 후 각 회계연도별로 월할상각한 감가상각금액을 배분한다.

연도	계산	감가상각비	감가상각누계액	기말장부금액
20X1	₩460,000 × 4/10 × 9/12	₩138,000	₩138,000	₩362,000
20X2	₩460,000 × 4/10 × 3/12 + ₩460,000 × 3/10 × 9/12	149,500	287,500	212,500
20X3	₩460,000 × 3/10 × 3/12 + ₩460,000 × 2/10 × 9/12	103,500	391,000	109,000
20X4	₩460,000 × 2/10 × 3/12 + ₩460,000 × 1/10 × 9/12	57,500	448,500	51,500
20X5	₩460,000 × 1/10 × 3/12	11,500	460,000	40,000

D. 정률법(취득일: 20X1.4.1.)

기중 취득의 경우 12개월 단위의 감가상각비를 계산한 후 각 회계연도별로 월할상각한 감가상각금액을 배분한다. 정률법은 다음과 같이 기초장부금액에 상각률을 곱하여 계산해도 결과가 동일하므로 때문에 실무에서는 다음의 방법을 주로 이용한다.

연도	계산	감가상각비	감가상각누계액	기말장부금액
20X1	₩500,000 × 0.47 × 9/12	₩176,250	₩176,250	₩323,750
20X2	₩323,750 × 0.47	152,163	328,413	171,587
20X3	₩171,587 × 0.47	80,646	409,059	90,941
20X4	₩90,941 × 0.47	42,742	451,801	48,199
20X5	₩48,199 − ₩40,000[주1]	8,199	460,000	40,000

주1 마지막 연도에는 기초장부금액에서 잔존가치를 차감한 금액을 상각함

03 ㈜대한은 20X1년초 기계장치를 ₩150,000에 취득하여 연수합계법(내용연수 5년, 잔존가치 ₩0)으로 감가상각하여 오다가 20X3년초 정당한 사유가 발생하여 감가상각방법을 정액법으로 변경하고, 잔존가치를 ₩6,000으로 재추정하였다. ㈜대한은 기계장치에 대해 원가모형을 적용하고 있으며, 다른 변경사항은 없는 것으로 가정한다.

요구사항

㈜대한이 해당 기계장치에 대해 20X3년 포괄손익계산서에 인식할 감가상각비는 얼마인가?

해설

유형자산의 감가상각방법과 잔존가치 변경은 회계 추정치 변경에 해당한다. 회계 추정치 변경은 과거의 회계처리는 조정하지 않고 미래의 기간에 걸쳐 전진적 조정으로 회계처리 한다.

20X1년 감가상각비: ₩150,000 × 5/15 = ₩50,000

20X2년 감가상각비: ₩150,000 × 4/15 = ₩40,000

20X3년초 기계장치 장부금액: ₩150,000 − 90,000 = ₩60,000

따라서 20X3년 감가상각비는 (₩60,000 − 6,000) ÷ 3년 = ₩18,000

CHAPTER 7

무형자산

학습목표

- 무형자산의 정의와 자산 인식 요건을 이해할 수 있다.
- 무형자산의 취득 유형에 따라 취득원가를 결정할 수 있다.
- 내용연수로 무형자산을 구분하고 상각과 손상을 인식할 수 있다.
- 재평가모형을 선택한 무형자산에 대해 재평가 회계처리를 할 수 있다.
- 무형자산의 제거 시기를 결정하고 관련 손익을 산정할 수 있다.

K-IFRS 무형자산(제1038호)

목차	문단번호

제(개정일): 2021.04.23.

사 례 무형자산 공시(셀트리온)

재무제표

재무상태표

제32기말: 2022년 12월 31일 현재

제31기말: 2021년 12월 31일 현재

주식회사 셀트리온 단위: 원

과목	주석	제32기말	제31기말
자산			
유동자산		2,580,534,103,661	2,699,784,599,659
비유동자산		2,990,949,026,273	2,615,584,784,089
무형자산	13	1,318,556,078,705	1,174,744,172,771
자산총계		5,571,483,129,934	5,315,369,383,748

손익계산서

제32기 2022년 1월 1일부터 2022년 12월 31일까지

제31기 2021년 1월 1일부터 2021년 12월 31일까지

주식회사 셀트리온 단위: 원

과목	주석	제32기	제31기
매출액	25, 33, 34	1,937,469,297,473	1,615,839,889,808
매출원가	25, 29, 34	1,052,058,067,945	685,970,660,880
매출총이익		885,411,229,528	929,869,228,928
판매비와관리비	26, 29, 34	266,520,456,083	212,706,576,368
영업이익		618,890,773,445	717,162,652,560
금융수익	27, 34	54,519,851,003	53,865,285,523
금융비용	27, 34	84,272,707,072	82,621,352,373
기타수익	28, 34	24,067,143,477	42,417,512,025
기타비용	28	6,815,122,359	6,983,599,437
법인세비용차감전순이익		606,389,938,494	723,840,498,298
법인세비용	20	95,006,836,226	147,857,695,857
당기순이익		511,383,102,268	575,982,802,441

주석

2. 재무제표 작성기준 및 유의적 회계정책

(중략)

2.12 무형자산

(중략) 이러한 요건을 만족하지 못하는 개발관련 지출은 발생 시 비용으로 인식하고 있습니다. 최초에 비용으로 인식한 개발원가는 그 이후 무형자산으로 인식할 수 없습니다. 당사의 무형자산 인식과 관련하여 경영진이 내린 판단은 다음과 같습니다.

(1) 내부창출의 경우

신약 개발 프로젝트는 일반적으로 후보물질발굴, 공정개발, 비임상, 임상1상, 임상2상, 임상3상, 정부승인신청, 정부승인완료, 제품판매 등의 단계로 진행됩니다. 당사는 임상3상 개시 승인 이후 기술적 실현가능성, 미래경제적효익 등을 포함한 자산 인식요건이 충족된 시점 이후 발생한 지출을 무형자산으로 인식하고, 이전 단계에서 연구활동을 위해 발생한 지출은 연구개발비로 보아 당기 비용처리하고 있습니다.

(후략)

13. 무형자산

(중략)

(2) 중요한 무형자산의 내역

1) 개발비 외 무형자산 내역

구분	내역	잔존상각기간
소프트웨어	ERP 및 기타 운영지원 소프트웨어	1 ~ 5년
지적재산사용승인권	바이오의약품 항원제조 및 대량생산기술 사용에 대한 권리	상각완료
기타무형자산	특허권, 산업재산권, 라이선스 등	1 ~ 10년
시설이용권	콘도 및 골프시설 이용권	비한정

2) 개발비 세부내역

단위: 천원

2022.12.31		내역	자산화한 개발비 누계						잔존 상각 기간
			임상1상	임상3상	정부 승인	손상차손 인식 전 장부금액	손상차손 누계액	장부금액	
바이오 의약품	면역질환 관련 치료제	개발중인 개발비	96,993	377,230	38,953	513,176	–	513,176	–
		상각중인 개발비	86,960	121,435	41,564	249,959	–	249,959	10년
	암 치료제	상각중인 개발비	63,726	324,206	72,834	460,765	–	460,765	9년
	기타질환 관련 치료제	개발중인 개발비	–	63,201	3,240	66,442	6,471	59,970	–
		상각중인 개발비	–	34,333	2,417	36,750	36,750	–	–
케미컬의약품		개발중인 개발비	175	–	1,218	1,392	1,392	–	–
		상각중인 개발비	4,027	–	10,203	14,230	13,602	628	7년
합계			251,881	920,406	170,429	1,342,716	58,216	1,284,499	

SECTION 01

개요

1 무형자산의 정의

기업은 경제적자원을 사용하거나 부채를 부담하여 과학적 · 기술적 지식, 새로운 공정이나 시스템, 라이선스, 지적재산권, 시장에 대한 지식과 상표 등의 무형자원을 취득, 개발, 유지하거나 개선한다. 예를 들어, 컴퓨터 소프트웨어, 특허권, 저작권, 고객이나 공급자와의 관계, 고객충성도나 시장점유율은 눈에 보이는 실체는 없으나 기업에게 미래경제적효익을 가져다 줄 수 있는 무형의 자원이다.[1]

그러나 모든 무형자원을 재무상태표에 무형자산으로 인식할 수는 없다. K-IFRS는 무형자산을 물리적 실체는 없지만 식별할 수 있는 비화폐성자산으로 정의한다. 또한 자산은 과거 사건의 결과로 기업이 통제하고 있고 미래경제적효익이 유입될 것으로 기대되는 자원이라 정의한다. 요약하면 무형의 자원들은 다음 세 가지 요소를 만족할 때 무형자산으로 인식될 수 있는 것이다.

(1) 식별가능성　(2) 자원에 대한 통제　(3) 미래경제적효익

즉, 무형의 자원을 취득하거나 내부적으로 창출하기 위해 발생하였으나 무형자산의 정의를 충족하지 못하는 지출은 발생시점의 비용으로 인식한다.[2]

1.1. 식별가능성

자산은 다음 중 하나에 해당하는 경우에 식별가능하다.

1 금융자산이나 광물자원의 탐사와 추출에 관한 지출 및 탐사평가자산은 제외한다.

2 단, 사업결합으로 취득하는 경우에는 취득일에 인식하는 영업권에 포함된다.

(1) **분리가능성:** 기업의 의도와는 무관하게 기업에서 분리하거나 분할할 수 있고, 개별적으로 또는 관련된 계약, 식별가능한 자산이나 부채와 함께 매각, 이전, 라이선스, 임대, 교환할 수 있다.

(2) **계약상 권리 또는 기타 법적 권리로부터 발생:** 이 경우 그러한 권리가 이전가능한지 여부 또는 기업이나 기타 권리와 의무에서 분리가능한지 여부는 고려하지 아니한다.

1.2. 자원에 대한 통제

무형의 자원에서 유입되는 미래경제적효익을 확보할 수 있고 그 효익에 대한 제3자의 접근을 제한할 수 있다면 기업이 자원을 통제하고 있는 것이다. 기업은 저작권이나 특허권과 같은 법적 권리나, 시장에 대한 높은 지식, 기술적 지식, 종업원의 숙련도, 고객충성도와 같은 무형의 자원으로부터 미래경제적효익을 확보한다.

무형자산의 미래경제적효익에 대한 통제력은 일반적으로는 법적 권리에서 나오므로 법적 권리가 없는 경우에는 통제력을 제시하기 어렵다. 시장에 대한 지식과 기술적 지식도 계약상 제3자가 접근할 수 없도록 제약하고 있거나, 저작권이나 종업원의 기밀유지의무 등 법적 권리로 보호된다면 기업은 이러한 지식에서 얻을 수 있는 미래경제적효익을 통제한다. 그러나 종업원의 숙련도는 교육훈련을 통한 기술 향상처럼 식별할 수는 있겠지만 숙련된 종업원의 이직 가능성을 배제할 수 없는 것처럼 기업이 무형자산의 정의를 충족할 만큼의 통제력을 가지고 있지 않다.

시장점유율이나 고객충성도도 기업이 미래경제적효익을 확보할 수 있도록 하지만, 기업에게 고객관계를 지속할 수 있는 법적 권리나 이를 통제할 다른 방법이 없다면 무형자산의 정의를 충족하지 못한다.

1.3. 미래경제적효익

무형자산의 미래경제적효익은 제품의 매출, 용역수익, 원가절감 또는 자산의 사용에 따른 기타 효익의 형태로 발생할 수 있다. 예를 들면, 제조과정에서 지적재산을 사용하면 미래 수익을 증가시키기보다는 미래 제조원가를 감소시킬 수 있다.

현실 속 회계 | M&A · R&D가 신성장의 핵심… 무형자산 가치 객관화는 '국가과제'

무형자산 증감이 바꾼 시총 지형

15일 서울경제와 금융정보분석업체 딥서치의 분석 결과 유가증권시장의 시가총액 톱10 종목들의 무형자산이 지난 10년간 30조원 이상 급증한 배경으로는 적극적인 M&A와 R&D 투자가 꼽힌다.

객관적인 무형자산 측정기준은 과제

게임업계에서는 최근 시총 11위로 뛰어오른 엔씨소프트의 대표게임 '리니지' 지식재산권(IP)의 가치를 최소 수조원으로 추정한다. 리니지 시리즈의 인기에 힘입어 지난해 엔씨소프트는 4,790억원의 영업이익을 기록했다. 하지만 재무제표상 리니지IP를 포함한 엔씨소프트의 전체 무형가치는 493억원(2020년 1분기)에 불과하다. 무형자산 가치가 제대로 측정되지 않고 있다는 뜻이다.

무형자산으로 기업가치를 가늠하기에 앞서 현재 재무제표에 반영되지 않고 있는 플랫폼 기업의 플랫폼, 바이오기업의 R&D 역량, IP와 같은 핵심무형자산을 집계할 객관적인 기준을 마련해야 한다는 목소리도 커지고 있다. 현재 재무제표로는 무형자산의 변화를 보고 기업이 M&A와 R&D 등에 적극적이라는 사실을 짐작할 수는 있지만 보유한 무형자산의 정확한 가치는 확인이 어렵다.

출처: 양사록(2020.07.15.). M&A · R&D가 신성장의 핵심…무형자산 가치 객관화는 '국가 과제'. 서울경제.
https://www.sedaily.com/NewsView/1Z5BA6YATL

2 주요 회계이슈

무형자산 취득부터 제거까지의 회계처리 흐름은 유형자산과 비슷하므로 이 장에서는 유형자산 회계처리와 다른 점을 중심으로 설명한다.

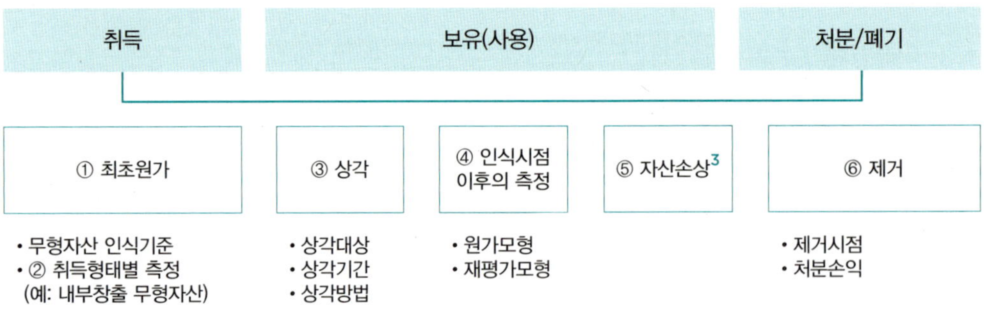

그림 7-1 무형자산 회계의 흐름

3 무형자산의 손상 여부를 결정하기 위해서는 K-IFRS 제1036호 '자산손상' 기준서를 적용하며, 이 책의 9장 '자산손상'에서 설명한다.

① 무형자산은 정의와 인식기준을 모두 충족할 때 인식하고, 최초 인식 후 증가, 대체, 수선을 위한 후속원가 발생시에도 정의와 인식기준이 충족되는 경우에만 자산으로 인식한다. ② 기업은 무형자산을 기업 외부에서 개별 취득하거나 사업결합 시 취득할 수 있으며, 연구 · 개발을 통해 내부적으로 창출하기도 한다. 무형자산을 내부창출하기 위한 지출은 엄격한 자산화 요건을 만족시키는 경우에만 무형자산으로 인식한다.

무형자산 보유 기간 중에는 취득원가를 ③ 무형자산상각을 통해 비용화하는데 무형자산은 유형자산과 달리 내용연수가 비한정적인 경우도 있어 이를 고려해야 한다. ④ 무형자산도 유형자산과 마찬가지로 원가모형과 재평가모형 중 선택하여 평가할 수 있으며, ⑤ 자산손상 여부를 검토해야 한다. ⑥ 무형자산 제거 회계처리도 유형자산 제거와 비슷하다.

이 중에서 자산손상은 9장에서 설명하고, 이 장에서는 자산손상 이외의 회계이슈에 대해서 설명한다.

SECTION
02 무형자산의 인식과 측정

1 무형자산 인식의 원칙

1.1. 무형자산 인식기준

어떤 지출을 무형자산으로 인식하기 위해서는 그 지출이 무형자산의 정의에 부합하면서 인식기준을 충족해야 한다.

(1) 무형자산의 정의에 부합한다.
(2) 무형자산의 인식기준을 충족한다.
  (가) 자산에서 발생하는 미래경제적효익이 기업에 유입될 가능성이 높다.
  (나) 자산의 원가를 신뢰성 있게 측정할 수 있다.

즉, 무형자산의 인식기준은 충족하더라도 무형자산으로 정의되기 위한 식별가능성, 자원에 대한 통제 및 미래경제적효익의 기대 조건을 충족하지 못하는 지출은 자산으로 인식하지 못하고, 발생시점의 비용으로 인식해야 한다.

1.2. 최초인식 시 측정

무형자산을 최초로 인식할 때에는 원가로 측정한다.

더 알아보기 **취득이나 완성 이후의 무형자산에 대한 지출**

무형자산의 특성상 자산이 증가하지 않거나 자산의 부분 대체가 이루어지지 않는 경우가 많다. 따라서 대부분의 취득이나 완성 후의 지출은 무형자산의 정의와 인식기준을 충족하기보다는 기존 무형자산에 내재된 기대 미래경제적효익을 유지하는 것이 대부분이다. 또한 취득이나 완성 후의 지출을 특정 무형자산에 직접 귀속시키기 어려운 경우가 많다. 그러므로 후속지출이 자산의 장부금액으로 인식되는 경우는 매우 드물다. 특히 브랜드, 제호, 출판표제, 고객목록에 대한 취득이나 완성 후의 지출은 항상 발생시점의 비용으로 인식한다. 이러한 지출과 사업을 전체적으로 개발하기 위한 지출을 구분할 수 없기 때문이다.

2 기업 외부로부터 취득하는 무형자산

2.1. 기업 외부로부터의 개별 취득

일반적으로 무형자산을 개별 취득하기 위해 지급하는 가격은 그 자산으로부터 기대되는 미래경제적효익을 반영한다. 즉, 기업은 그 유입 시기와 금액이 불확실하더라도 미래경제적효익이 유입될 것이라 기대한다. 따라서 개별취득하는 무형자산은 인식기준 (가) '미래경제적효익의 유입 가능성 조건'을 충족한다. 또한 개별 취득하는 무형자산의 원가는 일반적으로 신뢰성 있게 측정할 수 있으므로 인식기준 (나) '원가의 신뢰성 있는 측정 조건'도 충족한다.

개별 취득하는 무형자산은 취득원가로 측정한다. 취득원가는 구입가격, 직접관련원가로 구성된다.

(1) **구입가격:** 거래가격에서 매입할인과 리베이트를 차감하고 수입관세와 환급받을 수 없는 제세금을 포함한 금액

(2) **직접관련원가:** 자산을 의도한 목적에 사용할 수 있도록 준비하는 데 직접 관련되는 원가

(가) 그 자산을 사용가능한 상태로 만드는 데 직접적으로 발생하는 종업원급여

(나) 그 자산을 사용가능한 상태로 만드는 데 직접적으로 발생하는 전문가 수수료

(다) 그 자산이 적절하게 기능을 발휘하는지 검사하는 데 발생하는 원가

다만, 다음 지출은 개별 취득하는 무형자산의 취득원가에 포함하지 않는다.

(1) 새로운 제품이나 용역의 홍보원가
(2) 새로운 지역 또는 고객층을 대상으로 영업을 하는 데 소요되는 원가
(3) 관리 및 기타 일반경비원가
(4) 무형자산의 개발 관련 영업활동 중 발생한 부수적인 영업활동수익

2.2. 사업결합을 통한 취득

기업은 다른 기업의 사업을 구성하는 자산과 부채를 일괄 취득하는 사업결합을 통해서도 다음 두 종류의 무형자산을 취득할 수 있다.

(1) 영업권
(2) 자산의 정의를 충족하고 식별가능한 무형자산(사업결합 전 피취득자의 자산 인식 여부와 무관)

영업권은 사업결합에서 획득하였지만 개별적으로 식별하여 별도로 인식하는 것이 불가능한 그 밖의 자산에서 발생하는 미래경제적효익을 나타내는 자산이다. 그 미래경제적효익은 다른 자산 사이의 시너지효과나 개별적으로 재무제표상 인식기준을 충족하지는 않는 자산으로부터 발생할 수 있다. 영업권에 대한 구체적인 회계처리는 K-IFRS 제1103호 '사업결합'에서 다루므로 이 장에서는 설명하지 않는다.

사업결합 전에는 무형자산 인식요건을 만족하지 못해 피취득자가 인식하지는 않았더라도 사업결합 시 자산의 정의를 만족하고 식별가능한 경우 영업권과 구분하여 별도의 무형자산으로 인식한다. 예를 들면 사업결합의 피취득자는 사업결합 전 내부에서 개발한 브랜드명, 고객 관계나 연구개발프로젝트 등이 피취득자의 재무제표에는 무형자산으로 인식되지 못하였더라도 사업 결합을 통해 피취득자의 이러한 투자들이 자산의 정의를 충족하고 식별가능해진 경우 취득자는 이를 무형자산으로 인식할 수 있다.

사업결합으로 취득하는 무형자산의 원가는 취득일의 공정가치로 한다. 공정가치는 취득일에 그 자산이 갖는 미래경제적효익이 기업에 유입될 확률에 대한 시장참여자의 기대를 반영한다. 사업결합으로 취득하는 무형자산이 식별가능하다면 그 자산의 공정가치를 신뢰성 있게 측정하기에 충분한 정보가 존재한다. 따라서 사업결합으로 취득하는 무형자산은 자산 인식요건 두 가지를 모두 충족한다고 볼 수 있다.

3 내부적으로 창출한 무형자산

기업은 경쟁 환경 속에서 사업을 지속하기 위해 연구개발에 끊임없이 투자한다. 즉, 기업은 연구개발 활동의 결과 미래경제적효익이 발생할 것이라 기대한다. 이렇게 연구개발 활동은 기업이 내부적으로 무형자산을 창출하는 과정이라 할 수 있는데, 연구개발 원가를 무형자산으로 인식할 것인지 당기비용으로 인식할 것인지 결정하는 것은 민감한 문제이다.

그러나 내부적으로 무형자산을 창출하기 위한 원가가 무형자산 인식기준을 충족하는지 평가하기가 쉽지 않다. 그 이유는 첫째, 기업이 기대하는 미래경제적효익을 창출할 자산을 식별해내기 어렵고, 둘째, 자산의 원가를 신뢰성 있게 결정하는 것이 어렵기 때문이다.

따라서 내부적으로 창출한 무형자산에 대해서는 무형자산 인식과 측정에 대한 일반적 규정에 더하여 다음의 구체적인 지침을 적용한다.

3.1. 내부적으로 창출한 무형자산 인식의 원칙

무형자산의 창출 과정을 연구단계와 개발단계로 구분하고, 지출도 단계별로 구분한다. 무형자산을 창출하기 위한 내부 프로젝트를 연구단계와 개발단계로 구분할 수 없는 경우에는 그 프로젝트에서 발생한 지출은 모두 연구단계에서 발생한 것으로 본다.

연구단계에서 발생하는 지출은 모두 당기비용으로 인식하고, 개발단계에서 발생하는 지출은 자산인식요건을 만족하는 경우 무형자산으로 인식하나 그렇지 못한 경우에는 당기비용으로 인식한다.

3.1.1. 연구단계

내부 프로젝트의 연구단계에서는 미래경제적효익을 창출할 무형자산이 존재한다는 것을 제시할 수 없는데, 연구활동의 예는 다음과 같다.

(1) 새로운 지식을 얻고자 하는 활동
(2) 연구결과나 기타 지식을 탐색, 평가, 최종 선택, 응용하는 활동
(3) 재료, 장치, 제품, 공정, 시스템이나 용역에 대한 여러 가지 대체안을 탐색하는 활동
(4) 새롭거나 개선된 재료, 장치, 제품, 공정, 시스템이나 용역에 대한 여러 가지 대체안을 제안, 설계, 평가, 최종 선택하는 활동

그러므로 연구(또는 내부 프로젝트의 연구단계)를 위한 지출은 무형자산으로 인식하지 않고 발생시점에 비용으로 인식한다.

(차)	경상연구개발비	×××	(대)	현금	×××

3.1.2. 개발단계

개발단계는 연구단계보다 훨씬 더 진전되어 있는 상태로 개발단계의 예는 다음과 같다.

(1) 생산이나 사용 전의 시제품과 모형을 설계, 제작, 시험하는 활동
(2) 새로운 기술과 관련된 공구, 지그, 주형, 금형 등을 설계하는 활동
(3) 상업적 생산 목적으로 실현가능한 경제적 규모가 아닌 시험공장을 설계, 건설, 가동하는 활동
(4) 신규 또는 개선된 재료, 장치, 제품, 공정, 시스템이나 용역에 대하여 최종적으로 선정된 안을 설계, 제작, 시험하는 활동

그러므로 어떤 경우에는 내부프로젝트의 개발단계에서는 무형자산을 식별할 수 있으며, 그 무형자산이 미래경제적효익을 창출할 것임을 제시할 수 있다. 기업이 다음 사항을 모두 제시할 수 있는 경우에는 개발활동에서 발생한 무형자산을 인식한다. 그렇지 못한 경우의 지출은 연구단계에서의 지출과 마찬가지로 발생한 기간에 비용으로 인식한다. 다음에 열거한 자산인식요건은 내부프로젝트의 개발단계가 상당히 진척되어서 연구개발의 결과물을 판매하거나 사용함으로써 미래경제적효익을 얻을 가능성이 높은 상태를 설명하고 있다.

개발단계 지출의 자산인식 요건

(1) 무형자산을 사용하거나 판매하기 위해 그 자산을 완성할 수 있는 기술적 실현 가능성
(2) 무형자산을 완성하여 사용하거나 판매하려는 기업의 의도
(3) 무형자산을 사용하거나 판매할 수 있는 기업의 능력
(4) 무형자산이 미래경제적효익을 창출하는 방법
(5) 무형자산의 개발을 완료하고 그것을 판매하거나 사용하는 데 필요한 기술적 · 재정적 자원 등의 입수가능성
(6) 개발과정에서 발생한 무형자산 관련 지출을 신뢰성 있게 측정할 수 있는 능력

개발단계에서 발생한 지출에 대한 회계처리는 다음과 같다.

(1) 무형자산 인식요건 충족 시

(차)	개발비(자산)	×××	(대)	현금	×××

(2) 무형자산 인식요건 미충족 시

(차)	경상연구개발비	×××	(대)	현금	×××

기업은 원가계산시스템을 사용하여 내부적으로 무형자산을 창출하는 데 발생한 원가를 신뢰성 있게 측정할 수 있다. 예를 들어, 무형자산을 창출하는 내부 프로젝트를 수행한 임직원에 대한 급여 등의 지출을 원가계산시스템을 통해 별도로 구분 집계함으로써 그 프로젝트에 투입된 지출을 신뢰성 있게 측정한다.

3.2. 내부적으로 창출한 무형자산의 취득원가

내부적으로 창출한 무형자산의 원가는 무형자산 인식의 일반원칙과 개발단계 지출의 자산인식요건을 최초로 충족한 후 발생한 지출액의 합으로 한다. 이미 비용으로 인식한 지출은 무형자산 원가로 인식할 수 없다.

내부적으로 창출한 무형자산의 취득원가는 그 자산의 창출, 제조 및 경영자가 의도하는 방식으로 운영될 수 있게 준비하는 데 필요한 직접 관련된 모든 원가를 포함한다.

(1) 무형자산의 창출에 사용되었거나 소비된 재료원가, 용역원가 등
(2) 무형자산의 창출을 위하여 발생한 종업원 급여
(3) 법적권리를 등록하기 위한 수수료
(4) 무형자산의 창출에 사용된 특허권과 라이선스의 상각비

단, 다음 항목은 내부적으로 창출한 무형자산의 원가에 포함하지 않는다.

(1) 판매비, 관리비 및 기타 일반경비 지출. 다만, 자산을 의도한 용도로 사용할 수 있도록 준비하는 데 직접 관련된 경우는 제외한다.
(2) 자산이 계획된 성과를 달성하기 전에 발생한 명백한 비효율로 인한 손실과 초기 영업손실
(3) 자산을 운용하는 직원의 교육훈련과 관련된 지출

예제 01 내부적으로 창출한 무형자산 취득원가

㈜대한은 새로운 생산공정을 개발하고 있다. 20X2.1.1.부터 20X2.12.31.까지 개발단계에서 총 ₩1,000,000의 지출이 발생하였는데, 이 중 ₩900,000은 20X2.12.1. 전에 발생하였고, ₩100,000은 20X2.12.1.부터 20X2.12.31. 사이에 발생하였다. ㈜대한은 20X2.12.1.에 새로운 생산공정이 내부적으로 창출한 무형자산의 인식요건을 충족한다는 사실을 제시할 수 있다.

요구사항

㈜대한이 무형자산으로 인식할 금액과 당기비용으로 인식할 금액을 구하고 회계처리를 나타내라. 단, 자산손상은 고려하지 않는다.

해설

새로운 생산공정 개발비가 자산인식요건을 충족한 날은 20X2.12.1. 이므로 이날 이후에 발생한 지출을 무형자산으로 인식한다. 따라서, 새로운 생산공정은 20X2.12.31. 취득원가 ₩100,000인 무형자산으로 인식되며, 20X2.12.1. 이전에 발생한 ₩900,000의 지출은 비용으로 인식한다. 20X2.12.1. 이전까지는 무형자산 인식요건이 충족되지 않았기 때문에 동 기간에 발생한 ₩900,000의 지출은 재무상태표에 자산으로 인식되는 생산공정 원가의 일부를 구성할 수 없다.

예제 02 내부적으로 창출한 무형자산의 인식

㈜대한의 20X1년 회계연도 중 내부적으로 소프트웨어를 개발하는 데 다음과 같은 비용이 발생하였다.

내역	연구단계에서 발생	개발단계에서 발생
연구원 급여	₩100,000	₩200,000
개발관련 감가상각비	₩600,000	₩400,000
이자비용	₩200,000	₩200,000
원재료	₩100,000	₩300,000
계	₩1,000,000	₩1,100,000

개발단계에서는 다음과 같은 추가적인 비용이 발생하였다.

(1) 상업적 생산 목적으로 실현가능한 규모가 아닌 시험공장을 설계, 건설, 가동하는 활동에 ₩700,000을 지출하였다.

(2) 자산을 운용하는 직원의 교육훈련과 관련하여 ₩300,000, 판매관리비로 ₩200,000을 지출하였다.

요구사항

㈜대한이 무형자산으로 인식할 금액과 당기비용으로 인식할 금액을 구하고 회계처리를 나타내라. 단, 개발단계에서 발생한 지출은 무형자산의 인식조건을 충족한다고 가정한다.

해설

(1) 무형자산과 당기비용 인식금액

구분	무형자산 또는 당기비용 인식금액
무형자산 인식금액	₩1,100,000+₩700,000=₩1,800,000
당기비용 인식금액	₩1,000,000+₩300,000+₩200,000=₩1,500,000

교육훈련비와 판매관리비는 내부적으로 창출한 무형자산 취득원가에 포함하지 않는다.

(2) 회계처리

일자	회계처리					
20X1.12.31.	(차)	무형자산	1,800,000	(대)	현금	1,800,000
	(차)	급여비용	100,000	(대)	현금	1,500,000
		감가상각비	600,000			
		이자비용	200,000			
		원재료비	100,000			
		교육훈련비	300,000			
		판매관리비	200,000			

현실 속 회계 | 금융당국, 제약바이오 회계처리 '불확실성' 확 줄인다

금융당국이 제약바이오 산업의 회계처리 감독지침 개선안을 내놨다. 지나치게 보수적으로 회계 처리했던 관행을 탈피하고, 회계 업무의 불확실성을 해소하겠다는 취지다. 새 감독지침엔 개발비 자산화 회계처리, 기술이전(L/O) 수익 인식 방법 등에 대한 구체적인 기준이 담겼다.

한국채택국제회계기준(K-IFRS)에서는 향후 출시 가능성과 경제적 효과에 따라 연구개발비를 무형자산이나 경상개발비로 분류하도록 규정한다. 무형자산으로 인식한 개발비는 일정 기간을 두고 상각할 수 있다. 연구개발비를 비용 처리하면 영업이익이 줄어들지만, 자산으로 인식하면 해당 연도의 영업이익은 영향을 받지 않는다.

연구개발비를 무형자산으로 분류할지, 비용으로 분류할지에 대한 판단은 전적으로 기업의 몫이다. 다만 금융감독원이 2018년 발표한 지침에 따르면 신약은 임상3상이 개시된 연구 과제부터 개발비를 무형자산으로 인식할 수 있다. 바이오시밀러는 임상1상, 제네릭은 생동성시험계획 승인, 진단시약은 허가신청 및 외부 임상신청 등 제품 검증 이후부터 자산으로 인정한다.

이번 감독지침은 임상1상(바이오시밀러)* 개시 승인 전이라도 기업이 기술적 실현가능성을 객관적으로 제시할 수 있는 경우 개발비를 자산화할 수 있도록 기준을 명확히 했다. 기술적 실현가능성을 제시할 수 있는 대표적인 사례는 기업이 유사한 임상 개발 경험을 보유했고 높은 임상 개시 승인율을 갖고 있을 때, 기술적 실현가능성을 제3의 외부 전문가 의견이나 공신력 있는 기관을 통해 입증할 수 있을 때 등이다.

(*신약의 경우 임상3상, 제네릭은 생동성시험계획 승인, 진단시약은 허가신청 및 외부 임상신청)

출처: 차지현(2022.9.23.). 금융당국, 제약바이오 회계처리 '불확실성' 확 줄인다. 비즈워치.
http://news.bizwatch.co.kr/article/industry/2022/09/23/0014

SECTION

03 무형자산의 상각

무형자산은 내용연수를 정할 수 있는 '내용연수가 유한한 무형자산'과 내용연수를 정할 수 없는 '내용연수가 비한정적인 무형자산'으로 구분된다. 내용연수가 유한한 무형자산은 내용연수 동안 상각하나, 내용연수가 비한정적인 무형자산은 상각하지 않고 자산손상 회계처리를 한다.

여기서 '비한정'이라는 용어는 '무한'을 의미하지는 않는다. 내용연수를 추정하는 시점에 내용연수에 예측가능한 제한이 없는 경우를 무형자산의 내용연수가 비한정인 것으로 본다. 반면, 채석장이나 매립지 등을 제외한 토지는 영구적으로 사용할 수 있어 그 내용연수가 무한하다.

1 무형자산의 내용연수

1.1. 무형자산의 내용연수 결정 시 고려할 요인

내용연수는 기업이 무형자산을 사용할 수 있을 것으로 예상하는 기간이나 무형자산에서 얻을 것으로 예상하는 생산량 또는 이와 비슷한 단위수량을 말한다. 무형자산의 내용연수를 결정하기 위해서는 다음 요인을 종합적으로 고려한다.

(1) 기업이 예상하는 자산의 사용방식과 자산이 다른 경영진에 의하여 효율적으로 관리될 수 있는지 여부
(2) 자산의 일반적인 제품수명주기와 유사한 방식으로 사용되는 유사한 자산들의 내용연수 추정치에 관한 공개된 정보
(3) 기술적, 공학적, 상업적 또는 기타 유형의 진부화
(4) 자산이 운용되는 산업의 안정성과 자산으로부터 산출되는 제품이나 용역의 시장수요 변화
(5) 기존 또는 잠재적인 경쟁자의 예상 전략

(6) 예상되는 미래경제적효익의 획득에 필요한 자산 유지비용의 수준과 그 수준의 비용을 부담할 의도 및 능력
(7) 자산의 통제가능 기간과 자산사용에 대한 법적 또는 이와 유사한 제한(예: 관련 리스 만기일)
(8) 자산의 내용연수가 다른 자산의 내용연수에 의해 결정되는지의 여부

1.2. 계약상 · 법적 권리로부터 발생하는 무형자산의 내용연수

무형자산의 내용연수는 계약상 권리 또는 기타 법적 권리의 기간을 초과할 수는 없지만, 자산의 예상사용기간에 따라 더 짧을 수는 있다. 즉, 경제적 요인은 자산의 미래경제적효익이 획득되는 기간을 결정하고, 법적 요인은 기업이 그 효익에 대한 접근을 통제할 수 있는 기간을 제한한다. 내용연수는 경제적 · 법적 요인에 의해 결정된 기간 중 짧은 기간으로 한다.

더 알아보기 **경제적 · 법적 요인을 모두 고려한 내용연수 결정 사례**

한 회사가 새롭게 취득한 저작권의 법정잔여내용연수는 50년이다. 그러나 고객의 성향과 시장동향의 분석을 통해 저작권을 가진 해당 자료가 앞으로 30년 동안만 순현금유입을 창출할 것이라는 증거가 있다면, 해당 저작권은 30년의 추정 내용연수 동안 상각한다.

만약 계약상 또는 기타 법적 권리가 갱신가능한 한정된 기간 동안 부여된다면, 유의적인 원가 없이 기업에 의해 갱신될 것이 명백한 경우에 한하여 그 갱신기간을 무형자산의 내용연수에 포함한다. 다음의 조건을 모두 충족하는 경우에는 유의적인 원가를 부담하지 않고 계약상 또는 기타 법적 권리의 갱신이 이루어질 수 있는 것으로 본다.

(1) 과거 경험 등에 비추어 계약상 권리나 기타 법적 권리가 갱신될 것이라는 증거가 있다. 갱신이 제3자의 승인을 조건으로 하는 경우에는 제3자가 승인할 것이라는 증거를 포함한다.
(2) 권리 갱신을 위해 필요한 조건들이 충족될 것이라는 증거가 있다.
(3) 갱신원가가 갱신으로 인하여 유입될 것으로 기대되는 미래경제적효익과 비교하여 유의적이지 않다.

2 내용연수가 유한한 무형자산

내용연수가 유한한 무형자산은 내용연수 동안 상각한다. 상각기간, 상각방법과 상각 회계처리는 유형자산의 감가상각과 같다.

2.1. 상각기간

내용연수가 유한한 무형자산의 상각은 자산을 사용할 수 있는 때, 즉 자산이 경영자가 의도하는 방식으로 운영할 수 있는 장소와 상태에 이르렀을 때부터 시작한다.

또한 그 자산을 더 이상 사용하지 않을 때도 상각을 중지하지 않는다. 예를 들어, 영업상의 문제로 인하여 특허권을 사용하는 제품의 사용을 잠시 중단하더라도 해당 특허권의 상각은 중지하지 않는다.

상각은 자산이 K-IFRS 제1105호 '매각예정비유동자산과 중단영업'에 따라 매각예정으로 분류되는 날과 자산이 재무상태표에서 제거되는 날 중 이른 날에 중지한다.

2.2. 상각방법

무형자산의 상각대상금액을 내용연수 동안 체계적으로 배분하기 위해 다양한 방법을 사용할 수 있다. 이러한 상각방법에는 정액법, 체감잔액법과 생산량비례법이 있다. 상각방법은 자산이 갖는 예상 미래경제적효익의 예상되는 소비형태에 기초하여 선택하고, 미래경제적효익의 예상되는 소비형태가 달라지지 않는다면 매 회계기간에 일관성 있게 적용한다. 다만, 그 형태를 신뢰성 있게 결정할 수 없는 경우에는 정액법을 사용한다.

2.3. 잔존가치

내용연수가 유한한 무형자산의 잔존가치는 다음 중 하나에 해당하는 경우를 제외하고는 영(0)으로 본다.

(1) 내용연수 종료 시점에 제3자가 자산을 구입하기로 한 약정이 있다.

(2) 무형자산의 활성시장(K-IFRS 제1113호 '공정가치 측정'에 정의되어 있음)이 있고 다음을 모두 충족한다.
   (가) 잔존가치를 그 활성시장에 기초하여 결정할 수 있다.
   (나) 그러한 활성시장이 내용연수 종료 시점에 존재할 가능성이 높다.

잔존가치가 영(0)이 아니라는 것은 경제적 내용연수 종료 시점 이전에 그 무형자산을 처분할 것이라는 기대를 나타낸다. 무형자산의 잔존가치는 처분으로 회수가능한 금액을 근거로 하여 추정하는데, 그 자산이 사용될 조건과 유사한 조건에서 운용되었고 내용연수가 종료된 유사한 자산에 대해 추정일 현재 일반적으로 형성된 매각 가격을 사용한다.

무형자산의 잔존가치는 해당 자산의 장부금액과 같거나 큰 금액으로 증가할 수도 있다. 이 경우에는 자산의 잔존가치가 이후에 장부금액보다 작은 금액으로 감소될 때까지는 무형자산의 상각액은 영(0)이 된다.

2.4. 상각기간, 상각방법 및 잔존가치의 검토: 회계추정의 변경

적어도 매 회계기간말에는 내용연수가 유한한 무형자산의 상각기간, 상각방법 및 잔존가치를 검토한다.

자산의 예상 내용연수가 과거의 추정치와 다르다면 상각기간을 이에 따라 변경한다. 자산이 갖는 미래경제적효익의 예상소비형태가 변동된다면, 변동된 소비형태를 반영하기 위하여 상각방법을 변경한다.

잔존가치도 과거의 추정치와 다르다면 잔존가치를 변경한다. 회계추정치가 변경되면 상각액도 달라지는데 그 효과는 회계추정의 변경이 발생한 기간과 미래기간의 당기손익에 포함하여 전진적으로 인식한다. 이러한 변경은 K-IFRS 제1008호 '회계정책, 회계추정치 변경과 오류'에 따라 회계추정치의 변경으로 회계처리 한다.

2.5. 상각액 회계처리

무형자산의 상각액은 일반적으로 당기손익으로 인식한다. 그러나 자산이 갖는 미래경제적효익이 다른 자산의 생산에 소모되는 경우, 그 자산의 상각액은 다른 자산의 원가를 구성하여 장부금액에 포함한다. 예를 들면, 제조과정에서 사용된 무형자산의 상각은 재고자산의 장부금액에 포함한다.

예제 03 내용연수가 유한한 무형자산의 상각

㈜대한은 20X1년초 산업재산권을 ₩5,000,000에 취득하였다. ㈜대한은 해당 산업재산권으로부터 향후 20년 동안 미래경제적효익을 얻을 수 있을 것으로 예상하며, 10년 후 ㈜행복에게 ₩1,000,000에 매각하기로 약정을 체결하였다. 이때, 해당 산업재산권의 소비형태는 신뢰성 있게 결정할 수 없다.

요구사항

㈜대한이 20X1년말 산업재산권과 관련하여 당기손익으로 인식할 금액을 구하고 회계처리를 나타내라.

해설

(1) 당기손익 인식금액

무형자산이 소비되는 형태를 신뢰성 있게 결정할 수 없으므로 상각방법으로 정액법을 사용한다. 무형자산의 경제적 내용연수 종료 시점은 20년 후이지만 내용연수 종료 시점 이전에 ㈜행복이라는 제3자가 자산을 구입하기로 한 약정이 있으므로, 내용연수는 10년이다. 잔존가치는 무형자산을 매각하기로 약정한 금액인 ₩1,000,000이다.

20X1년 산업재산권 상각액(당기손익)

= (₩5,000,000 − ₩1,000,000) ÷ 10 = ₩400,000

(2) 회계처리

무형자산상각누계액 계정을 사용하는 방법과 무형자산에서 직접 상각하는 방법이 모두 가능하나 실무적으로는 무형자산에서 직접 상각하는 경우가 많다.

일자	회계처리					
20X1.12.31.	(차)	무형자산상각비	400,000	(대)	무형자산	400,000

현실 속 회계 대우조선해양, 멈춰버린 무형자산화 '빛과 그림자'

대우조선해양은 경영악화로 힘든 시간을 보내면서도 연구개발(R&D) 투자를 꾸준히 늘리고 있다. 다만 무형자산으로 분류하는 개발비는 3년째 제로(0)에 멈춰 있다. 자산화에 기존보다 엄격한 기준을 적용하면서다.

대우조선해양 관계자는 "연구개발 성과를 만들어내지 못하고 있는 것은 아니다"라며 "연구개발 단계에서 발생한 지출을 무형자산으로 인식하기 위해 6가지의 요건을 충족해야 하는데 이를 충족하지 못하고 있는 것"이라고 설명했다.

연구개발비의 자산화가 멈춘 데에는 일장일단이 존재한다. 무형자산은 최초 자산 인식 이후 일정 기간 상각이 이뤄지며 그에 따른 무형자산상각비는 비용으로 처리돼 영업이익을 갉아먹는 요인이 된다.

대우조선해양으로서는 당장 개발비를 자산화하지 않는 것이 추후 무형자산상각비 및 개발비 손상차손 인식 여지를 없앤다는 점에서 더욱 긍정적일 수 있다. 실제 이와 같은 '보수적 회계처리'의 관점에서 R&D 성과의 자산 인식요건 충족 여부와 관계없이 모든 투자금액을 비용으로 처리하는 기업들도 적지 않다.

이 기간 대우조선해양이 연구개발실적을 쌓지 못한 것은 아니다. 2020년에는 잠수함 핵심 기자재의 국산화, 2021년에는 스마트십 솔루션의 운항 최적화기능 개발, 2022년에는 극저온 화물창 및 연료탱크 개발 등 여러 성과가 사업보고서에 명시돼 있다.

그러나 이러한 성과들이 결국 자산으로서의 요건을 충족하지 못했다는 점은 R&D 투자의 효율성에 의문부호가 따라붙을 여지이기도 하다.

출처: 강용규(2023.03.24.). 대우조선해양, 멈춰버린 무형자산화 '빛과 그림자'. 더벨.
https://www.thebell.co.kr/free/content/ArticleView.asp?key=202303211703383120105013

현실 속 회계 | 무형자산 상각비에 발목 잡힌 콘텐츠 업체들

드라마와 예능 프로그램 등을 제작하는 국내 방송 콘텐츠 업체들이 급증한 무형자산 상각비에 발목을 잡혔다. 질 높은 콘텐츠로 매출이 늘어나는 추세지만, 비용부담도 커지며 수익성이 제자리걸음을 하고 있다.

CJ ENM의 드라마 사업부문이 물적분할해 설립된 스튜디오드래곤은 지난 1분기 매출이 1118억원으로 지난해 같은 기간보다 40.0% 늘었다. 하지만 영업이익은 110억원으로 3.1% 증가하는 데 그쳤다.

늘어난 무형자산 상각비가 원인이라는 분석이다. 스튜디오드래곤의 1분기 무형자산 상각비는 267억원으로 같은 기간 115.2% 늘었다. 전체 비용에서 차지하는 비중도 18.0%에서 27.0%로 커졌다. 2016년 220억원 → 2017년 410억원 → 작년 750억원으로 매년 급증하는 추세다.

대규모 제작비가 투입되는 드라마가 늘어난 데다 TV 방영 전에 해외 수출이 이뤄지면서 상각 시점이 앞당겨진 영향이다. 스튜디오드래곤은 드라마 제작비를 무형자산으로 계상한 후 18개월에 걸쳐 상각 처리한다. 이효진 메리츠종금증권 연구원은 "다음달 방영되는 대작 '아스달 연대기'의 제작비 약 400억원도 올해 전액 상각처리될 예정"이라며 "당분간 영업이익률 하락이 불가피하다"고 말했다.

다만 무형자산을 빨리 상각한 덕분에 앞으로 매출보다 이익이 더 빨리 늘어날 여지가 있다는 분석이 나온다.

출처: 임근호(2019.05.21.). CJ ENM, 스튜디오드래곤, 제이콘텐트리…무형자산 상각비에 발목 잡힌 콘텐츠 업체들. 한국경제.
https://www.hankyung.com/article/201905219516i

3 내용연수가 비한정인 무형자산

3.1. 상각과 손상검사

내용연수가 비한정인 무형자산은 상각하지 않는다. 어떤 자산의 미래경제적효익을 소비할 것으로 기업이 기대하는 기간에 대해 예측가능한 제한이 없을 때 상각을 위해서 임의로 결정한 기간에 걸쳐 그 자산을 상각하는 것은 표현의 충실성을 훼손하게 될 것이기 때문이다.

단, K-IFRS 제1036호 '자산손상'에 따라 손상검사를 한다.[4] 매년 또는 무형자산의 손상을 시사하는 징후가 있을 때 자산의 회수가능액과 장부금액을 비교하고 회수가능액을 초과하는 장부금액을 손상차손으로 인식한다.

3.2. 내용연수 재평가

내용연수가 비한정인 무형자산에 대해서도 매 회계기간에 그 자산의 내용연수를 검토해야 한다. 만약 회사에 발생한 사건과 상황을 고려하여 내용연수를 재평가한 결과 유한 내용연수로 추정된다면 회계추정의 변경으로 무형자산 상각 회계처리를 한다.

K-IFRS 제1036호 '자산손상'에 따르면 무형자산의 비한정 내용연수를 유한 내용연수로 재평가하는 것은 그 자산의 손상을 시사하는 하나의 징후가 된다. 따라서 회수가능액과 장부금액을 비교하여 그 자산에 대한 손상검사를 하고, 회수가능액을 초과하는 장부금액을 손상차손으로 인식한다.

예제 04 내용연수가 비한정인 무형자산

20X1년말 ㈜대한은 방송 라이선스를 보유 중이다. 방송 라이선스는 기업이 적어도 통상적 수준의 서비스를 고객에게 제공하고 관련 법규를 준수한다면 매 10년마다 갱신이 가능하고, 갱신을 위한 원가도 거의 없다. ㈜대한은 라이선스를 계속하여 갱신하려는 의도와 갱신할 수 있는 능력을 가지고 있으며 과거에도 어려움 없이 라이선스를 갱신해왔다. 방송 기술은 예측 가능한 미래의 어느 시점에라도 다른 기술에 의해 대체될 것으로 예상되지 않는다. 따라서 방송 라이선스가 ㈜대한의 순현금유입에 기여할 것이라 기대되는 기간은 비한정적이다.

4 자산손상과 회계처리에 대한 자세한 내용은 이 책의 9장 '자산손상'에서 설명한다.

20X3년초 라이선스 발급 기관이 방송 라이선스를 더 이상 갱신해주지 않고 경매에 붙이기로 결정하였다. 이 결정이 이루어진 시점에 ㈜대한이 보유한 라이선스의 만료시점은 3년이 남아있다. 만료시점까지는 라이선스가 ㈜대한의 순현금유입에 기여할 것으로 예상된다.

요구사항

㈜대한이 20X1년말과 20X3년말 방송 라이선스 자산에 대해 수행해야 할 회계처리를 근거를 들어 설명하라.

해설

(1) 20X1년말

㈜대한이 보유한 방송 라이선스는 10년 단위로 원가가 거의 없이 갱신가능하고 ㈜대한이 갱신 의도와 능력을 가지고 있으며, 라이선스가 ㈜대한의 순현금흐름에 비한정적으로 기여할 것이 예상된다. 따라서 라이선스는 내용연수가 비한정인 무형자산으로 분류하고, 상각하지 않는다. 다만 자산손상 검사를 하여 장부금액에 회수가능액을 초과하는 금액만큼을 손상차손으로 인식한다.

(2) 20X3년말

20X3년초에 라이선스 갱신 정책이 변경된 사건이 발생하였고, ㈜대한의 방송 라이선스가 더 이상 갱신되지 않고 3년 후 만료되므로 라이선스가 ㈜대한의 순현금유입에 기여하는 기간도 3년으로 유한하다. 따라서 내용연수를 3년으로 하여 라이선스를 상각한다. 라이선스의 내용연수가 비한정이었다가 3년으로 변경된 것은 자산손상의 징후를 나타내므로 손상검사를 하고 장부금액에 회수가능액을 초과하는 금액만큼을 손상차손으로 인식한다.

SECTION 04

무형자산의 제거

1 제거의 시기

무형자산은 다음의 각 경우에 재무상태표에서 제거한다.

(1) 처분하는 때

(2) 사용이나 처분을 통하여 미래경제적효익이 기대되지 않을 때

2 제거 시 발생하는 손익

무형자산의 제거로 인하여 발생하는 순매각금액과 장부금액의 차이는 당기손익으로 인식한다. 무형자산 제거 회계처리는 유형자산 제거 회계처리와 같다.

예제 05 무형자산 매각

㈜대한은 20X1년초 무형자산인 라이선스를 ₩1,500,000에 취득하였다. ㈜대한은 해당 무형자산으로부터 향후 10년 동안 미래경제적효익을 얻을 수 있을 것으로 예상하고 있으며, 잔존가치는 0으로 하여 정액법으로 상각한다. 20X3년말 이 라이선스를 ₩1,000,000에 매각하였다.

요구사항

㈜대한이 라이선스를 처분한 20X3년말 수행해야 하는 회계처리를 나타내라.

해설

무형자산을 매각하거나 폐기하는 경우 그 자산의 장부금액을 재무상태표에서 제거한다. 제거시점까지의 상각액을 인식한 후의 장부금액을 제거하고 매각금액과 제거되는 장부금액에 차액이 발생하는 경우 무형자산처분이익(손실)을 손익계산서에 반영한다.

회계처리					
(차)	무형자산상각비	150,000	(대)	무형자산	150,000
	현금	1,000,000		무형자산	1,050,000
	무형자산처분손실	50,000			

SECTION

05 재평가모형

무형자산도 유형자산과 마찬가지로 자산을 원가로 최초 인식한 후에 원가모형과 재평가모형 중 하나를 선택하여 측정할 수 있다. 무형자산 재평가 빈도나 장부금액을 재평가금액으로 수정하는 회계처리는 유형자산 재평가모형과 같다. 이 절에서는 유형자산 재평가모형과의 차이점을 위주로 설명한다.

1 무형자산 재평가 대상

무형자산 재평가모형을 선택한 경우, 같은 유형 내 기타 모든 무형자산에 대해 그에 대한 활성시장이 없는 경우를 제외하고는 재평가모형을 적용한다. 무형자산의 유형은 기업의 영업에서 특성과 용도가 비슷한 자산의 집합으로 같은 유형 내 무형자산은 동시에 재평가한다.

재평가모형은 자산을 원가로 최초에 인식한 후에 적용한다. 그러나 일부 과정이 종료될 때까지 인식기준을 충족하지 않아서 무형자산의 원가의 일부만 자산으로 인식한 경우에는 그 자산 전체에 대하여 재평가모형을 적용할 수 있다. 또한 정부보조를 통하여 취득하고 명목상 금액으로 인식한 무형자산에도 재평가모형을 적용할 수 있다.

2 무형자산의 활성시장

재평가일의 무형자산 공정가치는 활성시장을 기초로 하여 측정한다. 그러나 무형자산에 대하여 활성시장이 존재하는 것이 흔하지는 않다. 예를 들면, 어떤 국가에서는 택시 라이선스, 어업권이나 생산 할당량을 자유롭게 매매할 수 있는 활성시장이 존재할 수 있다. 반면 브랜드, 신문 제호, 음악과 영화 출판권, 특허권이나 상표는 성격상 그 회사에 특유한 자산이므로 활성시장이 존재할 수 없다. 또한 무형자산이 매매되더라도 계약은 개별 매수자와 매도자 간에 협상에 따라 이루어지고 상대적으로 거래는 자주 일어나지 않는다. 이러한 이유로 어떤 무형자산에 대하여 지급한 가격이 다른 무형자산의 공정가치에 대한 충분한 증거를 제공하지 않을 수도 있다. 게다가 가격에 대한 정보가 공개적으로 이용가능하지 않을 수 있다.

따라서 무형자산에 재평가모형을 적용할 때는 무형자산의 활성시장의 존재 여부를 고려해야 한다.

2.1. 무형자산의 활성시장이 있는 경우

재평가모형을 선택하는 경우 무형자산 장부금액은 재평가일의 공정가치에서 이후의 상각누계액과 손상차손누계액을 차감한 재평가금액을 장부금액으로한다. 재평가 목적상 공정가치는 활성시장을 기초로 하여 결정한다.

> 재평가모형 무형자산의 장부금액
> =재평가일의 공정가치－상각누계액－손상차손누계액

예제 06 무형자산 재평가

㈜대한은 20X1년초 무형자산인 라이선스를 ₩1,500,000에 취득하였다. ㈜대한은 해당 무형자산으로부터 향후 10년 동안 미래경제적효익을 얻을 수 있을 것으로 예상하고 있으며, 잔존가치는 0으로 하여 정액법으로 상각한다. ㈜대한은 이 라이선스에 대하여 매 회계연도말 공정가치로 재평가하는 회계처리를 적용한다. 각 회계기간말 현재 활성시장에서 관찰되는 라이선스의 공정가치는 다음과 같다.

20X1.12.31.	20X2.12.31.	20X3.12.31.
₩1,620,000	₩1,080,000	₩1,039,500

요구사항

A. 재평가 후의 자산의 장부금액이 재평가금액과 일치하도록 자산의 총장부금액의 변동에 비례하여 상각누계액을 수정하는 방법을 적용하여 20X1년부터 20X3년까지 매 회계기간말에 필요한 회계처리를 나타내라.

B. 20X4년초 ㈜대한은 이 라이선스를 ₩1,000,000에 매각하면서 관련된 재평가잉여금 전액을 이익잉여금으로 대체하였다. 20X4년초에 필요한 회계처리를 나타내라.

해설

무형자산 재평가모형 적용 시 재평가일에 무형자산 상각 → 재평가 순서로 회계처리 한다. 설명을 위해 무형자산 상각 시 무형자산상각누계액 계정을 사용하고, 재평가 시 취득원가와 상각누계액을 비례적으로 조정하는 회계처리를 가정한다.

A. 무형자산 재평가 회계처리

일자	회계처리					
20X1.12.31.	(차)	무형자산상각비[주1]	150,000	(대)	감가상각누계액	150,000
		주1 ₩1,500,000÷10=₩150,000				
	(차)	무형자산[주2]	300,000	(대)	상각누계액[주2]	30,000
					재평가잉여금(OCI)	270,000

주2

구분	재평가 전		재평가 후	조정금액
총장부금액	₩1,500,000	→ × 1.2	₩1,800,000	300,000 증가
상각누계액	(150,000)	→ × 1.2	(180,000)	30,000 증가
장부금액	₩1,350,000	→ × 1.2	₩1,620,000	270,000 증가

최초 재평가이므로 재평가증가액은 기타포괄손익으로 인식한다.

일자	회계처리					
20X2.12.31.	(차)	무형자산상각비[주3]	180,000	(대)	무형자산상각누계액	180,000
		주3 ₩1,620,000(재평가 후 장부금액)÷9(잔여내용연수)=₩180,000				
	(차)	무형자산상각누계액[주4]	90,000	(대)	무형자산[주4]	450,000
		재평가잉여금(OCI)	270,000			
		재평가손실(NI)	90,000			

주4

구분	재평가 전		재평가 후	조정금액
총장부금액	₩1,800,000	→ × 0.75	₩1,350,000	450,000 감소
상각누계액	(360,000)	→ × 0.75	(270,000)	90,000 감소
장부금액	₩1,440,000	→ × 0.75	₩1,080,000	360,000 감소

기인식한 재평가잉여금(OCI)이 ₩270,000이 남아있으므로 재평가감소액은 재평가잉여금(OCI)과 먼저 상계하고 남은 금액을 재평가손실(NI)로 인식한다.

일자	회계처리					
20X3.12.31.	(차)	무형자산상각비[주5]	135,000	(대)	무형자산상각누계액	135,000
		주5 ₩1,080,000(재평가 후 장부금액)÷8(잔여내용연수)=₩135,000				
	(차)	무형자산[주6]	135,000	(대)	무형자산상각누계액[주6]	40,500
					재평가이익(NI)	90,000
					재평가잉여금(OCI)	4,500

주6

구분	재평가 전		재평가 후	조정금액
총장부금액	₩1,350,000	→ × 1.1	₩1,485,000	135,000 증가
상각누계액	(405,000)	→ × 1.1	(445,500)	40,500 증가
장부금액	₩ 945,000	→ × 1.1	₩1,039,500	94,500 증가

기인식한 재평가손실(NI)이 ₩90,000이 남아있으므로 재평가증가액은 당기이익에 반영하고 남은 ₩4,500만을 재평가잉여금(OCI)으로 처리한다.

B. 무형자산 매각 회계처리

일자	회계처리					
20X4.1.1.	(차)	현금	1,000,000	(대)	무형자산	1,485,000
		무형자산상각누계액	445,500			
		무형자산처분손실	39,500			
	(차)	재평가잉여금(OCI)	4,500	(대)	이익잉여금	4,500

2.2. 무형자산의 활성시장이 없는 경우

무형자산의 활성시장이 없어 공정가치를 측정할 수 없다면 재평가모형을 적용할 수 없다. 이러한 무형자산은 취득원가에서 상각누계액과 손상차손누계액을 차감한 금액으로 표시한다.

과거에 재평가한 무형자산의 공정가치를 더 이상 활성시장을 기초로 하여 측정할 수 없게 된 경우에는 재평가를 중단하고 자산의 장부금액은 활성시장을 기초로 한 최종 재평가일의 재평가금액에서 이후의 상각누계액과 손상차손누계액을 차감한 금액으로 한다. 이후 재평가일이 도래했을 때 자산의 활성시장을 기초로 공정가치를 측정할 수 있게 된 경우에는 그날부터 다시 재평가모형을 적용한다.

재평가한 무형자산에 대한 활성시장이 더 이상 존재하지 않는다는 것은 자산이 손상되었다는 징후를 나타내는 것일 수 있다.

요약

01 무형자산의 정의와 자산 인식기준

- 정의: (1) 식별가능성 (2) 자원에 대한 통제 (3) 미래경제적효익
- 인식기준: (1) 정의를 충족 (2) 원가를 신뢰성 있게 측정

02 무형자산의 측정

- 개별취득한 무형자산: 구입가격 + 직접관련원가
- 사업결합으로 취득한 무형자산: 공정가치
- 내부적으로 창출한 무형자산
  (1) 연구단계: 비용인식
  (2) 개발단계+자산인식요건 충족: 자산인식

03 무형자산의 상각

- 내용연수 유한인 무형자산: 유형자산과 동일
- 내용연수 비한정인 무형자산: 상각하지 않고, 손상 검토

04 무형자산 원가모형과 재평가모형

- [원가모형] 장부금액 = 최초인식원가 − 감가상각누계액 − 손상차손누계액
- [재평가모형] 장부금액 = 재평가일의 자산 공정가치 − 감가상각누계액 − 손상차손누계액
  (1) 자산의 장부금액이 재평가로 인하여 증가하는 경우: 기타포괄손익으로 인식 · 동일한 자산에 대하여 이전에 당기손익으로 인식한 재평가감소액 존재 시 그 금액 한도로 당기손익 우선 인식
  (2) 자산의 장부금액이 재평가로 인하여 감소하는 경우: 당기손익으로 인식

05 무형자산의 제거

- 제거 시기: 처분하는 때, 사용이나 처분을 통하여 미래경제적효익이 기대되지 않을 때
- 관련 손익: 순매각금액 − 장부금액

OX 퀴즈

다음의 설명이 타당하면 ○, 아니면 ×로 답하라.

01 내부에서 창출한 영업권은 자산으로 인식할 수 없다.

02 연구단계에서 발생하는 지출은 무형자산으로 인식하지 않고 발생시점에 비용으로 인식한다.

03 개발단계에서 발생하는 지출은 모두 무형자산으로 인식한다.

04 내용연수가 비한정인 무형자산은 최대 20년을 내용연수로 하여 상각한다.

05 내용연수가 비한정인 무형자산의 손상검사는 무형자산의 손상을 시사하는 징후가 있을 때에만 수행한다.

06 내용연수가 비한정인 무형자산의 내용연수를 재평가한 결과 유한 내용연수로 추정된다면 잔여 내용연수 동안 상각하고 회계추정의 변경으로 처리한다.

07 하나의 무형자산 유형에 대해 재평가모형을 선택한 경우, 유형 내에 속하는 개별 무형자산의 활성시장이 없다면 그 자산은 재평가모형을 적용하지 않는다.

종합 예제

01 ㈜대한은 탄소배출량을 혁신적으로 감소시킬 수 있는 신기술에 대해서 연구 및 개발활동을 수행하고 있다. ㈜대한의 20X1년과 20X2년의 연구 및 개발활동에서 발생한 지출내역을 요약하면 다음과 같다.

구분	20X1년	20X2년
연구활동	₩900,000	₩300,000
개발활동	–	3,500,000

개발활동 관련 지출은 모두 무형자산의 인식요건을 충족하며 신기술은 20X2년 중에 개발이 완료되어 20X2.10.1.부터 사용가능하게 되었다. ㈜대한은 신기술 관련 무형자산에 대해서 원가모형을 적용하며 추정내용연수 20년, 잔존가치 ₩0, 정액법으로 상각한다. 20X3년말 상기 신기술의 사업성이 매우 낮은 것으로 판명되었고, 신기술의 회수가능가액은 ₩2,000,000으로 평가되었다.

요구사항

위 신기술 관련 무형자산 회계처리가 ㈜대한의 20X3년도 포괄손익계산서상 당기순이익에 미치는 영향은 얼마인가?

해설

개발 완료 시점(20X2.10.1.)의 무형자산 취득원가: ₩3,500,000

20X2년말 무형자산상각 = (₩3,500,000 – 0) × 1/20X3/12(10월 1일부터 상각) = ₩43,750

20X3년말 무형자산상각 = (₩3,500,000 – 0) × 1/20=₩175,000

20X3년말 손상 전 장부금액

= ₩3,500,000 – (₩43,750+₩175,000) = ₩3,281,250

20X3년 손상차손 = ₩3,281,250 – ₩2,000,000 = ₩1,281,250

20X3년 당기손익에 미치는 영향

= 무형자산상각비 ₩175,000 + 손상차손 ₩1,281,250 = ₩1,456,250 당기손익 감소

CHAPTER 8

차입원가

학습목표

- 적격자산 및 차입원가의 정의와 차입원가를 자본화하는 이유를 이해할 수 있다.
- 특정차입금과 관련된 자본화할 차입원가를 계산할 수 있다.
- 일반차입금의 자본화이자율을 이해하고 계산할 수 있다.
- 적격자산에 대한 자본화할 차입원가를 계산하고 회계처리 할 수 있다.

K-IFRS 차입원가(제1023호)

목차

제(개정일): 2018.04.27.

사 례 차입원가 자본화 공시(엘지디스플레이)

재무제표

재무상태표

제38기말: 2022년 12월 31일 현재

제37기말: 2021년 12월 31일 현재

엘지디스플레이주식회사 단위: 백만원

과목	주석	제32기말	제31기말
자산			
유동자산		5,627,177	8,565,656
비유동자산		23,631,862	20,911,466
유형자산	9, 28	14,044,844	12,010,858
자산총계			
부채			
유동부채		16,043,011	13,148,969
금융부채	12, 27, 29	4,014,046	2,557,696
비유동부채		5,865,589	5,686,335
비유동금융부채	12, 27, 29	5,199,695	5,038,155

손익계산서

제38기 2022년 1월 1일부터 2022년 12월 31일까지

제37기 2021년 1월 1일부터 2021년 12월 31일까지

엘지디스플레이주식회사 단위: 백만원

과목	주석	제32기	제31기
매출액	18, 30	24,131,172	28,364,914
매출원가	7, 19, 30	24,870,325	25,346,568
매출총이익		(–) 739,153	3,0188,346
영업이익		(–) 3,201,463	721,931
금융수익	23	691,501	291,665
금융비용	23	572,487	629,216
기타수익	22	2,266,820	889,413
기타비용	19, 22	2,598,888	880,594
법인세비용차감전순이익		(–) 3,414,517	393,199
법인세비용	24	223,130	158,974
당기순이익		(–) 3,191,387	552,173

주석

2. 재무제표 작성기준

(중략)

(6) 유형자산

① 인식과 측정

당사는 유형자산을 원가에서 감가상각누계액과 손상차손누계액을 차감한 금액을 장부금액으로 하고 있습니다. 유형자산의 원가에는 자산의 취득에 직접 관련된 지출액이 포함됩니다. 한편, 자체 제작한 자산의 원가는 재료비, 직접노무비 및 경영진이 의도하는 방식으로 자산을 가동하는 데 필요한 장소와 상태에 이르게 하는 데 직접 관련되는 원가와 자산을 해체 · 제거하거나 부지를 복구하는 데 소요될 것으로 추정되는 원가, 그리고 적격자산에 대해 자본화된 차입원가를 포함합니다. (중략)

(7) 차입원가

당사는 적격자산의 취득, 건설 또는 제조와 직접 관련된 차입원가를 해당 자산 원가의 일부로 자본화하고 있으며, 자본화되는 차입원가는 이자와 외화차입금과 관련된 외환차이 중 이자원가의 조정으로 볼 수 있는 부분을 포함하고 적격자산을 취득하기 위한 목적으로 차입한 차입금의 일시적 운용에서 생긴 투자수익을 차감하여 산정됩니다. 적격자산이란 의도된 용도로 사용하거나 판매가능한 상태가 될 때까지 상당한 기간을 필요로 하는 자산을 말합니다. 한편, 기타차입원가는 발생기간에 비용으로 인식됩니다.

9. 유형자산

(중략)

(3) 당기와 전기 중 자본화된 차입원가와 자본화 이자율은 다음과 같습니다.

단위: 백만원

구분	당기	전기
자본화된 차입원가	142,980	34,318
자본화 이자율	3.12%	2.69%

SECTION

01 개요

1 차입원가의 정의

차입원가란 자금의 차입과 관련하여 발생하는 이자 및 기타 원가로 다음 항목을 포함한다. 타인자본을 이용할 경우 발생하는 이자만을 포함하여, 부채로 분류되지 않는 우선주자본금을 포함한 자본의 실제원가 또는 내재원가는 포함하지 않는다.

(1) 유효이자율법을 사용하여 계산된 이자비용
(2) 리스부채 관련 이자
(3) 외화차입금과 관련되는 외환차이 중 이자원가의 조정으로 볼 수 있는 부분

2 주요 회계이슈

일반적으로 차입원가는 포괄손익계산서에 비용으로 인식한다. 그러나 자산의 취득, 건설 또는 제조를 위해 차입한 차입금에서 발생한 이자비용은 자산의 취득원가에 포함시켜 자본화할 것인지 아니면 이자비용 모두를 당기 비용으로 처리할 것인지에 대한 논의가 있어왔다.

자본화 관점에서는 자산 취득을 위한 자금을 차입금으로 조달하였기 때문에 발생한 차입금의 이자비용은 자산 취득과 직접 관련되는 부대비용으로 자산의 원가를 구성한다. 그러나 동일한 자산을 취득하면서 자금을 전액 자기자본으로 조달한 경우에는 자기자본비용을 원가에 포함하지 않는데 일부 또는 전액을 타인자본으로 조달했다고 해서 타인자본비용만을 자본화하는 것은 일관성이 없다는 지적도 받아왔다. 또한 기업의 재무의사결정에 따라 자산의 원가가 달라지는 문제가 있으므로 차입원가는 모두 비용으로 인식해야 한다는 주장도 존재한다.

이러한 배경에서 K-IFRS는 적격자산의 취득, 건설 또는 생산과 직접 관련되는 차입원가는 해당 자산의 원가로 자본화하고, 기타 차입원가는 비용으로 인식한다는 핵심원칙을 정하였다. 이 장에서는 차입원가 자본화를 위한 기본 개념과 자본화할 차입원가의 측정 및 자본화 회계처리에 대해 학습한다.

SECTION 02

차입원가의 인식과 측정

적격자산의 취득, 건설 또는 생산과 직접 관련된 차입원가는 미래경제적효익의 발생가능성이 높고 신뢰성 있게 측정가능할 경우에 자산 원가의 일부로 자본화한다. 자본화할 차입원가의 측정 방법을 설명하기 전에 앞서 필요한 개념 세 가지를 먼저 소개한다.

1 적격자산

적격자산이란 의도된 용도로 사용 · 판매가능하게 하는 데 상당한 기간을 필요로 하는 자산으로 재고자산, 유무형자산, 투자부동산 등은 경우에 따라 적격자산이 될 수 있다. 금융자산과 단기간 내에 제조, 생산되는 재고자산은 적격자산에 해당하지 않는다. 마찬가지로 취득시점에 의도된 용도로 사용 · 판매가능한 자산인 경우에도 차입원가 자본화가 필요한 적격자산이 아니다. 즉, 자산이 용도대로 사용 · 판매가능하기까지 장기간이 소요되는 자산에 대한 차입원가를 자본화하는 것이다.

2 자본화 기간

2.1. 자본화 개시

차입원가는 자본화 개시일부터 적격자산 원가의 일부로 자본화한다. 자본화 개시일은 최초로 다음 조건을 모두 충족시키는 날이다.

(1) 적격자산에 대하여 지출한다.
(2) 차입원가를 발생시킨다.
(3) 적격자산을 의도된 용도로 사용 · 판매가능하게 하는 데 필요한 활동을 수행한다.

예를 들어 건설회사가 사옥으로 사용할 건물을 상당한 기간에 걸쳐 직접 건설하며, 건설 자금 지출 및 차입 시기는 다음 [그림 8-1]과 같다고 가정하자.

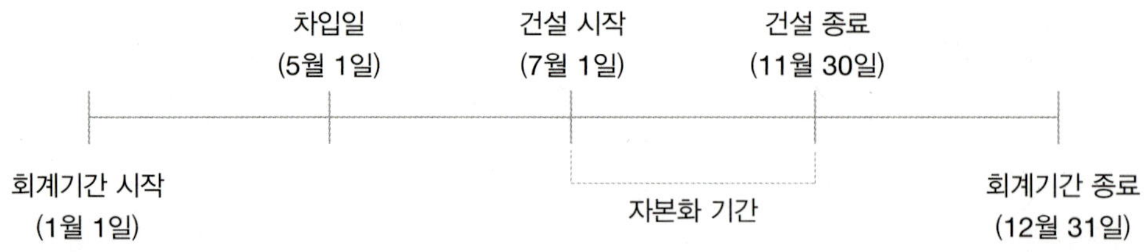

그림 8-1 자본화 기간

차입일이 5월 1일이므로 차입원가는 이날부터 발생하지만, 건설 자금이 최초로 지출된 날이 7월 1일이므로 건설 자금에 차입금을 최초 사용한 날인 7월 1일부터 차입원가 자본화를 개시한다.

적격자산을 의도된 용도로 사용하거나 판매가능한 상태에 이르게 하는 데 필요한 활동은 해당 자산의 물리적인 제작뿐만 아니라 그 이전 단계에서 이루어진 기술 및 관리상의 활동도 포함한다. 예를 들어 건설 목적으로 취득한 토지를 별다른 개발 활동 없이 보유하는 동안 발생한 차입원가는 자본화 조건을 충족하지 못한다. 그러나 토지가 개발되고 있는 경우 개발과 관련된 활동이 진행되고 있는 기간 동안 발생한 차입원가는 자본화 대상에 해당한다.

2.2. 자본화 종료

적격자산을 의도된 용도로 사용 · 판매가능하게 하는 데 필요한 대부분의 활동이 완료된 시점에 차입원가의 자본화를 종료한다. 위의 [그림 8-1]에서 11월 30일에 완공되어 건물을 사용할 수 있게 되었다면 11월 30일에 자본화를 종료한다. 즉, 자본화 기간은 기본적으로 차입기간과 건설 자금 지출 기간이 겹치는 기간이다.

적격자산이 물리적으로 완성된 경우라면 일상적인 건설 관련 후속 관리업무 등이 진행되고 있더라도 해당 자산을 의도된 용도로 사용할 수 있거나 판매가능한 상태에 있다고 본다. 예를 들어, 취득자의 요청에 따라 중요하지 않은 일부 작업만이 남아있는 경우라면 거의 모든 건설활동이 종료된 것으로 본다.

적격자산을 여러 부분으로 나누어 건설하고, 남아있는 부분의 건설이 계속 진행되고 있더라도 이미 완성된 부분이 사용 가능하다면, 해당 부분을 의도한 용도로 사용 · 판매가능하게 하는 데 필요한 대부분의 활동을 완료한 시점에 차입원가의 자본화를 종료한다. 각각의 건물별로 사용할 수 있는 여러 동의 건물로 구성된 복합업무시설 건설이 그 예가 된다.

반면, 제철소와 같이 동일한 장소에서 여러 생산 공정이 순차적으로 이루어지는 산업 설비는 자산 전체의 건설이 완료되어야만 개별 부분이 사용될 수 있다. 이렇게 일부가 완성되었다고 하여도 남아있는 부분이 완성되지 않으면 완성된 개별 부분을 의도된 용도로 사용 · 판매할 수 없는 경우에는 전체가 사용 · 판매가능할 때 자본화를 종료한다.

더 알아보기 **토지의 자본화 기간**

건물을 건설할 목적으로 토지를 먼저 취득하고 그 토지에 건물을 건설하는 경우, 토지 취득이 완료된 시점 이후에도 건물을 취득하기 위한 활동이 지속된다. 이러한 토지와 관련된 차입원가는 건물이 완공되어 사용 가능할 때까지 자본화된다. 토지 취득 이전의 차입원가는 토지 취득원가로 자본화하고, 건물 건설 기간 동안의 차입원가는 건물의 취득원가로 자본화한다.

2.3. 자본화 중단

적격자산에 대한 적극적인 개발 활동을 중단한 기간에는 차입원가의 자본화를 중단한다. 자산을 의도된 용도로 사용 · 판매가능하게 하는 데 필요한 활동을 중단한 기간에도 차입원가는 발생할 수 있으나, 이러한 차입원가는 미완성된 자산을 보유함에 따라 발생하는 비용으로서 자본화 요건을 충족하지 못하기 때문이다.

반면 상당한 기술 및 관리 활동을 진행하고 있는 기간에는 차입원가의 자본화를 중단하지 않는다.

자산을 의도된 용도로 사용 · 판매가능한 상태에 이르기 위한 과정 중 일시적인 지연이 필수적인 경우에도 차입원가의 자본화를 중단하지 않는다. 예를 들어, 건설 기간 동안 해당 지역의 하천수위가 높아지는 현상이 일반적이어서 교량건설이 지연되는 경우에는 차입원가의 자본화를 중단하지 않는다.

3 자본화가능차입원가의 측정

적격자산에 대한 차입원가를 모두 자본화하는 것은 아니다. 적격자산의 취득, 건설 또는 생산과 직접 관련된 차입원가 중 해당 적격자산과 관련된 지출이 발생하지 아니하였다면 부담하지 않았을 차입원가, 즉 회피가능한 차입원가를 자본화하는 것이다.

만약 기업이 어떤 적격자산을 획득하기 위한 목적을 특정하여 자금을 차입하는 경우에는 회피가능한 차입원가를 쉽게 측정할 수 있다. 또한 차입 목적을 특정하지 않고 기업의 운영 자금으로 사용하기 위해 조달한 일반목적차입금도 적격자산을 획득하기 위한 자금으로 사용될 수 있다. 그러나 이러한 일반목적차입금을 적격자산 획득을 위한 지출과 직접적으로 대응시켜 회피가능한 차입원가를 측정하기는 쉽지 않다. 일반목적차입금의 자본화할 차입원가는 기업이 사용하는 여러 종류의 일반목적차입금이 한데 섞여 적격자산 획득을 위해 지출된다는 가정하에 일반목적차입금의 평균 이자율을 기초로 측정한다.

요약하면 자본화가능차입원가는 (1) 특정목적차입금에 대한 차입원가와 (2) 일반목적차입금에 대한 차입원가로 나누어 산정한다.

(1) **특정목적차입금:** 특정 적격자산을 취득하기 위한 목적으로 직접 차입하는 자금
(2) **일반목적차입금:** 적격자산의 취득과 직접 관련되지 않은 차입금

특정목적차입금이 있는 경우 특정목적차입금에 대한 차입원가를 먼저 자본화한 후에 일반목적차입금에 대한 자본화가능차입원가를 산정하여 자본화한다.

3.1. 특정목적차입금의 자본화할 차입원가

특정목적차입금에 대해서는 기본적으로 회계기간 내 자본화 기간 동안 발생한 차입원가를 전액 자본화한다.

차입액 중 일부만을 적격자산 획득을 위한 지출에 사용하고, 나머지 일부는 금융수익을 얻기 위해 일시적으로 운용하는 경우가 있다. 이 경우 자본화가능차입원가는 자본화 기간 동안 발생한 차입원가에서 차입금의 일시적 운용으로 인한 투자수익을 차감한 금액이다. 다음은 특정목적차입금의 자본화할 차입원가 계산식이다. 일반목적차입금에는 적용하지 않으므로 유의하기 바란다.

특정목적차입금의 자본화할 차입원가

= (1) 자본화 기간 동안 특정목적차입금에서 발생한 차입원가 − 자본화 기간 중 특정목적차입금의 일시운용투자수익

= (2) 특정목적차입금 × (자본화 기간 ÷ 12) × 특정목적차입금연이자율 − 특정목정차입금 중 일시운용분 × (자본화 기간 중 운용기간 ÷ 12) × 연수익률

일시적으로 차입금을 운용하여 투자수익이 발생하는 경우에도 차입원가에서 일시운용투자수익으로 차감하는 금액은 자본화 기간에 해당하는 투자수익만이다. 앞의 [그림 8-1]에서 5월 1일부터 6월 30일까지 차입금을 운용한 결과 투자수익이 발생했다고 하더라도 이는 차입원가에서 차감하지 않는다. 그러나 만일 7월 1일 이후에 특정목적차입금의 일부만을 건설에 지출하고, 나머지를 운용하여 투자수익을 얻는다면 7월 1일 이후에 발생한 투자수익은 차입원가에서 차감한다.

예제 01 특정목적차입금 차입원가

㈜행복은 20X4.1.1.에 시작된 사옥건설(20X5.6.30. 완공예정)을 위하여 특정목적차입금을 차입하였다. 특정목적차입금과 관련된 내용은 다음과 같다.

차입일	차입금액	상환일	이자율
20X4.1.1.	₩50,000	20X5.6.30.	12%

20X4.1.1.에 사옥 건설자금 ₩40,000을 지출하였으며, 특정목적차입금 중 나머지 ₩10,000은 20X4.1.1. ~ 20X4.6.30. 동안 연 9%의 정기예금에 예치 후 20X4.7.1.에 건설자금으로 지출하였다.

요구사항

A. ㈜행복이 특정목적차입금에 대하여 20X4년에 자본화할 차입원가를 구하라.

B. 예제 상황과 달리 사옥건설을 위한 지출을 시작한 일자가 20X4.7.1.이라면 ㈜행복이 특정목적차입금에 대하여 20X4년에 자본화할 차입원가를 구하라.

해설

A.

- 20X4년 중 자본화 기간: 20X4.1.1. ~ 20X4.12.31.
- 특정목적차입금 차입원가: ₩50,000[주1] × 12/12 × 12% = ₩6,000
- 일시운용투자수익: ₩10,000 × 6/12 × 9% = ₩450
- 자본화가능 특정차입금 차입원가: ₩6,000 − ₩450 = ₩5,550

주1 회사가 실제로 지출한 건설 자금이 ₩40,000이더라도 이 건설을 위하여 차입한 총금액은 ₩50,000이므로 기업이 차입한 총금액에 대하여 이자를 지불해야 한다. 따라서 자본화가능차입원가는 차입한 총금액을 대상으로 계산한다.

B.

- 20X4년 중 자본화 기간: 20X4.7.1. ~ 20X4.12.31.
- 특정목적차입금 차입원가: ₩50,000 × 6/12 × 12% = ₩3,000
- 일시운용투자수익: 차입금을 일시 운용한 기간이 자본화 기간과 겹치지 않으므로 차입원가에서 차감할 금액은 없다.
- 자본화가능 특정차입금 차입원가: ₩3,000

3.2. 일반목적차입금의 자본화할 차입원가

일반적인 목적으로 자금을 차입하고 이를 적격자산의 취득을 위해 사용하는 경우에는 해당 적격자산 관련 지출액에 자본화이자율을 적용하는 방식으로 자본화가능차입원가를 결정한다. 일반목적차입금의 자본화가능차입원가는 적격자산 관련 지출액에서 특정목적차입금으로 지출한 금액을 차감한 잔액에 자본화이자율을 적용해 산정한다.

자본화이자율은 회계기간 내 존재했던 기업의 모든 차입금에서 발생한 차입원가를 가중평균하여 산정한다. 이는 이자율 및 차입기간이 서로 다른 여러 개의 일반목적차입금을 사용하는 경우 회계기간 동안 회사가 부담한 평균적 이자율을 뜻한다. 그러나 어떤 적격자산을 의도된 용도로 사용 · 판매가능하게 하는 데 필요한 대부분의 활동이 완료되기 전까지는 그 적격자산을 취득하기 위해 특정 목적으로 차입한 자금에서 생기는 차입원가는 자본화이자율 산정 시 제외한다. 단, 적격자산을 의도된 용도로 사용 · 판매가능한 후에도 상환되지 않고 남아 있는 특정목적차입금은 일반목적차입금의 일부로 보아 자본화이자율 산정 시 포함한다. 다음 '예시로 이해하기'를 통해 자본화이자율 산정 방법을 익혀보자.

예시로 이해하기 | 자본화이자율 산정

㈜행복은 일반 목적으로 세 은행으로부터 각각 차입하였다.

	차입일	차입금액	상환일	이자율
A	20X4.1.1.	₩50,000	20X5.12.31	8%
B	20X4.7.1.	₩30,000	20X5.6.30.	10%
C	20X4.10.1.	₩20,000	20X7.9.30.	12%

20X4년도의 자본화이자율은 20X4년 중 발생한 총이자비용을 평균차입액으로 나누어 구한다. 한 회계기간 동안 여러 차입금의 차입기간이 서로 다르기 때문에 기간마다 회사가 사용하는 차입금의 규모도 계속 달라진다. 그런데 자본화이자율은 평균적 이자율 개념이기 때문에 이를 구하기 위해서는 실제 발생한 총 이자비용을 해당 연도의 평균적인 차입액으로 나누는 것이다. 물론 세 가지 차입금의 이자율을 각 차입금의 평균차입액 규모로 가중평균하여 구한다고 이해해도 된다.

자본화이자율 = 20X4년 중 발생한 총이자비용 / 20X4년 가중평균 총차입금

$$\frac{50,000 \times 12/12 \times 0.08 + 30,000 \times 6/12 \times 0.10 + 20,000 \times 3/12 \times 0.12}{50,000 \times 12/12 + 30,000 \times 6/12 + 20,000 \times 3/12}$$

자본화이자율을 적용할 적격자산 관련 지출액으로는 한 회계기간 동안의 적격자산 평균 지출액을 사용한다. 적격자산에 대한 지출은 일시에 전부 발생하기보다는 건설기간 중 단계적

으로 발생하는 것이 일반적이기 때문에 한 회계기간 동안의 지출액 규모를 나타내기 위해서 평균 지출액을 사용하는 것이다.

일반목적차입금의 자본화할 차입원가 계산 방법은 다음과 같이 요약할 수 있다.

> 일반목적차입금의 자본화할 차입원가
> = min((적격자산에 대한 지출 − 특정목적차입금) × 자본화이자율, 실제 발생한 일반목적차입금 차입원가)

주의해야 할 점은 일반차입금의 차입원가 자본화는 한도가 있다는 것이다. 적격자산에 대한 지출액에서 특정목적차입금을 차감한 잔액에 자본화이자율을 적용하는 것은 그 잔액이 모두 일반목적차입금으로 조달되었다고 가정하는 셈이다. 만약 이렇게 계산한 차입원가가 회계기간 동안 실제 발생한 차입원가를 초과한다면 실제 발생하지도 않은 차입원가를 자본화하는 것과 같다. 그러므로 실제 발생한 차입원가를 한도로 하여 자본화할 일반차입금 차입원가를 산정한다.

예제 02 특정목적차입금 차입원가와 일반목적차입금 차입원가

12월 말 결산법인인 ㈜행복은 사옥으로 사용할 건물을 자가건설하였다. 건물은 적격자산의 정의에 부합한다.

- 20X4.2.1.에 착공하여 20X5.12.31.에 완공되었으며, 20X4년 중 건물 건설을 위한 지출은 다음과 같다.

지출일	금액
20X4.2.1.	₩60,000
20X4.7.1.	₩40,000
20X4.12.1.	₩48,000

- ㈜행복의 차입금 내역은 다음과 같다.

용도	차입일	만기일	차입액	이자율
사옥건설(특정)	20X4.1.1.	20X4.12.31.	₩48,000	6%(연도 말 후급)
운영자금A(일반)	20X3.8.1.	20X4.7.31.	₩72,000	10%(연도 말 후급)
운영자금B(일반)	20X4.1.1.	20X5.12.31.	₩50,000	9%(연도 말 후급)

특정목적차입금 ₩48,000은 건축이 개시되기 전인 20X4.1.1.부터 20X4.1.31.까지 1개월 동안 금융상품에 투자하여 ₩50의 금융수익을 얻었다.

요구사항

A. 일반목적차입금에 대한 자본화이자율을 구하라.

B. 20X4년에 특정목적차입금에 대하여 자본화가능차입원가를 구하라.

C. 20X4년에 일반목적차입금에 대하여 자본화가능차입원가를 구하라.

D. 20X4년에 차입원가를 인식하고 자본화하는 회계처리를 제시하라.

해설

A. 일반목적차입금 자본화이자율

일반목적차입금 A(연 10%)	₩72,000 × 10% × 7/12	=	4,200
일반목적차입금 B(연 9%)	₩50,000 × 9% × 12/12	=	4,500
일반목적차입금의 20X4년도 총이자비용			8,700

$$\frac{\text{당기 총이자비용}}{\text{당기 가중평균일반차입금}} = \frac{8{,}700}{72{,}000 \times 7/12 + ₩50{,}000 \times 12/12} = 9.457\%$$

B. 특정목적차입금의 자본화가능차입원가

자본화가능차입원가: ₩48,000 × 11(2~12월)/12 × 6%=₩2,640

최초 지출액이 발생한 20X4.2.1에 자본화가 시작되므로 20X4.2.1.~20X4.12.31.까지 11개월간의 차입원가를 자본화한다. 금융수익 ₩50은 자본화 기간 내에 발생한 것이 아니므로 자본화가능차입원가 산정 시 차감하지 않는다.

C. 일반목적차입금의 자본화가능차입원가

적격자산에 대한 지출액에 대하여 일반차입금 사용분 배분

구분	적격자산 지출	특정차입금 대응	일반차입금 가정	당기 가중평균 지출액
20X4. 2.1.	₩ 60,000	₩ 48,000	₩ 12,000	12,000 × 11/12
20X4. 7.1.	40,000		40,000	40,000 × 6/12
20X4.12.1.	48,000		48,000	48,000 × 1/12
계	₩ 148,000	₩ 48,000	₩ 100,000	₩ 35,000

일반목적차입금의 자본화할 차입원가=₩35,000(일반차입금으로 지출한 적격자산 평균지출액) × 9.457%(일반차입금의 자본화이자율)=₩3,310

일반목적차입금에 대해 실제로 발생한 차입원가는 ₩8,700이므로 ₩3,310을 모두 자본화할 수 있다.

참고

또 다른 계산 방식을 사용하여 일반목적차입금이 사용된 적격자산 평균지출액을 구할 수도 있다. 어떤 방법을 사용하든 결과는 같다.

- 적격자산에 대한 지출액
  = ₩60,000 × 11/12 + ₩40,000 × 6/12 + ₩48,000 × 1/12 = ₩79,000
- 특정목적차입금 적격자산 평균 지출액 = ₩48,000 × 11/12(2~12월) = ₩44,000
- 일반목적차입금 적격자산 평균 지출액 = ₩79,000 − ₩44,000 = ₩35,000
- 일반목적차입금에 대하여 자본화할 차입원가 = ₩35,000 × 9.457% = ₩3,310
- 특정목적차입금 차입원가 = ₩48,000 × 11(2~12월)/12 × 6% = ₩2,640
- 20X4년의 총차입원가 = ₩2,640 + ₩3,310 = ₩5,950

D. 회계처리

20X4년의 자본화가능차입원가는 ₩5,950(= ₩2,640 + ₩3,310)이다.

일자	회계처리					
20X4.1.31.	(차)	현금	50	(대)	이자수익	50
지출시	(차)	건설중인자산	60,000	(대)	미지급금	148,000
			40,000			
			48,000			
20X4.12.31	(차)	이자비용(특정)	2,640	(대)	미지급이자	2,640
	(차)	이자비용(일반)	8,700	(대)	미지급이자	8,700
	(차)	건설중인자산	5,950	(대)	이자비용	5,950

요약

01 적격자산

의도된 용도로 사용 · 판매가능한 상태에 이르게 하는 데 상당한 기간을 필요로 하는 자산

02 자본화 기간

- 자본화 개시
  (1) 적격자산에 대하여 지출할 것
  (2) 차입원가가 발생할 것
  (3) 사용 · 판매가능한 상태에 이르는 활동을 수행할 것
- 자본화 중단: 적격자산에 대한 적극적인 개발활동을 중단한 경우
- 자본화 종료: 사용 · 판매가능한 상태에 이르는 활동이 종료될 것

03 자본화가능차입원가의 측정

- 특정목적차입금: 자본화 기간 중의 차입원가에서 일시운용투자수익을 차감한 금액을 자본화함
- 특정목적차입금의 자본화할 차입원가
  =① 회계기간 동안 특정목적차입금에서 발생한 차입원가 − 자본화 기간 내 특정목적차입금의 일시적 운용에서 생긴 수익
  =② 특정목적차입금 × (자본화 기간 ÷ 12) × 특정목적차입금이자율 − 특정목적차입금 운용액 × 수익율 × (자본화 기간 중 운용기간 ÷ 12)
- 일반목적차입금: 적격자산 관련 지출액에 자본화이자율을 적용한 금액 중 실제 발생한 차입원가를 한도로 자본화
- 자본화이자율: 회계기간 동안 발생한 전체 일반목적차입금의 차입원가를 가중평균 일반목적차입금으로 나눈 평균 이자율
- 일반목적차입금의 자본화할 차입원가=min [실제 발생한 일반목적차입금 이자비용, (특정목적차입금을 초과하는 적격자산 지출액의 가중평균 금액) × 자본화이자율]

OX 퀴즈

다음의 설명이 타당하면 ○, 아니면 ×로 답하라.

01 차입원가란 자금의 차입과 관련하여 발생하는 이자 및 기타원가를 말하는데, 당좌차월과 단기차입금에 대한 이자는 포함하지 않는다.

02 금융자산과 단기간 내에 제조되거나 다른 방법으로 생산되는 재고자산 및 취득시점에 판매가능한 상태에 있는 자산은 적격자산에 해당하지 아니한다.

03 자본화 개시일은 적격자산에 대한 지출이 있고, 차입원가가 발생하는 최초의 날이다.

04 차입기간과 건설 등의 지출기간이 다를 경우, 자본화 기간은 이 두 기간이 겹치는 기간이다.

05 특정목적차입금에 대한 일시운용 투자수익이 없을 경우 특정목적차입금에 대한 차입원가는 자본화 기간 동안 발생한 차입원가를 전액 자본화한다.

06 일반목적차입금에 대한 차입원가는 적격자산 관련 지출액에 자본화이자율을 적용하여 산정한다.

07 특정목적차입금과 일반목적차입금에 대한 차입원가를 자본화함에 있어 한도가 존재하지 않는다.

08 적격자산의 건설활동을 여러 부분으로 나누어 완성하는 경우, 모든 부분이 완성될 때까지 차입원가를 자본화한다.

종합 예제

01 ㈜대한은 본사 사옥 신축과 관련하여 20X1.7.1. ₩1,000,000을 차입(특정목적차입금)하였다. 상환일은 20X2.6.30.이고 이자율은 연 12%이다. 차입금의 일시 예입으로 인한 이자수익은 없다. 공장신축 기간은 20X1.6.1.부터 20X2.4.30.이다.

요구사항

20X1년과 20X2년도의 자본화차입원가는 각각 얼마인가?

해설

(1) 20X1년도 자본화차입원가

= ₩1,000,000 × 12% × 7/12 = ₩70,000

공사 개시일이 1.1.이나 차입일이 7.1.이므로 20X1년 중 자본화 기간은 7.1.~12.31.까지의 6개월임.

(2) 20X2년도 자본화차입원가

= ₩1,000,000 × 12% × 4/12 = ₩40,000

차입종료일은 6.30.이나 공사종료일이 4.30.이므로 20X2년 중 자본화 기간은 1.1.~4.30.까지의 4개월임.

02 ㈜대한은 20X1.7.1.에 공장 건물 신축공사를 시작하여 20X2.11.30.에 완공하였다. 이 공사와 관련한 20X1년의 공사대금 지출은 다음과 같다.

공사비 지출 일자	공사비
20X1. 7.1.	₩2,000,000
20X1.12.1.	1,200,000

㈜대한의 차입금 내역은 다음과 같다.

종류	금액	차입기간	연이자율
차입금 A	₩1,000,000	20X1. 7.1 ~ 20X2.12.31.	8%
차입금 B	2,000,000	20X1.10.1 ~ 20X2.10.31.	10%

차입금 A는 공장 신축을 위한 특정목적차입금이며 차입금 B는 일반목적차입금이다. 차입금 A 중 일부인 ₩200,000을 20X1.7.1.~20X1.9.30.(3개월) 동안 연 6%의 투자수익률로 일시 투자하였다.

요구사항

㈜대한이 공장 신축을 위해 20X1년도에 자본화할 차입원가는 얼마인가?

해설

(1) 특정목적차입금의 자본화차입원가(A)

= ₩1,000,000 × 8% × 6/12 − (₩200,000 × 6% × 3/12) = ₩37,000

(2) 일반목적차입금의 자본화차입원가(B)

• 평균지출액

일자	공사대금 지출	특정차입금 대응	일반차입금 가정	당기 가중평균 지출액
20X1. 7.1.	₩2,000,000	₩1,000,000	₩1,000,000	₩1,000,000 × 6/12
20X1.12.1.	1,200,000		1,200,000	1,200,000 × 1/12
계	₩3,200,000		₩2,200,000	₩700,000

• 일반목적차입금의 당기발생 이자비용

= ₩2,000,000 × 10% × 3/12 = ₩50,000

• 일반목적차입금 자본화차입원가

= min(₩50,000, ₩700,000 × 10%) = ₩50,000

(3) 자본화차입원가 = ₩37,000(A) + ₩50,000(B) = ₩87,000

03 ㈜대한은 20X1.4.1.부터 공장건물 신축공사를 시작하여 20X2년 중에 준공할 예정이다. 이 공장건물은 차입원가 자본화가 필요한 적격자산이며, 관련 자료는 다음과 같다.

지출일	20X1.4.1	20X1.10.1
공사대금지출액	₩800,000	₩2,000,000

차입금	차입일	차입금액	상환일	연 이자율
특정차입금	20X1.4.1	₩1,000,000	20X2.12.31	6%
일반차입금	20X1.1.1	₩3,000,000	20X2.12.31	10%

20X1.10.1.의 지출액에는 공장건물 건설과 관련하여 동 일자에 수령한 정부보조금 ₩200,000이 포함되어 있다. 모든 차입금은 매년말 이자지급조건이다. 특정차입금 중 ₩200,000은 20X1.4.1.부터 9.30.까지 연 이자율 4%의 정기예금에 예치하였다.

요구사항

20X1년도에 자본화할 차입원가는 얼마인가? 단, 연평균지출액과 이자비용은 월할로 계산한다.

해설

(1) 특정목적차입금의 자본화차입원가(A)

= ₩1,000,000 × 6% × 9/12 − ₩200,000 × 4% × 6/12 = ₩41,000

(2) 일반목적차입금의 자본화차입원가(B)

• 평균지출액

구분	공사대금 지출	적격자산 지출액	특정차입금 대응	일반차입금 가정	당기 가중평균 지출액
20X1. 4. 1.	₩800,000	₩600,000주1	₩600,000	–	
20X1.10. 1.	2,000,000	2,000,000	400,000	₩1,600,000	₩1,600,000 × 3/12
계	₩ 2,800,000	₩2,400,000	₩1,000,000	₩1,600,000	₩400,000

주1 적격자산 지출액 산정 시 공사대금 지출액 중 정부보조금을 차감한다.

• 일반목적차입금의 당기발생 이자비용

= ₩3,000,000 × 10% × 12/12 = ₩300,000

• 일반목적차입금 자본화차입원가

= min(₩300,000, ₩400,000 × 10%) = ₩40,000

(3) 자본화차입원가 = ₩41,000(A) + ₩40,000(B) = ₩81,000

CHAPTER 9

자산손상

학습 목표

- 손상되었을 수 있는 자산을 식별할 수 있다.
- 회수가능액과 자산손상의 정의를 이해할 수 있다.
- 개별 자산의 손상차손 및 손상차손환입을 측정, 인식할 수 있다.
- 현금창출단위의 손상차손 및 손상차손환입을 측정, 인식할 수 있다.

K-IFRS 자산손상(제1036호)

제(개정일): 2021.04.23.

사 례 자산손상 공시(신세계푸드)

재무제표

재무상태표

제28(당)기말: 2022년 12월 31일 현재

제27(전)기말: 2021년 12월 31일 현재

주식회사 신세계푸드 단위: 원

과목	주석	제28기말	제27기말
자산			
유동자산		325,449,192,900	260,444,188,193
비유동자산		571,680,507,300	611,208,672,042
종속기업투자	11	13,636,365,120	43,397,477,401
공동기업투자	11	2,964,871,130	2,964,871,130
유형자산	12, 29	257,978,954,644	252,416,090,193
사용권자산	13, 29	102,034,783,173	128,647,757,445
무형자산	14, 29	48,031,665,020	50,447,730,110
기타비유동금융자산	4, 5, 6, 8,13, 29, 31	101,675,365,397	108,422,376,686
기타비유동자산	10, 29	589,315,034	2,321,052,349
순확정급여자산	18	37,120,346,122	12,024,123,990
이연법인세자산	19	7,648,841,660	10,567,192,738
자산총계		897,129,700,200	871,652,860,235
부채총계		605,613,501,230	586,869,756,793
자본총계		291,516,198,970	284,783,103,442
부채와자본총계		897,129,700,200	871,652,860,235

손익계산서

제28(당)기 2022년 1월 1일부터 2022년 12월 31일까지

제27(전)기 2021년 1월 1일부터 2021년 12월 31일까지

주식회사 신세계푸드 단위: 원

과목	주석	제28기	제27기
매출액	23, 31	1,404,343,641,173	1,322,704,313,820
매출원가	24, 31	1,199,759,701,352	1,126,969,267,715
매출총이익		204,583,939,821	195,735,046,105
매축채권손상(차손)환입	4, 6, 8, 24	322,971,120	8,620,314
판매비와관리비	24, 25, 31	182,097,400,569	164,605,610,737
영업이익		22,163,568,132	31,138,055,682
기타채권손상차손	4, 6, 8	24,197,033	–
기타영업외수익	26	7,433,825,981	5,299,775,657
기타영업외비용	26	28,063,230,153	19,621,467,939
금융수익	6, 27	6,088,675,755	6,013,020,899
금융비용	6, 27	13,856,593,281	18,948,053,608
법인세비용차감전순이익		6,257,950,599	3,881,330,691
법인세비용	19	311,902,399	1,378,167,921
당기순이익		5,946,048,200	2,503,162,770

주석

(6) 자산손상

당사는 당기 중 높은 인플레이션, 환율 변동성 및 식자재 가격상승으로 인해 전기 대비 낮은 영업이익률을 기록하였습니다. 또한 최근 3년간 외식부문의 직영점포를 다수 개점하였으나, 경쟁적 시장상황으로 인해 점포별 수익성이 하락하는 상황을 고려하여 현금창출단위에 손상징후가 존재한다고 판단하고 각 현금창출단위(집단)에 대한 손상검사를 수행했습니다. 그 결과 당사의 유형자산과 사용권자산에 각각 5,517백만원과 8,877백만원(주석 12, 13 참조)의 손상차손을 인식하였고, 동 손상금액은 현금창출단위(집단)에 계상된 유형자산 및 사용권자산에 배분되었으며 주로 급식 및 외식사업장의 인테리어, 주방기구 및 사용권자산에 배분되었습니다. 동 현금창출단위의 회수가능액은 사용가치 및 공정가치에서 처분금액을 뺀 금액에 근거하여 산출되었으며, 손상차손은 기타영업외비용으로 계상되었습니다.

현금창출단위(집단)에 대한 주요 가정과 현금창출단위(집단)에 손상차손이 인식된 경우의 회수가능액은 다음과 같습니다.

단위: 천원

구분	제조서비스		
	베이커리	급식	외식
매출성장률	−85.37%~8.08%	−90.44%~14.03%	−95.67%~6.61%
영업이익률	−116.01~16.64%	−46.90%~8.62%	−160.14%~20.62%
영구성장률[주1]	−	−	−
세전할인율	10.61%	10.61%	10.61%
현금창출단위(집단)의 손상검토대상자산	611,366	1,185,725	16,750,357
현금창출단위(집단)의 회수가능액[주2]	76,479	465,738	3,611,029
손상차손인식	534,887	719,987	13,139,328

주1 제조서비스는 과거 영업성과와 미래 사업계획을 근거로 현금창출단위(집단)에 배부된 영업용 자산의 평균 내용연수 또는 잔여리스기간을 예측기간으로 결정하였으며, 이에 따라 장기성장을 가정하지 않았습니다.

주2 회수가능액은 사용가치와 공정가치에서 처분금액을 뺀 금액 중 더 큰 금액입니다.

한편, 현금창출단위(집단)에 대한 손상차손 외에 폐기 예정 등의 사유로 당사 유형자산에 추가로 인식한 손상차손은 115백만원입니다.

SECTION
01 개요

1 자산손상의 정의와 목적

자산손상(impairment)은 개별 자산이나 현금창출단위(cash-generating unit, CGU)의 장부금액(book value)이 회수가능액(recoverable value)을 초과하는 경우 자산의 장부금액을 회수가능금액까지 감액하는 것을 말한다.

자산의 매각 또는 사용을 통해 회수할 수 있는 금액이 장부금액에 미달한다면 재무제표상에 장부금액으로 표시해서는 안 된다. 왜냐하면 자산은 회사가 기대하는 미래경제적효익의 크기를 나타내야 하므로 재무제표상 자산이 가져올 수 있는 미래경제적효익을 초과하는 금액으로 표시되는 것은 자산이 과대계상되는 것이기 때문이다.

K-IFRS 제1036호 '자산손상'을 적용하는 자산의 예로는 유형자산, 영업권을 포함한 무형자산, 원가로 측정하는 투자부동산이 있다.

2 주요 회계이슈

자산손상과 관련된 첫 번째 이슈는 회수가능액을 어떻게 정의하고 측정할 것인지, 회수가능액을 측정한 이후에는 손상차손을 포괄손익계산서와 재무상태표에 어떻게 인식할 것인지이다. 반대로 손상차손을 인식한 후에 회수가능액이 증가하여 손상차손을 환입할 때에도 같은 문제가 존재한다. 즉, 손상차손 환입액 측정과 이를 재무제표에 기록하는 인식의 문제이다. 이러한 문제들은 기업이 유무형 자산에 재평가모형을 사용할 때 더욱 복잡해진다.

자산손상과 관련된 또 다른 이슈는 자산집단의 손상이다. 개별 자산 단위로 자산손상 및 손상환입을 인식하기 어려운 경우에는 현금창출단위라는 자산집단에 대하여 손상을 인식하는 경우도 있다. 현금창출단위는 여러 개별 자산 및 영업권으로 구성되기 때문에 현금창출단위의 손상을 어떤 자산을 감액함으로써 인식할 것인지 결정해야 한다. 즉, 자산손상은 기본적으로 개별 자산에 대해서 인식하는 것이 원칙이므로 현금창출단위가 손상된 경우 손상차손을 현금창출단위 내의 영업권과 개별 자산에 배분하는 구체적 방법이 필요하다.

기본적으로 자산손상은 모든 자산에 적용한다. 단, K-IFRS 제1036호 '자산손상'은 이 기준서를 적용하지 않는 자산을 열거하고 있다. 예를 들어, 금융자산은 다른 자산과는 다른 고유의 성격을 가지고 있으므로 금융자산의 손상은 이 장에서 설명하는 자산손상과 매우 유사하나 조금 다르다(금융자산의 손상은 하권에서 설명한다). 당기손익-공정가치 측정 금융자산에 대해서는 자산손상을 인식하지 않는다. 따라서 당기손익-공정가치 측정 금융자산을 제외한 모든 자산이 자산손상의 대상이 될 것이다.

더 알아보기 **손상차손의 개념**

기업이 어떤 컴퓨터를 보유하고 있다고 가정하자. 이 컴퓨터의 취득원가는 ₩3,000이고, 잔존가치는 0, 내용연수는 4년이며 감가상각방법은 정액법이다. 현재 2년간 사용했다면, 장부금액은 ₩1,500이 된다. 그런데 그동안 기술 발달과 함께 컴퓨터의 성능이 크게 향상되어 대부분의 업무는 성능이 향상된 컴퓨터로 수행하고, 이 컴퓨터는 워드 및 인터넷 검색 등 정말 기초적인 기능만을 사용하고 있다. 이 경우 이 컴퓨터가 여전히 ₩1,500의 가치를 가지고 있다고 보는 것이 합리적이라고 할 수 있는가? 아마도 그렇지 않을 것이다. 왜냐하면 이 컴퓨터의 활용성은 매우 제한되어 있으므로 미래경제적효익이 낮아질 것이기 때문이다. 이 경우 이 컴퓨터는 '손상'되었다고 표현한다. 여기서 회계상 이슈는 '손상된 이 컴퓨터를 예전의 장부금액 ₩1,500 그대로 재무제표에 표시해도 되는가'이다.

현실 속 회계 **손상차손이 재무제표에 미치는 영향**

신세계푸드는 2010년대 중반 1%대였던 영업이익률을 2017년 2.5%로 회복했었다. 대형사업장을 늘리고 실적부진 외식 점포를 정리하는 방식으로 수익성을 갉아먹는 요인들을 일부 개선한 덕분이다.

하지만 2018년부터 다시 영업수익성이 저하되는 추세를 보이고 있다. 최저임금이 오르면서 인건비 부담이 커졌다. 지난해 말 연결기준 영업이익률은 1.5%, 올 1월 말에는 1.2%까지 하락했다.

수익성 저하는 손상차손 부담으로 이어졌다. 신세계푸드는 최근 3년간 외식부문 직영점포를 여럿 개점했지만 경쟁 과열로 점포별 수익성이 떨어지면서 손상검사를 진행했다. 지난해 유형자산과 무형자산, 사용권자산에서 각각 약 57억원, 65억원, 94억원 등 217억원의 손상차손을 인식했다. 2020년 253억원이었던 손상차손 규모가 2021년 132억원으로 줄었는데 다시 확대된 셈이다.

손상차손은 기타영업외비용으로 계상됐으며 이에 따라 신세계푸드는 지난해 세전순손익이 적자(-49억원) 전환했다. 여기에 법인세비용 약 5억원이 반영되면서 당기순이익은 마이너스(-) 54억원을 기록했다. 손상차손은 실제 현금흐름에 영향을 미치진 않지만 손익계산상 이익지표에 부담임은 분명하다. (후략)

출처: 고진영(2023.07.04.). '200억 손상차손' 신세계푸드, 김철수 본부장 과제는. 더벨.
https://www.thebell.co.kr/free/content/ArticleView.asp?key=202306271735007480108374

SECTION

02 손상되었을 수 있는 자산의 식별

자산의 장부금액이 회수가능액을 초과할 때 그 자산은 손상된 것이며, 장부금액과 회수가능액의 차액을 손상차손이라 한다. 그러나 모든 대상 자산에 대해서 매 회계기간마다 회수가능액을 추정하고 자산손상 여부를 조사해야 하는 것은 아니다. K-IFRS 제1036호 '자산손상'은 개별 자산이나 현금창출단위에 손상차손이 생겼을 수 있는 몇 가지 징후를 설명하고, 이러한 징후 중 어느 하나라도 존재하는 경우에 회수가능가액을 추정해야 한다고 규정한다.

다만, 내용연수가 비한정인 무형자산이나 아직 사용할 수 없는 무형자산 및 사업결합으로 취득한 영업권은 자산손상의 징후가 있는지에 관계없이 매 회계기간마다 회수가능액을 추정하고 장부금액과 비교하여 손상검사를 해야 한다. 손상검사는 회계기간 중 어느 때라도 할 수 있으나 매 회계기간마다 같은 시기에 실시한다. 다만, 서로 다른 무형자산에 대해서는 각기 다른 시점에서 손상검사를 할 수 있다. 회계연도 중에 이러한 무형자산을 최초로 인식한 경

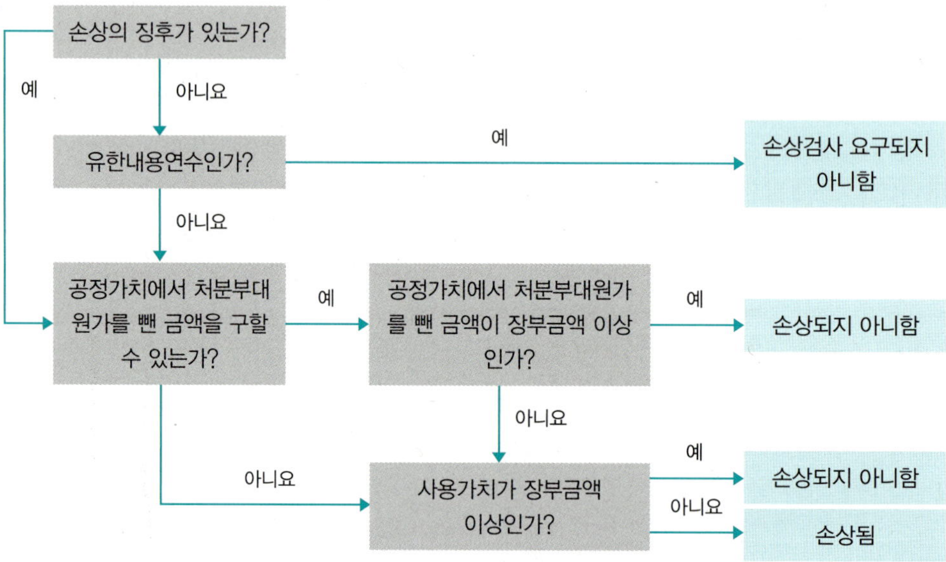

그림 9-1 **자산손상 검토**

우에는 당해 회계연도말 전에 손상검사를 한다.

자산손상 검토 순서를 요약하면 [그림 9-1]과 같다.

자산손상의 징후가 있는지를 검토할 때 최소한 고려해야 할 사항은 다음과 같다. 자산손상 징후를 모두 열거한 것은 아니므로 주의해야 한다.

(1) 외부정보

(가) 회계기간 중에 자산의 시장가치가 시간의 경과나 정상적인 사용에 따라 하락할 것으로 기대되는 수준보다 중요하게 더 하락하였다.

(나) 기업 경영상의 기술 · 시장 · 경제 · 법률 환경이나 해당 자산을 사용하여 재화나 용역을 공급하는 시장에서 기업에 불리한 영향을 미치는 중요한 변화가 회계기간 중에 발생하였거나 가까운 미래에 발생할 것으로 예상된다.

(다) 시장이자율(시장에서 형성되는 그 밖의 투자수익률을 포함한다. 이하 같다)이 회계기간 중에 상승하여 자산의 사용가치를 계산하는 데 사용되는 할인율에 영향을 미쳐 자산의 회수가능액을 중요하게 감소시킬 가능성이 있다.

(라) 기업의 순자산 장부금액이 당해 시가총액보다 크다.

(2) 내부정보

(가) 자산이 진부화되거나 물리적으로 손상된 증거가 있다.

(나) 자산의 사용 범위나 사용 방법에서 기업에 불리한 영향을 미치는 유의적 변화가 회계기간 중에 일어났거나 가까운 미래에 일어날 것으로 예상된다. 이러한 변화로는 다음과 같은 것들이 있다.[1]

① 자산의 유휴화

② 당해 자산을 사용하는 영업부문을 중단하거나 구조조정할 계획

③ 예상 시점보다 앞서 자산을 처분할 계획

④ 비한정인 내용연수를 유한한 내용연수로 재평가

---

1 자산이 매각예정으로 분류되는 조건을 만족한다면(또는 자산이 매각예정으로 분류되는 처분자산 집단에 포함된다면), 그러한 자산은 K-IFRS 제1036호 '자산손상'의 적용범위에서 제외하고 K-IFRS 제1105호 '매각예정비유동자산과 중단영업'에 따라 회계처리한다. K-IFRS 제1105호 '매각예정비유동자산과 중단영업'은 이 책 11장에서 다룬다.

(다) 자산의 경제적 성과가 기대수준에 미치지 못하거나 못할 것으로 예상되는 증거를 내부보고를 통해 얻을 수 있다. 내부보고를 통해 발견할 수 있는 자산손상을 시사하는 증거의 예는 다음과 같다.

① 자산의 매입, 운영 및 관리에 쓰이는 현금지출액이 당초 예상수준을 중요하게 초과한다.

② 자산에서 발생하는 실제 순현금흐름이나 실제 영업손익이 당초 예상수준에 비해 중요하게 악화된다.

③ 자산에서 발생할 것으로 예상되는 순현금흐름이나 예상 영업손익이 중요하게 악화된다.

④ 자산에서 발생하는 순현금흐름 또는 영업손익 각각의 당기 실적치와 미래 예상치를 합산한 결과, 순현금유출이나 영업손실이 발생할 것으로 예상된다.

(3) 종속기업, 공동기업, 관계기업에서 받을 배당금

(가) 별도재무제표에 있는 투자의 장부금액이 연결재무제표에 있는 관련 영업권을 포함한 피투자자의 순자산 장부금액을 초과한다.

(나) 배당이 선언된 기간에 배당금이 해당 종속기업, 공동기업, 관계기업의 총포괄이익을 초과한다.

예시로 이해하기 | 손상징후 판단

세법 변경으로 인한 손상징후

㈜대한은 여러 가지 건강식품을 생산하고 있다. ㈜대한의 주력 상품은 특수다이어트 제품이다. 이 다이어트 제품은 매년 수익의 50%를 차지한다. 세법 변경에 따라 이 다이어트 제품은 특별소비세 부담 제품으로 변경되었다.

이러한 경우 세법 변경에 따른 손상징후를 검토해야 한다. 특별소비세 부담은 이 제품의 판매량, 이익 및 현금흐름에 직접적인 영향을 미칠 수 있다.

시장환경으로 인한 손상징후

자동차 제조회사인 ㈜행복은 자동차 부품을 생산하는 공장을 취득하였다. 이 공장은 현금창출단위이며, 이 공장에서 생산된 부품은 외부에 판매되지 않고 오로지 ㈜행복 자동차에 사용된다. 이 공장을 취득하였을 때, ㈜행복은 더욱 더 저렴하고 효율적인 제품을 생산하여 시장점유율, 수익 및 이익이 증가되리라고 기대하였으나, 시장환경의 변화로 이러한 기대는 이루어지지 않았다.

예상 사업계획보다 저조한 부품공장의 영업성과는 현금창출단위의 손상징후가 된다. 따라서 ㈜행복의 경영진은 공장에 대해서 손상검사를 해야 한다.

시장경쟁으로 인한 손상징후

㈜서울은 한국에서 가장 큰 대형마트 체인점을 가지고 있다. 그런데 최근에 미국에 본사를 둔 W마트가 한국에 진입해서 ㈜서울의 대형마트보다 더 많은 제품과 세계적인 명품을 제공하고 있다.

그럼에도 불구하고 ㈜서울의 경영진은 자사 대형마트 고객들이 대부분 유지되리라고 기대하고 있다.

그러나 이 경우 W마트의 진입은 ㈜서울에게 있어 손상징후가 될 수 있다. 따라서 ㈜서울 경영진은 입수 가능한 최선의 정보에 근거하여 ㈜서울 자산의 회수가능액을 추정하여 손상검사를 수행해야 한다.

정부의 가격정책

㈜코리아는 전력생산회사로, 상장회사이기는 하지만 정부가 대주주이다. ㈜코리아의 경영진은 최근의 유가상승 등 원가상승을 이유로 정부에 5%의 전기료 인상을 요청하였다. 그러나 정부는 1%만 인상하기로 결정하였다.

정부가 ㈜코리아의 요청분에 미치지 못하는 인상률을 결정하였다는 사실은 ㈜코리아의 전력생산에 사용되는 자산이 손상되었다는 징후가 될 수 있다. 따라서 이 자산들은 이용가능한 정보 및 현행 상태를 고려하고 승인된 사업계획에 근거하여 손상검사가 이루어져야 한다.

더 알아보기 **회수가능액을 추정할 필요가 없는 내용연수가 비한정인 무형자산**

내용연수가 비한정인 무형자산, 아직 사용할 수 없는 무형자산 및 영업권에 대해서는 최소한 매년 손상검사를 해야 한다. 그러나 이 경우에도 자산의 회수가능액 추정 여부는 중요성을 고려하여 결정한다.

(1) 이전에 실시한 손상검사의 결과로 자산의 회수가능액이 장부금액을 중요하게 초과한다고 추정된 경우, 당해 초과액을 소멸시키는 사건이 발생하지 않았다면 자산의 회수가능액을 재추정할 필요가 없다.

(2) 시장이자율이 회계기간 중에 상승하였다 하더라도 자산의 사용가치를 계산하는 데 사용되는 할인율이 시장이자율의 상승에 의해 영향을 받을 가능성이 거의 없는 경우이다. 구체적으로, 단기 시장이자율의 상승은 잔여내용연수가 긴 자산의 할인율에 중요한 영향을 미치지 않을 수 있다.

SECTION 03

회수가능액의 측정

1 회수가능액의 정의

회수가능액이란 자산 또는 현금창출단위의 공정가치에서 처분부대원가를 뺀 금액과 자산의 사용가치 중 더 많은 금액을 말한다. 공정가치는 자산을 외부에 매도할 때 받을 가격을 나타내므로 공정가치에서 처분부대원가를 뺀 금액은 기업이 자산을 처분함으로써 회수할 수 있는 금액이다. 사용가치는 자산을 기업이 계속하여 사용함으로써 유입될 현금액이다. 자산으로부터 최대한의 금액을 회수하고자 하는 기업은 만약 공정가치에서 처분부대원가를 뺀 금액이 사용가치보다 크다면 기업은 자산을 처분할 것이고, 반대의 경우라면 자산을 계속 사용할 것이다. 그러므로 기업 입장에서 자산의 회수가능액은 둘 중 더 큰 금액이고, 이를 자산손상의 기준으로 삼는다.

2 공정가치에서 처분부대원가를 뺀 금액

2.1. 공정가치[2]

공정가치란 측정일에 시장참여자 사이의 정상거래에서 자산을 매도할 때 받거나 부채를 이전할 때 지급하게 될 가격(유출가격)으로 정의한다.

공정가치는 시장에 근거한 측정치로서, 시장참여자가 경제적으로 최선의 행동을 한다는 가정하에 측정일 현재의 시장 상황에서 시장참여자가 자산이나 부채의 가격을 결정할 때 고려하는 그 자산이나 부채의 특성이 반영된다. 예를 들면, 다음이 포함된다.

2 공정가치의 정의, 측정, 공시는 K-IFRS 제1113호 '공정가치 측정'을 따른다. 이 장에서는 회수가능액 측정을 위해 필요한 '공정가치에서 처분부대원가를 뺀 금액'의 기본적 개념을 설명한다. 공정가치 측정에 대한 상세한 지침은 K-IFRS 제1113호 '공정가치 측정'을 참고하기 바란다.

(1) 자산의 상태나 위치
(2) 자산의 매도나 사용에 제약이 있는 경우에 그러한 사항

공정가치 측정은 자산을 매도하거나 부채를 이전하는 거래가 다음 중 어느 하나의 시장에서 이루어지는 것으로 가정한다.

(1) 자산이나 부채의 주된 시장
(2) 자산이나 부채의 주된 시장이 없는 경우에는 가장 유리한 시장

반증이 없으면, 자산을 매도하거나 부채를 이전하기 위해 통상적으로 거래를 하는 시장을 주된 시장이나 가장 유리한 시장(주된 시장이 없는 경우)으로 본다.

자산이나 부채에 대한 주된 시장이 있는 경우에는 다른 시장의 가격이 측정일에 잠재적으로 더 유리하다고 하더라도, 주된 시장의 가격이 공정가치 측정치를 나타낸다. 이는 주된 시장의 가격을 직접 관측할 수 있거나 다른 가치평가기법을 사용하여 추정하는 경우에도 해당된다.

측정일에 그 시장에 접근할 수 있어야 하지만, 그 시장의 가격에 근거하여 공정가치를 측정하기 위해 측정일에 특정 자산을 매도할 수 있거나 특정 부채를 이전할 수 있어야만 하는 것은 아니다.

측정일에 자산의 매도나 부채의 이전에 대한 가격결정 정보를 제공할 수 있는 관측할 수 있는 시장이 없더라도, 자산을 보유하거나 부채를 부담하는 시장참여자의 관점을 고려한 거래가 측정일에 이루어질 것으로 가정하여 공정가치를 측정한다.

2.2. 처분부대원가

처분부대원가란 자산 또는 현금창출단위의 처분에 직접 기인하는 증분원가를 말한다. 단, 금융원가 및 법인세비용은 제외한다.

처분부대원가의 예로는 법률원가, 인지세와 이와 비슷한 거래세, 자산 제거원가, 자산을 매각할 수 있는 상태로 만드는 데 드는 직접증분원가 등이 있다. 그러나 자산 처분에 따르는 사업의 축소나 조직변경과 관련된 해고급여와 그 밖의 원가는 자산 처분에 대한 직접증분원가가 아니다.

예제 01 처분부대원가(직접증분원가)로 보는 항목의 예

20X4.12.31. 현재 ㈜행복은 보유하고 있는 기계장치 A에 대하여 회수가능액을 측정해야 하는 상황에 있다. 취득원가가 ₩75,000인 기계장치 A의 20X4.12.31. 현재 공정가치는 ₩50,000이다. 기계장치 A를 매각하게 되면 세 명의 종업원을 더 이상 고용할 필요가 없게 되며, 이 세 명의 종업원에게 지급해야 할 해고급여는 ₩6,000이다. 한편 매각을 위해 기계장치 A를 해체하기 위한 원가는 ₩3,500이다.

요구사항

기계장치 A의 공정가치에서 처분부대원가를 뺀 금액은 얼마인가?

해설

구분	금액
기계장치의 공정가치	₩50,000
기계장치의 처분에 직접 기인하는 증분원가	(3,500)
공정가치에서 처분부대원가를 뺀 금액	₩46,500

해고급여는 종업원의 근무용역에 따른 지급의무로 발생되는 것이므로 기계장치 처분에 소요되는 직접증분원가로 보지 않으며 따라서 처분부대원가로 보지 않는다.

3 사용가치

사용가치란 자산이나 현금창출단위에서 창출될 것으로 기대되는 미래현금흐름의 현재가치, 즉 기업이 자산을 사용함으로써 유입될 것으로 기대하는 현금액을 말한다.

자산의 사용가치를 추정할 때는 다음의 단계를 거친다.

(1) 자산의 계속적인 사용과 최종 처분에서 기대되는 미래현금유입과 미래현금유출의 추정
(2) (1)의 미래현금흐름을 적절한 할인율로 할인

3.1. 미래현금흐름의 추정

미래현금흐름은 자산의 남은 내용연수에 걸쳐 존재할 다양한 경제 상황에 대한 경영진의 최선의 추정치가 반영된 합리적 가정을 기초로 추정한다. 이때 내부증거보다 외부증거에 더 비중을 둔다.

현금흐름은 경영진이 승인한 최근 재무예산 및 예측에 기초하여 측정하는데, 더 긴 기간을 추정하는 것이 정당하다는 사유가 없는 한 최장 5년의 기간을 대상으로 한다.

최근 재무예산 및 예측 대상 기간 경과 후의 성장률은 고정되거나 계속 하락한다고 가정하여 현금흐름을 추정한다. 다만 정당한 사유가 있다면 상승하는 성장률을 사용할 수 있다. 이 성장률은 기업의 제품, 기업이 속한 산업, 기업이 영업을 하는 국가들, 자산이 사용되는 시장의 장기 평균성장률을 초과할 수 없다. 다만 정당한 사유가 있다면 더 높은 성장률을 사용할 수 있다.

미래현금흐름 추정치는 다음을 포함한다.

(1) 자산의 계속 사용으로 인한 현금유입에 대한 추정
(2) 자산의 계속 사용으로 인한 현금유입을 창출하기 위해 필수적으로 발생하고(자산의 사용준비를 위한 현금유출 포함), 자산에 직접 귀속되거나 합리적이고 일관된 기준에 따라 당해 자산에 배분될 수 있는 현금유출에 대한 추정
(3) 내용연수 말에 당해 자산의 처분으로 수취(또는 지급)될 순현금흐름

더 알아보기 **미래현금흐름 추정 시 고려할 사항**

일반적인 인플레이션

일반적인 인플레이션에 따른 가격상승에 대한 일관된 가정을 미래현금흐름과 할인율의 추정치에 반영해야 한다. 인플레이션의 영향을 할인율에 반영할 경우 미래현금흐름은 명목금액으로 추정하고, 할인율에서 제외할 경우에는 미래현금흐름을 실질금액으로 추정한다.

미래의 간접비용과 일상적 관리유지비

현금유출 추정에는 자산 사용에 직접 귀속되거나 합리적이고 일관된 기준에 따라 배분할 수 있는 미래의 간접원가와 일상적 관리 유지비용을 포함한다.

예상되는 추가적 현금유출

(1) 자산 취득과정이 완료되기 전인 자산(예: 건설 중인 건물, 미완료 개발프로젝트)의 취득이 완료될 때까지 추가로 발생할 것으로 예상되는 현금유출은 포함한다.
(2) 미래현금흐름은 자산의 현재 상태를 기초로 추정하므로 미래현금흐름 추정치는 다음과 같은 사유로 생길 것으로 예상되는 현금유입이나 현금유출을 포함하지 아니한다.

(가) 구조조정: 아직 확약되지 않은 미래의 구조조정 때문에 발생할 것으로 예상하는 미래현금유출이나 관련된 원가절감(예: 예금 감소) 또는 효익은 미래현금흐름 추정치에 포함하지 않는다. 그러나 만일 기업이 구조조정을 확약하면, 경영진이 승인한 최근의 재무예산 및 예측을 근거로 자산의 사용가치를 결정한다.

(나) 자산의 성능향상 또는 개선: 기업이 자산의 성능을 향상시키는 현금유출을 하기 전까지는 그 현금유출과 관련된 경제적효익의 증가로 생길 것으로 예상되는 추정미래현금유입은 미래현금흐름추정치에 포함하지 아니한다.

(다) 미래현금흐름에는 재무활동으로 인한 현금유입이나 유출은 포함하지 아니한다. 또한 할인율이 세전기준으로 결정되고 미래현금흐름도 세전기준으로 추정하기 때문에 법인세환급액 또는 법인세납부액은 제외한다.

(라) 내용연수 말에 자산을 처분하여 받을(또는 지급할) 순현금흐름의 추정치는 합리적인 판단력과 거래의사가 있는 독립된 당사자 사이의 거래에서 자산을 매각하여 받을 것으로 예상되는 금액에서 추정처분부대원가를 뺀 금액이다.

예제 02 미래현금흐름의 추정

20X1년말 ㈜행복은 기계장치 A의 손상 여부를 검토 중이다. 20X1년말 기계장치 A의 장부금액은 ₩6,500,000(구조조정 관련 부채 미포함)이며, 경영진은 기계장치 A의 잔여내용연수를 8년으로 예상한다.

한편, 경영진은 동일자에 향후 3년간의 재무예산에 대하여 승인하였다. 이 예산안은 20X2년에 ₩350,000을 들여서 구조조정을 할 계획을 포함하고 있는데 이러한 구조조정 이후 20X3년부터 매년 ₩100,000의 비용이 절감될 것으로 기대하고 있다. 또한 현재 시장이 매우 경쟁적이고 예측 가능한 미래에도 이러한 상황이 지속될 것이므로 손상검토 목적상 성장률은 0%로 가정한다. 다음 표는 구조조정 포함 여부에 따른 미래순현금흐름과 적절한 할인율 4%로 할인하여 현재가치로 환산된 금액을 나타낸다.

구분	구조조정 포함		구조조정 제외	
	미래 순현금흐름	현재가치	미래순현금흐름	현재가치
20X2	520,000	500,000	870,000	836,000
20X3	1,000,000	925,000	900,000	832,000
20X4	1,050,000	933,000	950,000	845,000
20X5	1,050,000	898,000	950,000	812,000
20X6	1,050,000	863,000	950,000	781,000
20X7	1,050,000	830,000	950,000	751,000
20X8	1,050,000	798,000	950,000	722,000
20X9	1,050,000	767,000	950,000	694,000
사용가치		6,514,000		6,273,000

요구사항

20X1.12.31. 현재 기계장치 A의 사용가치를 계산하고, 손상차손의 인식 여부에 대하여 설명하라.

해설

20X1.12.31. 현재 경영진이 향후 3년간의 재무예산에 대하여 승인하였으므로 구조조정충당부채를 인식한 경우에 따라 회계처리해야 한다.

(1) K-IFRS 제1037호 '충당부채, 우발부채 및 우발자산'에 따라 구조조정 관련 충당부채를 인식한 경우: 구조조정과 관련된 효익과 이에 소요될 원가를 고려하여 기계장치 A의 사용가치를 결정한다. 구조조정 후 사용가치는 ₩6,514,000이므로 기계장치 A의 장부금액 ₩6,500,000을 초과한다. 따라서 손상차손을 인식하지 않는다.

(2) K-IFRS 제1037호 '충당부채, 우발부채 및 우발자산'에 따라 구조조정 관련 충당부채를 인식하지 않은 경우: 이 경우 기계장치 A의 사용가치 결정 시 구조조정과 관련된 효익과 이에 소요될 원가를 고려하지 않는다. 구조조정 후 사용가치는 ₩6,273,000이므로 현금창출단위의 장부금액 ₩6,500,000보다 ₩227,000(₩6,500,000−₩6,273,000)만큼 미달된다. 따라서 동 미달액을 손상차손으로 인식한다.

상기 두 가지 경우 재무상태표에 미치는 영향을 비교하여 볼 때 전자는 손상차손을 인식하지 않는 대신 구조조정 관련 충당부채 ₩350,000과 동일한 금액의 구조조정비용을 인식하고 있으며, 후자는 손상차손 ₩227,000을 인식하고 있다. 즉 전자의 경우는 구조조정비용과 충당부채를 이미 인식하였기 때문에 손상차손을 인식하지 않아도 되는 것이다. 이와 같이 사용가치 측정 시 고려해야 할 현금흐름은 기업이 재무상태표에 구조조정 관련 충당부채를 인식했는지 여부와 관련이 있다.

3.2. 할인율의 결정

할인율은 다음에 대한 현행 시장의 평가를 반영한 세전할인율로 한다.

(1) 화폐의 시간가치

(2) 미래현금흐름 추정치에 조정하지 아니한 자산 특유의 위험

더 알아보기 **세전할인율을 사용하는 이유**

미래현금흐름의 추정에 세전할인율을 사용하는 이유는 손상검토 시 회수가능액과 비교하는 대상인 장부금액이 세전 금액이기 때문이다. 할인율과 미래현금흐름 추정 시 세전 기준으로 추정함으로써 일관된 기준으로 비교할 수 있다.

화폐의 시간가치와 자산의 고유위험에 대한 시장의 평가를 반영한 할인율은, 그 자산이 창출할 것으로 기대되는 현금흐름의 금액과 발생시기 및 위험이 동일한 현금흐름을 창출하는 투자안을 선택하는 경우 투자자들이 요구하는 수익률과 같다. 이러한 할인율은 다음을 이용하여 추정한다.

(1) 비슷한 자산의 현행 시장거래에서 형성되는 내재이자율
(2) 용역잠재력 또는 위험의 측면에서 검토 대상 자산과 비슷한 하나의 자산(또는 자산의 포트폴리오)을 보유한 상장기업의 가중평균자본비용

예시로 이해하기 **세후현금흐름과 세후할인율을 이용한 사용가치 계산**

㈜행복은 20X4년말 자산을 구입하였고, 동 자산의 장부금액은 ₩1,757, 잔여내용연수는 5년이며, 세율은 20%이다. 자산에 대한 미래현금흐름을 세전기준으로 추정하였다. 세후할인율은 10%이다. 20X4년말 미래 5년간의 세전현금흐름 추정치와 세후할인율을 기초로 사용가치를 계산하면 ₩1,438이다.

세후할인율이 주어진 경우, 미래현금흐름도 세후현금흐름을 사용해야 한다.

단위: 원

구분	20X5년	20X6년	20X7년	20X8년	20X9년
(1) 세전현금흐름	800	600	500	200	100
(2) 법인세 현금흐름[(1)×20%]	160	120	100	40	20
(3) 세후현금흐름[(1)−(2)]	640	480	400	160	80
(4) 10%로 할인된 세후현금흐름	582	396	301	109	50
(5) 사용가치[Σ(4)]					1,438

SECTION

04 개별 자산 손상차손의 인식과 환입

1 개별 자산(영업권 제외)의 손상차손인식

자산의 회수가능액이 장부금액에 못 미치는 경우, 이 차액을 손상차손이라 하며 장부금액을 회수가능액으로 감액한다. 손상차손을 인식한 후에 수정된 장부금액에서 잔존가치를 뺀 금액을 자산의 남은 내용연수에 걸쳐 체계적인 방법으로 배분한다. 즉, 손상차손을 인식한 자산의 감가상각액이나 상각액의 변동은 미래 기간에 조정한다.

1.1. 원가모형을 적용하는 자산의 손상차손

원가모형으로 평가된 자산, 즉 재평가되지 않는 자산의 손상차손은 즉시 당기손익으로 인식한다.

(차)	손상차손(NI)	×××	(대)	○○자산(손상차손누계액)	×××

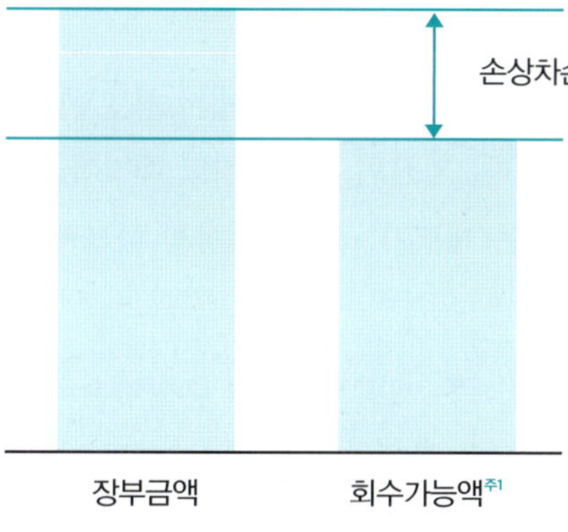

손상차손 = 장부금액 − 회수가능액
('회수가능액 < 장부금액'인 경우)

주1 max(공정가치에서 처분부대원가를 뺀 금액, 사용가치)

그림 9-2 **손상차손금액의 측정**

1.2. 재평가모형을 적용하는 자산의 손상차손

손상차손인식 회계처리를 공부하기에 앞서, 유무형자산의 재평가와 자산손상의 관계를 먼저 살펴볼 필요가 있다.

유무형자산에 재평가모형을 적용하면 자산이 공정가치로 측정되므로 손상차손인식 여부를 판단하는 실익에 대해 의문을 제기할 수 있다. 재평가모형은 자산을 공정가치로 측정하지만, 자산손상 시 회수가능액은 공정가치에서 처분부대원가를 뺀 금액 또는 사용가치 중 더 큰 금액이므로 재평가모형과 자산손상은 엄연히 다른 측정기준을 가지고 있다. 또한 손상차손은 일반적으로 손상징후가 있을 때 인식하고 손상징후가 없다면 인식하지 않는다는 점에서 주기적으로 재평가하는 재평가모형과는 다르다.

재평가모형을 사용하는 자산의 경우, 재평가증감액과 손상차손 중 어느 것을 먼저 인식하느냐가 문제가 된다. 먼저 자산의 장부금액을 재평가금액으로 수정한 후에 자산손상 여부를 결정하는데, 그 근거 규정은 다음과 같다.

회수가능액은 공정가치에서 처분부대원가를 뺀 금액과 사용가치 중 큰 금액이다, 여기서 공정가치에서 처분부대원가를 뺀 금액과 공정가치인 재평가금액의 유일한 차이는 처분부대원가이다. 처분부대원가가 무시해도 될 정도로 작은 경우에, 회수가능액이 사용가치로 측정된다면 회수가능액은 재평가금액보다 클 것이고, 회수가능액이 공정가치에서 처분부대원가로 뺀 금액으로 측정되더라도 회수가능액은 재평가금액에 가까울 것이다. 재평가모형을 적용하여 이미 장부금액을 재평가금액(공정가치)으로 수정한 후라면 재평가자산은 손상되지 않았을 가능성이 크다. 따라서 회수가능액을 추정할 필요가 없다.

만약 처분부대원가가 무시할 수 없는 정도인 경우에 재평가자산의 공정가치에서 처분부대원가를 뺀 금액은 당연히 그 자산의 공정가치보다 적다. 이때, 자산의 사용가치도 재평가금액보다 적다면 재평가된 자산은 손상된 것이다. 이 경우에는 재평가 규정을 적용한 다음에 자산손상 규정을 적용한다.

재평가된 자산의 손상차손은 재평가감소액으로 처리한다. 즉, 재평가자산의 손상차손은 해당 자산에서 생긴 재평가잉여금 금액까지는 재평가잉여금을 감액함으로써 기타포괄손익으로 인식하고, 재평가잉여금 금액을 초과하는 손상차손은 당기손익으로 인식한다.

(차)	재평가잉여금(OCI)[주1]	×××	(대)	○○자산(손상차손누계액)	×××
	손상차손(NI)[주2]	×××			

주1 재평가 직후 재평가잉여금 잔액

주2 재평가 직후 재평가잉여금 잔액을 초과하는 부분

더 알아보기 **재평가된 자산의 손상차손: 손익계산서에 인식 vs. 자본에 인식**

K-IFRS 제1036호 '자산손상'에 따르면 재평가자산의 손상차손은 손익계산서에 즉시 비용으로 인식해야 한다. 그러나 동일한 자산의 과거 재평가잉여금에 해당하는 부분만큼은 직접 자본으로 인식한다. 그런데 이러한 회계처리 방법 이외에도 다른 방법이 있을 수 있다. 일부에서는 재평가자산의 용역잠재력이 명백하게 감소한 경우(예: 물리적 손상)에만, 손상차손을 손익계산서에 인식해야 한다고 주장한다. 그러나 다른 일부에서는 용역잠재력의 감소와 상관없이 손상차손을 항상 손익계산서에 비용으로 인식해야 한다고 주장한다. 후자의 주장은 기업의 영업활동 일부를 구성하는 추정미래현금흐름이 감소하는 경우에 한하여 손상차손이 발생한다는 논리에 근거하고 있다.

한편 K-IFRS 제1016호 '유형자산'에 따르면 자산의 재평가 여부와 관계없이 감가상각액은 항상 손익계산서에 인식된다. 이 주장을 지지하는 측은 재평가자산의 손상차손이 감가상각과 왜 다르게 처리되어야 하는가에 대한 의문을 제기한다. 그러나 손상차손이 재평가액 감소로 인한 것인지 아니면 용역잠재력 감소로 인한 것인지를 식별하기 어렵기 때문에 IASB는 K-IFRS 제1016호 '유형자산'에서 사용하는 방법을 그대로 유지하여 재평가자산의 손상차손을 재평가액 감소(이와 유사하게 손상차손환입은 후속적 재평가액 증가)로 처리하기로 결정하였다.

예제 03 원가모형을 적용했을 경우의 손상차손인식

20X1년초 ㈜행복은 ₩2,000,000에 기계장치를 취득하였다. 기계장치의 내용연수는 5년, 잔존가치는 ₩0이다. ㈜행복은 기계장치에 대하여 원가모형을 적용하고 있으며, 20X2년에 기계장치에 대하여 손상징후가 존재하였고, 회수가능액 측정에 필요한 정보는 다음과 같다.

구분	20X2.12.31.
공정가치	₩850,000
처분부대원가	50,000
사용가치	₩900,000

요구사항

20X1년초부터 20X2년말까지 ㈜행복이 기계장치에 대해 해야 할 회계처리를 제시하라.

해설

구분	회계처리
20X1.1.1. (취득)	(차) 기계장치 2,000,000 (대) 현금 2,000,000
20X1.12.31. (감가상각)	(차) 감가상각비[주1] 400,000 (대) 감가상각누계액 400,000 주1 ₩2,000,000÷5 = ₩400,000
20X2.12.31. (자산손상)	(차) 감가상각비[주2] 400,000 (대) 감가상각누계액 400,000 주2 ₩2,000,000÷5 = ₩400,000 감가상각을 먼저 한 후 손상차손 발생 여부를 판단한다. (차) 손상차손[주3] 300,000 (대) 손상차손누계액 300,000 주3 장부금액 ₩2,000,000－₩800,000 = ₩1,200,000 회수가능액 = max((₩850,000 – ₩50,000), ₩900,000) = ₩900,000 손상차손 = ₩1,200,000－₩900,000 = ₩300,000

예제 04 재평가모형을 적용했을 경우의 손상차손인식

20X1년초 ㈜대한은 ₩2,000,000에 기계장치를 취득하였다. 기계장치의 내용연수는 5년, 잔존가치는 ₩0이다. ㈜대한은 기계장치에 대하여 1년 주기로 재평가모형을 적용한다. 20X2년말 기계장치에 대하여 손상징후가 존재하였고, 자산재평가 및 회수가능액 측정에 필요한 정보는 다음과 같다.

구분	20X1.12.31.	20X2.12.31.
공정가치	₩1,800,000	₩1,215,000
처분부대원가		175,000
사용가치		₩1,100,000

요구사항

20X1년초부터 20X2년말까지 ㈜대한이 기계장치에 대해 해야 할 회계처리를 제시하라. 단, 재평가 시 자산의 총장부금액과 감가상각누계액을 비례적으로 제거하는 방법을 사용한다.

해설

감가상각 → 자산재평가 → 손상검토 순서로 회계처리한다.

구분	회계처리					
20X1.1.1. (취득)	(차)	기계장치	2,000,000	(대)	현금	2,000,000
20X1.12.31. (감가상각)	(차)	감가상각비[주1]	400,000	(대)	감가상각누계액	400,000
		주1 ₩2,000,000÷5 = ₩400,000				
(재평가)	(차)	기계장치[주2]	250,000	(대)	감가상각누계액	50,000
					재평가잉여금(OCI)	200,000
		주2 구분	재평가 전		재평가 후	조정금액
		취득원가	2,000,000		2,250,000	250,000 증가
		감가상각누계액	(400,000)		(450,000)	50,000 증가
		장부금액	1,600,000		1,800,000	200,000 증가
20X2.12.31. (감가상각)	(차)	감가상각비[주3]	450,000	(대)	감가상각누계액	450,000
		주3 ₩1,800,000÷4 = ₩450,000				
(재평가)	(차)	감가상각누계액[주4]	90,000	(대)	기계장치[주4]	225,000
		재평가잉여금(OCI)	135,000			
		주4 구분	재평가 전		재평가 후	조정금액
		취득원가	2,250,000		2,025,000	225,000 감소
		감가상각누계액	(900,000)		(810,000)	90,000 감소
		장부금액	1,350,000		1,215,000	135,000 감소
(자산손상)	(차)	재평가잉여금(OCI)[주5]	65,000	(대)	손상차손누계액	115,000
		손상차손	50,000			
		주5 장부금액 = ₩1,215,000 회수가능액 = max((₩1,215,000 − ₩175,000), ₩1,100,000) = ₩1,100,000 손상차손 = ₩1,215,000 − ₩1,100,000 = ₩115,000 (재평가잉여금 금액인 ₩65,000까지는 먼저 감소시키고, 나머지 손상차손 ₩50,000만을 당기손익으로 인식한다.)				

2 개별 자산(영업권 제외)의 손상차손환입

2.1. 손상차손환입 징후의 검토

보고기간말마다 영업권을 제외한 자산에 대해 과거에 인식한 손상차손이 더 이상 존재하지 않거나 감소하였을 수 있는 징후가 있는지 검토한다. 이러한 손상차손환입의 징후가 있는 경우 해당 자산의 회수가능액을 추정한다. 손상차손환입의 징후가 있는지를 판단할 때는 최소한 다음을 고려한다. 이는 자산손상 징후와 대칭을 이룬다.

(1) 외부정보

(가) 자산의 시장가치가 회계기간 중에 유의적으로 상승하였다는 관측 가능한 징후가 있다.

(나) 기업이 영업하는 기술 · 시장 · 경제 · 법률 · 환경이나 해당 자산을 사용하여 재화나 용역을 공급하는 시장에서 해당 기업에 유리한 영향을 미치는 유의적 변화가 회계기간 중에 생겼거나 가까운 미래에 생길 것으로 예상된다.

(다) 시장이자율이 회계기간 중에 하락하여 자산의 사용가치를 계산할 때 사용하는 할인율에 영향을 미쳐 자산의 회수가능액이 중요하게 증가할 수 있다.

(2) 내부정보

(가) 기업에 유리한 영향을 미치는 유의적 변화가 자산의 사용 범위와 사용 방법에서 회계기간 중에 생겼거나 가까운 미래에 생길 것으로 예상된다. 이 변화에는 자산의 성능을 개선 · 향상하거나 자산이 속하는 영업을 구조조정하기 위한 원가가 회계기간 중에 생기는 경우가 포함된다.

(나) 자산의 경제적 성과가 예상보다 더 좋거나 더 좋을 것임을 나타내는 증거를 내부보고에서 얻을 수 있다.

과거에 인식한 손상차손은 직전 손상차손의 인식 시점 이후 회수가능액을 결정하는 데 사용된 추정치에 변화가 있는 경우에만 환입한다. 손상차손을 환입하는 경우에는 자산의 장부금액을 회수가능액으로 증가시킨다.

더 알아보기 **추정치에 변화가 있는 경우에만 환입하는 이유**

손상차손환입은 과거에 손상차손을 인식한 자산이 매각이나 사용을 통해 기업에 제공할 수 있는 용역 잠재력이 증가하였음을 의미한다. 그렇다면 과거에 손상차손을 인식한 이후에 회수가능액 측정의 기초가 되는 공정가치에서 처분부대원가를 뺀 금액이나 사용가치가 변경될 것이다. 용역 잠재력이 증가함에 따라 회수가능액 관련 추정치가 변경되는 상황을 예시하면 다음과 같다.

(1) 회수가능액 측정기준(공정가치에서 처분부대원가를 뺀 금액 또는 사용가치)이 변경

(2) 회수가능액을 사용가치에 기초하여 산정하는 경우라면 미래현금흐름의 금액, 시기 및 할인율이 변동

(3) 회수가능액을 공정가치에서 처분부대원가를 뺀 금액을 기초로 산정하는 경우라면 이의 구성요소에 대한 추정치의 변경

미래현금유입시기가 가까워질수록 미래현금흐름을 할인한 현재가치는 증가하므로, 과거 손상차손을 인식한 후의 장부금액보다 회수가능액 추정치가 더 커지는 경우가 있을 수 있다. 그러나 이는 자산의 용역 잠재력이 커진 것이 아니므로 손상차손을 환입하지 않는다.

2.2. 손상차손환입의 인식: 손익인식 또는 기타포괄손익 인식

손상차손이 환입되는 경우 자산의 장부금액을 회수가능액으로 증액하고 손상차손환입은 즉시 당기손익으로 인식한다. 단, 재평가모형을 적용하는 자산의 손상차손환입은 재평가증가액으로서 기타포괄손익으로 인식하고, 그만큼 해당 자산의 재평가잉여금을 증액한다. 그러나 재평가자산의 손상차손을 과거에 당기손익으로 인식한 부분까지는 그 손상차손환입도 당기손익으로 인식한다.

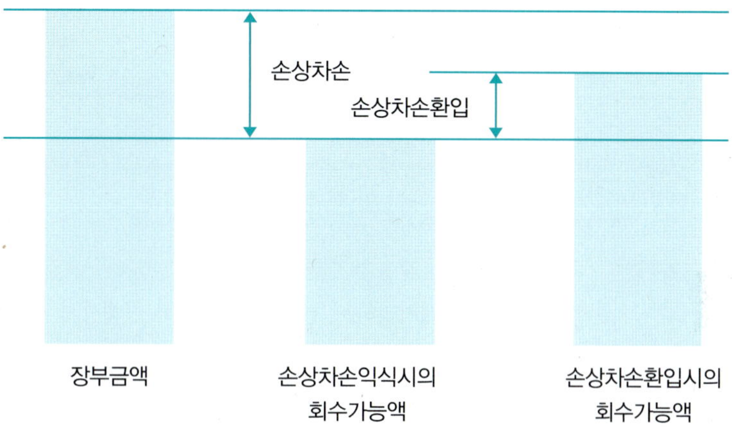

그림 9-3 **손상차손환입**

자산의 손상차손환입으로 증가된 장부금액은 과거에 손상차손을 인식하기 전 장부금액을 감가상각(또는 상각)하고 남은 금액을 초과할 수 없다. 증액된 자산의 장부금액이 과거에 손상차손을 인식하기 전 장부금액을 감가상각(또는 상각)하고 남은 금액을 초과한다면, 그 초과액은 재평가에 해당한다. 따라서 재평가모형을 적용하는 자산에 대해서만 그 초과액을 재평가증가액으로 인식할 수 있다.

다음 예제를 통해 손상차손환입 회계처리 흐름을 이해해 보자.

예제 05 원가모형을 적용하는 자산의 손상차손환입 (1)

20X1년초 ㈜행복은 ₩2,000,000에 기계장치를 취득하였다. 기계장치의 내용연수는 5년, 잔존가치는 ₩0이다. ㈜행복은 기계장치에 대하여 원가모형을 적용하고 있으며, 20X2년에 기계장치에 대하여 손상징후가 존재하였고, 20X3년에 손상차손환입 징후가 존재하였다. 회수가능액 측정에 필요한 정보는 다음과 같다.

구분	20X2.12.31.	20X3.12.31.
공정가치	₩850,000	₩1,150,000
처분부대원가	50,000	150,000
사용가치	₩900,000	₩900,000

요구사항

20X3년말 ㈜행복이 기계장치에 대해 해야 할 회계처리를 제시하라.

해설

감가상각 → 손상차손환입 순서로 회계처리하고, 손상차손환입 후 기계장치 장부금액이 과거에 손상차손을 인식하지 않았을 경우의 장부금액의 감가상각 후 금액을 넘지 않도록 주의한다.

구분	회계처리
20X3.12.31. (손상차손 환입)	(차) 감가상각비[주1] 300,000 (대) 감가상각누계액 300,000 **주1** ₩900,000(20X2년말 회수가능액)÷3(잔여내용연수) = ₩300,000 (차) 손상차손누계액 200,000 (대) 손상차손환입[주2] 20,000 **주2** 장부금액 ₩900,000 − ₩300,000 = ₩600,000 손상차손 인식 전 장부금액의 감가상각 후 잔액 = ₩2,000,000 − (₩2,000,000 ÷ 5 × 3) = ₩800,000 회수가능액 = max(₩1,000,000, ₩900,000) = ₩1,000,000 손상차손환입액 = min(₩1,000,000, ₩800,000)−₩600,000 = ₩200,000

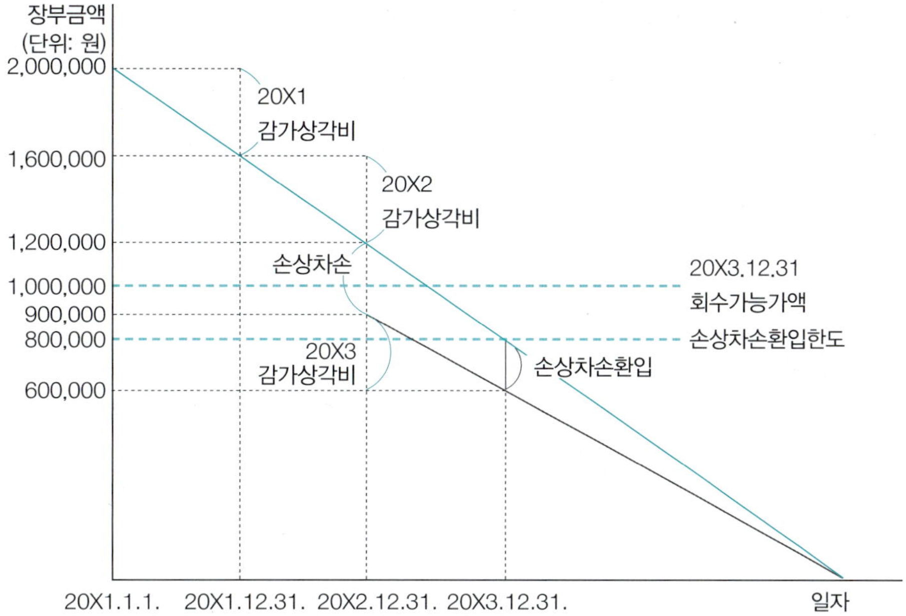

그림 9-4 손상차손환입 한도(원가모형 적용 자산)

예제 06 원가모형을 적용하는 자산의 손상차손환입 (2)

㈜행복은 20X1년말 원가모형을 적용하는 기계장치에 대해 손상징후가 발생하여 회수가능액을 추정하였다. 이 기계장치의 20X1년말 장부금액은 ₩150,000, 잔여내용연수는 10년이며, 정액법으로 감가상각한다. 이 기계장치의 회수가능액은 사용가치에 근거하여 측정된다. 20X1년말 경영진이 승인한 예산안에는 다음 사항이 반영되어 있다.

- 현재 상태의 기계장치에서 발생할 것으로 기대되는 경제적효익의 수준을 유지하는 데 필요한 원가의 추정치
- 기계장치의 성능을 향상시켜 생산능력을 높이기 위해 20X5년에 발생할 원가 ₩25,000

20X1년말 현재 기계장치를 사용함으로써 발생할 것으로 예상되는 미래현금흐름의 현재가치는 ₩121,128이고, 20X5년말 경영진이 승인한 예산안에 반영된 기계장치에 대한 추정 미래현금흐름의 현재가치는 ₩122,072이다.

20X2년부터 20X3년말까지는 이 기계장치의 회수가능액을 재추정하도록 하는 사건이 발생하지 않았으나, 20X5년말 기계의 성능을 향상시키는 원가 ₩25,000이 발생하였다.

요구사항

A. ㈜행복이 20X1년말 인식해야 할 기계의 손상차손금액을 구하라.

B. 20X5년말 현재 기계장치의 손상차손(또는 손상차손환입)금액을 구하라.

해설

A. 20X1.12.31.

구분	금액
손상차손인식 전 장부금액	₩150,000
회수가능액(사용가치)	121,128
손상차손	28,872
손상차손인식 후 장부금액	₩121,128

기계장치의 회수가능액이 장부금액보다 적으므로 기계장치 장부금액을 회수가능액으로 감액하고, 손상차손을 인식한다.

B. 20X5.12.31.

구분	금액
20X1년말 손상차손인식 후 장부금액	₩121,128
20X2~20X5년말 감가상각비 합계[주1]	48,451
20X5년말 성능향상 원가	25,000
20X5년말 손상차손(환입)인식 전 장부금액	₩ 97,677
20X5년말 회수가능액	₩122,072
손상차손을 인식하지 않았을 경우의 감가상각 후 20X5년말 장부금액[주2]	₩115,000
20X5년말 손상차손환입[주3]	₩ 17,323

주1 ₩121,128÷10×4 = 48,451

주2 ₩150,000－(₩150,000÷10×4)+25,000(성능향상원가) = ₩115,000

주3 min(₩122,072, ₩115,000)－₩97,677 = ₩17,323

20X5년말의 회수가능액(₩122,072)은 장부금액(₩97,677)을 초과하고, 기계장치의 성능향상을 위한 원가를 통해 기계장치의 용역 잠재력이 증가한 것을 반영한다. 따라서 기계장치의 장부금액을 회수가능액으로 증액하고, 손상차손환입을 인식할 수 있다. 단, 손상차손환입 후 장부금액은 손상차손을 인식하지 않았을 경우의 감가상각 후 장부금액을 초과할 수 없다.

SECTION

05 현금창출단위 손상차손의 인식과 환입

1 현금창출단위의 필요성

1.1. 현금창출단위의 의의

자산의 현금창출단위는 다른 자산이나 자산집단으로부터의 현금유입과 거의 독립적인 현금유입을 창출하는 자산집단(해당 자산 포함)으로서 식별할 수 있는 최소 단위를 의미한다.

예시로 이해하기 | 현금창출단위의 의미

㈜행복은 버스회사로, 시청과의 계약에 의해 시내버스 운송서비스를 제공하고 있다. 이 계약에 의하면 ㈜행복은 5개 노선에 대해 최소한 일정 수준 이상의 서비스를 제공해야 한다. 각 노선에 투입된 자산과 각 노선에서 창출되는 현금흐름은 개별적으로 식별가능하다. 그런데 이 중 하나의 노선에서 심각한 손실이 발생하고 있다. 각 노선으로부터의 현금유입을 독립적으로 식별할 수 있지만 이 기업은 각 노선 모두에 대해 최소한 일정 수준 이상의 서비스를 제공해야 하므로 5개 노선 중 어느 하나를 폐지할 수 있는 선택권을 갖고 있지 않다. 이 경우, ㈜행복의 현금창출단위는 ㈜행복 전체가 된다. 다시 말해서 다른 자산이나 자산집단의 현금유입과는 독립적으로 식별할 수 있는 현금유입의 최저 수준은 5개 노선이 함께 창출하는 현금유입이라는 것이다.

1.2. 현금창출단위와 손상

자산손상은 기본적으로 개별 자산별로 검토한다. 따라서 회수가능액도 개별 자산별로 추정하는 것이 원칙이다. 그러나 개별 자산의 회수가능액을 추정할 수 없는 경우가 있다. 이 경우에는 그 자산이 속하는 현금창출단위의 회수가능액을 추정한다.

다음 (1)과 (2)에 모두 해당하는 경우에는 개별 자산의 회수가능액을 산정할 수 없다.

(1) 자산의 사용가치와 공정가치에서 처분부대원가를 뺀 금액의 차이가 작지 않다(예: 자산을 계속 사용하는 동안에 생기는 미래현금흐름이 무시해도 될 정도로 작다고 추정할 수 없는 경우).
(2) 자산이 다른 자산의 현금흐름과 거의 독립적인 현금흐름을 창출하지 아니한다.

이와 같이 개별 자산의 회수가능액을 추정할 수 없다면, 그 자산이 속하는 현금창출단위의 회수가능액을 산정하여 손상을 인식해야 한다.

예시로 이해하기 | 개별 자산의 회수가능액을 산정할 수 없는 경우

광업기업인 ㈜대한은 채광활동을 지원하기 위해 사설철로를 소유하고 있다. 이 사설철로는 폐물 가치로만 매각할 수 있고, 광산의 다른 자산에서 생기는 현금유입과 거의 독립적인 현금유입을 창출하지는 아니한다.

이 사설철로의 회수가능액은 추정할 수 없다. 사설철로가 광산의 다른 자산과 독립적으로 현금흐름을 창출하지 않아 사설철로만의 사용가치를 개별적으로 산정할 수 없고, 그 사용가치는 폐물가치와 다를 가능성이 높기 때문이다. 따라서 기업은 사설철로를 포함하는 현금창출단위, 즉 광산 전체의 회수가능액을 추정한다.

2 현금창출단위의 식별 방법

현금창출단위는 독립적인 현금유입을 창출하는 자산집단이므로, 현금창출단위를 식별하기 위해서는 현금유입이 독립적인지 여부가 가장 중요한 고려 요소이다.

자산이나 자산집단에서 창출되는 현금유입이 다른 자산이나 자산집단으로부터의 현금유입과 거의 독립적인지를 식별하기 위해서는 다음을 고려해야 한다.

(1) 경영진이 기업의 영업을 관찰하는 방법(예: 제품라인, 사업, 지역 등으로 구분하여 감독하는 경우) 또는 경영진이 기업의 자산 및 영업에 대하여 유지 또는 처분 여부를 결정하는 방법 등을 포함하여 다양한 요인을 고려해야 한다.
(2) 활성시장의 존재 여부를 고려해야 한다. 예를 들어 자산이나 자산집단이 생산하는 산출물을 거래하는 활성시장이 존재하는 경우에는 그 자산이나 자산집단을 하나의 현금창출단위로 식별한다. 자산이나 자산집단이 생산하는 산출물의 전부 또는 일부를 기업의 다른 현금창출

단위가 사용하더라도(예: 제조공정상 중간단계에 있는 제품) 기업이 당해 산출물을 활성시장에서 판매할 수 있다면 그 자산이나 자산집단은 별도의 현금창출단위로 볼 수 있다. 왜냐하면 그 자산이나 자산집단이 다른 자산이나 자산집단의 현금유입과 거의 독립적인 현금유입을 창출할 수 있기 때문이다.

예제 07 현금창출단위의 식별 : 제조공정상 중간단계에 있는 공장

㈜행복은 2개의 공장 X와 Y를 운영한다. 공장 X에서 중간재를 생산하면 내부적으로 공장 Y가 이 중간재를 구입하여 완제품을 생산한다. 공장 X와 공장 Y 간의 이전가격은 모든 이윤이 공장 X로 전가되는 방식으로 결정된다. 공장 Y의 최종 생산품의 80%는 기업의 외부로 판매되고, 공장 X의 최종 생산품의 60%는 공장 Y에 판매되며, 나머지 40%는 기업의 외부로 판매된다.

요구사항

A. 공장 X는 공장 Y에게 판매하는 제품을 활성시장에서 판매할 수 있으며, 내부이전가격은 시장가격보다 높다고 할 경우, 공장 X와 Y가 속하는 현금창출단위를 설명하라.

B. 공장 X가 공장 Y에게 판매하는 제품에 대해 활성시장이 존재하지 않는다고 가정할 경우 공장 X와 Y가 속하는 현금창출단위를 설명하라.

해설

A. 공장 X는 제품을 활성시장에서 판매할 수 있고, 따라서 공장 Y로부터의 현금유입과 거의 독립적인 현금유입을 창출할 수 있다. 따라서 비록 공장 X의 제품 일부가 공장 Y에 의해 사용되지만 공장 X는 독립적인 별개의 현금창출단위일 가능성이 높다. 공장 Y도 별개의 현금창출단위일 가능성이 높다. 공장 Y는 생산제품의 80%를 기업 외부의 고객에게 판매하고 있으므로, 공장 Y에서 창출되는 현금유입은 거의 독립적인 것으로 볼 수 있다.

B. 활성시장이 존재하지 않을 경우 각 공장은 다른 공장과 독립적으로 현금유입을 창출한다고 볼 수 없다. 그 이유는 다음과 같다.

(1) 공장 X에서 생산한 제품 중 50% 이상이 회사 내부에서 사용되고, 활성시장에서 판매될 수 없으므로, 공장 X의 현금유입은 공장 Y의 제품 수요에 달려있다. 따라서 공장 X는 Y의 현금유입과 거의 독립적인 현금유입을 창출한다고 볼 수 없다.

(2) 또한 이런 경우에는 두 공장이 함께 관리된다.

따라서 거의 독립적인 현금유입을 창출하는 최소 집단은 공장 X와 Y 전체일 가능성이 높다.

3 현금창출단위의 회수가능액과 장부금액

3.1. 현금창출단위의 회수가능액

현금창출단위의 회수가능액은 개별 자산의 회수가능액과 마찬가지로 그 현금창출단위의 공정가치에서 처분부대원가를 뺀 금액과 사용가치 중 더 많은 금액이다.

> 현금창출단위의 회수가능액 = max(공정가치에서 처분부대원가를 뺀 금액, 사용가치)

3.2. 현금창출단위의 장부금액

현금창출단위의 장부금액은 현금창출단위의 회수가능액을 산정하는 방법과 일관된 기준으로 산정한다.

회수가능성을 평가할 목적으로 자산집단(현금창출단위)을 구성하는 경우 현금창출단위에는 관련 현금유입을 직접 창출하거나 그러한 현금유입 창출에 사용되는 모든 자산을 포함한다. 여기에서 말하는 모든 자산이란 현금창출단위에 직접 귀속되거나, 합리적이고 일관된 기준에 따라 배분될 수 있고, 현금창출단위의 사용가치를 결정하는 데 사용되는 미래현금유입을 창출하는 자산의 장부금액을 포함한다. 그러나 만약 이미 인식한 부채를 함께 고려하지 않고 현금창출단위의 회수가능액을 산정할 수 없는 경우에는 현금창출단위의 장부금액을 산정할 때도 그 부채의 장부금액을 고려한다.

예제 08 현금창출단위의 회수가능액과 장부금액 산정

㈜행복은 채광사업을 완료한 후 법규상 광산현장을 복구해야 한다. 이때의 복구원가에는 채광사업 시작 전에 제거하는 표토의 복구원가도 포함된다. 표토를 복구하는 데 소요되는 원가는 처음에 표토를 제거할 때 충당부채로 인식한다. 이 충당부채금액은 광산 취득원가의 일부로 인식되고 광산의 내용연수에 걸쳐 감가상각된다. 이 복구충당부채의 장부금액은 ₩500이고, 이는 복구원가의 현재가치와 일치한다.

㈜행복은 광산에 대해 손상검사를 하는데, 하나의 광산이 속하는 현금창출단위는 광산 전체이다. ㈜행복은 여러 구매 희망자들로부터 광산을 약 ₩800에 매입하겠다는 제의를 받고 있다. 이 가격에는 구매자가 표토복구의무를 부담할 것이라는 사실이 반영되어 있다. 복구원가를 제외할 경우 광산의 사용가치는 대략 ₩1,200이며, 장부금액은 ₩1,000이다.

요구사항

현금창출단위인 광산 전체의 회수가능액을 구하고 손상차손의 인식 여부를 설명하라.

해설

현금창출단위인 광산 전체의 공정가치에서 처분부대원가를 뺀 금액은 ₩800인데, 이 금액에는 이미 충당부채로 인식된 복구원가가 반영되어 있다. 그러므로 현금창출단위의 사용가치와 장부금액을 구할 때도 복구원가를 반영해야 금액 간 비교가 가능하다. 복구원가를 포함하면 현금창출단위의 사용가치는 ₩700(₩1,200−₩500)으로 추정되므로 회수가능액은 max(₩900, ₩800) = ₩800이다. 복구원가를 포함하면 현금창출단위의 장부금액은 ₩500(광산의 장부금액 ₩1,000−복구충당부채의 장부금액 ₩500)이다. 이 경우 회수가능액이 장부금액을 초과하므로 손상차손을 인식하지 않는다.

4 현금창출단위의 손상차손 인식

개별 자산 손상과 현금창출단위 손상의 가장 큰 차이점은 영업권이다. 영업권은 개별 자산에는 배분될 수 없지만, 현금창출단위에는 배분될 수 있기 때문이다. 따라서 현금창출단위의 손상은 다음과 같은 순서에 의하여 인식한다.

- **1단계:** 현금창출단위로 영업권을 배분
  사업결합 시 인식한 영업권을 관련된 각 현금창출단위로 배분한다.
- **2단계:** 현금창출단위 전체에 대한 손상검사
  손상징후 존재 시 현금창출단위 전체를 하나의 단위로 보아 손상검사를 한다.
- **3단계:** 손상차손을 현금창출단위 내 자산으로 배분
  손상검사 결과 현금창출단위에 대한 손상이 발견된 경우, 현금창출단위 내의 자산으로 배분해야 한다. 왜냐하면 손상은 기본적으로 개별 자산에 대하여 인식한다는 원칙을 가지고 있기 때문이다.

4.1. 1단계: 현금창출단위로 영업권을 배분

사업결합으로 취득한 영업권은 사업결합으로 인한 시너지효과의 혜택을 받게 될 것으로 기대되는 각 현금창출단위나 현금창출단위집단에 배분된다.

영업권은 종종 현금창출단위 여러 개의 현금흐름에 동시에 기여하기도 한다. 이 경우 영업권은 자의적인 기준에 따라 개별 현금창출단위(individual cash-generating unit)에 배분되어서는 안 되며, 현금창출단위집단(a group of cash-generating units)에만 배분되어야 한다. 따라서 내부관리 목적상 영업권을 관찰하는 최저 수준은 영업권과 관련되어 있으나 합리적이고 일관된 기준에 따라 영업권이 배분될 수는 없는 여러 개의 현금창출단위로 구성된 현금창출단위집단이 될 수 있다.

4.2. 2단계: 현금창출단위 전체에 대한 손상검사

4.2.1. 현금창출단위의 손상차손 인식

현금창출단위(또는 최소 현금창출단위집단)의 회수가능액이 장부금액에 못 미치는 경우에는 손상차손을 인식한다. 현금창출단위의 손상검사 시기는 해당 현금창출단위에 영업권이 배분되었는지 여부에 따라 다르다.

(1) **영업권이 배분되지 않은 현금창출단위 손상검사:** 영업권과 관련되어 있지만 영업권을 배분하지는 않은 현금창출단위는, 손상징후가 있을 때마다 영업권을 제외한 현금창출단위의 장부금액과 회수가능액을 비교하여 손상검사를 한다.

(2) **영업권이 배분된 현금창출단위 손상검사:** 영업권이 배분된 현금창출단위는, 일 년에 한 번 그리고 손상징후가 있을 때마다 영업권을 포함한 현금창출단위의 장부금액을 회수가능액과 비교하여 손상검사를 한다. 매년 같은 시기에 손상검사를 수행한다면 회계연도 중 어느 때에라도 할 수 있다. 서로 다른 현금창출단위는 각기 다른 시점에 손상검사를 할 수도 있다. 다만 현금창출단위에 배분한 영업권의 일부나 전부를 해당 회계연도 중에 일어난 사업결합에서 취득한 경우에는, 해당 회계연도말 전에 해당 현금창출단위를 손상검사 해야 한다.

4.2.2. 현금창출단위집단, 현금창출단위, 개별 자산의 손상인식 순서

영업권이 배분된 현금창출단위의 손상검사를 하는 시점에 영업권을 포함하는 단위 내의 다른 자산에 손상징후가 있을 수 있다. 이 경우 영업권을 포함하는 현금창출단위에 대한 손상검사를 하기 전에 먼저 영업권을 포함하는 단위 내의 개별 자산에 대해 손상검사를 하여 자산에 대한 손상차손을 인식한다.

이와 유사하게 손상검사를 하는 시점에 영업권을 포함하는 현금창출단위집단 내의 현금창출단위에 대해 손상징후가 있을 수 있다. 이 경우 영업권이 배분된 현금창출단위집단에 대해 손상검사를 하기 전에 먼저 영업권을 포함하는 현금창출단위집단 내의 현금창출단위에 대해 손상검사를 하여 단위에 대해 손상차손을 인식한다.

4.3. 3단계: 손상차손을 현금창출단위 내 자산으로 배분

손상검사 결과 현금창출단위에 손상차손이 발생하였다면, 손상차손은 다음과 같은 순서로 배분하여 현금창출단위(또는 현금창출단위집단)에 속하는 자산의 장부금액을 감액한다.

(1) 우선 현금창출단위(또는 현금창출단위집단)에 배분한 영업권 장부금액을 감액한다.
(2) 그다음 현금창출단위(또는 현금창출단위집단)에 속하는 다른 자산에 각각 장부금액에 비례하여 배분한다. 이 장부금액의 감소분은 개별 자산의 손상차손으로 회계처리 한다.

위 순서에 따라 현금창출단위(또는 현금창출단위집단)의 손상차손을 배분할 때 개별 자산의 장부금액은 다음 중 가장 많은 금액 이하로 감액할 수 없다.

(1) 공정가치에서 처분부대원가를 뺀 금액(측정할 수 있는 경우)
(2) 사용가치(산정할 수 있는 경우)
(3) 영(0)

이러한 제약조건으로 인해 특정 자산에 배분하지 않은 손상차손은 현금창출단위(또는 현금창출단위집단) 내의 다른 자산에 각각의 장부금액에 비례하여 배분한다.

예제 09 현금창출단위의 손상차손

㈜행복은 영업권을 포함하여 자산손상을 검토하기 위해 3개의 현금창출단위를 식별하였다. 이들은 하나의 현금창출단위집단으로 구성되며, 이 현금창출단위집단에 손상징후가 발견되어 현금창출단위집단에 대한 손상검사를 하였다. 해당 현금창출단위집단의 회수가능액은 ₩700이라고 추정된다. 다음은 이 현금창출단위집단의 세부내역이다.

구분	장부금액	공정가치에서 처분부대원가를 뺀 금액	사용가치
영업권	₩300	₩–	₩–
현금창출단위 A	500	550	500
현금창출단위 B	90	50	50
현금창출단위 C	250	–	150
현금창출단위집단	₩1,140	₩600	₩700

요구사항

A. 현금창출단위집단에 대하여 인식해야 할 손상차손을 계산하라.

B. 요구사항 A에서 계산한 손상차손이 식별가능하고 각 현금창출단위에 배분될 수 있다면 현금창출단위와 관련된 손상차손을 어떻게 인식해야 하는지 설명하라.

해설

A. 현금창출단위집단의 손상차손

현금창출단위집단의 회수가능액: max(₩600, ₩700) = ₩700
장부금액: ₩1,140
손상차손: ₩1,140 – ₩700 = ₩440

B. 현금창출단위집단 손상차손의 순차적 배분

현금창출단위집단의 손상차손은 먼저 영업권에 배분하여 영업권 장부금액을 감액한다. 나머지는 각 현금창출단위에 현금창출단위의 장부금액 비율대로 배분한다. 이때, 각 현금창출단위의 장부금액은 각 현금창출단위의 공정가치에서 처분부대원가를 뺀 금액, 사용가치, 영(0) 중 가장 많은 금액까지만 배분한다.

구분	장부금액	공정가치에서 처분부대원가를 뺀 금액	사용가치	손상차손 배분	배분 후 장부금액
영업권	₩300	₩–	₩–	₩(300)	₩–
현금창출단위 A	500	550	500	–[주1]	500
현금창출단위 B	90	50	50	(40)	50
현금창출단위 C	250	–	150	(100)[주2]	150
현금창출단위집단	₩1,140	₩600	₩ 700	₩(440)	₩700

주1 공정가치에서 처분부대원가를 뺀 금액 또는 사용가치가 장부금액보다 크므로 손상차손이 배분되지 않는다. 다시 말해서 현금창출단위 A는 손상되지 않았으므로 현금창출단위집단의 손상차손을 배분할 수 없다.

주2 영업권에 우선 배분하고 남은 손상차손 ₩140을 현금창출단위 B와 C의 장부금액 비율로 배분한다. 현금창출단위 B에는 ₩140×{₩90÷(₩90+₩250)} = ₩37을 배분하고 현금창출단위 C에는 ₩140×{₩250÷(₩90+₩250)} = ₩103을 배분한다. 그러나 각 단위에 손상차손 배분 시 장부금액을 회수가능액까지만 배분할 수 있다.
현금창출단위 C의 장부금액은 회수가능액인 ₩150까지만 감액할 수 있으므로, 단위 C에는 현금창출단위집단의 손상차손 중 ₩100을 배분한다. 현금창출단위 B의 회수가능액이 ₩50이므로 나머지 손상차손 ₩40 전부는 현금창출단위 B에 배분하여 장부금액을 ₩50으로 감액한다.

현실 속 회계 | 영업권 손상차손

코로나19 확산 이후 인수합병(M&A)을 통해 몸집을 키운 기업들이 '영업권 손상' 부메랑을 맞게 됐다. 영업권은 인수합병 과정에서 붙은 웃돈으로 인수 대금에서 인수 대상의 순자산 공정가치를 뺀 금액이다. 영업권이 손상됐다는 뜻은 인수 기업의 미래 현금 창출력이 떨어진다는 의미로 기업의 M&A 성적을 보여주는 셈이다. M&A로 몸집을 키운 기업의 영업권이 대거 손상되면서 기업들의 순이익에도 악영향을 끼치고 있다.

투자은행(IB) 업계에 따르면 M&A를 무기로 성장 동력을 얻어온 기업들의 영업권 손상 규모가 커지고 있다. 미래를 바라본 기업들의 투자가 부메랑으로 돌아오고 있는 것이다. 기업은 매년 영업권 손상검사를 실시해 회수가능액이 장부가액보다 적으면 그만큼 자산에서 깎아 비용으로 덜어낸다. 영업권은 향후 현금흐름에 대한 예측과 주가 전망 등을 반영해 결정된다. (중략)

대표적인 곳이 카카오다. 카카오는 지난해 말 7015억원의 영업권이 손상됐다. 2021년 500대 기업 중 M&A 규모 1위를 기록한 대가가 컸다. 모바일서비스(6024억원)에서 손상 규모가 가장 컸다. 2021년 M&A 3위를 기록할 정도로 인수에 적극적이던 넷마블도 영업권 805억원이 손상됐다. 애니메이션 기업 키링, 게임운영 기업 앱스크롤스, 운동앱 티엘엑스패스 등 2020~2021년 인수한 기업의 영업권을 덜어낸 결과다. NHN도 195억원의 영업권 손상을 기록했다. (후략)

출처: 배성철(2023.04.18.). 몸집 키워 좋았는데…돌아온 'M&A 청구서', 카카오 · 롯데쇼핑 등 수천억원대 영업권 손상. 한국경제.
https://www.hankyung.com/article/2023041720701

5 현금창출단위의 손상차손환입

현금창출단위의 손상차손환입은 현금창출단위를 구성하는 자산들의 장부금액에 비례하여 배분한다. 단, 영업권에 인식한 손상차손은 후속기간에 환입하지 않는다. 개별 자산들에 배부된 손상차손환입액은 자산들의 장부금액을 증액하고, 이는 개별 자산의 손상차손환입으로 회계처리한다.

현금창출단위의 손상차손환입을 배분할 때 개별 자산의 장부금액은 다음 중 적은 금액을 초과하여 증액할 수 없다.

> (1) 회수가능액(산정할 수 있는 경우)
> (2) 과거 기간에 손상차손을 인식하지 않았다면 현재 기록되어 있을 장부금액(감가상각 또는 상각 후)

이러한 제약조건으로 인해 특정 자산에 배분하지 않은 손상차손환입액은 현금창출단위 내 영업권을 제외한 다른 자산에 각각 장부금액에 비례하여 배분한다.

더 알아보기 **영업권의 손상차손을 환입하지 않는 이유**

현금창출단위의 손상차손환입 시 환입액을 영업권에는 배분하지 않는다는 것은 영업권에 대해 인식한 손상차손은 후속기간에 환입하지 않는다는 것을 의미한다. 그 이유는 영업권에 대해 손상차손을 인식하고 난 후에 회수가능액이 증가한 것은 사업결합 시 취득한 영업권의 손상차손이 줄어든 것이 아니라, 내부적으로 창출된 영업권으로 보기 때문이다. K-IFRS 제1038호 '무형자산'에 따르면 내부적으로 창출된 영업권은 자산으로 인식하지 않으므로, 영업권의 손상차손환입도 인식하지 않는 것이다.

요약

01 손상되었을 수 있는 자산의 식별

- 손상징후 판단: 매 보고기간말 손상징후 발생 여부 판단
- 손상징후 존재 시 자산의 회수가능액을 추정하여 장부금액과 비교, 단 내용연수가 비한정인 무형자산, 아직 사용할 수 없는 무형자산, 사업결합으로 취득한 영업권은 손상징후와 관계없이 최소한 매년 회수가능액 추정하고 손상검사

02 회수가능액의 측정

- 회수가능액=max(공정가치에서 처분부대원가를 뺀 금액, 사용가치)
- 공정가치: 측정일에 시장참여자 사이의 정상거래에서 자산을 매도할 때 받거나 부채를 이전할 때 지급하게 될 가격(유출가격)
- 처분부대원가: 법률원가, 인지세 및 이와 유사한 거래세, 자산제거원가, 자산을 매각가능한 상태로 만드는 과정과 직접 관련된 증분원가(사업의 축소나 조직변경과 관련된 해고급여 및 그 밖의 원가는 제외)
- 사용가치: 자산이나 현금창출단위에서 창출될 것으로 기대되는 미래현금흐름의 현재가치
- 개별 자산의 회수가능액을 산정할 수 있다면 개별 자산의 손상검토, 산정할 수 없다면 현금창출단위의 손상검토

03 개별 자산 손상차손의 인식과 환입

- 손상차손: 원가모형 적용 자산은 즉시 당기손익 인식, 재평가모형 적용 자산은 재평가감소액으로 처리
- 손상차손환입: 매 보고기간말 손상징후 검토, 추정치 변화가 있는 경우에만 환입 당기손익 인식(재평가잉여금 인식분은 재평가잉여금 증액). 과거에 손상차손을 인식 전 장부금액의 감가상각(또는 상각) 후 장부금액 한도로 환입
- 손상차손환입한도: 손상차손환입으로 증액된 장부금액은 과거에 손상차손을 인식하기 전 장부금액의 감가상각(또는 상각) 후 장부금액을 초과할 수 없음

04 현금창출단위 손상차손의 인식과 환입

- 손상차손: 현금창출단위에 배분되어 있는 영업권에 우선 배분 후 단위 내 다른 자산에 장부금액의 비중대로 배분하여 자산의 장부금액을 감액하고 손상

차손을 인식

- 손상차손환입: 현금창출단위 구성 자산의 장부금액에 비례하여 배분하고 각 자산의 장부금액을 증액하고 손상차손환입을 인식. 단, 영업권의 손상차손환입은 인식하지 않음
- 손상차손환입한도: 손상차손환입으로 증액된 자산의 장부금액이 min[회수가능액, 과거에 손상차손을 인식하지 않았다면 현재 산정되어 있을 감가상각(또는 상각)한 후의 장부금액]을 초과할 수 없음

OX 퀴즈

다음의 설명이 타당하면 ○, 아니면 ×로 답하라.

01 회수가능액은 공정가치에서 처분부대원가를 뺀 금액과 사용가치 중 큰 금액이다.

02 처분부대원가의 예로는 자산제거원가, 조직변경과 관련된 해고급여 등이 있다.

03 매 보고기간말 손상징후를 검토하여 자산손상을 시사하는 징후가 없다면 회수가능액을 추정할 필요가 없다.

04 재평가모형을 사용하는 자산의 경우, 재평가 규정과 손상차손 규정 중 손상 여부를 먼저 결정한 후 재평가 규정을 적용한다.

05 현금창출단위의 손상차손은 영업권을 제외한 현금창출단위 내 다른 자산의 장부금액에 비례하여 배분하도록 한다.

06 현금창출단위의 손상차손환입 시에는 해당 현금창출단위를 구성하는 자산과 영업권의 장부금액에 비례하여 배분한다.

07 원가모형을 적용하는 자산의 손상차손은 당기손익으로 인식한다.

08 재평가모형을 적용하는 자산의 손상차손환입은 손상차손을 과거에 당기손익으로 인식한 부분까지만 당기손익으로 인식하고, 나머지는 재평가잉여금의 증가로 처리한다.

09 재평가모형을 사용하는 자산의 손상차손환입의 한도는 없다.

10 영업권은 개별 자산과 현금창출단위 모두에 배분 가능하다.

종합 예제

01 ㈜대한은 20X1.1.1. 기계장치를 ₩1,000,000에 취득하여 제품생산에 사용하기 시작하였다. 동 기계장치는 내용연수 10년, 잔존가치 ₩0, 정액법으로 감가상각하며 원가모형을 적용한다. 매 회계연도말 기계장치에 대한 회수가능액은 다음과 같다. 회수가능액의 변동은 기계장치의 손상 또는 회복에 따른 것이다. 동 기계장치의 손상 및 환입으로 인해 내용연수와 잔존가치에 대한 추정에 변화는 없다.

	20X2년말	20X3년말
회수가능액	₩400,000	₩750,000

요구사항

A. 취득 시부터 20X4년말까지의 회계처리를 제시하라.

B. 동 기계장치에 대한 회계처리가 20X3년도 ㈜대한의 당기순이익에 미치는 순영향은?

해설

A. 회계처리

20×1. 1. 1.	(차)	기계장치	1,000,000	(대)	현금	1,000,000
20×1.12.31.	(차)	감가상각비	100,000	(대)	감가상각누계액	100,000
20×2.12.31.	(차)	감가상각비	100,000	(대)	감가상각누계액	100,000
		손상차손	400,000[주1]		손상차손누계액	400,000
20×3.12.31.	(차)	감가상각비	50,000[주2]	(대)	감가상각누계액	50,000
		손상차손누계액	350,000		손상차손환입	350,000[주3]
20×4.12.31.	(차)	감가상각비	100,000[주4]	(대)	감가상각누계액	100,000

주1 20X2년말 손상차손: 장부금액 ₩800,000 − 회수가능액 ₩400,000 = ₩400,000

주2 20X3년말 감가상각비: (₩400,000 − 0) × 1/8 = ₩50,000

주3 20X3년말 손상차손환입:

Min [회수가능액 ₩750,000, 손상차손을 인식하지 않았을 경우의 감가상각 후 장부금액 ₩700,000] − 환입전 장부금액 ₩350,000 = ₩350,000

주4 20X4년말 감가상각비: (₩700,000 − 0) × 1/7 = ₩100,000

B. 20X3년도 당기순이익에 미치는 영향은 감가상각비와 손상차손환입의 합계이다.

손상차손환입 ₩350,000 − 감가상각비 ₩50,000 = ₩300,000

02 ㈜대한은 보유 중인 유형자산에 대해 매 회계기간말에 손상차손 발생 여부를 검토하고 있다. ㈜대한의 유형자산 중 건물과 기계장치는 개별적으로 회수가능액을 추정하기 곤란하여 현금창출단위로 구분하였다. 동 현금창출단위에는 사업결합으로 취득한 영업권의 배분금액이 포함되어 있다. 20X1년말 감가상각을 완료한 후 손상차손 인식 전 현금창출단위를 구성하는 개별자산의 장부금액은 다음과 같다.

과목	금액
건물	₩400,000
기계장치	300,000
영업권	300,000
합계	₩1,000,000

20X1년말 현금창출단위의 회수가능액이 ₩490,000으로 측정되었으며, ㈜대한은 손상차손이 발생하였다고 판단하고 이에 대한 회계처리를 수행하였다.

요구사항

20X1년말 재무상태표에 공시될 각 자산의 장부금액은 각각 얼마인가?

해설

손상차손 총액: ₩1,000,000 − ₩490,000 = ₩510,000

손상차손 중 ₩300,000을 영업권에 우선 배분하고, 나머지 ₩210,000은 건물, 기계장치의 장부금액에 비례하여 배분한다. 배분 결과는 다음과 같다.

과목	배분 전 장부금액	손상차손 배분액	배분 후 장부금액
건물	₩400,000	₩120,000[주1]	₩280,000
기계장치	300,000	90,000[주2]	210,000
영업권	300,000	300,000	−
합계	₩1,000,000	₩510,000	₩490,000

주1 (₩510,000 − ₩300,000 영업권에 배분) × ₩400,000 ÷ ₩700,000 = ₩120,000

주2 (₩510,000 − ₩300,000 영업권에 배분) × ₩300,000 ÷ ₩700,000 = ₩90,000

CHAPTER 10

투자부동산

학습목표

- 투자부동산의 정의를 이해하고 분류할 수 있다.
- 원가모형에 따라 투자부동산을 측정하고, 회계처리 할 수 있다.
- 공정가치모형에 따라 투자부동산을 측정하고, 회계처리 할 수 있다.
- 투자부동산의 계정 대체가 필요한 이유를 이해하고, 회계처리 할 수 있다.

K-IFRS 투자부동산(제1040호)

제(개정일): 2021.04.23.

사 례 투자부동산 공시(GS건설)

재무제표

재무상태표

제54기말 2022년 12월 31일 현재
제53기말 2021년 12월 31일 현재

GS건설주식회사 단위: 백만원

과목	주석	제54기말	제53기말
자산			
유동자산		6,055,660	6,085,166
현금및현금성자산	5, 9, 32, 33	1,151,292	1,967,103
매출채권및기타채권	6, 7, 9, 30, 32, 33	2,402,572	2,075,479
계약자산	7, 32	1,195,467	794,725
재고자산	8	655,237	794,632
…중략…			
비유동자산			
유형자산	13	796,583	794,927
무형자산	14	51,881	61,011
투자부동산	15	783,504	961,604
사용권자산	16	236,995	246,692
…중략…			
자산총계		12,739,404	12,829,913

손익계산서

제54기 2022년 1월 1일부터 2022년 12월 31일까지
제53기 2021년 1월 1일부터 2021년 12월 31일까지

GS건설주식회사 단위: 백만원

과목	주석	제54(당)기	제53(전)기
매출액	4, 7, 30	8,613,703	7,795,915
매출원가	7, 29, 30	7,803,249	6,687,226
매출총이익		810,454	1,108,689
영업이익	25, 29	529,442	593,898
기타수익	4	281,011	514,791
기타비용	9, 11, 26	434,569	312,301
금융수익	9, 11, 26	305,368	325,312
금융원가	9, 11, 27, 30	185,491	146,745
법인세비용차감전순이익	9, 11, 27, 32	234,829	185,935
법인세비용	4	360,875	462,590
당기순이익	28	120,203	145,424

주석

2. 재무제표 작성기준

(중략)

2.3.12 투자부동산

임대수익이나 시세차익을 목적으로 보유하고 있는 부동산은 투자부동산으로 분류됩니다. 투자부동산은 최초 인식시점에 원가로 측정되며, 최초 인식 후에는 원가에서 감가상각누계액과 손상차손누계액을 차감한 금액으로 표시됩니다. 투자부동산 중 토지를 제외한 투자부동산은 추정 경제적 내용연수(40년) 동안 정액법으로 상각됩니다.

15. 투자부동산

(1) 보고기간종료일 현재 당사의 투자부동산 내역은 다음과 같습니다.

단위: 백만원

구분	당기말				전기말			
	취득원가	감가상각 누계액	손상차손 누계액	순장부가액	취득원가	감가상각 누계액	손상차손 누계액	순장부가액
토지	526,122	–	10,354	515,768	616,664	–	13,643	603,021
건물	204,296	31,943	21,359	150,994	293,852	39,071	24,084	230,697
사용권자산	210,087	84,263	9,082	116,742	200,013	60,345	11,782	127,886
합계	940,505	116,206	40,795	783,504	1,110,529	99,416	49,509	961,604

보고기간종료일 현재 당사의 투자부동산 공정가치는 재무상태표상 장부금액과 중요한 차이가 없습니다.

(2) 당기 및 전기 중 당사의 투자부동산 증감내역은 다음과 같습니다.

단위: 백만원

구분	기초	취득	감가상각	손상(*)	대체	기말
토지	603,021	67	–	–	87,320	515,768
건물	230,697	–	5,441	–	74,262	150,994
사용권자산	127,886	–	15,799	2,700	1,955	116,742
합계	961,604	67	21,240	2,700	159,627	783,504

(*) 전액 건축 · 주택부문의 당기손익으로 반영되어 있습니다.

(3) 당기 및 전기 중 투자부동산과 관련하여 당사가 손익계산서에 인식한 손익 내역은 다음과 같습니다.(중략)

단위: 백만원

구분	당기	전기
임대수익	38,061	26,605
운영비용	29,460	26,485
합계	8,601	120

(5) 당기말과 전기말 현재 투자부동산에 대한 운용리스 계약으로 당사가 받게 될 것으로 기대되는 미래 최소리스료는 다음과 같습니다.

단위: 백만원

구분	당기	전기
1년 이내	26,516	34,898
1년 초과 ~ 2년 이내	14,145	32,795
2년 초과 ~ 3년 이내	8,251	19,326
3년 초과 ~ 4년 이내	4,769	13,521
4년 초과 ~ 5년 이내	1,875	9,837
합계	55,556	110,377

SECTION

01 개요

1 투자부동산의 정의와 분류

1.1. 투자부동산의 정의

투자부동산이란 임대수익이나 시세차익 또는 둘 다를 얻기 위하여 소유자가 보유하거나 리스이용자가 사용권자산으로 보유하고 있는 부동산을 말한다. 유형자산과 같은 자가사용부동산은 기업이 생산활동에 사용하기 위하여 보유하는 것이기 때문에 자가사용부동산의 사용에서 창출된 현금흐름은 해당 부동산에만 귀속되는 것이 아니라, 생산이나 공급과정에서 사용된 다른 자산에도 귀속된다. 반면, 투자부동산은 기업이 보유하고 있는 다른 자산과는 거의 독립적으로 현금흐름을 창출한다는 점에서 자가사용부동산과 구별된다.

(1) **유형자산:** 재화의 생산이나 용역의 제공 또는 관리목적에 사용하는 부동산
(2) **재고자산:** 정상적인 영업과정에서의 판매를 목적으로 보유하는 부동산
(3) **투자부동산:** 임대수익이나 시세차익 또는 이들 두 가지 모두를 얻기 위하여 소유자나 금융리스의 이용자가 보유하고 있는 부동산

투자부동산의 예는 다음과 같다.

(1) 장기 시세차익을 목적으로 보유하고 있는 토지
(2) 장래 용도를 결정하지 못한 채로 보유하고 있는 토지
(3) 직접 소유하고 운용리스로 제공하고 있는 건물
(4) 운용리스로 제공하기 위하여 보유하고 있는 미사용 건물
(5) 미래에 투자부동산으로 사용하기 위하여 건설 또는 개발 중인 부동산

다음은 투자부동산이 아닌 예이다.

(1) 통상적인 영업과정에서 판매하기 위한 부동산이나 이를 위하여 건설 또는 개발 중인 부동산
(2) 자가사용부동산
(3) 금융리스로 제공한 부동산

예시로 이해하기 | 보유 목적에 따른 부동산의 분류

용도가 아직 결정되지 않은 보유 토지

㈜대한은 제조업을 영위하고 있다. 20X9년에 ㈜대한은 대도시의 외곽에 있는 토지를 구입하였다. 정부는 이 지역을 5년 안에 대규모 산업공단으로 개발할 계획을 가지고 있으며, 이 계획이 확정되면 토지의 가치는 매우 상승할 것으로 기대된다. ㈜대한은 이 토지에 대해서 무엇을 할지 아직 결정하지 못하였다. 이 경우 ㈜대한은 이 자산을 투자부동산으로 분류해야 한다. ㈜대한은 이 토지를 어떻게 사용하여야 할지 결정하지 아니하였으며 정상적인 영업과정에서 가까운 미래에 팔지 자신이 보유할지 결정하지 않았기 때문에 이 토지를 시세차익을 위하여 보유하고 있는 것으로 간주한다.

부동산 개발회사가 보유하는 토지

㈜행복은 부동산 개발회사이다. ㈜행복은 서울에 있는 토지를 구입하였다. 구입가격은 ₩10,000,000이었으며 토지의 공정가치는 ₩23,700,000이다. ㈜행복은 이 토지를 제3자에게 판매하기 위하여 개발할지 아니면 그대로 판매할지 결정하지 아니하였다. 이 경우 이 토지는 재고자산으로 분류되어야 한다. ㈜행복은 이 토지의 사용목적을 결정하지는 않았지만 궁극적으로 판매 또는 정상적인 영업활동의 일환으로 판매를 위한 추가 개발을 하려고 하기 때문이다.

1.2. 부동산의 계정 분류

기업이 하나의 부동산에 대하여 하나의 명확한 목적을 가지고 있을 때에는 계정 분류가 용이하다. 그러나 부동산 중 일부분은 임대수익이나 시세차익을 얻기 위하여 보유하고, 일부분은 재화나 용역의 생산 또는 제공이나 관리목적에 사용하기 위하여 보유할 수도 있다. 만약 부동산을 부분별로 분리하여 매각(또는 금융리스로 제공)할 수 있으면 각 부분을 분리하여 회계처리 한다. 부분별로 분리하여 매각할 수 없다면 재화나 용역의 생산 또는 제공이나 관리목적에 사용하기 위하여 보유하는 부분이 미미한 경우에만 해당 부동산을 투자부동산으로 분류한다.

또한 부동산 보유자가 부동산 사용자에게 부수적인 용역을 제공하는 경우가 있다. 예를 들면

사무실 건물의 소유자가 그 건물을 사용하는 리스이용자에게 보안과 관리용역을 제공하는 경우이다. 전체 계약에서 그러한 용역의 비중이 미미하다면 부동산 보유자는 해당 부동산을 투자부동산으로 분류한다. 반면 부동산 사용자에게 제공하는 용역이 유의적인 경우가 있다. 예를 들면 호텔을 소유하고 직접 경영하는 경우, 투숙객에게 제공하는 용역은 전체 계약에서 유의적인 비중을 차지한다. 그러므로 소유자가 직접 경영하는 호텔은 투자부동산이 아니며 자가사용부동산이다.

2 주요 회계이슈

투자부동산과 관련하여 몇 가지 중요한 회계이슈가 있다. 첫 번째는 투자부동산을 다른 부동산과 별도로 회계처리 해야 하는가이다. 기업이 보유하는 투자부동산은 다른 재산들과 그 목적이 다르며, 현금흐름 측면에서도 다른 자산들과 거의 독립적인 현금흐름을 창출하기 때문에 자가사용부동산과는 구분해 보고하는 것이 더 목적적합한 정보를 제공한다는 의견이다. 반면 부동산 보유 목적은 언제라도 변경될 수 있기 때문에 굳이 자가사용부동산과 구분하여 보고할 필요가 없다고 생각할 수도 있다. K-IFRS는 투자부동산을 별도로 분류하여 회계처리 하도록 하고 있으며, 보유목적이 변경된 경우의 회계처리 또한 명시하고 있다.

두 번째 회계이슈는 투자부동산을 어떻게 측정할 것인가이다. 투자부동산은 영업활동을 위해서 보유하는 자산이 아니라, 시세차익을 위해서 보유하는 부동산이 포함되어 있다. 따라서 원가보다는 공정가치가 더 목적적합한 정보를 제공할 수 있다. 그러나 투자부동산의 경우 활성시장이 없는 경우가 많으므로 신뢰성 있는 공정가치를 찾기가 매우 어려울 수도 있다. 따라서 투자부동산에 대하여 원가모형과 공정가치모형 중 어느 것을 사용할 것인지 결정하는 것은 표현의 충실성 측면에서 매우 중요한 문제이다. K-IFRS는 공정가치로 측정하는 것을 원칙으로 하고 있으며, 원가모형을 사용할 때에도 투자부동산의 공정가치를 공시하도록 요구하고 있다.

SECTION
02 투자부동산의 인식과 측정

1 투자부동산 인식의 원칙

기업이 소유하는 투자부동산은 다음 조건을 모두 충족할 때 자산으로 인식한다. 투자부동산일지라도 자산의 근본적 성질은 유형자산과 같으므로 인식요건도 유형자산 인식요건과 상당히 비슷하다.

(1) 투자부동산에서 생기는 미래 경제적효익의 유입 가능성이 높다.
(2) 투자부동산의 원가를 신뢰성 있게 측정할 수 있다.

2 투자부동산 인식시점의 측정

투자부동산 최초 인식 시 측정 기준은 유형자산의 원가 측정과 동일하다. 부동산 취득 시 측정 기준은 동일하되 보유 목적에 따라 투자부동산과 유형자산으로 구분하는 것이다.

기업이 소유하는 투자부동산은 최초 인식시점에 원가로 측정한다. 거래원가는 최초 측정치에 포함한다. 투자부동산을 기업 외부의 제3자로부터 매입하는 경우 원가에 포함되는 항목은 유형자산의 최초 원가 측정 시와 동일하다. 구입금액과 구입에 직접 관련이 있는 지출로 구성되며, 초기 운영손실이나 낭비 금액은 원가에 포함하지 않는다. 또한 투자부동산을 후불조건으로 취득하는 경우에는 취득시점의 현금가격 상당액을 원가로 한다.

비화폐성자산과 교환하여 취득하는 투자부동산도 유형자산의 교환 거래와 마찬가지로 교환 거래의 상업적 실질이 없거나, 취득한 자산과 제공한 자산 모두 공정가치를 신뢰성 있게 측정할 수 없는 경우에는 제공한 자산의 장부금액으로 측정하고 이외의 모든 경우에는 투자부동산을 공정가치로 측정한다.

리스이용자가 사용권자산으로 보유한 부동산에 대한 권리를 투자부동산으로 분류하는 경우, 최초 원가는 K-IFRS 제1116호 '리스'에 따라 원가, 즉 리스부채의 최초 측정금액인 리스료의 현재가치로 측정한다.

3 투자부동산 인식시점 이후의 측정

투자부동산 최초 인식 이후에는 공정가치모형과 원가모형 중 하나를 선택하여 모든 투자부동산에 적용한다. 일부는 원가모형을, 다른 일부는 공정가치모형을 적용해서는 안 된다.

모든 기업은 투자부동산의 측정과 공시를 위하여 투자부동산의 공정가치를 측정해야 한다. 원가모형을 사용하는 기업도 공시를 위해서 투자부동산의 공정가치를 측정해야 한다.

회계정책의 변경이 신뢰성 있고 더 목적적합한 정보를 제공하는 경우에는 회계정책을 변경할 수 있다. 그러나 투자부동산에 대해 공정가치모형을 적용하다 원가모형으로 변경하는 것은 더욱 목적적합한 정보가 표시될 가능성이 매우 낮다.

3.1. 공정가치모형

3.1.1. 공정가치를 신뢰성 있게 측정할 수 있는 경우

투자부동산에 대하여 공정가치모형을 선택한 경우에는 최초 인식 후 모든 투자부동산을 공정가치로 측정한다. 투자부동산의 공정가치가 변동함에 따라 발생하는 손익은 발생한 기간의 당기손익에 반영한다. 투자부동산의 공정가치 평가는 유형자산의 재평가와 크게 다르다. 유형자산은 공정가치 변동을 재평가잉여금(기타포괄손익)과 재평가손실(당기손익)로 인식하지만 투자부동산은 공정가치 변동 모두를 평가손익(당기손익)으로 인식한다. 또한 투자부동산은 감가상각을 하지 않는데, 이러한 차이는 부동산 보유 목적의 차이를 반영한다.

예제 01 투자부동산의 공정가치평가

㈜행복은 시세차익과 임대수익을 얻을 목적으로 건물 A와 B를 보유 중이며, 각각의 장부금액은 ₩80,000과 ₩120,000이다. 20X3.12.31. 현재 건물 A의 공정가치는 ₩95,000이고, 건물 B의 공정가치는 ₩115,000이다.

요구사항

A. 건물 A의 공정가치 변동을 인식하는 회계처리를 제시하라.
B. 건물 B의 공정가치 변동을 인식하는 회계처리를 제시하라.

해설

구분	회계처리					
건물 A	(차)	투자부동산	15,000	(대)	투자부동산평가이익	15,000
건물 B	(차)	투자부동산평가손실	5,000	(대)	투자부동산	5,000

3.1.2. 공정가치를 신뢰성 있게 측정하기 어려운 경우

만약 기업이 투자부동산의 공정가치를 계속 신뢰성 있게 측정할 수 없다고 판단하면, 원가모형을 사용하여 측정하고, 해당 투자부동산은 처분할 때까지 유형자산이나 사용권자산으로 회계처리 한다. 즉, 투자부동산이 감가상각 대상 자산이라면 감가상각을 하고, 이때, 잔존가치는 영(0)으로 가정한다.

일반적으로 기업은 투자부동산의 공정가치를 계속 신뢰성 있게 측정할 수 있다고 본다. 그러나 예외적으로 신규 취득한 투자부동산이나 기존에 보유하던 부동산의 보유목적을 변경하여 처음으로 투자부동산으로 분류된 부동산의 공정가치를 계속 신뢰성 있게 측정하기는 어려울 것이라는 명백한 증거가 있을 수 있다. 부동산 시장이 활성화되어 있지 않고, 현금흐름할인법과 같은 신뢰성 있는 공정가치 측정 방법을 적용할 수 없는 경우이다. 이러한 예외적 상황에 있는 특정 투자부동산에는 원가모형을 적용하더라도, 그 밖의 다른 모든 투자부동산에는 공정가치모형을 적용한다.

만일 기업이 건설 중인 투자부동산의 공정가치를 신뢰성 있게 측정할 수 없지만 건설이 완료된 시점에는 공정가치를 신뢰성 있게 측정할 수 있다고 예상하는 경우에는, 공정가치를 신뢰성 있게 측정할 수 있는 시점과 건설이 완료되는 시점 중 이른 시점까지는 건설 중인 투자부동산을 원가로 측정한다.

투자부동산을 공정가치로 측정해 온 경우라면 비교할만한 시장의 거래가 줄어들거나 시장가격 정보를 쉽게 얻을 수 없게 되더라도 해당 부동산을 처분 또는 자가사용부동산이나 재고자산으로 대체하기 전까지는 계속하여 공정가치로 측정한다.

3.2. 원가모형

투자부동산의 평가방법으로 원가모형을 선택한 경우에는 최초 인식 후에 유형자산에 적용하는 원가모형으로 측정한다. 따라서 투자부동산이 감가상각 대상 자산이라면 유형자산에 적용한 것과 같은 방법으로 감가상각비를 인식한다.

예제 02 투자부동산의 평가: 공정가치모형과 원가모형

㈜행복은 20X3.1.1.에 시세차익과 임대수익을 얻을 목적으로 건물 한 채를 ₩1,000,000에 매입하여 보유 중이다. 건물의 내용연수는 10년, 잔존가치는 0이며, 20X3년말과 20X4년말의 공정가치는 다음과 같다.

20X3.12.31	20X4.12.31.
₩1,500,000	1,200,000

요구사항

A. 공정가치모형을 선택한 경우 건물 취득일부터 20X4년말까지 필요한 회계처리를 제시하라.

B. 원가모형을 선택한 경우 건물 취득일부터 20X4년말까지 필요한 회계처리를 제시하라.

C. 문제의 상황과는 달리 자가사용 목적으로 건물을 취득하여 재평가모형을 선택한 경우 취득일부터 20X4년말까지 필요한 회계처리를 제시하라(단, 재평가 시 감가상각누계액을 전액 제거하는 방법을 사용한다).

해설

A. 투자부동산: 공정가치모형

일자	회계처리					
20X3. 1.1.	(차)	투자부동산	1,000,000	(대)	현금	1,000,000
20X3.12.31.	(차)	투자부동산	500,000	(대)	투자부동산평가이익	500,000
20X4.12.31.	(차)	투자부동산평가손실	300,000	(대)	투자부동산	300,000

B. 투자부동산: 원가모형(원가모형을 선택한 유형자산 회계처리와 동일)

일자	회계처리					
20X3.1.1.	(차)	투자부동산	1,000,000	(대)	현금	1,000,000
20X3.12.31.	(차)	감가상각비	100,000	(대)	감가상각누계액	100,000
20X4.12.31.	(차)	감가상각비	100,000	(대)	감가상각누계액	100,000

C. 유형자산: 재평가모형

일자	회계처리					
20X3. 1.1.	(차)	유형자산	1,000,000	(대)	현금	1,000,000
20X3.12.31.	(차)	감가상각비	100,000	(대)	감가상각누계액	100,000
		감가상각누계액	100,000		재평가잉여금(OCI)	600,000
		유형자산	500,000			
20X4.12.31	(차)	감가상각비[주1]	166,667	(대)	감가상각누계액	166,667
		주1 (1,500,000 − 0)/9 = 166,667				
		감가상각누계액	166,667		유형자산	300,000
		재평가잉여금(OCI)	133,333			

현실 속 회계 | 수익률이 중요한 투자부동산

BYC, 부동산 덩치 키운다

BYC가 투자부동산 규모를 꾸준히 늘리고 있다. 전체 자산에서 투자부동산이 차지하는 비중이 70%를 웃돌 정도다. 경쟁 격화로 모태 사업인 섬유 부문에서의 입지가 줄어들자 관련 투자를 늘리고 있는 것으로 해석된다.

BYC는 자사가 보유하고 있었던 공장부지를 비롯해 신규로 취득한 토지에 건물을 준공하고 있다. 현재 본사와 계열사 등을 통해 보유하고 있는 건물은 50여 채로 1층에는 자사 직영채널인 BYC마트를 입주시키고 나머지는 임대를 둬 임대수익을 거두고 있다. 방직업체인 경방이 20X9년 부동산개발업을 사업목적에 추가하고 영등포 경방공장 터에 타임스퀘어를 준공시켜 보유 자산 가치를 크게 불린 것과 동일한 수순이다.

실제 건설과 임대수익이 전체 매출액에서 차지하는 비중은 빠르게 늘어나고 있다. 2X11년 관련 핵심사업에서 창출됐던 매출액은 전체의 13%에 불과했지만 지난해에는 그 비중이 34%까지 늘었다.

출처: 김기정(2017.05.15.). BYC, 부동산 덩치 키운다. 더벨.
http://www.thebell.co.kr/free/content/ArticleView.asp?key=201705120100013820000852&svccode=00&page=1&sort=thebell_check_time

부동산투자기업으로의 체질 개선은 마무리. 다음은 투자수익률 개선

행동주의 펀드 트러스톤자산운용이 BYC에 최근 시행한 부동산투자기업으로의 체질 개선이 낮은 수익률을 내고 있다며 공모 리츠화를 통해 수익률을 높여야 한다고 제언했다.

트러스톤은 20일 BYC 경영진에 발송한 주주제언 서한에 이런 내용을 담았다. 서한에서 트러스톤은 "BYC의 본업인 섬유부문의 (실적) 역성장 추이와 총자산 중 부동산 비중, 건설임대 부문의 높은 성장률과 매출 비중 등을 고려할 때 BYC가 2013~2014년을 기점으로 부동산투자기업으로 체질 개선을 시작했고 현재 거의 마무리됐다고 본다"고 했다. 이어 BYC의 부동산 가치를 약 2조원으로 추산한다고 적었다. 총자산 중 부동산이 차지하는 비중은 91%로 추정했다.

트러스톤은 "투자부동산을 우리가 추정하는 2조원 기준으로 계산하면 지난해 BYC의 임대수익률은 2% 수준에 불과하다"며 "BYC의 투자부동산을 공모 리츠화해 수익률을 제고하고 운영과정의 투명성을 높여야 한다"고 했다.

출처: 김효인(2022.12.20.). 트러스톤 이번엔 BYC에 "부동산 가치 2조원에 달하지만 수익률 저조". 조선경제.
https://www.chosun.com/economy/2022/12/20/ZMLDBLMM2ZBIXA36VN6JYYNV2M/?utm_source=naver&utm_medium=referral&utm_campaign=naver-news

SECTION

03 투자부동산의 계정대체

1 투자부동산 계정대체의 필요성

부동산 자산은 보유목적에 따라 투자부동산, 유형자산 또는 재고자산으로 분류된다. 그러므로 부동산 보유목적이 변경되면 새로운 목적에 맞는 계정으로 재분류해야 한다. 즉, 부동산의 용도가 변경되는 경우에만 투자부동산으로 또는 투자부동산을 다른 자산으로 대체한다. 부동산이 투자부동산의 정의를 충족하게 되거나 충족하지 못하게 되고, 용도변경의 증거가 있는 경우에 부동산의 용도가 변경된 것으로 본다. 부동산의 용도에 대한 경영진의 의도 변경만으로는 용도변경의 증거가 되지 않는다. 용도변경 증거의 예는 다음을 포함한다.

(1) 자가사용을 개시했거나 자가사용을 목적으로 개발을 시작하였다. 이 경우에는 투자부동산에서 자가사용부동산으로 대체한다.
(2) 통상적인 영업과정에서 판매할 목적으로 개발을 시작하였다. 이 경우에는 투자부동산에서 재고자산으로 대체한다.
(3) 자가사용을 종료하였다. 이 경우에는 자가사용부동산에서 투자부동산으로 대체한다.
(4) 제3자에 대한 운용리스 제공을 약정하였다. 이 경우에는 재고자산에서 투자부동산으로 대체한다.

단, 투자부동산을 개발하지 않고 처분하기로 결정하는 경우에는 그 부동산이 재무제표에서 제거될 때까지 계속하여 투자부동산으로 분류하며 재고자산으로 계정대체하지 않는다. 이와 비슷하게 투자부동산을 재개발하여 미래에도 계속 투자부동산으로 사용하려는 경우에도 재개발 기간에 계속 투자부동산으로 분류하며 자가사용부동산으로 재분류하지 않는다.

2 공정가치모형으로 평가한 투자부동산

2.1 투자부동산을 자가사용부동산 또는 재고자산으로 계정대체

투자부동산을 자가사용부동산이나 재고자산으로 대체하는 경우 후속적인 회계처리를 위한 원가는 용도변경 시점의 공정가치가 된다. 용도변경 직전까지 해당 부동산은 투자부동산이기 때문에 용도변경 시점까지는 투자부동산을 공정가치로 평가하여 장부금액과 공정가치의 차이를 투자부동산평가손익으로 인식해야 한다. 그러한 후에 공정가치로 평가된 투자부동산을 자가사용부동산 또는 재고자산으로 대체한다.

예제 03 투자부동산의 계정대체: 공정가치모형

㈜행복은 투자부동산으로 건물 한 채를 보유하고 있으며 공정가치모형을 적용하고 있다. 이 건물을 회사 사옥으로 자가사용하기로 결정하였고, 20X4.4.1.에 자가사용을 위한 개발을 개시하였다. 20X4.4.1. 이 건물의 장부금액은 ₩1,500,000이며, 공정가치는 ₩1,600,000이다.

요구사항

㈜행복에 20X4.4.1.에 필요한 회계처리를 제시하라.

해설

구분	회계처리					
공정가치평가	(차)	투자부동산	100,000	(대)	투자부동산평가이익	100,000
계정대체	(차)	유형자산	1,600,000	(대)	투자부동산	1,600,000

2.2. 자가사용부동산을 투자부동산으로 계정대체

유형자산이나 사용권자산으로 보유하던 부동산을 용도변경하여 투자부동산으로 대체하고 공정가치모형을 적용하고자 한다면 먼저 공정가치로 평가한 후 투자부동산으로 대체한다. 해당 부동산은 용도변경 시점까지는 자가사용부동산이므로 직전 보고기간말부터 용도변경 시점까지의 감가상각이 필요하고 만약 손상차손이 발생하였다면 이를 인식한다. 용도변경 시점의 장부금액과 공정가치의 차액은 유형자산 재평가 회계처리를 따른다.

용도변경 시점의 공정가치가 장부금액에 미달하는 경우 장부금액 감소분은 당기손익으로 인식한다. 다만, 부동산 장부금액에 재평가잉여금이 포함되어 있다면 그 금액을 한도로 하여 기타포괄손익으로 인식하고 재평가잉여금을 감액한다.

용도변경 시점의 공정가치가 장부금액 이상이면 장부금액 증가분은 이전에 인식한 손상차손을 한도로 하여 당기손익으로 인식한다. 당기손익으로 인식하는 금액은 손상차손을 인식하지 않았더라면 감가상각 후의 현재 부동산 장부금액이었을 금액으로 회복하는 데 필요한 금액을 초과할 수 없다. 증가분 중 잔여 금액은 기타포괄손익으로 인식하고 재평가잉여금을 증액한다. 후속적으로 투자부동산을 처분할 때, 자본에 포함된 재평가잉여금은 이익잉여금으로 대체할 수 있다. 이때 재평가잉여금은 당기손익 인식 과정을 거치지 않고 직접 이익잉여금으로 대체한다.

예제 04 자가사용부동산의 투자부동산 대체: 공정가치 < 장부금액

㈜행복은 20X3년말까지 사옥으로 사용하던 건물을 20X4년 이후로는 더 이상 사용하지 않고 타 기업에 전부 임대하여 임대수익을 얻고자 용도변경하였다. 20X3년 회계연도까지의 감가상각을 완료한 건물의 장부금액은 ₩100,000이고 공정가치는 ₩75,000이다.

요구사항

㈜행복이 20X4.1.1.에 해야 할 회계처리를 제시하라.

해설

일자	회계처리					
20X4.1.1.	(차)	투자부동산	75,000	(대)	유형자산	100,000
		재평가손실(NI)	25,000	(대)		

예제 05 자가사용부동산의 투자부동산 대체: 공정가치 > 장부금액

㈜행복은 20X1.1.1.에 사옥으로 사용할 건물을 ₩100,000에 취득하고 원가모형을 선택하였다. 내용연수는 10년, 잔존가치는 0이다. 20X1년말 손상징후가 발생하였고 회수가능가액은 ₩63,000이었다. ㈜행복은 20X4년말에 이 건물의 용도를 변경하고 투자부동산으로 계정대체 하고자 한다. 20X4년말 건물의 공정가치는 ₩70,000이다(단, 20X2년부터 20X4년까지 추가적인 손상차손 및 손상차손환입액은 없다).

요구사항

㈜행복이 20X4.12.31.에 해야 할 회계처리를 제시하라.

해설

20X4년말 투자부동산으로 계정대체 시 투자부동산으로 인식될 원가는 해당 건물의 공정가치인 ₩70,000이다.

- 20X1년말 손상차손 인식 전 장부금액: ₩100,000 − ₩100,000/10=₩90,000
- 20X1년말 손상차손 인식 후 장부금액: min(₩90,000, ₩63,000)=₩63,000
- 20X4년말 감가상각 후 장부금액: ₩63,000−₩63,000/9 × 3 (잔여내용연수)=₩42,000
- 손상차손을 인식하지 않았을 경우의 20X4년 장부금액 : ₩100,000−₩100,000/10 × 4 =₩60,000

20X4년말 공정가치(₩70,000)가 장부금액(₩42,000)에서 ₩28,000만큼 증가했지만 증가액 인식 후 장부금액이 손상차손을 인식하지 않았다고 가정한 20X4년 장부금액 ₩60,000을 넘을 수 없다. 따라서 ₩18,000(=₩60,000−₩42,000)만을 당기손익(손상차손환입액)으로 인식한다. 공정가치 증가액 중 남은 ₩10,000은 기타포괄손익(재평가잉여금)으로 처리한다.

일자	회계처리					
20X4.12.31.	(차)	투자부동산	70,000	(대)	유형자산	100,000
		감가상각누계액	31,000		손상차손환입액(NI)	18,000
		손상차손누계액	27,000		재평가잉여금(OCI)	10,000

2.3 재고자산 · 건설중인자산을 투자부동산으로 계정대체

재고자산을 공정가치로 평가하는 투자부동산으로 대체하는 경우, 투자부동산의 원가는 용도 변경 시점의 공정가치이다. 재고자산의 장부금액과 대체시점의 공정가치의 차액은 당기손익으로 인식한다. 이는 재고자산을 매각하는 경우의 회계처리와 일관성이 있다.

공정가치로 평가하게 될 자가건설 투자부동산의 건설이나 개발이 완료되면 해당일의 공정가치와 기존 장부금액의 차액은 당기손익으로 인식한다.

예제 06 재고자산의 투자부동산 대체

㈜행복은 판매목적으로 건물을 보유하고 있으며 20X3년말 현재 장부금액은 ₩350,000이다. 20X4.1.1.에 동 건물을 임대목적으로 용도변경하였고, 건물의 공정가치는 ₩400,000이다.

요구사항

㈜행복에 20X4.1.1.에 필요한 회계처리를 제시하라.

해설

일자	회계처리					
20X4.1.1.	(차)	투자부동산	400,000	(대)	재고자산	350,000
				(대)	재고자산처분이익	50,000

3 원가모형으로 평가한 투자부동산

투자부동산을 원가모형으로 평가하는 경우에는 투자부동산, 자가사용부동산, 재고자산 사이에 대체가 발생할 때 대체 전 자산의 장부금액을 승계한다.

예제 07 투자부동산의 계정대체: 원가모형

㈜행복은 투자부동산으로 분류한 건물을 한 채 보유하고 있으며 원가모형을 적용하고 있다. 20X4.1.1.에 판매목적으로 용도를 변경하였다. 건물의 취득원가는 ₩400,000이며 용도변경 시점에 감가상각누계액은 ₩20,000이다.

요구사항

㈜행복에 20X4.1.1.에 필요한 회계처리를 제시하라.

해설

일자	회계처리					
20X4.1.1.	(차)	재고자산	380,000	(대)	투자부동산	400,000
		감가상각누계액	20,000			

SECTION 04

투자부동산의 제거

1 제거의 시기

투자부동산의 장부금액은 다음과 같은 때 제거한다.

(1) 처분하는 때

(2) 사용을 영구히 중지하고 처분으로도 더 이상의 경제적효익을 기대할 수 없는 때

2 제거 시 발생하는 손익

투자부동산의 폐기나 처분으로 생기는 손익은 순처분금액과 장부금액의 차액으로 폐기하거나 처분한 기간에 당기손익으로 인식한다. 투자부동산의 손상, 멸실 또는 포기로 제3자에게서 받는 보상도 이를 받을 수 있게 되는 시점에 당기손익으로 인식한다.

요약

01 투자부동산의 정의

• 임대수익이나 시세차익 또는 둘 다를 얻기 위하여 소유자가 보유하거나 리스 이용자가 사용권자산으로 보유하고 있는 부동산

02 투자부동산 인식 요건

• 자산으로부터 발생하는 미래경제적효익이 기업에 유입될 가능성이 높다.

• 자산의 원가를 신뢰성 있게 측정할 수 있다.

03 투자부동산 인식 후 측정

• 공정가치모형: 최초 인식 후 공정가치로 측정, 공정가치의 변동은 당기손익 반영

• 원가모형: 최초 인식 후 감가상각

04 투자부동산의 계정대체

• 공정가치모형: 용도변경 시점의 공정가치로 투자부동산 인식

• 원가모형: 용도변경 시점의 장부금액을 승계

계정대체	공정가치와 장부금액의 차액
투자부동산 → 자가사용부동산 또는 재고자산	당기손익 인식
재고자산 → 투자부동산	
건설중인 자산 → 투자부동산	
자가사용부동산 → 투자부동산	유형자산 재평가회계처리 적용

OX 퀴즈

다음의 설명이 타당하면 ○, 아니면 ×로 답하라.

01 투자부동산의 공정가치 모형에서는 공정가치의 변동액을 발생한 기간의 당기손익에 반영한다.

02 부동산 소유자가 부동산 사용자에게 부수적인 용역을 제공할 때 전체 계약에서의 해당 용역의 비중이 중요한 경우의 부동산은 투자부동산이 아닌 자가사용부동산으로 분류한다.

03 재고자산이 제3자에게 운용리스로 제공되는 경우 이를 투자부동산으로 대체한다.

04 장래 사용목적을 결정하지 못한 채로 보유하고 있는 토지는 투자부동산에 해당한다.

05 재고자산이나 자가사용부동산을 공정가치로 평가하는 투자부동산으로 대체하는 경우 자산의 장부금액과 공정가치의 차이를 당기손익으로 인식한다.

06 투자부동산은 최초인식 시점에 공정가치로 측정하며, 거래원가는 최초측정에 포함한다.

07 공정가치로 평가한 투자부동산을 자가사용부동산이나 재고자산으로 대체하는 경우, 후속적인 회계를 위한 원가는 사용목적 변경시점의 공정가치가 된다.

종합 예제

01 ㈜대한은 20X1.1.1.에 임대수익 및 시세차익을 얻을 목적으로 건물을 ₩10,000,000에 취득하고 투자부동산으로 분류하였다. 이 건물의 공정가치는 20X1년말 ₩9,000,000, 20X2년말 ₩6,000,000으로 파악되었다.

요구사항

A. 이 건물에 대하여 공정가치모형을 적용할 경우 취득일, 20X1년말, 20X2년말 회계처리를 제시하라.

B. 이 건물에 대하여 원가모형을 적용할 경우 취득일, 20X1년말, 20X2년말 회계처리를 제시하라. 건물의 내용연수는 10년, 잔존가치는 0으로 추정되며, 정액법으로 상각한다.

해설

A. 공정가치모형 적용

투자부동산에 대해 공정가치모형을 적용할 경우 공정가치 변동으로 발생하는 손익을 당기손익으로 인식하며, 투자부동산이 상각대상자산이더라도 공정가치모형을 적용하는 경우에는 감가상각비를 인식하지 않는다.

20X1.1.1.	(차)	투자부동산	10,000,000	(대)	현금	10,000,000
20X1.12.31.	(차)	투자부동산평가손실	1,000,000	(대)	투자부동산	1,000,000
20X2.12.31.	(차)	투자부동산평가손실	3,000,000	(대)	투자부동산	3,000,000

B. 원가모형 적용

투자부동산에 대해 원가모형을 선택한 경우에는 유형자산에 적용하는 원가모형 회계처리를 준용한다.

20X1.1.1.	(차)	투자부동산	10,000,000	(대)	현금	10,000,000
20X1.12.31.	(차)	감가상각비	1,000,000	(대)	감가상각누계액	1,000,000
20X2.12.31.	(차)	감가상각비	1,000,000	(대)	감가상각누계액	1,000,000

02 ㈜대한은 20X1.1.1.에 취득원가 ₩2,000,000인 건물을 취득하여 본사 사옥으로 사용하던 중 이를 20X3.7.1.에 ㈜행복에게 운용리스 목적으로 제공하였다. ㈜대한은 투자부동산에 대해서 공정가치모형을 적용하고 있으며, 유형자산에 대해서는 원가모형을 적용하고 있다. 건물의 내용연수는 20년, 잔존가치는 ₩200,000으로 추정되며, 정액법으로 상각한다. 건물의 공정가치는 다음과 같다.

20X2년말	20X3.7.1.	20X3년말
₩2,000,000	₩2,500,000	₩2,700,000

요구사항

㈜대한의 건물에 대한 회계처리가 20X3년도 당기순이익에 미치는 영향은 얼마인가? 단, 감가상각비는 월할로 계산한다.

해설

각 시점별 회계처리는 다음과 같다.

[20X1.1.1.] 취득일

(차)	건물	2,000,000	(대)	현금	2,000,000

[20X1.12.31.] 감가상각 회계처리

(차)	감가상각비	90,000[주1]	(대)	감가상각누계액	90,000

주1 감가상각비 = (₩2,000,000 − ₩200,000) × 1/20 = ₩90,000

[20X2.12.31.] 감가상각 회계처리

(차)	감가상각비	90,000	(대)	감가상각누계액	90,000

[20X3. 7. 1.] 6개월 사용후 투자부동산 대체 회계처리

(차)	감가상각비	45,000[주2]	(대)	감가상각누계액	45,000

주2 감가상각비(6개월) = (₩2,000,000 − ₩200,000) × 1/20X6/12 = ₩45,000

(차)	투자부동산	2,500,000	(대)	건물	2,000,000
	감가상각누계액	225,000		재평가잉여금(OCI)	725,000[주3]

주3 재평가잉여금 = 건물의 공정가치 ₩2,500,000 − 장부금액 ₩1,775,000 = ₩725,000

[20X3.12.31.] 공정가치 평가 회계처리

(차)	투자부동산	200,000	(대)	투자부동산평가이익	200,000[주4]

주4 투자부동산평가이익 = ₩2,700,000 − ₩2,500,000 = ₩200,000

20X3년도 당기순이익에 미치는 영향은 감가상각비와 투자부동산평가이익이다.
투자부동산평가이익 ₩200,000 − 감가상각비 ₩45,000 = ₩155,000 증가

CHAPTER 11

매각예정비유동자산과 중단영업

학습목표

- 매각예정비유동자산과 중단영업의 정의를 이해할 수 있다.
- 매각예정비유동자산(또는 처분자산집단)을 측정하고, 재무제표에 적절히 표시할 수 있다.
- 매각예정비유동자산의 손상 및 손상환입을 회계처리할 수 있다.
- 매각계획이 변경되었을 때 매각예정비유동자산을 측정하고 재무제표에 적절히 표시할 수 있다.
- 중단영업을 구분하고 재무제표에 적절히 표시할 수 있다.

K-IFRS 매각예정비유동자산과 중단영업(제1105호)

제(개정일): 2021.04.23.

사 례 LG전자주식회사 매각예정자산 공시

재무제표

재무상태표

제20기: 2021년 12월 31일 현재

제19기: 2020년 12월 31일 현재

LG전자주식회사 단위: 백만원

과목	주석	제20기	제19기
자산			
유동자산		10,613,206	9,669,743
현금및현금성자산	4, 5, 37	2,012,229	1,916,739
금융기관예치금	4, 5, 37	146,388	80,000
매출채권	4, 6, 37	5,016,382	4,995,299
기타수취채권	4, 6, 37	415,331	425,809
기타금융자산	4, 7, 37	9,747	1,750
재고자산	8	1,649,010	1,594,084
당기법인세자산		4,115	1,023
계약자산	9	318,367	388,350
기타자산	10	956,849	253,343
매각예정분류자산	38	84,788	13,346
비유동자산		18,980,318	20,030,244
자산총계		29,593,524	29,699,987
부채총계		20,703,269	19,778,254
자본총계		8,890,255	9,921,733
부채와자본총계		29,593,524	29,699,987

손익계산서

제20기: 2021년 1월 1일부터 2021년 12월 31일까지

제19기: 2020년 1월 1일부터 2020년 12월 31일까지

LG전자주식회사 단위: 백만원

과목	주석	제28기	제27기
계속영업			
매출액	25	27,778,047	24,735,750
매출원가	26	20,336,781	18,066,891
매출총이익		7,441,266	6,668,859
영업이익		446,426	1,294,345
법인세비용차감전순이익(손실)		633,144	1,866,231
법인세비용	17	355,070	235,363
계속영업당기순이익(손실)		278,074	1,630,868
중단영업			
중단영업당기순이익(손실)	39	(1,191,612)	(419,319)
당기순이익(손실)		(913,538)	1,211,549

38. 매각예정분류자산

(1) 매각예정으로 분류한 자산의 내역

단위: 백만원

구분	2021.12.31.(*)	2020.12.31
매각예정분류자산		
토지	32,255	9,723
건물	48,730	3,552
기계장치	3,464	–
구축물	–	71
기타유형자산	339	–
합 계	84,788	13,346

(*) 보고기간말 현재 매각 절차가 진행 중이며, 2022년 내에 매각이 완료될 것으로 예상합니다.

(2) 매각예정분류자산은 최초 분류하기 직전에 공정가치에서 처분부대원가를 뺀 금액으로 측정하였으며, 이와 관련하여 인식한 손상차손은 없습니다.

39. 중단영업 회사는 전사적 자원효율화를 통해 핵심사업으로 역할을 집중하고, 재무구조를 개선하여 미래 성장 신사업 준비를 위한 재원을 확보하고자 보고기간말 현재 MC 사업부문 영업을 중단하였습니다.

(1) 중단영업손익

단위: 백만원

구분	2021.12.31.	2020.12.31
매출액	1,001,826	3,699,573
영업손실	1,256,862	547,354
법인세비용차감전순손실(*)	1,632,345	573,859
법인세수익(*)	440,733	154,540
세후순손실	1,191,612	419,319

(*) 당기 중 MC 사업부문 영업중단에 따른 유 · 무형자산의 손상차손 및 처분손실 342,692백만원과 해당 손익에 대한 법인세수익 92,527백만원이 포함되어 있습니다.

(2) 중단영업으로부터 발생한 현금흐름

단위: 백만원

구분	2021.12.31.	2020.12.31
영업활동으로 인한 순현금흐름	–1,723,796	–190,538
투자활동으로 인한 순현금흐름	85,739	–112,839
재무활동으로 인한 순현금흐름	1,638,057	303,377

SECTION
01 개요

1 매각예정비유동자산과 중단영업

매각예정비유동자산은 비유동자산 중 매각이 예정되어 있는 자산을 뜻하며, 중단영업이란 이미 처분되었거나, 매각예정인 기업의 구분단위를 의미한다.[1]

매각예정비유동자산과 중단영업은 미래에 계속 사용하기 위해 보유하는 자산과는 달리 단기간 내에 주로 매각거래를 통해 회수할 것이 예정된 자산이다. 계속 보유할 계획인 자산은 자산의 사용을 통해 현금화되지만, 매각예정비유동자산과 중단영업의 자산들은 매각을 통하여 현금화된다.

2 주요 회계이슈

매각예정비유동자산(또는 처분자산집단)과 중단영업의 회계이슈는 이들을 재무제표에서 어떻게 표시하느냐 하는 문제이다.

K-IFRS 제1105호 '매각예정비유동자산과 중단영업'은 매각예정비유동자산과 중단영업의 성과를 재무상태표와 포괄손익계산서에 별도로 구분하여 표시하도록 요구하고 있다. 그 이유는 정보이용자들에게 기업이 미래에도 계속 사용함으로써 경제적효익을 창출할 자산과 계속 영위할 사업에서 발생한 성과에 대한 정보를 명확히 구별해 제공하는 것이 정보 유용성을 높일 수 있기 때문이다.

1 K-IFRS 제1105호 '매각예정비유동자산과 중단영업'에서의 구체적 정의와 분류 기준은 2절과 3절에서 설명한다.

현실 속 회계 | 중단영업

LG전자의 스마트폰 사업 철수 결정

5일 LG전자에 따르면 이날 이사회의 1호 의안인 모바일커뮤니케이션(MC) 사업 종료 승인의 건은 참석 이사 7명 전원이 찬성하며 의결됐다. (중략) 이 사진들은 전사적 자원 효율화를 통한 핵심사업에 대한 역량을 집중하고 재무구조를 개선해 미래 성장 신사업 준비를 위한 재원을 확보하는 것이 주주 가치를 제고할 것으로 기대했다. 또 회사 스마트폰 시장의 경쟁이 치열해지고 전장, 배터리 등 신사업에 대한 투자를 확대하고 있는 현재 시점이 스마트폰 사업 종료를 결정하기에 적기라고 판단했다.

출처: 장영은(2021.04.05.). "깔끔하게 정리됐다"…LG전자 휴대폰 사업 철수 이사회 만장일치. 이데일리. https://www.edaily.co.kr/news/read?newsId=02404246629013168&mediaCodeNo=257&OutLnkChk=Y

스마트폰 사업 철수로 증가한 LG전자의 영업이익

최근 24분기 연속 누적 적자가 5조원에 달했던 스마트폰 사업본부(MC사업부)가 이번 2분기부터 중단영업손실로 처리돼 일반 회계처리에서 빠짐에 따라 올해 LG전자의 영업이익은 사상 최고치를 달성할 가능성이 크다. LG전자는 올 7월까지만 휴대폰 생산과 영업활동을 하기로 발표한 바 있다. MC사업부 손익을 제외한 올 상반기 매출액은 34조9225억원, 영업이익은 2조8801억원으로 전년 대비 각각 38.3%와 46.3% 증가했다.

출처: 노정동(2021.07.07.). "가전 호조" LG전자, 분기 연속 영업익 '1조'…창사 이래 처음. 한국경제. https://www.hankyung.com/article/202107073258g

SECTION 02

매각예정비유동자산의 구분과 측정

1 비유동자산(또는 처분자산집단)의 분류

비유동자산(또는 처분자산집단)의 장부금액이 계속사용이 아닌 매각거래를 통해 주로 회수될 것이라면 이를 매각예정으로 분류한다.

1.1. 매각예정인 비유동자산(또는 처분자산집단)

매각예정자산으로 분류하기 위해서는 당해 비유동자산(또는 처분자산집단)은 현재의 상태에서 통상적이고 관습적인 거래조건만으로 즉시 매각가능해야 하며 매각될 가능성이 매우 높아야 한다. 다음의 조건을 모두 만족하는 경우 매각될 가능성이 매우 높은 것으로 본다.

(1) 적절한 지위의 경영진이 자산 또는 처분자산집단의 매각계획을 확약하고, 매수자를 물색하고 매각계획을 이행하기 위한 적극적인 업무진행을 이미 시작하였어야 한다.

(2) 당해 자산 또는 처분자산집단의 현행 공정가치에 비추어 볼 때 합리적인 가격수준으로 적극적으로 매각을 추진하고 있어야 한다.

(3) 매각예정분류시점에서 1년 이내에 매각이 완료될 수 있어야 한다.

(4) 매각계획 이행 중 중요사항이 변경되거나 철회될 가능성이 낮아야 한다.

예시로 이해하기 | 매각예정자산 분류 기준의 의미

통상적이고 관습적인 거래조건

㈜대한은 매각계획에 따라 건물을 시장에 내놓았지만 그 건물의 점유권자가 허락을 해야만 하는 조건이 있다. 점유권자의 허락은 이 건물의 가치에 중요한 영향을 미치게 된다. 이 경우, 건물은 통상적이고 관습적인 거래조건만으로 매각가능하다고 보기 어렵다. 따라서 허락을 득하기 전에는 매각예정으로 분류하지 못한다.

즉시 매각가능하다

㈜대한은 사옥 매각 계획을 수립하였으며 매수자를 물색하기로 하였다. ㈜대한은 다른 건물이 완성되기 전까지는 현재 사옥을 계속 사용할 것이다. 새로운 건물이 완성될 때까지는 사무실 직원을 재배치할 계획은 없다. 사무실 직원을 재배치할 계획이 없는 상태에서 사옥을 즉시 매각하는 것은 그 가능성이 매우 높다고 보기 어려울 것이다. 따라서 이 사옥을 매각예정으로 분류하기 어렵다.

매각을 완료하는 데 소요되는 기간이 연장되어 1년을 초과할 수도 있다. 만약 기업이 통제할 수 없는 사건 또는 상황 때문에 매각기간이 연장되었지만 기업이 여전히 해당 자산(또는 처분자산집단)의 매각계획을 확약한다는 충분한 증거가 있다면 매각이 완료되기까지의 기간이 연장된다고 하더라도 해당 자산(또는 처분자산집단)은 매각예정으로 분류할 수 있다.

1.2. 폐기 예정인 비유동자산(또는 처분자산집단)

폐기될 비유동자산(또는 처분자산집단)은 매각예정자산으로 분류할 수 없다. 해당 장부금액은 매각을 통하여 회수될 수 없기 때문이다. 그러나 폐기될 처분자산집단이 중단영업의 요건을 충족한다면, 처분자산집단의 성과와 현금흐름을 자산집단의 사용이 중단된 날에 중단영업으로 표시한다. 일시적으로 사용을 중단한 비유동자산은 폐기될 자산으로 회계처리할 수 없다.

예제 01 폐기될 비유동자산

사업활동을 재조정 중인 ㈜행복은 한 지역에서 기계장치(유형자산)의 사용을 중지하려고 한다. 이 기계장치를 사용하여 생산한 제품에 대한 수요가 유의적으로 감소되었기 때문이다. 수요가 증가하면 다시 사용되리라 예상한다. 현재는 이 자산에 대하여 양호한 가동상태를 유지하고 있다.

추가적으로 ㈜행복은 5개의 제조단위 중 3개를 폐쇄하려고 한다. 제조단위는 기업의 주요 사업계열에 해당한다. 3개의 단위 안에 있는 모든 작업은 당기에 종료될 것이며 기말에 모든 작업은 중지될 것이다.

요구사항

A. 자산 사용 중지 시 회계처리를 나타내라.
B. 제조단위의 폐쇄 시 회계처리를 나타내라.

해설

A. 이 자산은 폐기될 자산으로 처리되지 않는다. 왜냐하면 일시적으로 사용을 중단한 비유동자산은 폐기될 자산으로 회계처리할 수 없기 때문이다.
B. 제조단위 폐쇄는 중단영업으로 처리되어야 한다. 중단영업은 이미 처분되었거나 매각예정으로 분류되고 다음 중 하나에 해당하는 기업의 구분단위이다.
   (1) 별도의 주요 사업계열이나 영업지역이다.
   (2) 별도의 주요 사업계열이나 영업지역을 처분하려는 단일 계획의 일부이다.
   (3) 매각만을 목적으로 취득한 종속기업이다.

2 매각할 비유동자산(또는 처분자산집단)의 측정

2.1. 매각예정으로 분류된 비유동자산(또는 처분자산집단) 측정의 원칙

매각예정으로 분류된 비유동자산(또는 처분자산집단)은 공정가치에서 처분 부대원가를 뺀 금액과 장부금액 중 작은 금액으로 측정한다. 해당 매각예정자산이나 처분자산집단의 일부를 구성하는 자산은 감가상각(또는 상각)하지 않는다.

매각예정으로 분류된 비유동자산 측정 = min [공정가치에서 처분부대원가를 뺀 금액, 장부금액]

이러한 측정방법은 내용연수가 비한정인 무형자산이나 영업권과 같이 상각하지 않는 자산은 매년말 손상검사를 실시하여 손상차손을 인식하는 것과 동일하다. 일반적으로 손상검사 시 회수가능액을 산정하기 위하여 공정가치에서 처분부대원가를 뺀 금액과 사용가치를 비교한다. 그러나 매각예정비유동자산은 곧 매각할 자산이기 때문에 사용가치를 고려할 필요가 없다. 따라서 매각예정비유동자산의 손상차손 산정 시 회수가능액은 공정가치에서 처분부대원가를 뺀 금액이다.

감가상각을 중단하고 공정가치에서 처분부대원가를 뺀 금액으로 매각예정자산을 측정하는 이유는 매각예정자산은 그 정의대로 1년 내에 현금화될 것이기 때문에 공정가치에서 처분부대원가를 뺀 금액이 정보이용자에게 유용한 정보를 제공하기 때문이다.

더 알아보기 **유 · 무형자산, 투자부동산, 매각예정자산의 공정가치평가**

유 · 무형자산, 투자부동산, 매각예정자산은 모두 공정가치로 평가할 수 있으나, 평가하는 방법이나 회계처리가 다음의 표에서 보는 바와 같이 동일하지는 않다.

대상	평가	평가빈도	평가차액처리
유형 · 무형자산	원가모형이나 재평가모형	보고기간말 장부금액과 공정가치가 크게 차이 나지 않을 경우 매년 재평가하지 않아도 됨	증가: 기타포괄손익 감소: 당기손익인식이 원칙
투자부동산	원가모형이나 공정가치모형	매년말 공정가치로 평가	평가증감금액은 당기손익인식이 원칙
매각예정자산	공정가치에서 처분부대원가를 뺀 금액		

2.2. 매각예정으로 분류된 비유동자산(또는 처분자산집단)의 손상차손과 손상차손환입액의 인식

2.2.1. 매각예정비유동자산과 처분자산집단의 손상차손의 인식과 환입

매각예정인 비유동자산(또는 처분자산집단)의 최초 또는 향후 공정가치에서 처분부대원가를 뺀 금액의 하락은 손상차손으로 인식한다. 손상차손 인식 후 매각예정인 개별 자산과 처분자산집단의 공정가치에서 처분부대원가를 뺀 금액이 증가하면 이익을 인식한다. 그 금액은 과거에 인식하였던 손상차손누계액을 초과할 수 없다.

2.2.2. 처분자산집단 내의 자산에 대한 손상차손과 손상차손환입의 배분

처분자산집단에 대하여 인식한 손상차손은 다음의 배분 순서에 따라 집단에 속한 자산 중

'매각예정비유동자산과 중단영업' 측정 규정이 적용되는 비유동자산의 장부금액을 감소(또는 증가)시킨다.

(1) 우선, 현금창출단위(또는 현금창출단위집단)에 배분된 영업권의 장부금액을 감소시킨다.
(2) 그다음 현금창출단위(또는 현금창출단위집단)에 속하는 자산의 장부금액에 비례하여 각각 배분한다.

현금창출단위의 손상차손환입은 현금창출단위를 구성하는 자산들(영업권 제외)의 장부금액에 비례하여 배분한다.

예시로 이해하기 | 처분자산집단에 대한 손상차손의 배분

㈜행복은 자산집단을 자산의 매각으로 처분하고자 한다. 처분자산집단에 속한 자산은 다음과 같이 측정된다.

구분	매각예정으로 분류하기 전 보고기간말 장부금액	매각예정으로 분류하기 직전 재측정한 장부금액
영업권	₩ 1,500	₩ 1,500
유형자산(재평가모형 적용)	4,600	4,000
유형자산(원가모형 적용)	5,700	5,700
재고자산	2,400	2,200
기타포괄손익-공정가치측정금융자산	1,800	1,500
합계	₩16,000	₩14,900

먼저 처분자산집단을 매각예정으로 분류하기 직전에 ₩1,100(₩16,000 - ₩14,900)의 손실을 인식한다. 이는 재평가, 감가상각, 재고자산 저가법 평가, 금융자산 공정가치 평가와 같이 다른 기준서에 따라 측정한 결과이다.

처분자산집단의 공정가치에서 처분부대원가를 뺀 금액을 ₩13,000이라고 가정하자. 이는 장부금액 ₩14,900보다 작으므로 자산집단을 매각예정으로 최초로 분류할 때 ₩1,900(₩14,900 - ₩13,000)의 손상차손을 인식한다. 자산집단을 매각예정으로 분류 시 이 자산집단의 공정가치에서 처분부대원가를 뺀 금액과 장부금액을 비교해서 더 작은 금액으로 측정하기 때문이다.

손상차손은 '매각예정비유동자산과 중단영업' 측정규정을 적용하는 비유동자산에 배분한다. 따라서 재고자산과 기타포괄손익 - 공정가치측정금융자산에는 손상차손을 배분하지 않으며 손상차손은 우선 영업권 금액을 감소시키고 남은 금액은 다른 자산에 장부금액 비율대로 배분한다. 배분의 예는 다음과 같다.

구분	매각예정으로 분류하기 전 보고기간말의 장부금액	손상치손배분	손상차손배분 후 장부금액
영업권	₩ 1,500	₩ (1,500)주1	₩ –
유형자산(재평가모형 적용)	4,000	(165)주2	3,835
유형자산(원가모형 적용)	5,700	(235)주3	5,465
재고자산	2,200	–	2,200
기타포괄손익 – 공정가치측정금융자산	1,500	–	1,500
합계	₩14,900	₩ (1,900)	₩13,000

주1 먼저 영업권에 배분한다.

주2 (₩1,900 – ₩1,500) × ₩4,000 / (₩4,000+₩5,700) = ₩165

주3 (₩1,900 – ₩1,500) × ₩5,700 / (₩4,000+₩5,700) = ₩235

3 매각계획의 변경

매각예정으로 분류되던 자산(또는 처분자산집단)이 매각예정분류요건을 더 이상 충족할 수 없는 경우 그 자산(또는 처분자산집단)은 매각예정으로 분류할 수 없다.

더 이상 매각예정자산으로 분류할 수 없거나 매각예정으로 분류된 처분자산집단에 포함할 수 없는 비유동자산에 대하여는 다음 중 작은 금액으로 측정한다.

(1) 당해 자산(또는 처분자산집단)을 매각예정으로 분류하기 전 장부금액에 감가상각, 상각, 또는 재평가 등 매각예정으로 분류하지 않았더라면 인식하였을 조정사항을 반영한 금액

(2) 매각하지 않기로 결정한 날의 회수가능액[2]

더 이상 매각예정으로 분류할 수 없는 비유동자산의 장부금액에 반영하는 조정금액은 매각예정분류조건의 요건이 더 이상 충족할 수 없게 된 기간의 계속영업손익에 포함한다.[3]

2 비유동자산이 현금창출단위의 일부라면 이 자산의 회수가능액은 K-IFRS 제1036호 '자산손상'에 따라 현금창출단위에서 발생하는 손상차손을 배분한 후에 인식하는 장부금액이다.

3 매각예정으로 분류하기 전에 K-IFRS 제1016호 '유형자산'이나 K-IFRS 제1038호 '무형자산'에 따라 재평가한 유형자산 또는 무형자산의 재평가잉여금에 해당하는 조정금액은 제외한다.

예시로 이해하기 | 매각계획의 변경

12월말 결산법인인 ㈜행복은 20X4.1.1.에 매각예정분류자산의 장부금액이 ₩60,000이었다. 이 자산이 매각예정으로 분류되지 않았더라면 20X4년의 감가상각비는 ₩12,000이었을 것이며 손상차손은 발생하지 않았을 것이다.

20X4.12.31.에 이 매각예정자산의 장부금액은 ₩50,000이고 ㈜행복은 더 이상 이 자산을 매각예정자산으로 분류하지 않기로 하였다. 이날 자산의 회수가능액은 ₩49,000이다.

더 이상 매각예정자산으로 분류할 수 없거나 매각예정처분자산집단에 포함할 수 없는 비유동자산에 대해서는 다음 중 작은 금액으로 측정한다.

(1) 당해 자산(또는 처분자산집단)을 매각예정으로 분류하기 전 장부금액에 감가상각, 상각, 또는 재평가 등 매각예정으로 분류하지 않았더라면 인식하였을 조정사항을 반영한 금액: ₩60,000 − ₩12,000(감가상각비) = ₩48,000

(2) 매각하지 않기로 결정한 날의 회수가능액: ₩49,000.

자산은 (1)과 (2) 중 더 작은 금액인 ₩48,000으로 측정되므로 이 금액과 20X4.12.31.의 장부금액인 ₩50,000과 비교하여 포괄손익계산서의 계속영업손익에 ₩2,000의 손상차손을 인식한다.

4 매각기간의 연장

만약 기업이 통제할 수 없는 사건 또는 상황 때문에 매각기간이 연장되었지만 기업이 계속적으로 해당 비유동자산(또는 처분자산집단)의 매각계획을 확약한다는 충분한 증거가 있다면, 매각이 완료되기까지의 기간이 연장된다고 하더라도 해당 비유동자산(또는 처분자산집단)을 매각예정으로 분류가능하다.

현실 속 회계 | 매각예정비유동자산 분류의 의미

코로나19 확산세가 거세지던 2020년 3월과 6월 사이 삼천리자전거에서 매각 작업을 본격화하는 움직임이 일어났던 것은 분명하다. 삼천리자전거가 참좋은여행을 매각예정비유동자산 계정으로 분류하기 시작한 시점이 2020년 반기보고서부터이기 때문이다. (중략)

매각예정비유동자산으로 분류하는 것은 해당 자산 매각이 임박했음을 뜻한다. 분류 시점에서 1년 이내에 매각 절차를 마무리할 가능성이 높아야만 회계 검토 과정에서 분류 기준을 충족했다고 인정을 받을 수 있다. 하지만 1년을 넘긴다고 해서 큰 제재를 받는 것은 아니다. 여전히 매각에 대한 의지가 충분하다는 증거만 있으면 매각을 완료할 때까지 기간을 연장할 수 있다. 반대로 1년이 지난 시점에서 회계 검토 결과 매각 계획을 철회했거나 매각 의지가 충분하지 않다고 판단될 경우, 기업은 더 이상 해당 자산을 매각예정으로 분류할 수 없다. (중략)

삼천리자전거와 참좋은여행은 매각설이 억울하다는 입장이다. 참좋은여행 매각은 항간에 떠도는 소문이며, 매각예정비유동자산으로 계정을 변경한 것은 코로나19로 참좋은여행 관련 손실이 클 것으로 예상되면서 회계상 손실 반영을 줄이기 위한 조치일 뿐이라고 설명한다. 백신 개발 등으로 상황이 좋아지면 다시 기존 계정으로 복귀시키겠다는 계획도 밝혔다.

출처: 정혜인(2021.1.21.). 매각예정비유동자산의 '나쁜 예'. 딜사이트.
https://dealsite.co.kr/articles/70000

5 매각예정비유동자산(또는 처분자산집단)의 표시

매각예정으로 분류된 비유동자산은 재무상태표에 다른 자산과 별도로 표시한다. 매각예정자산 구분 기준은 분류 시점에서 1년 이내 매각이 예상되는 자산이기 때문에 매각예정자산은 유동자산으로 표시하면 될 것이다. 매각예정으로 분류된 처분자산집단에 포함되는 자산이나 부채도 다른 자산이나 부채와 별도로 재무상태표에 유동자산과 유동부채로 표시한다. 이때 해당 자산과 부채는 상계하여 단일금액으로 표시할 수 없다.

매각예정으로 분류된 비유동자산(또는 처분자산집단)과 관련하여 기타포괄손익으로 인식한 손익누계액은 재무상태표 자본에 별도 표시한다.

SECTION 03

중단영업의 분류와 표시

1 중단영업의 분류

중단영업(discontinued operation)은 이미 처분되었거나 매각예정으로 분류되고 다음 중 하나에 해당하는 기업의 구분단위이다.

(1) 별도의 주요 사업계열이나 영업지역이다.
(2) 별도의 주요 사업계열이나 영업지역을 처분하려는 단일 계획의 일부이다.
(3) 매각만을 목적으로 취득한 종속기업이다.

이때 기업의 구분단위는 일반적으로 재무보고 목적뿐만 아니라 영업상으로도 기업의 나머지 부분과 영업 및 현금흐름이 명확히 구별되는 하나의 현금창출단위 또는 현금창출단위집단이다.

예시로 이해하기 | 처분자산집단과 중단영업의 차이

패스트푸드 체인점을 운영하는 ㈜행복은 서울에 위치한 '종로 1호점'을 매각하기로 결정하였다. 그러나 전국 100개의 매장은 계속 운영할 것이다. '종로 1호점'은 K-IFRS 제1105호 '매각예정비유동자산과 중단영업'의 매각예정자산으로 분류하는 기준을 20X4.4.1.에 모두 충족하였고, 20X4년 9월에 매각될 것이다. ㈜행복의 경영진은 '종로 1호점'이 중단영업이라고 믿고 있으며 '종로 1호점'의 결과를 '중단영업'으로 표시하고 싶어 한다. 그러나 '종로 1호점'은 단지 하나의 매장이기 때문에 처분자산집단이기는 하지만 중단영업은 아니다. 즉, '종로 1호점'은 주요한 사업단위가 아니며 재판매를 위해서 취득한 종속기업도 아니기 때문이다.

중단영업과 계속영업의 구분은 다음 [그림 11-1] '중단영업 표시와 공시 순서도'에 따라서 판단한다.

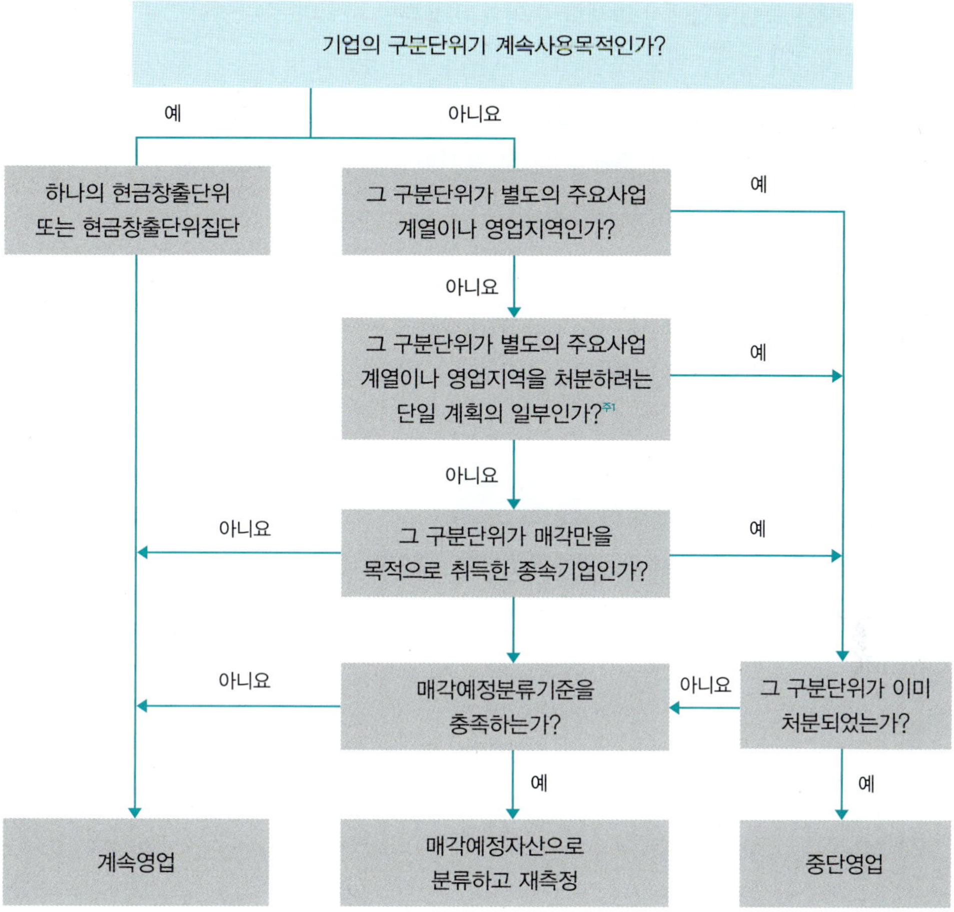

주1 이러한 계획의 일부로서 구성요소의 일부가 1년 조건을 충족할 수 있는 반면에 나머지는 후속연도에 1년 조건을 충족할 수 있음.

그림 11-1 중단영업 표시와 공시 순서도

2 중단영업의 표시

1년 이내에 매각하거나 중단할 사업계열이나 영업지역 또는 종속회사의 중단영업 성과는 포괄손익계산서에 계속사업손익과 구분하여 중단영업항목으로 별도 표시한다. 이때 중단사업의 성과는 다음을 포함한다.

(1) 세후 중단영업손익
(2) 중단영업에 포함된 자산의 처분에 따른 세후 손익

중단영업손익에는 중단영업에서 발생한 수익과 비용뿐만 아니라 중단영업으로 분류되는 매각예정비유동자산의 평가손익도 포함된다. 아울러 중단영업의 영업활동, 투자활동 및 재무활동으로부터 발생한 순현금흐름은 현금흐름표 본문 또는 주석에 표시한다. 과거 기간에 중단영업의 처분과 직접 관련하여 중단영업으로 표시했던 금액을 당기에 조정하는 경우 그 금액은 중단영업 내에서 별도로 분류하여 표시한다.

기업의 구분단위를 더 이상 매각예정으로 분류할 수 없는 경우, 중단영업으로 표시했던 당해 구분단위의 영업성과를 비교표시되는 모든 회계기간에 재분류하여 계속영업손익에 포함하고 과거 기간에 해당 금액이 재분류되었다는 사실을 주석으로 공시한다.

예시로 이해하기 | 중단영업손익의 재무제표 표시

20X4.12.31.로 종료하는 회계연도의 포괄손익계산서 예시(비용의 기능별 분류 가정)

	20X4	20X3
계속영업		
매출액	×××	×××
매출원가	(×××)	(××)
매출총이익	×××	×××
판매비및관리비	(×××)	(×××)
영업이익	×××	×××
기타비용	(×××)	(×××)
기타수익	×××	×××
금융원가	(×××)	(×××)
금융수익	×××	×××
관계기업의 이익에 대한 지분	×××	×××
법인세비용차감전계속영업이익	×××	×××
법인세비용	(×××)	(×××)
계속영업이익	×××	×××
중단영업[주1]		
중단영업이익[주2]	×××	×××
중단영업처분이익[주2]	×××	×××
당기순이익	×××	×××

주1 중단영업은 두 가지로 구성된다. 첫 번째는 중단영업이익은 매각이 될 때까지(예를 들어, 기초부터 매각일까지) 중단영업으로부터 발생한 영업손익이다. 두 번째는 매각 또는 처분됨에 따라 발생하는 처분손익이다.

주2 중단영업이익과 중단영업처분이익은 세금공제 후 금액을 단일금액으로 포괄손익계산서에 포함한다. 그 이유는 계속영업이익이 세금 공제 후 금액이므로, 중단영업이익과 계속영업이익의 비교가능성을 증대시키기 위함이다.

3 매각예정비유동자산과 중단영업 비교

중단영업과 관련된 비유동자산은 매각예정으로 분류할 수 있다. 그러나 매각예정으로 분류되었다고 해서 반드시 중단영업으로 분류되지는 않는다.

매각예정비유동자산으로 분류하였으나 중단영업의 정의를 충족하지 않는다면, 관련 손익을 중단영업손익에 포함시키지 않고 계속영업손익에 포함시킨다. 다음 [표 11-1]은 매각예정비유동자산과 중단영업을 재무상태표에 표시하는 방법을 요약한다.

표 11-1 매각예정비유동자산(처분자산집단)과 중단영업 비교

<table>
<tr><th>구분</th><th>재무상태표</th><th>포괄손익계산서</th></tr>
<tr><td>매각예정개별자산</td><td rowspan="3">매각예정자산으로 구분표시</td><td rowspan="2">계속영업손익</td></tr>
<tr><td>매각예정처분자산집단</td></tr>
<tr><td>중단영업</td><td>중단영업손익으로 구분표시</td></tr>
</table>

요약

01 매각예정비유동자산

- 장부금액이 주로 매각거래를 통해 회수될 비유동자산(또는 처분자산집단)
- 즉시 매각가능하고 매각될 가능성이 매우 높은 경우

02 매각예정비유동자산 측정

- 측정기준 = min(공정가치에서 처분부대원가를 뺀 금액, 장부금액)
- 손상차손 = 공정가치에서 처분부대원가를 뺀 금액의 하락
- 처분자산집단의 손상차손 배분: 현금창출단위에 배분된 영업권에 우선 배분
  → 현금창출단위 내 다른 개별자산의 장부금액에 비례하여 배분
- 손상차손환입액 = min(공정가치에서 처분부대원가를 뺀 금액 − 장부금액,
- 과거에 인식했던 손상차손 누계액)

03 매각예정분류조건을 더 이상 충족하지 않는 경우

- 해당 자산의 장부금액 = min (①, ②)

① 매각하지 않기로 결정한 날의 회수가능액

② 매각예정으로 분류되기 전 장부금액에 상각, 또는 재평가 등 매각예정으로 분류하지 않았더라면 인식하였을 조정사항이 반영된 금액

04 중단영업

- 이미 처분되었거나 매각예정인 다음 중 하나에 해당하는 기업의 구분 단위

① 별도의 주요 사업계열이나 영업지역

② 별도의 주요 사업계열이나 영업지역을 처분하려는 단일 계획의 일부

③ 매각만을 목적으로 취득한 종속기업

05 표시와 공시

구분	재무상태표	포괄손익계산서
매각예정개별자산	매각예정자산으로 구분표시	계속영업손익
매각예정처분자산집단		
중단영업		중단영업손익으로 구분표시

OX 퀴즈

다음의 설명이 타당하면 ○, 아니면 ×로 답하라.

01 비유동자산의 장부금액이 계속사용이 아닌 매각거래를 통해 주로 회수될 예정이라면 매각예정자산으로 분류한다.

02 매각만을 목적으로 취득한 자산은 유동자산으로 분류된다.

03 폐기될 처분자산집단이 중단영업의 요건을 충족한다면, 처분자산집단의 성과와 현금흐름의 사용이 중단된 날에 중단영업으로 표시한다.

04 폐기될 비유동자산(또는 처분자산집단)은 경제적 내용연수가 끝날 때까지 사용될 비유동자산과 매각되지 아니하고 폐쇄될 비유동자산을 포함하며, 일시적으로 사용을 중단한 비유동자산은 폐기될 자산으로 회계처리 할 수 없다.

05 1년 이내에 매각할 비유동자산은 '매각예정비유동자산'으로 재무상태표 유동자산에 별도로 표시하고, 공정가치에서 처분부대원가를 뺀 금액과 장부금액 중 작은 금액으로 측정한다.

06 비유동자산이 매각예정으로 분류되면 감가상각을 하지 않으나, 매각예정으로 분류된 처분자산집단의 부채와 관련된 이자비용은 계속하여 인식한다.

07 처분자산집단에 대하여 인식한 손상차손은 현금창출단위에 속하는 영업권을 제외한 자산에 각각의 장부금액에 비례하여 배분한다.

08 더 이상 매각예정으로 분류할 수 없는 비유동자산의 장부금액에 반영하는 조정금액은 매각예정분류조건의 요건이 더 이상 충족할 수 없게 된 기간의 계속영업손익에 포함한다.

종합 예제

01 ㈜대한은 본사 사옥으로 사용하던 건물을 매각할 예정이며, 20X1.10.1.에 매각예정 분류조건을 충족하여 매각예정비유동자산으로 분류하려고 한다. 20X1.10.1. 현재 해당 건물의 장부금액은 ₩6,000,000(취득원가 ₩10,000,000, 감가상각누계액 ₩3,000,000, 손상차손누계액 ₩1,000,000)이며, 공정가치에서 처분부대원가를 뺀 금액은 ₩5,500,000이다.

요구사항

A. 건물의 매각예정 분류일(20X1.10.1.)에 ㈜대한이 해야 할 회계처리를 제시하오.

B. 20X1년말 현재 해당 건물이 아직 매각되지 않은 상태이지만 매각예정 분류조건을 충족한다. 20X1년말 현재 건물의 공정가치에서 처분부대원가를 뺀 금액이 ₩5,000,000일 때 ㈜대한이 해야 할 회계처리를 제시하오.

해설

A. 매각예정분류일 회계처리

매각예정 분류일에는 매각예정으로 분류된 비유동자산의 공정가치에서 처분부대원가를 뺀 금액과 장부금액 중 작은 금액으로 측정한다. 매각예정 분류일 현재 자산의 공정가치에서 처분부대원가를 뺀 금액이 장부금액에 미달하면 그 차액을 손상차손으로 인식한다.

〈20X1. 10. 1.〉

(차)	매각예정비유동자산	5,500,000	(대)	건물	10,000,000
	감가상각누계액	3,000,000			
	손상차손누계액	1,000,000			
	손상차손	500,000			

B. 매각예정으로 분류된 자산은 매각예정 분류일 뿐만 아니라 이후에도 공정가치에서 처분부대원가를 뺀 금액의 하락을 손상차손으로 인식한다. 따라서 회계처리는 다음과 같다.

〈20X1. 12. 31.〉

(차)	손상차손	500,000	(대)	매각예정비유동자산	500,000

02 ㈜대한은 12월 말에 다음의 특정자산집단을 매각으로 처분하기로 하고 전체를 매각예정비유동자산으로 분류하였다.

구분	매각예정 분류 직전 장부금액
영업권	₩3,000
건물	16,000
기계장치	6,000
재고자산	4,000
합계	₩29,000

한편, ㈜대한은 매각예정으로 분류하는 시점에서 처분자산집단의 공정가치에서 처분부대원가를 뺀 금액을 ₩20,000으로 추정하였으며, 따라서 처분자산집단에 대한 손상차손을 인식하고자 한다.

요구사항

손상차손 배분 후의 자산별 장부금액을 계산하라.

해설

손상차손 총액 = ₩29,000 − ₩20,000 = ₩9,000

매각예정 분류일 현재 처분자산집단의 장부금액이 공정가치에서 처분부대원가를 뺀 금액을 초과하면 그 차액을 손상차손으로 인식하며, 처분자산집단을 구성하는 항목에 배분한다. 손상차손을 개별 자산별로 배분할 때 재고자산에 대해서는 배분하지 않는다. 손상차손을 처분자산집단의 영업권에 우선 배분하고, 잔여액은 K-IFRS 제1105호의 측정기준을 적용하는 비유동자산의 장부금액에 비례하여 배분한다. 손상차손의 배분 결과는 다음과 같다.

구분	매각예정 분류 직전 장부금액	손상차손 배분	배분 후 장부금액
영업권	₩3,000	₩3,000	−
건물	16,000	4,800[주1]	11,200
기계장치	6,000	1,200[주2]	4,800
재고자산	4,000		2,000
합계	₩29,000	₩9,000	₩20,000

주1 (₩9,000 − ₩3,000 영업권에 배분) × ₩16,000/₩20,000 = ₩4,800

주2 (₩9,000 − ₩3,000 영업권에 배분) × ₩4,000/₩20,000 = ₩1,200

CHAPTER 12

충당부채 · 우발부채 · 우발자산

학습목표

- 충당부채, 우발부채, 우발자산의 정의를 이해할 수 있다.
- 충당부채, 우발부채, 우발자산의 재무제표 인식 여부 및 공시 방법을 결정할 수 있다.
- 충당부채를 측정하고 재무제표에 적절히 표시할 수 있다.
- 충당부채가 변제, 변동, 사용되었을 때 이를 재무제표에 적절히 표시할 수 있다.

K-IFRS 충당부채 · 우발부채 · 우발자산(제1037호)

제(개정일): 2021.04.23.

사 례 충당부채 · 우발부채 · 우발자산 공시(삼성전자)

재무제표

재무상태표

제54기: 2022년 12월 31일 현재

제53기: 2021년 12월 31일 현재

삼성전자주식회사 단위: 백만원

과목	주석	제54기	제53기
자산총계		260,083,750	251,112,184
유동부채		46,086,047	53,067,303
매입채무	4, 28	8,729,315	11,557,441
단기차입금	4, 5, 12, 28	2,381,512	9,204,268
미지급금	4, 28	18,554,543	13,206,753
선수금	17	320,689	474,731
예수금	4, 28	523,354	624,585
미지급비용	4, 17, 28	8,359,296	8,275,410
당기법인세부채		2,533,481	5,599,896
유동성장기부채	4, 12, 13, 28	135,753	139,328
충당부채	15	4,059,491	3,643,853
기타유동부채	17	488,613	341,038
비유동부채		4,581,512	4,851,149
사채	4, 13, 28	24,912	29,048
장기차입금	4, 12, 28	654,979	431,915
장기미지급금	4, 28	2,439,232	2,653,715
장기충당부채	15	1,423,165	1,659,774
기타비유동부채		39,224	76,697
부채총계		50,667,559	57,918,452
자본총계		209,416,191	193,193,732
부채와자본총계		260,083,750	251,112,184

손익계산서

제54기: 2022년 1월 1일부터 2022년 12월 31일까지

제54기: 2021년 1월 1일부터 2021년 12월 31일까지

삼성전자주식회사 단위: 백만원

과목	주석	제54기	제53기
매출액	29	211,867,483	199,744,705
매출원가	21	152,589,393	135,823,433
매출총이익		59,278,090	63,921,272
판매비와관리비	21, 22	33,958,761	31,928,110
영업이익	29	25,319,329	31,993,162
법인세비용차감전순이익(손실)		29,691,920	38,704,492
법인세비용	25	4,273,142	7,733,538
당기순이익(손실)		25,418,778	30,970,954

15. 충당부채

(1) 당기 중 충당부채의 변동 내역은 다음과 같습니다.

단위: 백만원

구분	판매보증 (가)	기술사용료 (나)	장기성과급 (다)	기타 (라), (마)
기초	386,713	1,496,525	558,982	2,861,407
순전입(환입)	764,209	590,483	184,480	865,232
사용	−563,257	−608,120	−194,281	−964,082
기타	−	67,718	−	36,647
기말	587,665	1,546,606	549,181	2,799,204

가. 회사는 출고한 제품에 대한 품질보증, 교환, 하자보수 및 그에 따른 사후서비스 등으로 인하여 향후 부담할 것으로 예상되는 비용을 보증기간 및 과거 경험률 등을 기초로 추정하여 충당부채로 설정하고 있습니다.

나. 회사는 협상 진행 중인 기술사용계약과 관련하여 향후 지급이 예상되는 기술사용료를 추정하여 충당부채로 계상하고 있습니다. 지급시기 및 금액은 협상결과에 따라 변동될 수 있습니다. (중략)

마. 회사는 온실가스 배출과 관련하여 해당 이행연도분 배출권의 장부금액과 이를 초과하는 배출량에 대해 향후 부담할 것으로 예상되는 비용을 추정하여 충당부채로 계상하고 있습니다.

16. 우발부채와 약정사항

가. 지급보증한 내역

(1) 보고기간종료일 현재 회사가 해외종속기업의 자금조달 등을 위하여 제공하고 있는 채무보증 내역은 다음과 같습니다.

단위: 백만원

해외종속기업	보증처	보증종료일	관련 차입금	채무보증한도
SETK	BNP 외	2023-12-16	303,386	984,692
SEDAM	Citibank 외	2023-12-16	197,405	680,540
SETK-P	BNP 외	2023-12-16	32,506	164,749
SEIL	Citibank	2023-12-16	12,248	19,770
기타	기타	−	−	8,474,399
계			545,545 (US$ 430,576천)	10,324,150 (US$ 8,146,572천)

(2) 보고기간종료일 현재 회사가 해외종속기업의 계약이행을 위하여 제공하고 있는 지급보증 한도액은 469,262백만원입니다.

(3) 보고기간종료일 현재 회사가 특수관계자로부터 제공받고 있는 담보 및 지급보증은 없습니다.

SECTION 01

개요

1 부채의 분류

K-IFRS 제1037호 '충당부채, 우발부채, 우발자산'에 따르면 부채란 과거사건으로 생긴 현재의무로서, 기업이 가진 경제적효익이 있는 자원의 유출을 통해 그 이행이 예상되는 의무이다.[1]

부채는 '부채를 언제 인식하는가, 그리고 얼마의 금액을 부채로 인식해야 하는가'에 따라 다음 세 가지 종류로 구분된다.

(1) **확정부채:** 의무가 존재하고, 지출하는 시기와 금액이 결정된 부채
(2) **충당부채:** 의무는 존재하지만, 지출하는 시기와 금액이 불확실한 부채
(3) **우발부채:** 의무의 존재 자체가 불확실하거나, 의무는 존재하지만 지출 가능성이 높지 않거나, 금액을 신뢰성 있게 추정할 수 없는 부채

확정부채는 미래의 지급시기와 지급해야 할 금액이 정해져 있다. 예를 들어, 매입채무는 다른 회사와의 거래 금액과 채무의 지급기일이 정해져 있고, 미지급급여는 임직원의 근로 제공기간 동안 근로 계약에 의해 정해진 급여를 급여일에 지급하므로 확정부채이다. 퇴직급여나 하자보수비용은 그 지출 의무는 존재하지만 언제, 얼마의 금액을 지출할 것인지는 불확실하므로 금액을 추정하여 충당부채로 인식한다. 반면 소송 중인 회사가 소송 결과에 따라 손해배상 의무를 지게 될 수도 있지만 현재로서는 결과를 예측하기 힘들고 손해배상액도 추정하기 힘든 경우도 있다.

1 K-IFRS 제1037호 '충당부채, 우발부채, 우발자산'에서 부채의 정의는 재무보고를 위한 개념체계(2018)에서 개정된 부채 정의에 따라 개정되지 않았다. 참고로 재무보고를 위한 개념체계(2018)에서는 부채를 '과거사건의 결과로 기업이 경제적자원을 이전해야 하는 현재의무'라고 정의한다.

1.1. 충당부채

충당부채(provisions)도 부채의 하나이므로 일반적인 부채와 같은 성격을 가진다. 다음의 요건을 모두 충족하는 경우에 재무제표에 인식한다.

> (1) 과거사건의 결과로 현재의무(법적의무나 의제의무)가 존재한다.
> (2) 해당 의무를 이행하기 위하여 경제적효익이 있는 자원을 유출할 가능성이 높다.
> (3) 해당 의무를 이행하기 위하여 필요한 금액을 신뢰성 있게 추정할 수 있다.

충당부채는 부채의 기본적인 정의를 충족하기는 하지만 지출의 시기 또는 금액이 불확실한 부채이다. 이와 같은 차이점 때문에 일반적인 부채인 확정부채와 구분하여 충당부채라 부른다. 충당부채의 예로는 품질보증충당부채, 복구충당부채, 수선충당부채, 소송충당부채 등이 있다.

1.2. 우발부채

우발부채(contingent liabilities)는 다음의 (1) 또는 (2)에 해당하는 의무로 계류 중인 소송사건이나 채무보증 등이 있다.

> (1) 과거사건으로 생겼으나, 기업이 전적으로 통제할 수 없는 불확실한 미래사건의 발생 여부에 따라 존재 유무가 확인되는 잠재적 의무
> (2) 과거사건으로 생겼으나 부채의 인식기준을 충족하지 못한 현재의무
> (가) 해당 의무를 이행하기 위하여 경제적효익이 있는 자원을 유출할 가능성이 높지 않은 경우
> (나) 해당 의무의 이행에 필요한 금액을 신뢰성 있게 측정할 수 없는 경우

1.3. 충당부채와 우발부채의 관계

일반적으로 모든 충당부채는 지출의 시기나 금액이 불확실하므로 우발적이라고 할 수 있다. 그러나 기업이 통제할 수 없는 불확실한 미래사건의 발생 여부에 따라 부채 존재 유무가 결정되는데, 그 사건의 발생 여부를 확인할 수 없어 재무제표에 부채로 인식하지 않는 경우에 '우발'이라는 용어를 사용한다. 또한 부채의 인식기준을 충족하지 못하여 부채로 인식하지 않는 경우에도 '우발부채'라는 용어를 사용한다.

충당부채와 우발부채의 차이는 [표 12-1]과 같다.

표 12-1 충당부채와 우발부채의 차이

조건	충당부채	우발부채
과거사건의 결과	현재의무	잠재적의무
자원의 유출가능성	유출가능성이 높음	유출가능성이 높지 않지만 아주 낮지도 않음. 또는 금액의 신뢰성 있는 추정이 불가능
금액의 측정	신뢰성 있는 추정이 가능	
재무제표 표시	충당부채로 재무상태표에 표시	우발부채로 주석공시

현실 속 회계 | 충당부채와 우발부채

건설회사 재시공 관련 충당부채 규모 급증

GS건설의 충당부채가 1조원을 돌파했다. 상반기 말 기준 공사손실충당부채는 두 배가량 늘었고, 기타충당부채는 약 560% 급증했다. 인천 검단 안단테아파트 지하주차장 붕괴 등 부실시공 관련 이슈가 끊이지 않으면서 잠재 리스크에 대응하기 위해 쌓아두는 충당부채 규모가 늘어난 것으로 보인다. (중략)

GS건설 측은 지하 주차장 붕괴사고가 발생한 인천 검단 안단테아파트 재시공 결정으로 인해 전체 충당부채가 늘었다고 설명했다. GS건설 관계자는 "국토교통부의 사고조사 결과에 따라 수습방안으로 인천 검단 'AA13-1블럭' 및 '13-2블럭' 공공주택 전체와 지하주차장에 대해서 철거 및 재시공을 수행하기로 결정했다"며 "이에 따라 재시공 비용 등 손실 효과 추정금액 5524억4300만원을 당반기 충당부채 및 손실로 반영했다"고 밝혔다. (후략)

출처: 김연서(2023.08.25.). GS건설, 검단 재시공에 충당부채 1.2조로 '껑충'. 이코노미스트.
https://economist.co.kr/article/view/ecn202308240052

삼성 · SK 등 RE100 선언 국내 대기업, 대규모 충당부채 쌓아야

국제회계기준위원회(IASB)가 미래에 써야 할 ESG(환경 · 사회 · 지배구조) 비용을 미리 부채에 반영토록 하는 공시기준 정비에 나섰다. 넷제로 선언 등으로 인해 기업이 감내해야 할 기후 비용을 사전에 충당부채로 반영하자는 게 핵심이다. 이에 중국이 강력하게 반발하면서 녹색 비용을 놓고 서방과 중국이 '회계 전쟁'에 돌입하는 양상이다. SK · 삼성 등 RE100(재생에너지 100%)을 선언한 국내 대기업도 부채 폭탄에 빠질 수 있다는 지적이 나온다. (중략)

만약 탄소배출이 불가피하게 발생했다면, 탄소배출권을 사서 메꿔야 한다. 재생에너지 인프라가 잘 갖춰진 나라에 비해서 제품 생산 비용이 더 올라갈 수 있다는 의미다. 사내 차량을 모두 전기차로 바꾸겠다고 선언한 기업의 경우엔 차량 구매비도 미래 부채다. IASB는 이를 모두 계산해 단계적으로 재무제표에 반영해야 한다는 판단이다. 한 관계자는 "그동안 기업의 탄소중립 선언이 홍보 수단으로 활용된 측면이 있다"며 "하지만 이제부터 실질적인 재무 부담으로 반영되게 됐다"고 설명했다.

출처: 이지훈(2023.07.05.). 美-中 '회계전쟁' 시작됐다… 넷제로 충당부채' 놓고 대격돌. 한국경제.
https://www.hankyung.com/international/article/202307043596i

피고로 계류 중인 소송의 불확실성에 대한 공시

재무제표에 대한 주석 17. 우발부채와 약정사항

(2) 소송사건 등(중략) ㈜LG화학 및 ㈜LG에너지솔루션(LG화학으로부터 물적분할한 법인) 등은 2019년 4월 29일 당사 및 당사의 종속기업인 SK Battery America, InC.를 상대로 영업비밀 침해에 따른 리튬이온배터리 셀 등의 수입을 금지해 줄 것을 요청하는 소송을 미국 국제무역위원회에 제기하였습니다. (중략) 당기말 현재 수입금지 등 행정조치에 대한 최종결과와 합의가능성, 합의조건 등은 예측할 수 없으며, 이러한 불확실성으로 인해 재무제표에 미치는 영향은 반영되어 있지 않습니다.

출처: SK이노베이션(2021.03.18.). 2020년 사업보고서.
https://dart.fss.or.kr/dsaf001/main.do?rcpNo=20210318001255

2 주요 회계이슈

부채 인식과 관련하여 가장 중요한 이슈는 확정부채와 충당부채 및 우발부채를 구분하는 것이며, 두 번째 이슈는 충당부채나 우발부채의 분류와 표시 방법을 결정하는 것이다. 부채가 충당부채와 우발부채 중 어느 것으로 분류되느냐에 따라 재무상태표와 포괄손익계산서에 인식될 수도 있고, 주석으로 공시될 수도 있다. 부채는 미래경제적자원의 지출 의무로서 회사의 리스크를 나타낸다는 점에서 적절히 분류되고 공시되어야 정보이용자들의 의사결정에 유용한 정보가 될 것이다.

SECTION

02 충당부채의 인식

충당부채는 다음의 요건을 모두 충족하는 경우에 인식한다.

> (1) 과거사건의 결과로 현재의무(법적의무 또는 의제의무)가 존재한다.
> (2) 당해 의무를 이행하기 위하여 경제적효익이 내재된 자원이 유출될 가능성이 높다.
> (3) 당해 의무의 이행에 소요되는 금액을 신뢰성 있게 추정할 수 있다.

첫째 요건은 부채의 정의와 관련된 것이고, 둘째와 셋째는 충당부채의 인식기준에 관련된 것이다. 다시 말해, 부채의 정의를 충족하더라도(의무가 발생하였더라도) 인식조건을 충족하지 못한다면 충당부채로 인식하지 않는다.

1 현재의무의 존재

1.1. 현재의무의 구분

사용할 수 있는 증거를 모두 고려하여 보고기간말에 현재의무가 존재할 가능성이 존재하지 않을 가능성보다 높으면(50% 초과) 과거사건이 현재의무를 생기게 한 것으로 본다.[2]

과거사건으로 발생하는 현재의무는 법적의무와 의제의무를 모두 포함한다. 즉, 법적의무가 없더라도 의제의무가 있다면 회사는 현재의무가 있기 때문에 부채의 인식 가능성을 고려해야 한다. 법적의무와 의제의무는 다음과 같은 상황에서 발생한다.

2 '가능성이 높다'는 기준에 대한 K-IFRS 제1037호 '충당부채, 우발부채, 우발자산'의 해석이 다른 K-IFRS에도 반드시 적용되는 것은 아니다.

(1) **법적의무:** 명시적 또는 묵시적 조항에 따른 계약, 법률, 그 밖의 법적 효력에 의해 생기는 의무
(2) **의제의무:** 과거의 실무 관행, 발표된 경영방침 또는 구체적이고 유효한 약속 등을 통하여 기업이 특정 책임을 부담하겠다는 것을 상대방에게 표명한 결과 기업이 그 책임을 이행할 것이라는 정당한 기대를 상대방이 가지게 하는 행위에 따라 생기는 의무

1.2. 과거사건

1.2.1. 의무발생사건

현재의무를 발생시키는 과거사건을 의무발생사건이라고 한다. 해당 사건으로부터 생긴 의무를 이행하는 것 외에는 실질적인 대안이 없어야 의무발생사건이라 본다. 다음의 경우만 의무발생사건에 해당한다.

(1) 의무의 이행을 법적으로 집행할 수 있는 경우
(2) 의제의무과 관련해서는 상대방에게 기업이 해당 의무를 이행할 것이라는 정당한 기대를 갖게 끔 하는 경우

예시로 이해하기 | 현재 의무인지 파악하기

(1) ㈜행복은 해저유전을 운영하고 있으며, 계약에 의하면 석유 생산 종료 시에는 유정굴착장치를 제거하고 해저를 원상 복구해야 한다.
(2) ㈜대한은 오염을 유발하는 석유사업을 운영하고 있다. 석유사업을 운영하는 국가에 환경 관련 법규는 없다. 그러나 이 기업은 사업상 오염시킨 토지를 정화한다는 회사의 정책을 대외적으로 알려왔으며 실제로 이 정책을 준수한 사실이 있다.
(3) 정부는 법인세 규정을 대폭 개정하였다. 이러한 개정으로 인하여 금융서비스업을 영위하는 기업은 금융서비스 규정을 계속 준수하기 위해 다수의 관리직원과 판매직원을 재교육할 필요가 있을 것이다. 보고기간말 현재 직원에 대해 어떠한 재교육도 하지 않았다.

구분	현재의무 여부	자원의 유출가능성	결론
(1)	법적의무: 계약에 의해 굴착장치 제거와 해저 원상 복구라는 법적의무를 발생시키므로 의무발생사건이다.	높다	해저 손상 부분의 원상 복구 원가에 대한 충당부채를 인식한다.
(2)	의제의무: 상대방에게 오염된 토지를 기업이 정화할 것이라는 정당한 기대를 가지도록 하기 때문에 토지오염은 의제의무를 발생시키며, 이는 의무발생사건이다.	높다	토지정화 원가에 대한 충당부채를 인식한다.
(3)	의무발생사건(재교육)이 일어나지 않았으므로 현재의무는 없다.	–	충당부채를 인식하지 않는다.

예제 01 현재의무 여부를 판단하기 (1)

20X2년 중 제정된 새로운 법률에 따르면 ㈜행복은 20X3.6.30.까지 공장에 매연여과장치를 설치해야 한다. 그러나 ㈜행복은 20X3.12.31. 현재 매연여과장치를 아직 설치하지 않았다.

요구사항

A. 20X2.12.31. 현재 충당부채를 인식해야 하는지 설명하라.

B. 20X3.12.31. 현재 충당부채를 인식해야 하는지 설명하라.

해설

A. 20X2.12.31.: 매연여과장치의 설치원가나 미설치 시 부과되는 벌금에 대한 의무발생사건이 없다. 따라서 의무는 존재하지 않고, 설치원가나 법규 위반에 대한 벌금을 충당부채로 인식하지 않는다.

B. 20X3.12.31.: 매연여과장치를 설치하지 않았기 때문에 설치원가에 대한 의무발생사건이 아직 발생하지 않았다. 따라서 설치원가를 충당부채로 인식하지 않는다. 그러나 법규를 위반했다는 사실은 벌금을 납부해야 하는 의무발생사건이다. 만약 벌금이 부과될 가능성이 그렇지 않을 가능성보다 높다면 벌금액 추정치를 충당부채로 인식한다.

1.2.2. 미래 행위와는 관계없는 과거사건

재무제표는 미래 시점의 예상 재무상태가 아니라 보고기간말의 재무상태를 표시하는 것이므로, 미래 영업을 위하여 발생하게 될 비용에 대하여는 충당부채를 인식하지 않는다. 재무상태표에 인식되는 부채는 보고기간말에 존재하는 부채에 국한한다. 즉, 기업의 미래 행위(미래 사업 행위)와 관계없이 존재하는 과거사건에서 생긴 의무만을 충당부채로 인식한다.

예시로 이해하기 | 기업의 미래 행위와는 관계없는 과거사건

과거사건으로 인한 의무가 기업의 미래 행위와 독립적인 경우

불법적인 환경오염으로 인한 범칙금이나 환경정화비용은 기업의 미래 행위와 관계없이 해당 의무의 이행에 경제적효익이 있는 자원의 유출이 수반되므로 충당부채를 인식한다.

과거사건으로 인한 의무가 기업의 미래 행위와 독립적이지 않은 경우

법에서 정하는 환경기준을 충족시키기 위해서 또는 상업적 압력 때문에 공장에 특정 정화장치를 설치하기 위한 비용 지출을 계획하고 있거나 그런 지출이 필요한 경우에는 공장 운영방식을 바꾸는 등 미래 행위를 통하여 미래의 지출을 회피할 수 있으므로 충당부채를 인식하지 않는다.

예제 02 | 현재의무 여부를 판단하기 (2)

㈜행복은 기술적인 이유로 용광로의 내벽을 5년마다 교체해야 한다. 보고기간말에 이 내벽은 3년 동안 사용되었다.

요구사항

㈜행복이 현재 충당부채를 인식해야 하는지 설명하라.

해설

현재의무는 없으므로 충당부채를 인식하지 않는다. 내벽 교체 의무가 기업의 미래 행위와 관계없이 존재하는 것은 아니다. 용광로를 그대로 계속 사용할 것인지 내벽을 교체할 것인지에 대한 기업의 미래 의사결정에 따라 내벽 교체원가가 발생할 수도 있고 그렇지 않을 수도 있다. 즉, 내벽 교체는 기업의 미래 행위와 관계없는 현재의 의무가 아니다. 따라서 내벽의 교체원가를 충당부채로 인식하지 않는다.

1.2.3. 의무의 상대방

의무는 언제나 의무의 이행 대상이 되는 상대방이 존재하게 된다. 그러나 의무의 상대방이 누구인지 반드시 알아야 하는 것은 아니며, 경우에 따라서는 일반 대중도 상대방이 될 수 있다. 예를 들면, 제품수리보증이 이에 해당한다.

1.2.4. 미래에 생길 수 있는 의무

어떤 사건은 발생 당시에는 현재의무를 발생시키지 않지만 나중에 의무를 발생시킬 수 있다. 법규가 제 · 개정되면서 의무가 생기거나 기업의 행위(예: 충분할 정도로 구체적인 대외 공표)에 따라 나중에 의제의무가 생기는 경우가 있기 때문이다.

예를 들어, 기업이 이미 발생시킨 환경오염에 대하여 지금 당장 정화해야 하는 의무가 없는 경우에도 나중에 새로운 법률에서 그러한 환경오염을 정화하도록 요구하거나 기업이 그러한 정화의무를 의제의무로서 공개적으로 수용한다면, 해당 법률의 제 · 개정 시점이나 기업의 공개적인 수용 시점에 환경오염을 일으켰던 것은 의무발생사건이 된다.

입법 예고된 법규의 세부사항이 아직 확정되지 않았다고 하여도 해당 법안대로 제정될 것이 거의 확실한 때에는 법적 의무가 발생한 것으로 본다.

예시로 이해하기 | 법률 제정이 거의 확실한 경우

㈜대한은 석유사업을 영위하면서 오염을 유발하고 있지만 법률이 요구하는 경우에만 오염된 토지를 정화한다는 정책을 가지고 있다. 오염된 토지를 정화해야 한다는 법규가 없는 상태에서 기업은 몇 년에 걸쳐 토지를 오염시켜왔다. 그런데 이미 오염된 토지를 정화하는 것을 의무화하는 법률 제정이 20X3.12.31. 현재 거의 확실하다.

(1) 과거 의무발생사건의 결과로 인한 현재의무를 식별: 토지 정화를 요구하는 법률 제정이 거의 확실하므로 토지의 오염은 의무발생사건이다.

(2) 해당 의무를 이행하기 위해 경제적효익을 갖는 자원의 유출가능성: 높다.

따라서 토지정화 원가에 대한 최선의 추정치를 20X3.12.31. 현재 충당부채로 인식한다.

2 경제적효익이 있는 자원의 유출가능성

부채로 인식하기 위해서는 현재의무가 존재해야 할 뿐만 아니라 해당 의무를 이행하기 위하여 경제적효익이 있는 자원의 유출가능성이 높아야 한다. 특정 사건이 일어날 가능성이 높은 경우(50% 초과)에 자원의 유출이나 기타 사건의 가능성이 높다고 본다.[3]

제품보증이나 이와 유사한 계약 등 다수의 유사한 의무가 있는 경우 의무이행에 필요한 자원의 유출가능성은 해당 의무 전체를 고려하여 판단한다. 비록 개별 항목의 의무 이행에 필요한 자원의 유출가능성이 높지 않더라도 전체적인 의무 이행을 위하여 필요한 자원의 유출가능성이 높은 경우라면 그리고 이외의 인식기준이 충족된다면 충당부채를 인식한다.

3 '가능성이 높다'는 기준에 대한 K-IFRS 1037 '충당부채, 우발부채 및 우발자산'의 해석이 다른 K-IFRS에도 반드시 적용되는 것은 아니다.

예시로 이해하기 | 법적의무: 제품보증

㈜행복은 제품을 판매하는 시점에 구매자에게 제품보증을 약속한다. 판매 후 3년 안에 제조상 결함이 명백한 경우 제조자는 판매 계약조건에 따라서 수선해 주거나 대체해 준다. 과거 경험에 비추어 보면 제품보증약정에 따라 보증청구가 있을 가능성이 보증청구가 없을 가능성보다 높다. 따라서 충당부채는 보고기간말 전에 판매된 제품의 보증을 이행하는 원가에 대한 최선의 추정치로 인식된다.

(1) 과거 의무발생사건의 결과로 인한 현재의무: 의무발생사건은 제품보증약정을 포함한 제품 판매이며, 이는 법적의무를 발생시킨다.

(2) 해당 의무를 이행하기 위한 경제적효익이 있는 자원의 유출: 전체적으로 제품보증을 위한 경제적자원의 유출가능성이 높다.

3 의무에 대한 신뢰성 있는 추정

추정치를 사용하는 것은 재무제표 작성의 필수적인 과정이며 재무제표의 신뢰성을 떨어뜨리지 않는다. 충당부채의 특성상 재무상태표의 다른 항목에 비하여 불확실성이 더 크므로 추정치의 사용은 특히 필수적이다. 극히 드문 경우를 제외하고는 가능한 결과의 범위를 결정할 수 있으므로 충당부채를 인식할 때 충분히 신뢰성 있는 금액을 추정할 수 있다.

SECTION

03 충당부채의 측정

1 최선의 추정치

충당부채로 인식하는 금액은 보고기간말에 현재의무를 이행하기 위하여 소요되는 지출에 대한 최선의 추정치이어야 한다.

(차)	충당부채관련비용	×××	(대)	충당부채	×××

현재의무를 이행하기 위하여 소요되는 지출에 대한 최선의 추정치는 보고기간말에 의무를 이행하거나 제3자에게 이전시키는 경우에 합리적인 수준에서 지급해야 하는 금액이다. 발생할 수 있는 결과와 그 재무적 영향에 대한 추정치는 비슷한 거래에 대한 과거의 경험이나 독립적인 전문가의 보고서를 참고하여 경영자가 판단할 사항이다.

충당부채로 인식해야 하는 금액과 관련된 불확실성은 상황에 따라 다양한 방법으로 다룰 수 있다. 만약 충당부채가 여러 항목과 관련된 경우 발생 가능한 모든 결과를 확률로 가중평균한 기댓값으로 추정하고, 발생 가능한 모든 결과가 연속적인 범위에 있고 각각의 발생 확률이 같으면 해당 범위의 중간값으로 추정한다. 반면 충당부채가 하나의 의무에만 해당한다면 가능성이 가장 높은 단일의 결과가 최선의 추정치가 될 수 있다.

예시로 이해하기 | 기댓값

㈜행복은 구입 후 첫 6개월 이내에 제조상 결함으로 발생하는 수선비용을 보장하는 보증서와 함께 재화를 판매한다. 판매한 모든 생산품에서 사소한 결함이 확인될 경우에는 ₩1,000,000의 수선비용이 발생한다. 판매한 모든 생산품에서 중요한 결함이 확인될 경우에는 ₩4,000,000의 수선비용이 발생한다. 기업의 과거 경험 및 미래 예상에 따르면 내년도에 판매할 재화 중에서 75%는 전혀 결함이 없지만, 20%는 사소한 결함이 있고, 나머지 5%는 중요한 결함이 있을 것으로 예상한다. 이 경우 기업은 보증 의무 전체에 대하여 자원의 유출가능성을 판단하고, 수선비용의 기댓값을 계산하여 충당부채로 인식한다.

(차)	수선비	400,000	(대)	수선충당부채	400,000
	기댓값: (75%×0) + (20%×₩1,000,000) + (5%×₩4,000,000) = ₩400,000				

2 현재가치의 추정

화폐의 시간가치가 중요한 경우 충당부채는 의무를 이행하기 위하여 예상되는 지출액의 현재가치로 평가한다. 현재가치 추정에 사용하는 할인율은 부채 특유의 위험과 화폐의 시간가치에 대한 현행시장의 평가를 반영한 세전 이율이다.

예시로 이해하기 | 충당부채의 현재가치

㈜대한은 사용하던 유류보관시설을 3년 후에 해체하고 시설 설치 전 환경으로 원상복구 해야 한다. 3년 후의 복구 시점에 복구원가로 총현금유출 ₩100,000이 발생할 것으로 예상된다. 3년 만기 국채이자율은 6%이며 법인세율은 30%이다. 복구원가의 현재가치 ₩83,962(₩100,000 ÷ $(1 + 0.06)^3$)를 충당부채로 인식해야 한다.

3 미래사건

현재의무를 이행하기 위하여 소요되는 지출 금액에 영향을 미치는 미래사건이 발생할 것이라는 충분하고 객관적인 증거가 있는 경우에는 그러한 미래사건을 감안하여 충당부채 금액을 추정한다.

예를 들어, 미래에 오염정화 기술이 발달함에 따라 미래에 부담해야 하는 오염지역의 정화에 필요한 원가는 현재의 비슷한 원가에 비해 감소할 수 있다. 이 경우 부채 인식금액은 미래 오염정화 시점에 이용할 수 있는 기술과 관련하여 이용가능한 모든 증거를 기초로 자격을 갖춘 독립적인 전문가의 합리적인 예측을 반영하여 측정한다.

또한 새로운 법규의 제정이 거의 확실하다는 충분하고 객관적인 증거가 있다면 해당 법률의 영향을 반영하여 충당부채를 측정한다.

예제 03 미래사건에 대한 충당부채

㈜대한은 석유화학제품제조업을 영위하면서 수년간 토지를 오염시켜 왔다. 그간 토지 오염에 대한 법적 규제가 없었는데 20X3.12.31. 현재 그러한 오염 토지에 대한 복구 의무를 부여하는 새로운 법안이 제안되어 20X3년말 이후 제정되고 시행될 것이 확실하다. 오염토지에 대한 복구의무는 40억원으로 예상되나 전문가의 예측에 의하면 복구시점까지의 기술 발전과 학습효과를 고려할 때 10억원 정도는 절감될 것으로 예상하고 있다.

요구사항

㈜대한이 20X3.12.31. 현재 충당부채를 인식해야 하는지 설명하라.

해설

오염 복구의무를 규정하는 법 제정이 확실하므로 토지를 오염시킨 것은 의무발생사건이다. 한편, 의무이행을 위한 자원 유출의 가능성이 높으므로 오염복구비용에 대한 최선의 추정치로 충당부채를 인식한다. 부채 인식금액은 복구시점에 이용가능한 기술에 대한 모든 증거를 기초로 하여 자격을 갖춘 독립적인 전문가의 예측을 반영해야 한다. 그 외에도 학습효과나 규모의 경제와 관련된 기대비용의 감소도 부채의 인식금액에 반영해야 하므로 충당부채는 '40억원 − 10억원 = 30억원'으로 계상한다.

일자	회계처리					
20X3.12.31.	(차)	복구충당원가	30억원	(대)	복구충당부채	30억원

4 예상되는 자산 처분

예상되는 자산의 처분이익은 충당부채를 측정하는 데 고려하지 않는다. 예상되는 자산 처분이 충당부채를 발생시킨 사건과 밀접하게 관련되었더라도 충당부채 측정과는 무관하다.

예제 04 예상되는 자산 처분

20X3.12.31. ㈜대한은 과거에 ㈜행복으로부터 취득한 기계장치에 대한 자산반환소송에서 지방법원으로부터 해당 기계장치의 취득원가인 20억원을 ㈜행복에게 반환하라는 판결을 받았다. 20X3.12.31. 현재 해당 기계장치의 장부가액은 15억원(취득원가 20억원, 감가상각누계액 5억원)이다. ㈜대한은 해당 기계장치를 처분하면 22억원을 받을 수 있다고 예상한다.

요구사항

A. 20X3.12.31.의 재무상태표에 충당부채로 보고될 금액과 회계처리를 제시하라.

B. 20X4.1.1.에 해당 기계를 22억원에 처분하고 그 처분대가 중 20억원을 ㈜행복에게 지급하는 경우 필요한 회계처리를 제시하라.

해설

A. 과거에 취득한 자산에 대한 반환소송에 패소할 가능성이 매우 높아 충당부채로 인식하고 관련 자산을 처분하여 현금으로 배상해야 하는 경우가 있다. 이 경우 처분할 자산의 장부금액을 초과하는 현금유입이 예상되더라도 충당부채로 인식하는 금액에 자산의 예상처분이익을 고려하지 않는다. 따라서 재무상태표에 부채로 보고될 금액은 20억원이다. 즉, 20X3년말 충당부채는 반환해야 하는 금액인 20억원이지, 기계장치의 예상처분이익 7억원을 차감한 13억원이 아니라는 뜻이다.

B.

구분	회계처리					
20X3.12.31.	(차)	소송손실	20억원	(대)	소송충당부채	20억원
20X4.1.1.	(차)	현금	22억원	(대)	기계장치	20억원
		감가상각누계액	5억원		유형자산처분이익	7억원
	(차)	소송충당부채	20억원	(대)	현금	20억원

SECTION 04

충당부채의 변제 · 변동 · 사용

1 충당부채의 변제: 제3자의 변제가 예상되는 경우

기업이 의무이행을 위하여 지급한 금액을 보험약정이나 보증계약 등에 따라 제3자가 보전하여 주거나, 기업이 지급할 금액을 제3자가 직접 지급하는 경우가 있다.

충당부채 관련 의무를 이행하기 위한 지출액의 일부 또는 전부를 제3자로부터 변제받을 것이 예상되는 경우, 기업이 의무를 이행한다면 변제받을 것이 거의 확실할 때에만 변제받을 금액을 자산으로 인식한다.

예상변제금액인 자산은 충당부채금액을 초과할 수 없으며, 충당부채와 상계표시하지 못한다. 그러나 충당부채와 관련하여 포괄손익계산서에 인식된 비용은 제3자의 변제와 관련하여 인식한 금액과 상계하여 표시할 수 있다. 제3자의 변제 예상액 인식기준을 요약하면 [표 12-2]와 같다.

표 12-2 제3자의 변제 예상액 인식기준

변제가능성	현재의무가 존재함	현재의무 없음
거의 확실함	재무상태표: 충당부채 금액을 한도로 자산 인식 손익계산서: 충당부채 관련 비용과 상계 변제액을 주석 공시	회계처리 필요 없음
확실하지 않음	변제액을 인식하지 않음 변제 가능성을 주석 공시	

예제 05 충당부채의 변제: 제3자의 변제가 예상되는 경우

20X3.12.31. 현재 ㈜행복은 진행 중인 소송사건에 대한 충당부채 ₩100,000을 인식하였다. ㈜행복은 이 소송과 관련하여 보험회사로부터 수령할 금액을 협의 중에 있다.

요구사항

A. 20X3.12.31. 보험회사가 ₩120,000 변제할 것이 확실한 경우에 ㈜행복의 충당부채 인식과 변제에 대한 회계처리를 나타내라.

B. 20X3.12.31. 보험회사가 ₩60,000을 변제할 것이 확실한 경우에 ㈜행복의 충당부채 인식과 변제에 대한 회계처리를 나타내라.

C. 20X3.12.31. 보험회사가 ₩60,000을 변제할 것으로 예상되나 확실하지는 않은 경우에 ㈜행복의 충당부채 인식과 변제에 대한 회계처리를 나타내라.

해설

A. 회계처리(₩120,000 변제가 확실한 경우)

충당부채 금액을 한도로 변제 예상액을 자산으로 인식하고 손실과 상계한다.

일자	회계처리					
20X3.12.31.	(차)	지급보증손실	100,000	(대)	소송충당부채	100,000
		보험미수금	100,000		지급보증손실	100,000

B. 회계처리(₩60,000 변제가 확실한 경우)

일자	회계처리					
20X3.12.31.	(차)	지급보증손실	100,000	(대)	소송충당부채	100,000
		보험미수금	60,000		지급보증손실	60,000

C. 회계처리(₩60,000 변제가 예상되나 확실하지 않은 경우)

일자	회계처리					
20X3.12.31.	(차)	지급보증손실	100,000	(대)	소송충당부채	100,000

2 충당부채의 변동

매 보고기간말마다 충당부채의 잔액을 검토하고, 보고기간말 현재 최선의 추정치를 반영하여 조정한다. 의무를 이행하기 위해 경제적효익이 있는 자원을 유출할 가능성이 더 이상 높지 않게 된 경우에는 관련 충당부채를 환입한다.

충당부채를 현재가치로 평가하여 표시하는 경우에는 기간 경과에 따라 장부금액을 증가시키고 해당 증가액은 차입원가로 인식한다.

예제 06 충당부채의 변동

㈜대한은 20X5.1.1.부터 제주도 남해안에서 해저 가스를 추출해오고 있으며 해당 지역은 20X9.12.31.까지 가스 추출이 가능할 것으로 예상된다. 20X5.1.1.부터 이미 해저오염을 복구해야 하는 법령이 시행되고 있으며, 이에 따라 ㈜대한이 해당 지역을 복구하는 데 드는 비용은 ₩5,000,000이 될 것으로 예상하였다. 이 비용은 20X9.12.31. 발생할 현금 지출액이다. 할인율은 9%라고 가정한다.

요구사항

A. ㈜대한의 원상복구 의무에 대한 충당부채와 관련하여 20X5.12.31.과 20X6.12.31.에 행해야 할 회계처리를 제시하라.

B. 20X7.12.31. 해저오염복구에 대한 법령이 폐지되었다. 20X7.12.31.에 ㈜대한의 충당부채와 관련된 회계처리를 제시하라.

해설

A. 20X5.12.31. 현재 해저오염을 복구해야 하는 법적의무가 있고, 해저오염은 의무발생사건이다. 의무 이행을 위해 유출할 금액의 최선의 추정치는 20X9.12.31.의 ₩5,000,000이다. 따라서 ㈜대한은 20X5.1.1.에 ₩5,000,000×0.6499(5년, 9% 현가계수) = ₩3,249,500을 충당부채로 계상하고 매년말 9%의 차입원가를 인식한다.

일자	회계처리					
20X5.1.1.	(차)	복구충당비용	3,249,500	(대)	복구충당부채	3,249,500
20X5.12.31.	(차)	이자비용	292,455	(대)	복구충당부채[주1]	292,455
		주1 ₩3,249,500 × 9% = ₩292,455				
20X6.12.31.	(차)	이자비용	318,776	(대)	복구충당부채[주2]	318,776
		주2 ₩3,541,955(₩3,249,500 + ₩292,455) × 9% = ₩318,776				

B. 법령이 폐지되어 20X7.12.31. 현재 더 이상 해저오염 복구 의무를 부담하지 않는다. 기간경과에 따른 차입원가를 인식한 후, 충당부채를 환입한다.

일자	회계처리					
20X7.12.31.	(차)	이자비용(차입원가)	347,466	(대)	복구충당부채[주3]	347,466
		주3 ₩3,860,731(₩3,541,955 + ₩318,776) × 0.09 = ₩347,466				
20X7.12.31.	(차)	복구충당부채	4,208,197	(대)	복구충당부채환입	4,208,197

3 충당부채의 사용

충당부채는 최초 인식과 관련 있는 지출에만 사용한다. 다른 목적을 위해 인식한 충당부채를 사용하는 경우 이 두 사건이 미래경제적자원을 얼마만큼 유출하게 될 것인지를 명확히 구분하기 어렵게 되므로 정보의 유용성이 떨어진다.

(차)	충당부채	×××	(대)	현금 또는 미지급금	×××

더 알아보기 **충당부채의 사용**

어떤 회사가 매입채무를 상환해야 할 금액으로 충당부채를 전액 지출한 것처럼 회계처리 하였다고 가정하자. 이러한 회계처리를 하게 되면 충당부채는 매 보고기간말마다 최선의 추정치를 반영하여 잔액이 조정되어야 함에도 불구하고 재무제표 이용자는 회사에 충당부채는 없고 매입채무만 있다고 오해할 수 있다. 따라서 충당부채는 최초의 인식과 관련 있는 지출에만 사용해야 한다.

예제 07 충당부채의 설정, 변동, 사용

㈜행복은 헤어드라이기를 생산하여 판매하는 회사이다. 20X1.12.10. 헤어드라이기 폭발로 화상을 입은 고객 A는 ㈜행복을 상대로 1억원의 손해배상소송을 제기하였고, 소송은 20X1.12.31. 현재 1심에 계류 중이다. 이 소송에서 ㈜행복이 패소할 가능성이 높고 패소 시 손해배상액은 5천만원에서 7천만원으로 추정된다. 가장 합리적인 추정치는 6천만원이다.

요구사항

A. 20X1년말 ㈜행복의 손해배상소송과 관련하여 필요한 회계처리를 제시하라.

B. 20X2년말 손해배상액을 재추정한 결과 6천만원에서 8천만원으로 추정되었으며 가장 합리적인 추정치는 7천만원으로 변경되었을 때 필요한 회계처리를 제시하라.

C. 20X3.4.30. 소송이 패소로 종결되었으며 ㈜행복은 고객 A에게 9천만원의 손해배상을 하게 되었다. 이와 관련된 회계처리를 나타내라.

해설

A. 헤어드라이기의 폭발이라는 과거의 사건으로 인한 현재의무가 존재하며, 소송에서 패소할 가능성이 높으므로 최선의 추정치를 충당부채로 인식해야 한다.

일자	회계처리					
20X1.12.31.	(차)	소송손실	60,000,000	(대)	소송충당부채	60,000,000

B. 매 보고기간말마다 충당부채의 잔액을 검토하고, 보고기간말 현재 최선의 추정치를 반영하여 조정해야 한다.

일자	회계처리					
20X2.12.31.	(차)	소송손실	10,000,000	(대)	소송충당부채[주1]	10,000,000
	주1 ₩70,000,000 - ₩60,000,000(기 인식액) = ₩10,000,000					

C. 소송으로 인한 지출이므로 소송충당부채를 사용한 것으로 회계처리 한다.

일자	회계처리					
20X3. 4.30.	(차)	소송손실	20,000,000	(대)	소송충당부채[주2]	20,000,000
	주2 ₩90,000,000 - ₩70,000,000 = ₩20,000,000					
	(차)	소송충당부채	90,000,000	(대)	현금(미지급금)	90,000,000

SECTION 05

우발부채와 우발자산의 인식

1 우발부채의 인식조건

의무를 이행하기 위하여 경제적효익이 있는 자원을 유출할 가능성이 높지 않거나, 그 금액을 신뢰성 있게 추정할 수 없다면 우발부채로 분류하여 재무제표에 인식하지 않고, 주석으로 다음 내용을 공시한다.

(1) 재무적 영향의 추정금액
(2) 자원의 유출 금액 및 시기와 관련된 불확실성 정도
(3) 변제 가능성

다만, 경제적자원의 유출가능성이 희박하다면 우발부채로도 공시하지 않는다.

다음 [표 12-3]은 충당부채와 우발부채의 인식기준과 공시기준을 요약한다.

표 12-3 충당부채와 우발부채의 인식기준과 공시

구분	금액추정가능성	
	신뢰성 있는 추정 가능	신뢰성 있는 추정 불가능
자원의 유출이 요구될 가능성이 높음 (50% 초과)	재무상태표에는 충당부채, 포괄손익계산서에는 비용으로 인식	우발부채로 주석공시
자원의 유출이 요구될 수 있지만 가능성이 높지 않음(5~50%)	우발부채로 주석공시	
자원의 유출이 요구될 가능성이 아주 낮음(5% 미만)	공시하지 않음	공시하지 않음

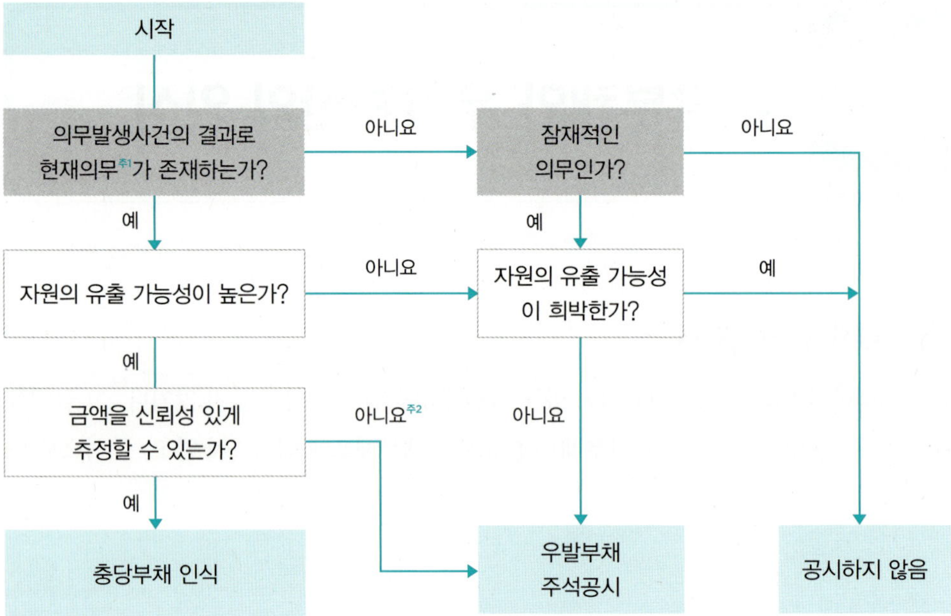

주1 현재의무의 발생 여부가 분명하지 않은 경우에도 모든 이용가능한 증거(전문가 의견 포함)를 고려함으로써 보고기간말 현재 의무가 존재하는지를 결정함

주2 아주 드물게 발생함

그림 12-1 충당부채와 우발부채의 인식기준 적용 흐름도

제3자와 연대하여 의무를 지는 경우에는 이행할 전체 의무 중 제3자가 이행할 것으로 기대되는 부분은 우발부채로 공시하고 회사가 부담해야 할 의무 중에서 경제적효익이 있는 자원의 유출가능성이 높은 부분에 대하여 충당부채로 인식한다.

우발부채는 처음에 예상하지 못한 상황에 따라 변화할 수 있으므로, 경제적효익이 있는 자원의 유출가능성이 높아졌는지를 지속적으로 검토해야 한다. 과거에 우발부채로 처리하였더라도 미래경제적효익의 유출가능성이 높아진 경우에는 가능성이 높아진 기간의 재무제표에 충당부채로 인식한다. 단, 금액을 신뢰성 있게 추정할 수 없는 경우는 충당부채를 인식하지 않는다.

예제 08 소송사건 충당부채 인식

12월말 결산법인인 ㈜대한은 예식장 부근에서 대형 음식점을 경영하고 있다. 20X3년의 어느 날 음식물에 포함된 독극물 영향인지는 확실하지 않으나 결혼식 직후 10명이 사망했다. ㈜대한은 20X3.12.31. 현재, 고객이 제소한 손해배상청구 소송의 피고로 재판 중에 있으며, 고객 사망의 책임이 있는지에 대해 원고와 다투고 있다. ㈜대한의 법률고문의 자문에 따르면 20X3.12.31.로 종료되는 회계연도 재무제표의 발행 승인일까지는 회사의 책임이 밝혀지지 않을 가능성이 높다. 그러나 법률고문은 회사가 20X4년 재무제표를 작성할 때까지는 재판 상황이 진전되고, ㈜대한에게 책임이 있다고 판결할 가능성이 높다고 조언하였다.

요구사항

A. 20X3.12.31. 현재 ㈜대한이 충당부채를 인식해야 하는지 설명하라.
B. 20X4.12.31. 현재 ㈜대한이 충당부채를 인식해야 하는지 설명하라.

해설

A. 재무제표가 승인되는 시점에 이용 가능한 증거에 근거하여 볼 때 과거사건에 따른 의무는 없다. 따라서 충당부채를 인식하지 않는다. 미래의 재판 결과에 따라 생길 수도 있는 잠재적 의무일 뿐이다. 따라서 경제적자원이 유출될 가능성이 희박하지 않다면 그러한 사항을 우발부채로 공시한다.
B. 20X4.12.31. 현재의 연차 재무제표를 작성하는 시점에 이용가능한 증거에 근거하여 볼 때 ㈜대한은 과거 의무발생사건의 결과로 인한 현재의무가 있다. 또한 해당 의무를 이행하기 위해 경제적효익을 갖는 자원의 유출가능성도 높다. 의무를 이행하기 위한 금액에 대한 최선의 추정치로 충당부채를 인식한다.

2 우발자산

우발자산은 일반적으로 경제적효익의 유입가능성을 불러오는 잠재적 자산으로, 사전에 계획되지 않았거나 기타 예측하지 못한 사건으로부터 발생한다. 예로는 기업이 제기하였으나 그 결과가 불확실한 소송을 들 수 있다.

경제적효익의 유입이 불확실한데 자산을 인식한다면 미래에 전혀 실현되지 않을 수도 있는 수익을 인식하는 결과를 초래할 수 있다. 따라서 우발자산은 재무제표에 인식하지 않는다.

다만, 경제적효익의 유입가능성이 높은 경우에는 주석에 그 성격에 대한 간결한 설명을 공시하고 실무적으로 적용할 수 있는 경우에는 재무적 영향의 추정치를 주석에 공시한다. 다음

[표 12-4]는 우발자산 공시기준을 요약한 표이다.

표 12-4 우발자산 공시기준

구분	금액추정가능성	
	신뢰성 있게 추정 가능	추정 불가능
자원의 유입가능성이 높음(50% 초과)	우발자산으로 주석공시	우발자산으로 주석공시
자원의 유입가능성이 높지 않음	공시하지 않음	공시하지 않음

우발자산과 관련된 상황이 변화하여 경제적효익의 유입이 거의 확실해지는 경우에는 이 자산은 더 이상 우발자산이 아니다. 이러한 변화가 생긴 기간의 재무제표에 그 자산과 관련 이익을 인식한다. 이렇게 상황의 변화가 적절하게 재무제표에 반영될 수 있도록 지속적으로 검토해야 한다.

보론 충당부채 식별

충당부채에 대하여 설명했지만, 실제 상황에서는 충당부채인지 아닌지를 판단하기 어려운 경우가 많다. 다음에서는 세 가지 사례를 통하여 충당부채를 식별해본다.

1 미래의 예상 영업손실

미래의 예상 영업손실은 충당부채로 인식하지 않는다. 미래의 예상 영업손실은 과거사건에 의하여 발생한 것이 아니며 경제적자원이 유출될 것으로 예상되는 현재의무도 아니다. 이는 부채의 정의에 부합하지 않을 뿐만 아니라 해당 의무의 이행에 소요되는 금액을 신뢰성 있게 추정할 수도 없다. 즉, 충당부채의 인식기준을 충족시키지 못한다.

미래에 영업손실이 예상되는 경우 영업과 관련된 자산에 손상이 발생하였을 가능성이 있으므로 K-IFRS 제1036호 '자산손상'에 따라 손상검사를 수행한다.

2 손실부담계약

손실부담계약은 계약상의 의무 이행 시 발생하는 회피불가능한 원가가 그 계약에 의해 받을 것으로 기대되는 경제적효익을 초과하는 계약을 말한다. 손실부담계약이 있는 경우 관련된 현재의무를 충당부채로 인식한다.

당사자 간에 권리와 의무를 발생시키는 계약이 특정 사건으로 인하여 손실부담계약이 될 경우에는 회피불가능한 원가를 계약을 해지하기 위한 최소순원가로 보고 다음 (1)과 (2) 중 작은 금액을 충당부채로 인식한다.

(1) 계약을 이행하기 위하여 소요되는 원가
(2) 계약을 이행하지 못하였을 때 지급해야 할 보상금 또는 위약금

손실부담계약에 대한 충당부채를 인식하기 전에 당해 손실부담계약을 이행하기 위하여 사용하는 자산에서 발생한 손상차손을 먼저 인식한다.

예시로 이해하기 | 손실부담계약

리스로 사용하고 있는 공장을 수익성 있게 운영하여 오다가 20X3.12. 중에 새로운 공장으로 영업장소를 이전하게 되었다. 기존 공장에 대한 리스기간은 이후 4년간 계속되고 취소할 수 없으며 해당 공장을 다른 이용자에게 재임대할 수도 없다.

(1) 과거 의무발생사건의 결과로 인한 현재의무: 법적의무를 발생시키는 리스계약 체결이 의무발생사건이 된다.

(2) 해당 의무를 이행하기 위해 경제적효익을 갖는 자원의 유출: 리스가 손실부담계약이 되는 경우, 경제적효익을 갖는 자원이 유출될 가능성이 높다. 따라서 회피불가능한 리스료에 대한 최선의 추정치로 충당부채를 인식한다.

3 구조조정

구조조정은 경영진의 계획과 통제에 따라 사업의 범위 또는 사업수행 방식을 중요하게 변화시키는 일련의 절차를 의미한다.

구조조정충당부채로 인식할 수 있는 지출은 구조조정과 관련하여 직접 발생해야 하고 다음의 요건을 모두 충족해야 한다.

(1) 구조조정 때문에 반드시 생기는 지출
(2) 기업의 계속적인 활동과 관련 없는 지출

구조조정에 대한 의제의무는 다음 요건을 모두 충족하는 경우에만 발생한다.

(1) 구조조정에 대한 공식적이며 구체적인 계획에 의하여 적어도 다음에 열거하는 내용을 모두 확인할 수 있어야 한다.
   (가) 구조조정 대상이 되는 사업 또는 사업의 일부
   (나) 구조조정의 영향을 받는 주사업장 소재지
   (다) 해고에 대한 보상을 받는 종업원의 근무지, 역할 및 대략적인 인원 수
   (라) 구조조정에 필요한 지출
   (마) 구조조정계획의 실행 시기
(2) 기업이 구조조정 계획의 이행에 착수하였거나 구조조정의 주요 내용을 공표함으로써 구조조정의 영향을 받을 당사자가 기업이 구조조정을 이행할 것이라는 정당한 기대를 가져야 한다.

다음과 관련하여 발생하는 지출은 구조조정충당부채에 포함하지 않는다.

(1) 계속 근무하는 종업원에 대한 교육 훈련과 재배치
(2) 마케팅
(3) 새로운 제도와 물류체제의 구축에 대한 투자

위와 같은 지출은 미래의 영업활동과 관련된 것이므로 보고기간말에 구조조정충당부채로 인식하지 않는다. 이러한 지출은 구조조정과 관계없이 독립적으로 발생한 경우와 같은 방식으로 인식한다.

구조조정을 완료하는 날까지 발생할 것으로 예상되는 영업손실은 충당부채로 인식하지 않는다. 단, 손실부담계약과 관련된 예상영업손실은 충당부채로 인식한다.

구조조정의 일환으로 자산의 매각을 계획하는 경우라도 구조조정과 관련된 자산의 예상처분이익은 구조조정충당부채를 측정하는 데 반영하지 않는다.

기업이 매각의 이행을 확약하기 전까지, 즉 구속력 있는 매각 약정을 체결하기 전에는 사업매각과 관련된 의무가 발생하지 않는다.

요약

01 충당부채와 우발부채

구분	금액추정 가능성	
	신뢰성 있는 추정 가능	신뢰성 있는 추정 불가능
자원의 유출가능성이 높음 (50% 초과)	충당부채 인식	우발부채로 주석공시
자원의 유출가능성이 높지 않음 (50% 이하)	우발부채로 주석공시	
자원의 유출가능성이 아주 낮음	공시하지 않음	공시하지 않음

02 우발자산

구분	금액추정 가능성	
	신뢰성 있는 추정 가능	신뢰성 있는 추정 불가능
자원의 유입가능성이 높음 (50% 초과)	우발자산으로 주석공시	우발자산으로 주석공시
자원의 유입가능성이 높지 않음	공시하지 않음	공시하지 않음

03 충당부채의 측정

• 보고기간말에 현재의무를 이행하기 위해 소요되는 지출에 대한 최선의 추정치

(1) 다수의 항목과 관련되는 경우: 기대가치로 측정

(2) 위험과 불확실성 고려

(3) 명목금액과 현재가치의 차이가 중요한 경우: 현재가치 평가

(4) 충분하고 객관적인 증거가 있는 경우 미래사건 고려

(5) 관련된 자산의 처분이익이 예상되는 경우: 고려하지 않음

04 충당부채의 변제 · 변동 · 사용

• 변제: 확실한 경우 예상변제금액을 별도의 자산으로 인식(예상변제금액은 충당부채와 상계불가능. 단, 충당부채비용은 관련 비용과 상계 가능)

• 변동: 매 보고기간말에 잔액 검토

• 사용: 최초 인식과 관련 있는 지출에만 사용

OX 퀴즈

다음의 설명이 타당하면 ○, 아니면 ×로 답하라.

01 충당부채는 과거사건에 의해 발생한 현재의무이고, 이를 이행하기 위하여 경제적효익이 내재된 자원이 유출될 가능성이 높으며 당해 금액을 신뢰성 있게 추정할 수 있으므로 부채로 인식한다.

02 충당부채에 대한 화폐의 시간가치가 중요하면 현재가치로 평가하고, 기간 경과에 따라 충당부채 장부금액을 증가시키는 금액은 차입원가로 인식한다.

03 재무제표는 미래 시점의 예상 재무상태가 아니라 보고기간말의 재무상태를 표시하는 것이므로, 미래영업을 위하여 발생하게 될 비용에 대하여는 충당부채를 인식하지 않는다.

04 예상되는 자산처분이 충당부채를 발생시킨 사건과 밀접하게 관련되어 있다면, 당해 자산의 예상처분이익을 충당부채를 측정하는 데 고려해야 한다.

05 발생한 환경오염에 대하여 추후 새로운 법규가 그러한 환경오염을 복구하도록 강제하거나 기업이 그러한 복구의무를 의제의무로서 공식적으로 수용할 경우 당해 법규의 제 · 개정 시점 또는 기업의 공식적인 수용 시점에 그 환경오염은 의무발생사건이 된다.

06 과거사건에 의해 발생했지만 자원유출가능성이 높지 않거나 매우 낮고 신뢰성 있는 추정이 불가능하다면 우발부채로 주석공시 한다.

07 제3자와 연대하여 의무를 지는 경우에 이행해야 하는 전체 의무 중 제3자가 이행할 것으로 기대되는 부분에 한하여 우발부채로 처리한다.

08 모든 우발자산은 미래에 전혀 실현되지 않을 수도 있는 수익을 인식하는 결과를 초래할 수 있기 때문에 재무제표에 공시하지 않는다.

종합 예제

01 ㈜대한은 20X1.1.1. 해양구조물을 취득하는 데 ₩200,000을 지출하였다. ㈜대한은 이 해양구조물을 5년간의 내용연수 동안 사용한 후 관련 법령에 따라 원상복구해야 할 의무가 있으며 5년 후 복구비용은 ₩40,000으로 추정하였다. 이 해양구조물에 대해서는 원가모형을 적용하며 내용연수는 5년, 잔존가치는 ₩0으로 정액법 상각한다. ㈜대한의 신용위험 등을 고려한 할인율은 연 5%이며, 기간 말 단일금액 ₩1의 현재가치계수(5기간, 5%)는 0.7835이다. ㈜대한은 내용연수 종료 후인 20X5.12.31. 복구비용 ₩45,000을 실제로 지출하였다. 단, 해당 해양구조물에 대한 손상은 없으며, 복구원가 추정치의 변경 또는 할인율의 변경 등은 없는 것으로 가정한다.

요구사항

A. 20X1.1.1. ㈜대한이 해양구조물 취득 시 해야 할 회계처리를 제시하라.

B. 각 연도말 복구충당부채의 장부금액을 계산하라.

C. 이 해양구조물과 관련하여 ㈜대한이 20X2년도 포괄손익계산서에 인식할 총 비용은 얼마인가?

D. 20X5.12.31. 실제 복구비용 지출과 관련한 회계처리를 제시하라.

해설

A. 취득 시 회계처리

취득일의 회계처리는 다음과 같다.

회계처리					
(차)	구축물	231,340	(대)	현금	200,000
				복구충당부채[주1]	31,340

주1 복구비용의 현재가치 = ₩40,000 × 0.7835(5기간, 5%, ₩1의 현재가치계수) = ₩31,340

B. 복구충당부채의 장부금액

복구충당부채 장부금액을 조정하는 표를 제시하면 다음과 같다.

일자	유효이자(5%)	장부금액 증액	장부금액
20X1.1.1.			₩31,340
20X1.12.31.	₩1,567	₩1,567	32,907
20X2.12.31.	1,645	1,645	34,552
20X3.12.31.	1,728	1,728	36,280

20X4.12.31.	1,814	1,814	38,094
20X5.12.31.	1,906*	1,906	40,000
계	₩8,660	₩8,660	

* 단수차이 조정

일자	회계처리					
20X1.12.31.	(차)	이자비용	1,567	(대)	복구충당부채	1,567
		감가상각비	46,268		감가상각누계액	46,268
20X2.12.31.	(차)	이자비용	1,645	(대)	복구충당부채	1,645
		감가상각비	46,268		감가상각누계액	46,268
20X3.12.31.	(차)	이자비용	1,728	(대)	복구충당부채	1,728
		감가상각비	46,268		감가상각누계액	46,268
20X4.12.31.	(차)	이자비용	1,814	(대)	복구충당부채	1,814
		감가상각비	46,268		감가상각누계액	46,268
20X5.12.31.	(차)	이자비용	1,906	(대)	복구충당부채	1,906
		감가상각비	46,268		감가상각누계액	46,268

* 정액법에 의한 감가상각비 = (₩231,340 − 0) × 1/5 = ₩46,268

C. 20X2년 포괄손익계산서에 계상할 총비용

- 감가상각비 ₩46,268 + 이자비용 ₩1,645 = ₩47,913

D. 복구비용 지출 시 회계처리

회계처리					
(차)	복구충당부채	40,000	(대)	현금	45,000
	복구공사손실	5,000			

정답 및 해설

OX 퀴즈 정답 및 해설입니다.
(정답이 X인 경우만 해설을 달았습니다)

CHAPTER 1

정답 01 ○ 02 X 03 X 04 ○ 05 ○ 06 X 07 ○ 08 ○ 09 X 10 ○ 11 X 12 ○

해설
02 근본적 질적특성 두 가지는 목적적합성과 표현충실성이다.

03 정보이용자 자신이 예측하는 데 사용되는 재무정보일 경우 예측가치를 갖는다. 따라서 그 자체가 예측치 또는 예상치일 필요는 없다.

06 재무제표는 기업의 현재 및 잠재적 투자자, 대여자와 그 밖의 채권자 중 특정 집단의 관점이 아닌 보고기업 전체의 관점에서 거래 및 그 밖의 사건에 대한 정보를 제공한다.

09 수익은 자산의 증가 또는 부채의 감소로서 자본의 증가를 가져오며, 자본청구권 보유자의 출자와 관련된 것을 제외한다.

11 공정가치는 자산이나 부채를 발생시킨 거래나 그 밖의 사건의 가격으로부터 부분적이라도 도출되지 않기 때문에, 공정가치는 자산을 취득할 때 발생한 거래원가로 인해 증가하지 않으며 부채를 발생시키거나 인수할 때 발생한 거래원가로 인해 감소하지 않는다.

CHAPTER 2

정답 01 ○ 02 X 03 ○ 04 X 05 ○ 06 X 07 X 08 ○ 09 ○ 10 X 11 ○ 12 X 13 X 14 ○

해설
02 부적절한 회계정책은 이에 대하여 공시나 주석 또는 보충자료를 통해 설명하더라도 정당화될 수 없다.

04 평가충당금의 성격을 가지고 있는 재고자산평가충당금 또는 대손충당금을 이용하여 순액으로 측정하는 것은 상계표시에 해당하지 아니한다.

06 신뢰성 있고 더욱 목적적합한 정보를 제공한다면 혼합표시방법이 허용된다.

07 재고자산 및 매출채권과 같이 정상영업주기의 일부로서 판매, 소비 또는 실현되는 자산은 보고기간 후 12개월 이내에 실현될 것으로 예상되지 않는 경우에도 유동자산에 포함된다.

10 K-IFRS에서는 수익과 비용의 어느 항목도 특별손익항목으로 표시하는 것을 허용하지 않는다.

12 영업손익은 포괄손익계산서의 본문에 표시해야 하지만, 조정영업손익은 주석에 기재한다.

13 보고기간후사건이란 보고기간말과 재무제표 발행승인일 사이에 발생한 사건이다.

CHAPTER 3

정답 01 X 02 ○ 03 X 04 ○ 05 ○ 06 X 07 X 08 ○ 09 ○

해설
01 판매전까지 발생한 보관비용이 아닌 재고자산을 현재의 장소에 현재의 상태로 이르게 하는 데 발생한 범위 내에서만 포함된다.

03 선입선출법 > 이동평균법 > 총평균법 순서이다.

06 재고자산이 서로 유사한 목적 또는 용도를 갖는 경우나 동일한 지역에서 생산되어 판매되는 경우 등은 제품군기준 또는 조별기준으로 적용가능하다.

07 재고평가손실은 비용이나 판매가격 등이 회복되어 순실현가능가치가 상승하면 환입이 가능하다. 따라서 평가

충당금을 설정한다. 그러나 재고자산감모손실은 비용으로 인식하여 재고자산에서 직접 차감한다.

CHAPTER 4

정답 01 X 02 ○ 03 X 04 X 05 ○ 06 X 07 ○ 08 X 09 ○

해설

01 재화나 용역의 교환에 상업적 실질이 있는 경우에만 기업은 수익을 인식한다.

03 고객은 빵, 패티 등 각각을 별도의 재화와 용역으로 보고 주문하지 않는다. 또한 햄버거 가게에서 제공하는 햄버거 조리 용역을 통해 빵과 소고기 패티, 야채가 결합된 햄버거라는 '결합산출물'이 생산된다. 따라서 이 경우 수행의무는 햄버거 하나이다.

04 회계에 자유로운 선택이란 없다. 기업은 권리를 갖게 될 대가 금액을 더 잘 예측하는 방법을 선택해야 한다.

06 잔여접근법은 재화나 용역의 개별 판매가격을 측정할 때 총거래가격에서 계약에서 약속한 그 밖의 재화나 용역의 관측 가능한 개별 판매가격의 합계를 차감하여 추정하는 방법이다.

08 고객이 지금까지 완료된 수행분에 대해 기업에 보상하는 금액이 계약이 종료된다고 가정할 때 기업이 잠재적으로 상실하는 이익(즉, 투입원가)만이 아니라 지금까지 이전된 재화나 용역의 판매가격에 가까운 금액(예: 수행의무의 이행에 들이는 원가와 적정한 이윤의 회수)이 될 때, 지급청구권이 있다고 할 수 있다.

CHAPTER 5

정답 01 ○ 02 X 03 ○ 04 X 05 ○ 06 ○ 07 X 08 X 09 ○ 10 ○

해설

02 진행률을 신뢰성 있게 측정할 수 있을 때까지 진행기준을 적용하지 않고 발생원가의 범위 내에서만 수익을 인식한다.

04 계약원가에 대한 추정치의 변경은 회계추정의 변경으로 보아 전진적으로 적용한다.

07 당기의 누적계약수익(미성공사)에서 진행청구액(누적공사청구액)을 차감한 차액이 (+)이면 '미청구공사'라고 하며, 당기의 누적계약수익에서 진행청구액을 차감한 잔액이 (−)이면 '초과청구공사'라고 한다.

08 미청구공사는 누적계약수익 중에서 아직 청구하지 않은 금액을 의미하므로 계약자산에 해당하며, 재무상태표에 표시하는 자산 항목이다.

CHAPTER 6

정답 01 ○ 02 X 03 ○ 04 X 05 X 06 ○ 07 ○ 08 ○ 09 X 10 ○

해설

02 추정복구원가의 최초 추정치는 유형자산의 취득원가에 포함된다.

04 제공한 자산의 장부금액으로 원가를 측정하는 경우는 교환거래에 상업적 실질이 있고 취득한 자산과 제공한 자산 모두의 공정가치를 신뢰성 있게 측정할 수 없는 경우이다.

05 재평가주기는 반드시 1년일 필요는 없다. 공정가치 변동이 미미한 자산은 더 긴 주기로 재평가할 수 있다.

09 유형자산의 재평가 시 이미 당기손실로 인식했던 재평가손실이 남아있다면 재평가증가액을 재평가손실만큼은 당기손익으로 인식한다.

CHAPTER 7

정답 01 ○ 02 ○ 03 X 04 X 05 X 06 ○ 07 ○

해설 **03** 개발단계에서 발생하는 지출 중 추가인식요건에 충족되는 지출을 무형자산으로 인식한다.

04 내용연수가 비한정인 무형자산은 상각하지 않는다.

05 내용연수가 비한정인 무형자산의 손상검사는 매년, 그리고 해당 무형자산의 손상을 시사하는 징후가 있을 때마다 수행한다.

CHAPTER 8

정답 01 X 02 ○ 03 X 04 ○ 05 ○ 06 ○ 07 X 08 X

해설 **01** 당좌차월과 단기차입금에 대한 이자도 포함된다.

03 더불어 적격자산을 의도된 용도로 사용하거나 판매가능한 상태에 이르게 하는 데 필요한 활동이 수행 중이어야 한다.

07 자본화한 차입원가는 해당 기간 동안 실제 발생한 차입원가를 초과할 수 없다.

08 남아 있는 부분의 건설활동을 계속 진행하고 있더라도 이미 완성된 부분이 사용가능하다면 해당 부분을 의도된 용도로 사용하거나 판매가능한 상태에 이르게 하는 데 필요한 대부분의 활동을 완료한 시점에 차입원가의 자본화를 종료한다.

CHAPTER 9

정답 01 ○ 02 X 03 X 04 X 05 ○ 06 X 07 ○ 08 ○ 09 X 10 X

해설 **02** 자산제거원가, 조직변경과 관련된 해고급여 등은 처분부대원가에 포함되지 않는다.

03 모든 자산이 그러한 것은 아니다. 내용연수 비한정인 무형자산, 사용하지 않는 무형자산, 영업권은 손상징후와 관계없이 회수가능액 추정을 추정해야 한다.

04 재평가 이후 손상여부를 판단한다.

06 영업권은 손상차손환입 대상이 아니다.

09 과거에 손상차손을 인식하기 전 장부금액의 감가상각 후 잔액을 한도로 환입한다.

10 영업권은 개별 자산에는 배분될 수 없다.

CHAPTER 10

정답 01 ○ 02 ○ 03 ○ 04 ○ 05 X 06 X 07 ○

해설 05 재고자산은 공정가치와 장부금액 차이를 당기손익으로 인식하지만, 자가사용부동산(유형자산)은 이에 대해 재평가 회계처리를 적용한다.

06 투자부동산은 최초인식 시점에 원가로 측정한다.

CHAPTER 11

정답 01 ○ 02 X 03 ○ 04 ○ 05 ○ 06 ○ 07 X 08 ○

해설 02 처분만을 목적으로 취득한 비유동자산이라도 매각예정분류기준을 충족하지 못하면 유동자산으로 분류할 수 없다.

07 현금창출단위에 속하는 영업권의 장부금액을 먼저 감소시킨 후 배분한다.

CHAPTER 12

정답 01 ○ 02 ○ 03 ○ 04 X 05 ○ 06 X 07 ○ 08 X

해설 04 충당부채를 발생시킨 사건과 관련된 자산의 처분이익이 예상되더라도 충당부채를 측정하는 데 고려하지 않는다.

06 유출가능성이 매우 낮은 경우 공시하지 않는다.

08 경제적효익의 유입가능성이 높은 경우 우발자산으로 공시하며, 수익의 실현이 거의 확실시된다면 자산으로 인식해야 한다.

현가표

CONTENTS

1 복리이자요소(CVIF)

CVIF=$(1+i)^n$ (n=기간, i=기간당 이자율)

n/i	1%	2%	3%	4%	5%	6%	7%	8%	9%	10%
1	1.0100	1.0200	1.0300	1.0400	1.0500	1.0600	1.0700	1.0800	1.0900	1.1000
2	1.0201	1.0404	1.0609	1.0816	1.1025	1.1236	1.1449	1.1664	1.1881	1.2100
3	1.0303	1.0612	1.0927	1.1248	1.1576	1.1910	1.2250	1.2597	1.2950	1.3310
4	1.0406	1.0824	1.1255	1.1698	1.2155	1.2624	1.3108	1.3604	1.4115	1.4641
5	1.0510	1.1040	1.1592	1.2166	1.2762	1.3382	1.4025	1.4693	1.5386	1.6105
6	1.0615	1.1261	1.1940	1.2653	1.3401	1.4185	1.5007	1.5868	1.6771	1.7715
7	1.0721	1.1486	1.2298	1.3159	1.4071	1.5036	1.6057	1.7138	1.8280	1.9487
8	1.0828	1.1716	1.2667	1.3685	1.4774	1.5938	1.7181	1.8509	1.9925	2.1435
9	1.0936	1.1950	1.3047	1.4233	1.5513	1.6894	1.8384	1.9990	2.1718	2.3579
10	1.1046	1.2189	1.3439	1.4802	1.6288	1.7908	1.9671	2.1589	2.3673	2.5937
11	1.1156	1.2433	1.3842	1.5394	1.7103	1.8983	2.1048	2.3316	2.5804	2.8531
12	1.1268	1.2682	1.4257	1.6010	1.7958	2.0122	2.2521	2.5181	2.8126	3.1384
13	1.1380	1.2936	1.4685	1.6650	1.8856	2.1329	2.4098	2.7196	3.0658	3.4522
14	1.1494	1.3194	1.5125	1.7316	1.9799	2.2609	2.5785	2.9371	3.3417	3.7975
15	1.1609	1.3458	1.5579	1.8009	2.0789	2.3965	2.7590	3.1721	3.6424	4.1772
16	1.1725	1.3727	1.6047	1.8729	2.1828	2.5403	2.9521	3.4259	3.9703	4.5949
17	1.1843	1.4002	1.6528	1.9479	2.2920	2.6927	3.1588	3.7000	4.3276	5.0544
18	1.1961	1.4282	1.7024	2.0258	2.4066	2.8543	3.3799	3.9960	4.7171	5.5599
19	1.2081	1.4568	1.7535	2.1068	2.5269	3.0256	3.6165	4.3157	5.1416	6.1159
20	1.2201	1.4859	1.8061	2.1911	2.6533	3.2071	3.8696	4.6609	5.6044	6.7275

n/i	11%	12%	13%	14%	15%	16%	17%	18%	19%	20%
1	1.1100	1.1200	1.1300	1.1400	1.1500	1.1600	1.1700	1.1800	1.1900	1.2000
2	1.2321	1.2544	1.2769	1.2996	1.3225	1.3456	1.3689	1.3924	1.4161	1.4400
3	1.3676	1.4049	1.4429	1.4815	1.5208	1.5609	1.6016	1.6430	1.6851	1.7280
4	1.5180	1.5735	1.6304	1.6889	1.7490	1.8106	1.8738	1.9387	2.0053	2.0736
5	1.6850	1.7623	1.8424	1.9254	2.0113	2.1003	2.1924	2.2877	2.3863	2.4883
6	1.8704	1.9738	2.0819	2.1949	2.3130	2.4364	2.5651	2.6995	2.8397	2.9859
7	2.0761	2.2106	2.3526	2.5022	2.6600	2.8262	3.0012	3.1854	3.3793	3.5831
8	2.3045	2.4759	2.6584	2.8525	3.0590	3.2784	3.5114	3.7588	4.0213	4.2998
9	2.5580	2.7730	3.0040	3.2519	3.5178	3.8029	4.1084	4.4354	4.7854	5.1597
10	2.8394	3.1058	3.3945	3.7072	4.0455	4.4114	4.8068	5.2338	5.6946	6.1917
11	3.1517	3.4785	3.8358	4.2262	4.6523	5.1172	5.6239	6.1759	6.7766	7.4300
12	3.4984	3.8959	4.3345	4.8179	5.3502	5.9360	6.5800	7.2875	8.0642	8.9161
13	3.8832	4.3634	4.8980	5.4924	6.1527	6.8857	7.6986	8.5993	9.5964	10.6993
14	4.3104	4.8871	5.5347	6.2613	7.0757	7.9875	9.0074	10.1472	11.4197	12.8391
15	4.7845	5.4735	6.2542	7.1379	8.1370	9.2655	10.5387	11.9737	13.5895	15.4070
16	5.3108	6.1303	7.0673	8.1372	9.3576	10.7480	12.3303	14.1290	16.1715	18.4884
17	5.8950	6.8660	7.9860	9.2764	10.7612	12.4676	14.4264	16.6722	19.2441	22.1861
18	6.5435	7.6899	9.0242	10.5751	12.3754	14.4625	16.8789	19.6732	22.9005	26.6233
19	7.2633	8.6127	10.1974	12.0556	14.2317	16.7765	19.7483	23.2144	27.2516	31.9479
20	8.0623	9.6462	11.5230	13.7434	16.3665	19.4607	23.1055	27.3930	32.4294	38.3375

2 연금의 복리이자요소(CVIFA)

$$\text{CVIFA} = \frac{(1+i)^n - 1}{i}$$

n/i	1%	2%	3%	4%	5%	6%	7%	8%	9%	10%
1	1.0000	1.0000	1.0000	1.0000	1.0000	1.0000	1.0000	1.0000	1.0000	1.0000
2	2.0100	2.0200	2.0300	2.0400	2.0450	2.0600	2.0700	2.0800	2.0900	2.1000
3	3.0301	3.0604	3.0909	3.1216	3.1370	3.1836	3.2149	3.2464	3.2781	3.3100
4	4.0604	4.1216	4.1836	4.2464	4.2781	4.3746	4.4399	4.5061	4.5731	4.6410
5	5.1010	5.2040	5.3091	5.4163	5.4707	5.6370	5.7507	5.8666	5.9847	6.1051
6	6.1520	6.3081	6.4684	6.6329	6.7168	6.9753	7.1532	7.3359	7.5233	7.7156
7	7.2135	7.4342	7.6624	7.8982	8.0191	8.3938	8.6540	8.9228	9.2004	9.4871
8	8.2856	8.5829	8.8923	9.2142	9.3800	9.8974	10.2598	10.6366	11.0284	11.4358
9	9.3685	9.7546	10.1591	10.5827	10.8021	11.4913	11.9779	12.4875	13.0210	13.5794
10	10.4622	10.9497	11.4638	12.0061	12.2882	13.1807	13.8164	14.4865	15.1929	15.9374
11	11.5668	12.1687	12.8077	13.4863	13.8411	14.9716	15.7836	16.6454	17.5602	18.5311
12	12.6825	13.4120	14.1920	15.0258	15.4640	16.8699	17.8884	18.9771	20.1407	21.3842
13	13.8093	14.6803	15.6177	16.6268	17.1599	18.8821	20.1406	21.4953	22.9533	24.5227
14	14.9474	15.9739	17.0863	18.2919	18.9321	21.0150	22.5504	24.2149	26.0191	27.9749
15	16.0968	17.2934	18.5989	20.0235	20.7840	23.2759	25.1290	27.1521	29.3609	31.7724
16	17.2578	18.6392	20.1568	21.8245	22.7193	25.6725	27.8880	30.3242	33.0033	35.9497
17	18.4304	20.0120	21.7615	23.6975	24.7417	28.2128	30.8402	33.7502	36.9737	40.5447
18	19.6147	21.4123	23.4144	25.6454	26.8550	30.9056	33.9990	37.4502	41.3013	45.5991
19	20.8108	22.8405	25.1168	27.6712	29.0635	33.7599	37.3789	41.4462	46.0184	51.1590
20	22.0190	24.2973	26.8703	29.7780	31.3714	36.7855	40.9954	45.7619	51.1601	57.2749

n/i	11%	12%	13%	14%	15%	16%	17%	18%	19%	20%
1	1.0000	1.0000	1.0000	1.0000	1.0000	1.0000	1.0000	1.0000	1.0000	1.0000
2	2.1100	2.1200	2.1300	2.1400	2.1500	2.1600	2.1700	2.1800	2.1900	2.2000
3	3.3421	3.3744	3.4069	3.4396	3.4725	3.5056	3.5389	3.5724	3.6061	3.6400
4	4.7097	4.7793	4.8498	4.9211	4.9933	5.0665	5.1405	5.2154	5.2912	5.3680
5	6.2278	6.3528	6.4802	6.6101	6.7423	6.8771	7.0144	7.1542	7.2966	7.4416
6	7.9128	8.1151	8.3227	8.5355	8.7537	8.9774	9.2068	9.4419	9.6829	9.9299
7	9.7832	10.0890	10.4046	10.7304	11.0668	11.4138	11.7720	12.1415	12.5227	12.9159
8	11.8594	12.2996	12.7572	13.2327	13.7268	14.2400	14.7732	15.3269	15.9020	16.4990
9	14.1639	14.7756	15.4157	16.0853	16.7858	17.5185	18.2847	19.0858	19.9234	20.7989
10	16.7220	17.5487	18.4197	19.3372	20.3037	21.3214	22.3931	23.5213	24.7088	25.9586
11	19.5614	20.6545	21.8143	23.0445	24.3492	25.7329	27.1999	28.7551	30.4035	32.1504
12	22.7131	24.1331	25.6501	27.2707	29.0016	30.8501	32.8239	34.9310	37.1802	39.5804
13	26.2116	28.0291	29.9847	32.0886	34.3519	36.7861	39.4039	42.2186	45.2444	48.4965
14	30.0949	32.3926	34.8827	37.5810	40.5047	43.6719	47.1026	50.8180	54.8409	59.1959
15	34.4053	37.2797	40.4174	43.8424	47.5804	51.6594	56.1101	60.9652	66.2606	72.0350
16	39.1899	42.7532	46.6717	50.9803	55.7174	60.9250	66.6488	72.9389	79.8501	87.4421
17	44.5008	48.8836	53.7390	59.1175	65.0750	71.6730	78.9791	87.0680	96.0217	105.9305
18	50.3959	55.7497	61.7251	68.3940	75.8363	84.1406	93.4055	103.7402	115.2658	128.1166
19	56.9394	63.4396	70.7494	78.9692	88.2118	98.6032	110.2845	123.4134	138.1663	154.7399
20	64.2028	72.0524	80.9468	91.0249	102.4435	115.3797	130.0329	146.6279	165.4179	186.6879

3 현가이자요소(PVIF)

$$PVIF = \frac{1}{(1+i)^n}$$ (n = 기간, i = 기간당 할인율)

n/i	1%	2%	3%	4%	5%	6%	7%	8%	9%	10%
1	0.9901	0.9803	0.9708	0.9615	0.9523	0.9434	0.9345	0.9259	0.9174	0.9090
2	0.9803	0.9611	0.9426	0.9245	0.9070	0.8900	0.8734	0.8573	0.8416	0.8264
3	0.9705	0.9423	0.9151	0.8890	0.8638	0.8396	0.8163	0.7938	0.7721	0.7513
4	0.9609	0.9238	0.8884	0.8548	0.8227	0.7920	0.7629	0.7350	0.7084	0.6830
5	0.9514	0.9057	0.8626	0.8219	0.7835	0.7472	0.7129	0.6805	0.6499	0.6209
6	0.9420	0.8879	0.8374	0.7903	0.7462	0.7049	0.6663	0.6301	0.5962	0.5644
7	0.9327	0.8705	0.8130	0.7599	0.7106	0.6650	0.6227	0.5834	0.5470	0.5131
8	0.9234	0.8534	0.7894	0.7306	0.6768	0.6274	0.5820	0.5402	0.5018	0.4665
9	0.9143	0.8367	0.7664	0.7025	0.6446	0.5919	0.5439	0.5002	0.4604	0.4241
10	0.9052	0.8203	0.7440	0.6755	0.6139	0.5583	0.5083	0.4631	0.4224	0.3855
11	0.8963	0.8042	0.7224	0.6495	0.5846	0.5267	0.4750	0.4288	0.3875	0.3504
12	0.8874	0.7884	0.7013	0.6246	0.5568	0.4969	0.4440	0.3971	0.3555	0.3186
13	0.8786	0.7730	0.6809	0.6005	0.5303	0.4688	0.4149	0.3677	0.3261	0.2896
14	0.8699	0.7578	0.6611	0.5774	0.5050	0.4423	0.3878	0.3404	0.2992	0.2633
15	0.8613	0.7430	0.6418	0.5552	0.4810	0.4172	0.3624	0.3152	0.2745	0.2393
16	0.8528	0.7284	0.6231	0.5339	0.4581	0.3936	0.3387	0.2918	0.2518	0.2176
17	0.8443	0.7141	0.6050	0.5133	0.4363	0.3713	0.3165	0.2702	0.2310	0.1978
18	0.8360	0.7001	0.5873	0.4936	0.4155	0.3503	0.2958	0.2502	0.2119	0.1798
19	0.8277	0.6864	0.5702	0.4746	0.3957	0.3305	0.2765	0.2317	0.1944	0.1635
20	0.8195	0.6729	0.5536	0.4563	0.3768	0.3118	0.2584	0.2145	0.1784	0.1486

n/i	11%	12%	13%	14%	15%	16%	17%	18%	19%	20%
1	0.9009	0.8928	0.8849	0.8771	0.8695	0.8620	0.8547	0.8474	0.8403	0.8333
2	0.8116	0.7971	0.7831	0.7694	0.7561	0.7431	0.7305	0.7181	0.7061	0.6944
3	0.7311	0.7117	0.6930	0.6749	0.6575	0.6406	0.6243	0.6086	0.5934	0.5787
4	0.6587	0.6355	0.6133	0.5920	0.5717	0.5522	0.5336	0.5157	0.4986	0.4822
5	0.5934	0.5674	0.5427	0.5193	0.4971	0.4761	0.4561	0.4371	0.4190	0.4018
6	0.5346	0.5066	0.4803	0.4555	0.4323	0.4104	0.3898	0.3704	0.3521	0.3349
7	0.4816	0.4523	0.4250	0.3996	0.3759	0.3538	0.3332	0.3139	0.2959	0.2790
8	0.4339	0.4038	0.3761	0.3506	0.3269	0.3050	0.2847	0.2660	0.2486	0.2325
9	0.3909	0.3606	0.3328	0.3075	0.2842	0.2629	0.2434	0.2254	0.2089	0.1938
10	0.3521	0.3219	0.2945	0.2697	0.2471	0.2266	0.2080	0.1910	0.1756	0.1615
11	0.3172	0.2874	0.2607	0.2366	0.2149	0.1954	0.1778	0.1619	0.1475	0.1345
12	0.2858	0.2566	0.2307	0.2075	0.1869	0.1684	0.1519	0.1372	0.1240	0.1121
13	0.2575	0.2291	0.2041	0.1820	0.1625	0.1452	0.1298	0.1162	0.1042	0.0934
14	0.2319	0.2046	0.1806	0.1597	0.1413	0.1252	0.1110	0.0985	0.0875	0.0778
15	0.2090	0.1827	0.1598	0.1401	0.1228	0.1079	0.0948	0.0835	0.0735	0.0649
16	0.1882	0.1631	0.1415	0.1228	0.1068	0.0930	0.0811	0.0707	0.0618	0.0540
17	0.1696	0.1456	0.1252	0.1078	0.0929	0.0802	0.0693	0.0599	0.0519	0.0450
18	0.1528	0.1300	0.1108	0.0945	0.0808	0.0691	0.0592	0.0508	0.0436	0.0375
19	0.1376	0.1161	0.0980	0.0829	0.0702	0.0596	0.0506	0.0430	0.0367	0.0313
20	0.1240	0.1036	0.0867	0.0727	0.0611	0.0513	0.0432	0.0365	0.0308	0.0260

4 연금의 현가이자요소(PVIFA)

$$PVIFA = \frac{1 - \frac{1}{(1+i)^n}}{i}$$

n/i	1%	2%	3%	4%	5%	6%	7%	8%	9%	10%
1	0.9901	0.9803	0.9708	0.9615	0.9523	0.9434	0.9345	0.9259	0.9174	0.9090
2	1.9703	1.9415	1.9134	1.8860	1.8594	1.8333	1.8080	1.7832	1.7591	1.7355
3	2.9409	2.8838	2.8286	2.7750	2.7232	2.6730	2.6243	2.5771	2.5312	2.4868
4	3.9019	3.8077	3.7171	3.6299	3.5459	3.4651	3.3872	3.3121	3.2397	3.1698
5	4.8534	4.7134	4.5797	4.4518	4.3294	4.2123	4.1002	3.9927	3.8896	3.7907
6	5.7954	5.6014	5.4171	5.2421	5.0756	4.9173	4.7665	4.6228	4.4859	4.3552
7	6.7281	6.4719	6.2302	6.0020	5.7863	5.5823	5.3892	5.2063	5.0329	4.8684
8	7.6516	7.3254	7.0196	6.7327	6.4632	6.2097	5.9713	5.7466	5.5348	5.3349
9	8.5660	8.1622	7.7861	7.4353	7.1078	6.8016	6.5152	6.2468	5.9052	5.7590
10	9.4713	8.9825	8.5302	8.1109	7.7217	7.3600	7.0235	6.7100	6.4176	6.1445
11	10.3676	9.7868	9.2526	8.7604	8.3064	7.8868	7.4986	7.1389	6.8051	6.4950
12	11.2550	10.5753	9.9540	9.3850	8.8632	8.3838	7.9426	7.5360	7.1607	6.8136
13	12.1337	11.3483	10.6349	9.9856	9.3935	8.8526	8.3576	7.9037	7.4869	7.1033
14	13.0037	12.1062	11.2960	10.5631	9.8986	9.2949	8.7454	8.2442	7.7861	7.3666
15	13.8650	12.8492	11.9379	11.1183	10.3796	9.7122	9.1079	8.5594	8.0606	7.6060
16	14.7178	13.5777	12.5611	11.6523	10.8377	10.1059	9.4466	8.8513	8.3125	7.8237
17	15.5622	14.2918	13.1661	12.1656	11.2740	10.4772	9.7632	9.1216	8.5436	8.0215
18	16.3982	14.9920	13.7535	12.6593	11.6895	10.8276	10.0590	9.3718	8.7556	8.2014
19	17.2260	15.6784	14.3238	13.1339	12.0853	11.1581	10.3356	9.6036	8.9501	8.3649
20	18.0455	16.3514	14.8774	13.5903	12.4622	11.4699	10.5940	9.8181	9.1285	8.5135

n/i	11%	12%	13%	14%	15%	16%	17%	18%	19%	20%
1	0.9009	0.8928	0.8849	0.8771	0.8697	0.8620	0.8547	0.8474	0.8403	0.8333
2	1.7125	1.6900	1.6681	1.6466	1.6257	1.6052	1.5852	1.5656	1.5465	1.5277
3	2.4437	2.4018	2.3611	2.3216	2.2832	2.2458	2.2095	2.1742	2.1399	2.1064
4	3.1024	3.0373	2.9744	2.9137	2.8549	2.7981	2.7432	2.6900	2.6385	2.5887
5	3.6959	3.6047	3.5172	3.4330	3.3521	3.2742	3.1993	3.1271	3.0576	2.9906
6	4.2305	4.1114	3.9975	3.8886	3.7844	3.6847	3.5891	3.4976	3.4097	3.3255
7	4.7122	4.5637	4.4226	4.2883	4.1604	4.0385	3.9223	3.8115	3.7057	3.6045
8	5.1461	4.9676	4.7987	4.6388	4.4873	4.3435	4.2071	4.0775	3.9543	3.8371
9	5.5370	5.3282	5.1316	4.9463	4.7715	4.6065	4.4505	4.3030	4.1633	4.0309
10	5.8892	5.6502	5.4262	5.2161	5.0187	4.8332	4.6586	4.4940	4.3389	4.1924
11	6.2065	5.9377	5.6869	5.4527	5.2337	5.0286	4.8364	4.6560	4.4865	4.3270
12	6.4923	6.1943	5.9176	5.6602	5.4206	5.1971	4.9883	4.7932	4.6105	4.4392
13	6.7498	6.4235	6.1218	5.8423	5.5831	5.3423	5.1182	4.9095	4.7147	4.5326
14	6.9818	6.6281	6.3024	6.0020	5.7244	5.4675	5.2293	5.0080	4.8022	4.6105
15	7.1908	6.8108	6.4623	6.1421	5.8473	5.5754	5.3241	5.0915	4.8758	4.6754
16	7.3791	6.9739	6.6038	6.2650	5.9542	5.6685	5.4052	5.1623	4.9377	4.7295
17	7.5487	7.1196	6.7290	6.3728	6.0471	5.7487	5.4746	5.2223	4.9896	4.7746
18	7.7016	7.2496	6.8399	6.4674	6.1279	5.8178	5.5338	5.2731	5.0333	4.8122
19	7.8392	7.3657	6.9379	6.5503	6.1982	5.8774	5.5844	5.3162	5.0700	4.8435
20	7.9633	7.4694	7.0247	6.6231	6.2593	5.9288	5.6277	5.3527	5.1008	4.8695

찾아보기